性別覺醒

兩岸三地社會性別研究

譚少薇　葉漢明　黃慧貞　盧家詠　主編

商務印書館

性別覺醒 —— 兩岸三地社會性別研究

主　　編：譚少薇　葉漢明　黃慧貞　盧家詠

責任編輯：楊安兒　蔡梲音　陳穎賢

封面設計：張　毅

出　　版：商務印書館（香港）有限公司
　　　　　香港筲箕灣耀興道 3 號東滙廣場 8 樓
　　　　　http://www.commercialpress.com.hk

發　　行：香港聯合書刊物流有限公司
　　　　　香港新界大埔汀麗路 36 號中華商務印刷大廈 3 字樓

印　　刷：美雅印刷製本有限公司
　　　　　九龍觀塘榮業街 6 號海濱工業大廈 4 樓 A

版　　次：2012 年 8 月第 1 版第 1 次印刷
　　　　　© 2012 商務印書館（香港）有限公司
　　　　　ISBN（精裝）978 962 07 6490 5
　　　　　　　　（平裝）978 962 07 6491 2

Printed in Hong Kong

序　一

　　作為女性或男性在現今社會有甚麼不同的遭遇？男尊女卑或陰盛陽衰有甚麼前因後果？許多人對這些疑問都有個人理所當然的意見。我們又應該如何辨別事實與偏見？

　　性別研究建基於跨學科的理論和科學探索，分析男女之間和性別與社會之間的互動關係。《性別覺醒 —— 兩岸三地社會性別研究》扎根於本土社會文化，讓我們更深刻和貼切地認識社會與性別的真諦，肯定倡導性別平等是促進社會進步的現實。

香港中文大學心理學講座教授暨系主任
香港亞太研究所所長
張妙清

序 二

　　時至今天，"男主外、女主內"、"女子無才便是德"這些傳統思想仍然像緊箍咒，束縛着現今各階層女性。

　　一位 80 後的年青女性跟我説，不想參與立法會選舉，擔心自己"太叻"，找不到男朋友。這類想法，再加上其他因素，難怪在立法會和區議會女性比例，連兩成也不到，只有 18% 左右。

　　香港中大學香港亞太研究所性別研究中心譚少薇教授等編制這本有關本華人社會性別研究的書，希望能夠讓更多人關注社會性別平等意識，互相包容、共同參與、活出自己，面對異性，期望不再卑躬屈膝了。

香港工會聯合會榮譽會長
陳婉嫻

序 三

　　本書由多位資深性別研究學者，以兩岸三地的性別研究為脈絡，勾畫出近代華人社會的性別研究的歷史進程，並就性別的高等教育的發展、女性主義學術研究方法論、性別研究的社會實踐等以具前瞻性視野進行深刻的闡述。本書作為一本學術著作，不僅在知識內涵上極具價值，而且對加強大眾關注性別平等亦作出了重大貢獻。本人在此誠意推薦。

香港立法會議員
劉慧卿

序　四

　　傳統的性別觀念影響着各地的文化和社會發展，以及個人的價值觀和生活細節。平等機會委員會一直關注"性別定型"的情況，支持"性別觀點主流化"，期望兩性可以公平合理地共享社會的資源和機會。這會議論文集涵括中、港、台的性別研究精粹，讓讀者從多角度理解及反思與性別有關的議題，值得向讀者推薦。希望大家一起努力，共創平等共融的社會。

香港平等機會委員會主席

林煥光

導　言

譚少薇　　葉漢明　　黃慧貞

　　性別常被誤以為只是人類與生俱來的生理特徵，事實並非如此。[1]女性或男性的生物性特徵只是起點，真正影響着人類社會與文化發展的，是人們對這些生理特徵的解讀。所謂性別，就是社會如何理解女性和男性的生理特徵，進而構築一套對性別關係的詮釋，並且以這套知識作為社會生活的基礎：諸如經濟分工和政治權力的分配，法律的內容，婚姻、家庭和宗族的制度，以至孩童教養的標準，職業的抉擇和事業發展，以及宗教儀軌等各個生活範疇，都以性別為指導性的組織原則。在不同的歷史時空，性別知識和規範不斷與經濟、政治和宗教等社會結構和制度互動，產生了對社會與文化的決定性影響。性別也是個人身份認同的核心組成部分：未出娘胎，性別便可能決定了孩子是否能夠出生；甫出娘胎，孩子是否獲得適切醫療照顧與平等的教育機會，以至他成長後的就業和社會流動的機率，也往往取決於他的性別。明顯地，社會給予不同性別的資源、地位和價值是不一樣的。性別因此是個人與羣體的價值判斷和世界觀的核心部分；不認識一個社會的性別系統，我們便無法了解它的信仰體系、文化象徵的意義和重要性，以及它的藝術內容與意涵。故此，性別不單只是男與女的體質上的差異，更重要的是：它是有關這些體質差異的界定準則，和這些界定準則建立其上的認知與價

1.　"性別"（gender）或稱"社會性別"，本書內兩詞通用。"性"則專指 sex。

值。也就是說,性別是一套有關性的差異的知識體系。[2]

　　性別作為知識體系,以性別二元論影響最大。它把人類分為男女兩類,認為兩性之間的生理差異是普遍定律,並推論男女的心理和情緒特質也不同,因此兩性的工作能力和興趣也是天賦而不一樣的。這種把性別以二元分割的生理決定論,滲透於社會制度和架構當中,把男女分工合理化,把社會上的權力不對等情況正常化。偏執的論述把人類的智力、體力、氣質、興趣等簡單化地分為兩類——即男性和女性的,並以之發展出醫學、教育和法律的相關理念,影響着公共政策的設計、建築和空間的運用,以及信仰與藝術的表達方式。兒童在社教化過程中,學習"女孩的"或"男孩的"的典型行為、玩耍內容,以至服飾和裝扮的顏色和款式(Bern 1981,1983)。[3]青少年則以"性別適當"的方式與同性或異性相處;在學校、家長、朋輩、傳媒的趨同訊息中,被引導到符合他們性別身份的學科、事業和家庭崗位上進行着性別角色的再生產。[4]在日常生活中,人們往往被性別知識深深地影響而不自知,而且通過每天不斷重複實踐這些對性別的解讀,久而久之對性別二元論深信不疑,以至於贊同一些典型化觀點,如男性來自火星、女性來自水星般的性別鴻溝。[5]對於個人來說,性別知識體系把人們培養成為相同的羣組成員,以便他們擔任預設好的社會位置。[6]這類論述無視不同性別的個人之間其實大有共通之處,也無視相同性別的個體之間大為差異的現實。被簡化的性別知識,直接產生的社會後果就是大量個人潛力被埋沒,個人的

2. 有關性別的知識論,歷史學者以其歷史視野對性別知識的建立有深刻的討論。參考 J. Scott(見 Introduction, *Gender and the Politics of History*, 1994)和 S. Mann(見 What Can Feminist Theory Do for the Study of Chinese History? A Brief Review of Scholarship in the U. S, 載《近代中國婦女史研究》1993)。對人類社會中女性的角色發展,可參考 M. Rosaldo and L. Lamphere 合編的 *Woman, Culture and Society*, 1974。
3. 參考 Sandra Bern(1981,1983)有關兒童發展理論與性別的關係。
4. 關於性別角色理論的發展,參考 Eckes and Trautner(2000)。
5. 普及讀物如 *Men are from Mars, Women are from Venus*(John Gray 1998),大大地強化了性別二元論及生理決定論在社會上的普及化和負面影響。
6. *Paradoxes of Gender*(Judith Lorber 1994)對性別的社會角色及其種種深層問題,有全面而獨到的討論。有關性別同一化的討論,參見該書第一章。

興趣和性格被壓抑。

　　在學術領域，社會性別的知識論、研究方法，和研究內容自 20 世紀 60 年代，隨着美國民權運動及第二波女性主義席捲歐美。女性主義在高等教育和研究機構迅速發展，成為一個新興的學術體系，挑戰傳統的學術研究，開發了影響深遠的理論和研究方法，並為學術界糾正了長久以來的盲點。在這段開拓期，性別研究以婦女研究為主要內容，針對世界人口的一半 —— 女性，發掘了大量新資料，如女性在漁獵採集社會中對經濟生計的投入、在部落社會中政治權力的行使，到工業社會中的家庭分工的轉變等，補充了多方面的資料，使我們對人類社會發展的理解，不再局限於單一的男性視角。在生物及醫療範疇，學者指出人類的性別起碼有五種；而按不同的文化準則，性別或有七種。在不同的社會，性別身份有時可以轉換或重新界定。性別研究也為人文與社會科學帶來嶄新的視點，尤其為社會調查提供了方法論的新方向，挑戰實證主義對於社會現象的前設準則，並打破研究者與研究對象之間的不對等權力關係，成為後現代主義跨學科研究的基石之一。[7] 更重要的是在對人類本質的探討上，性別研究以銳利的觸角與思辨，指出了兩性之間的所謂本質上的差異，不過是文化建構的後果，為了解社會身份認同與公民權利的意識，提供了根本的概念轉變與理論範式轉移。

　　這股思潮在亞洲地區於 80 年代初明顯滋長。1985 年，兩岸三地的高等教育機構不約而同成立了性別研究課程或研究所。在往後 20 年間，有關性別的學術研究和高等教育課程在華人社會得到長足的發展；而另一方面性別研究學者也通過社會行動實踐，對社會上的性別平等作出推動的作用。[8] 綜合而言，性別研究學者擔當了幾種社會角色：分別為教育者、研究者和社會行動者。21 世紀到來了，性別研究在華人社會中的角色有着怎樣的改變？作為一個新興學科，它的前路如

---

7. 性別視角在不同學術範疇中的應用與批判，可參考 Hesse-Biber 等編的 *Feminist Approaches to Theory and Methodology*（1999）。
8. 1989 年在香港中文大學召開的《華人社會之性別研究研討會》檢討了從 1985 年起性別研究的發展，可參考張妙清等編之會議論文結集（1995）。

何？為全面探討這些問題，香港中文大學香港亞太研究所性別研究中心、香港中文大學性別研究課程，和北京大學中外婦女問題研究中心，於 2005 年聯合舉辦了一次國際學術會議：《近二十年華人社會性別研究：回顧與前瞻》。與會者包括香港、中國大陸及台灣多位資深性別研究先驅，也包括了近年參與性別研究的年輕學者。當世紀之交，兩岸三地學者聚首一堂，檢視各自的歷史足跡，比較彼此的成就和困難，為未來、在新的世紀的發展，作為一個階段性的回顧，並作為再出發的起步點。以該次會議的報告和討論為基礎，本書收錄了共 17 篇論文，包括部分與會者的報告，以及一些會後的特約文稿。全書分為三個部分，展示兩岸三地的性別研究的發展脈絡：從社會變革與性別研究在高等教育的學科建設，到女性主義學術研究方法論的發展、人文與社會科學中不同學科的個別研究課題，以及性別研究的社會實踐與體制發展的互動。

本書的第一部分回顧了華人社會中，自 80 年代起 20 年間急劇的社會變革，為性別關係提供了一個怎樣的文化環境、對性別研究作為一個跨學科的興起和發展所產生的影響，和兩者之間的互動關係。性別研究學者作為教育者，在不同高等教育院校在各自的資源與結構的限制下，開展性別教育與學科建設，體現了教育者的理念、對下一代的責任與堅持，以及學術上的拓荒與創新精神。

在中國大陸方面，呂美頤回顧了 20 年來婦女/性別研究的發展歷程。在肯定研究隊伍壯大、研究成果豐富、研究視角多元等成績的基礎上，她強調與海外學術界的密切交流合作，以及民間團體與婦聯系統在研究力量上的聯合，是中國婦女學和性別研究發展的必備條件。她認為要突破體制與觀念上的諸多限制，未來的研究應借鑒和吸收西方理論精華，建立一個開放、以西方女權主義為參照的理論體系，和推行性別意識主流化。多個華人社會中的女性，因地區文化、族羣等差異，而出現同中有異、異中有同的特點，應成為跨地區合作研究的重點。她又提醒，性別研究學術地位的提高、敦促政府實現性別意識進入決策主流，和在全社會普及性別意識三方面的工作必須配合。

謝臥龍從男性的角度出發，對台灣解嚴以來的婦女運動，和性別研究發展的學術風潮，分享他的觀察與體會。婦女運動隨着政治改革的氛圍而起，對台灣近年的政策發展、婦女工作及教育機會的提升、社會對性別平等的認同，都起了重大的作用。學術上，性別研究及婦女研究在各院校紛紛建立，學術研討和著作成果甚豐。近年的議題包括同志運動、跨性別、性少眾的性態，及性工作者權益的問題，都引發了熱烈的社會討論和學術回應。從一個男性的女性主義者的視角出發，謝臥龍提出一個重要的策略考慮：要針對男性進行有關的覺醒教育，讓他們得以更投入參與建設更平等的性別關係，向女性主義的理想共同推進。

在學科建設方面，中港台的發展各有不同特色，而面對的困難也不盡相同。譚少薇和葉漢明一文為性別研究／婦女學在香港高等教育界的發展歷程做了一個綜合回顧。性別研究作為一個學科，經歷時代的轉變而發展，初時與本地女權運動無直接關係，後來隨着 70 年代香港經濟轉型和女性社會地位轉變，以及 90 年代社會上出現女性公民權的爭議，學術界逐漸作出積極的關注和回應。另外，80 年代提倡女性覺醒的組織和學者數目大為增加，性別研究中心及有關課程先後在大學和大專院校中開設，並將女性主義觀點引進教學與研究之中。90 年代香港教育制度的改革和文化觀念的轉變，原為性別研究課程的發展提供良好氛圍，卻又礙於高等院校急劇轉趨市場導向的學制發展，使課程始終停留在主流學科的邊緣。在文章總結部分，她們指出學者必須改變體制內對性別議題邊緣化的問題，另一方面，學者也要聯合起來主動締造有利的社會文化氛圍，建立有效的學術和社會行動網路，從而使性別研究的影響得以鞏固與持續發展。

在台灣，高等教育中婦女與性別研究課程的建設，源於台大婦女研究室的跨校、跨學科性別教育的實踐。按林維紅、陳秀曼分析，"婦女與性別研究學程"、"亞洲婦女研究課程規劃"和"人文社會科學教育改進計劃"的建設和執行，一方面引導學生作專業思考；另一方面，同一主題、不同學門的討論有助學生進行跨學科研究的入門訓練。在此基礎上，研究理論、研究方法、經典研讀、實務應用等專題課程提供了全面的訓練。以學生為學習主體的宗旨貫穿整個教育過程，並藉着網路科技，加強學校、學科之間的交流。一個完善的教學環境的形成，仍有賴各界研究資源的互相扶持。

至於中國大陸方面，魏國英的文章指出，女性學課程逐漸從分散於人文社會科學及某些自然科學的課程，邁向比較專門、獨立的女性學研究課程轉化和集中。各高校開設的性別相關課程，是根據各自的校情和學科特點進行設計規劃的，因此內容上也存在較大差異。當中的弊端包括以下幾方面：基本理論研究缺乏深度和廣度，導致課程內容原創性不足；研究隊伍的理論準備和素質差異，造成課程內容與教學品質參差不齊；建制和編制上的滯後與薄弱，干擾了科研與教學力量的充實和穩定。魏國英認為對於這些制約女性學課程建設的問題，研究者和工作者都有責任主動承擔並加以解決。[9]

杜芳琴的文章，以其在天津師範大學創立婦女學的親身體驗，為性別研究的跨學科發展提供多項啟示。婦女學通過教育和學術成果影響人們的性別觀念、行為乃至思維和道德模式，不啻是一場文化革命。它以批判和反思的眼光和知識去解構知識權力的等級，因此必須實踐學術女性主義的理念，同時注意研究、課程和機制建設的並重。除了警惕商業化、權威主義等因素的誘惑和侵襲，還應適當促使改變的對話與合作；跨界合作既建基於尊重、包容、互信的關係，也必須保持學術獨立的自覺。杜芳琴認為無論處於邊緣，還是進入主流，婦女學同道都應始終保持批判的眼光、勇氣和創新的熱忱。

本書第二部分展示了性別學者作為研究者，在不同學科範疇進行的觀察與分析，以歷史學、宗教研究、文學、戲劇，以及人類學，探討華人女性在經典與普及文化之中的多種形象和參與，而且在方法論上以自省和前瞻性反思，為學術界

---

9. 有關婦女／女性學作為獨立學科在中國大陸的發展，另可參考孫曉梅編《中國學科與課程建設的理論探討》（2001），以及魏國英、王春梅主編《教育：性別維度的審視》（2007）。

提供嶄新的思維。蔡玉萍與杜平有關性別研究的方法論一文提供了從婦女學發展到性別研究的一個反思。女性主義研究的起始，從"對女性所做，由女性所做，和為女性所做"的認識論出發，填補了過去對婦女各方面資料的缺乏。她們認為，經過幾十年的發展，婦女學應正視自身的缺點，更正其對性別之間的互動關係的忽略，和將女性和男性單一化的問題，以性別研究的概念代替婦女學研究，進行諸如性別差異、性別規範、性別分工，及性別身份的多維分析，探討其中的複雜性和性別之間的相互性。她們提醒：以性別關係的視角出發的研究方法，還要兼採定量和定質研究的所長，使研究發揮最大的創意和效果。

　　黃慧貞從過去的宗教研究與性別研究的發展，整理出分別從經典詮釋、宗教歷史傳統，以及宗教符號象徵三方面的重點和方向。宗教與性別研究的理論主要由西方發展過來，近年漸漸應用於中港台的宗教婦女研究之中，促發了不少成果。文章結合作者多年研讀基督教聖典的心得，通過詮釋理論提出對聖經的多重女性主義閱讀介入，開放聖典中似乎一面倒的父權世界，發掘其中性別互動的多元空間。另一方面，她借用美國宗教歷史研究的經驗，提出婦女在歷史以及象徵的運用之中的多元面貌，叫以從婦女日常生活中找出婦女抗衡政治的端倪，作為一個適用於華人社會的發展方向。檢視過去 20 年的華人宗教及性別研究，可見成果漸豐。

　　在歷史學的範疇，性別研究相當活躍。葉漢明的文章以中國最早的通俗畫報《點石齋畫報》中有關妓女的大量資料為基礎，整理出 19、20 世紀之交華洋雜處的上海的社會面貌，並以之透視傳統與現代、公與私範疇、性別關係等命題。作為英國人在上海引進新聞大眾化的個案，《點石齋畫報》的題材反映了當時中國知識份子所關心的事物與觀點。葉漢明指出，畫報中有關妓女的細緻的繪圖和大膽的描述，反映了當時的情色文化；但由於相關的論述卻充滿批評和訓誡，重複表達了男性中心的道德觀，因此，妓女的出現只是作為被觀看的客體和道德論述的手段。這種公共視覺文化的男性視角，表達了畫報既顛覆又教訓的雙重效果，但同時也讓人感受到伴隨着現代性的來臨，一個轉型時代的焦慮。性別關係，既是時代的產物，也是時代的意象。

　　與上文作為一個對比，侯傑的文章的焦點在 20 世紀的 20、30 年代；然而他對當時《大公報》的副刊《家庭與婦女》的分析，對今日討論婦女、家庭與中國現代化的議題仍然饒有趣味。侯傑提出，報章副刊是時下社會潮流及文化發展的寫照，從它出發分析當年有關婦女時尚的描塑和意見交流，可以窺探當年時代風潮的發展脈絡。他就婦女衣飾、放足，以及家庭生活的健康和電氣化幾方面進行檢視，指出 20、30 年代的天津婦女，一方面對現代性和西化潮流趨之若鶩，另方面卻遭受社會上保守勢力監察，處處顯得矛盾和無所適從。不過，即使如此，副刊因着編者、作者和讀者逐漸提高的性別意識和互動關係，無意間築構成一個女性發聲和女性主體表達的場所。

　　在文學與戲劇的研究方面，性別學者以文本與內容，以至語言與舞台呈現的交錯流動，探討的層次豐富而多變。姜進以莊周夢蝶故事的起源及衍變，考察了中國文化中有關性與道德觀念之歷史變遷。結合西方心理分析和女性主義研究，她認為歷史上各種版本的莊周夢蝶實乃以男性為中心的意識形態的再現。具有顛覆意義的是 2001 年在上海首演的越劇《蝴蝶夢》，從女性角度和生活經驗的層面，重新建構了關於性和道德的敍事。這部完全由女性創作和表演的作品通過塑造“主體性女主角”，大大減低了男性中心意識形態的影響。然而，女藝術家們以深厚的人性關懷進行的再創作，並沒有把對女性的關切建立在兩性絕然對立的概念預設之上。對於女性主義理論，她們並不在意。姜進指出，這恰恰對女性主義理論在中國的發展提出了挑戰。

　　人類學者柯群英的文章，掀開近年一個性別與文化的熱門話題：究竟科技文化的熱潮和其使用日趨普及，是多元性別空間的解放，還是父權文化的延伸？建基於美國近年方興未艾的網路虛擬文化研究，她引入上海與香港兩個城市對華人婦女網路使用的調查作比較。她發現網路使用的頻繁程度除了指涉婦女的年齡、階層和教育背景差異外，兩地婦女的不同需要也促使她們的網路使用發揮不同的功用。再者，女性的網路使用者正在形成一種虛擬社羣，在不同的共同興趣或目標上相互結連，延展她們生活的空間。

　　本書的第三部分以學者作為公共知識份子和社會行動者，他們以性別研究為基礎，通過批評和參與訂立公共政策，與被邊緣化的人羣 —— 不論是女性或男性 —— 站在一起，為推展社會公義作出貢獻。

　　蔡寶瓊對香港婦女運動的回顧詳細而尖銳。她認為女性主義意識的婦女運動在香港的歷史很短，過去 20 多年從來都不算是社會運動的主角，然而一開始便很有本土意識，以認同基層婦女權益為任。在 80 年代因着當時的政治氛圍，與社會運動一併冒升，參與促進政制民主化的過程。從 80 年代與殖民地政府交鋒到 90 年代與親中婦女團體的相抗衡；從早期關注對婦女的社會結構性剝削，到近年對性、流行文化及色情的討論；婦運經歷了一次又一次的範式轉移。肯定的是，即使婦女的議題還未能成為主要社會議題，婦女運動的參與者對時代轉變的開放與及對女性自主意識的堅持，成為香港社會繼續進步一股不可或缺的動力。

　　面對中國近年的經濟起飛和全面投入全球化的努力，潘毅通過農民工的“打工妹”呼喚新一代“階級鬥爭”話語的重臨。因着共產黨政治對“工人”和“階級鬥爭”一直以來的政治挪用，加上全球化資本經濟對民眾牽起的慾望，在國家機器及跨國資本聯合的壓力下，今日的農民工是失語的一羣。本文以深刻的觀察，指出女工們空有被尊崇的工人的實質勞動，卻連基本的工人戶籍也沒有；再加上被規劃的、馴養的女性身體，她們為國策下的資本發展付出個人代價。不過，潘毅認為，雖然女工缺乏“階級鬥爭”語言，她們的打工 —— 主體性仍然可以在日常生活的抗爭中展現出來，構成一定的“行動者回歸”的抗衡力量。

　　另一方面，在香港社會地下階層的生活也呈現性別差異。貧窮性別化並不是新的議題，只是過往對貧窮問題的理解多從女性觀點出發，並對貧窮的女性化作出研究。黃洪的研究將貧窮引入男性面向的討論，為這議題開拓新的關注。同樣是面對經濟衰退和轉型，女性以家庭需要為重，努力適應新的勞動市場需要。男性則為失去技能工種、工資下滑的情況，面對失去工作，而自尊受創、情緒鬱結，卻又拒絕接受低工資的服務性行業，寧願守株待兔或終日賦閒在家。黃洪提出要解決男性貧窮問題，職業的配套和心理的治療同樣重要。

　　從譚琳對中國 20 年以來婦女 / 性別研究的刻畫，可見性別平等在中國近年的大幅改革之中，仍然步步為艱。一方面，在多個政府部門的領導、高等院校的研究，以及社會科學研究機構、中國婦聯及中國婦女研究會等的多方努力下，婦女 / 性別研究已得到一定的官方肯定；而隨着中國國內對跨學科研究的日漸重視，一向以強調跨學科研究的婦女 / 性別研究有望會更受重視。但另一方面，從 2005 年以來的國家研究基金立項的分析，譚琳指出婦女 / 性別研究在重要領域如馬克思主義研究，和經濟及科技研究中，始終處於邊緣位置。她認為，唯有將婦女 / 性別研究正式納入社會科學研究的主流領域中，社會中的性別平等、和諧的文化才有進一步推進的機會。

　　與譚琳的經驗相對照，在台灣，顧燕翎作為民間女性主義者走入政制內推行制定女性主義政策，既見機會又見盡建制中的限制與困難。這篇壓卷之作，為我們展示了女性主義的社會實踐的成功個案。顧燕翎具體地將女性主義引介到政府的層層架構中，增進各局處及委員會的性別意識，提高女性在各層議會和政府公職的參與，並發展出一種互相支援和激勵的網絡，實在難得。她在台北地區政策有關條文的細緻規劃和具體落實和執行，也是華人地區中少有做到的。女性主義能夠引入政策制定之中，配合了天地人和；不過，顧燕翎認為最着重的始終是有力的民間女性主義運動。女性主義官員可以做的是把握政制的脈絡，有效的運用資源去進行有關的改革和實務的推行；然而改革的動力和支持點必須來自活躍和不斷更新的民間女性主義運動。

　　縱觀中港台的現況，或者我們能稍稍慶幸傳統上對婦女的絕對不平等已然消減（如 White，2003），性別平等意識在社會上已獲得普遍認同。但是相對的不平等，卻更含蓄化的滲透在社會的深層，表現在日常的生活當中，而大家對之視而不見；而在不同的階段，更不斷出現父權主義的反撲。在全球化的世代，華人社會雖有長足的經濟發展，但性別的刻板化在教育制度、普及文化等多個層面卻方興未艾；女性的經濟邊緣化、家務的女性化，使婦女勞動者比起男性勞動者面對更明顯的疏離與結構性歧視（葉漢明，2011：xiii；*Gunewardena & Kingsolver*，2007；Sen，2010）。性別學者的共同願景，是看到不同性別，作為國民和作為人的社會權利，能夠獲得制度性的全面保證，以至社會整體在性別思想、概念上出現根本轉變，並締造性別平等的文化。固然這個願景可以說是"路漫漫其修遠兮"，但通過學術研究、教育、社會行動的開拓與整合，性別研究必能為更平等的世界作出更大的貢獻。

參考書目

- 張妙清、葉漢明、郭佩蘭合編：《性別學與婦女研究 —— 華人社會的探索》（香港：香港中文大學出版社，1995 年）。

- 葉漢明：〈全球性、地域性、跨境性：女性／性別議題的啟示〉，載葉漢明編《全球化與性別：全球經濟重組對中國和東南亞女性的意義》（香港：香港中文大學香港亞太研究所，2011 年）。

- 孫曉梅編：《中國婦女學學科與課程建設的理論探討》（北京：中國婦女出版社，2001 年）。

- 魏國英、王春梅主編：《教育：性別維度的審視》（上海：學林出版社，2007 年）。

- Bern, S. L., "Gender Schema Theory: A cognitive account of sex typing", *Psychological Review*, Vol. 88 (1981), pp. 354–64.

- Bern, S. L., "Gender Schema Theory and its Implications for Child Development: Raising gender-aschematic children in a gender-schematic society", *Signs*, Vol. 8, (1983), pp. 598–616.

- Eckes, T. & H. M. Trautner (eds.), *The Developmental Social Psychology of Gender*. (Mahwah, NJ: Lawrence Erlbaum Associates, 2000).

- Gray, J., *Men are from Mars, Women are from Venus: A Practical Guide for Improving Communication and Getting what You Want in Your Relationships*. (London: Thorsons, 1998).

- Gunewardena, N., & A. Kingsolver (eds.), *The Gender of Globalization: Women Nevigating Cultural and Economic Marginalities*. (Santa Fe, NM: School for Advanced Research Press, 2007).

- Hesse-Biber, S., R. Lydenberg & C. Gilmartin (eds.), *Feminist Approaches to Theory and Methodology: An Interdisciplinary Reader*. (New York: Oxford University Press, 1999).

- Lorber, J., (ed.) *Paradoxes of Gender*. (New Haven and London: Yale University Press, 1994).

- Mann, S. "What can Feminist Theory do for the Study of Chinese History ? A brief review of scholarship in the U. S.", 《近代中國婦女史研究》Vol. 1 (1993), pp. 241–260.

- Rosaldo, M. & L. Lamphere (eds.), *Woman, Culture and Society*. (Stanford: Stanford University Press, 1974).

- Scott, J. W., *Gender and the Politics of History*. Revised ed. (New York: Columbia University Press, 1999).

- Sen, Amartya, "The Natue and Consequences of Gender Equality". In Murlidhar C. Bhandare (ed.), *Struggle for Gender Justice*. (New Delhi: Penguin, 2010).

- White, B., (ed.) *Chinese Women: A Thousand Pieces of Gold*. (Hong Kong : Oxford Unviersity Press, 2003).

目　錄

第一部：社會變革與性別研究學科的建設

第一部

社會變革與性別研究
學科的建設

春華秋實的足跡
——大陸"女性/性別"研究的回顧與展望

呂美頤

在世界範圍內，婦女研究的興起是婦女解放運動蓬勃發展的直接結果，是 20世紀女性角色變遷導致的社會結構變化的產物。它表明，世界文明發展到今天，人類已經有能力站在更新的高度，重新審視自身的存在方式，包括兩性關係的結構模式。20 世紀 80 年代，中國大陸、香港、台灣和海外中國女學界不約而同的興起了婦女研究，至今已走過了 20 年，在豐碩研究成果的基礎上，建立了相互促進、共同發展的良好關係。可以預見，通過交流與重新整合，華人社會的婦女研究將會進入新的發展階段。

艱難的歷程

20 世紀 20、30 年代中國曾出現過婦女研究的高峰，至今給我們留下了很多有價值的經驗。80 年代以來，又出現了一個新的波峰，並正以方興未艾之勢深入展開。

新時期中國大陸婦女研究興起的直接緣由，不同於歐美各國，它基本不是婦女運動的直接產物，20 世紀 70 年代末興起的社會改革，才是其興起的直接誘導因素。改革引發出的一系列婦女問題，諸如女性被離棄的所謂"秦香蓮"問題、競爭中女工大量下崗、女大學生分配難、婦女參政比例下滑、賣淫嫖娼死灰復燃等問題，短時期內大量湧現了出來，使一向習慣在"男女平等"環境中生活的中國女性，陷入了空前的困惑與窘境。婦聯系統出於職責所在，首先行動起來，尋求問題解決的出路，研究問題產生的根源。同時，這些現象也深深刺激了知識女性敏感的神經，激發她們以理性的眼光來透視這些問題；大陸的學術性婦女研究因此破土而出。可以説，中國婦女研究興起，不僅是中國女性自我意識和主體意識覺醒的產物，主要還是時代呼喚的結果。此後婦女研究持續發展的動力，除了研究本身發展的慣性，還有兩方面不容忽視的因素：一是為了自救而展開的婦女運動，對研究不斷提出新的需求；二是隨着開放的深入和資訊時代的到來，中外與港台傳來了愈來愈多的研究資訊，以及新的研究理論，尤其是社會性別的理論與方法，使研究有了更多更新的視角，這是當今全球化發展的必然結果。

　　20 年來，中國大陸的婦女研究經歷了不尋常的發展過程，以 1995 年世婦大會的召開為分水嶺，形成了特點不同的兩個發展階段。20 世紀 80 年代初至 1995 年第四次世界婦女大會，是大陸婦女研究勃發階段，表現為研究組織的創立與研究隊伍的集結、婦女研究的學術會議的召開、研究成果的推出、對婦女研究理論的探討等方面。這一時期，婦女研究經歷了從自發到自覺、從個體奮戰到組織起來的過程，研究在多學科、多層次、全方位起動，引起了中國以外婦女學界廣泛的關注。婦女研究進入了幾乎所有的傳統學術領域，包括婦女學、女性社會學、女性人類學、女性史學、女性文學、女性心理學、女性人口學、女性人才學，女性教育學、女性美學、女性宗教學等，出現了多種學科進發之勢。第四次世婦大會在中國召開，標誌着大陸的婦女研究進入了全新發展階段，社會各界與學術界對婦女研究的冷漠態度有所改變；更加寬鬆與自由的社會環境，亦為研究的發展注入了新鮮活力。這一時期值得注意的動向是社會性別理論的引入、性別主流化的提出與婦女學學科化的啟動，這裏包含了新的理論、新的思路、新的舉措。其主要影響在於促進了婦女研究學術水平的提高，使婦女/性別研究逐漸走出困頓，為大陸的婦女/性別研究與世界接軌打開了可行之路。

春華之秋實

　　經過 20 年的努力，大陸的婦女/性別研究取得了令人可喜的成績，有些方面取得了突破性進展：其一，建立研究團體，形成相對穩定的研究隊伍。1985 年河南省未來學會下設立了一個婦女研究會，同年北京市婦女理論研究會亦成立，這是中國大陸最早成立的專門進行婦女研究的民間團體。[1] 幾年內，在高等院校和科研院所，以及婦聯系統，迅速組建起一批婦女研究團體、組織和機構，形成了兩大研究羣。其中，婦聯系統的婦女研究組織建立較早，具有半官方性質，以研究女性面臨的現實問題為主。1991 年全國婦聯成立了"婦女研究所"，這是一個具有綜合性研究與調查能力，而起點較高的婦女研究機構，1994 年又建立了全國性的"中國婦女研究會"。婦聯系統依靠自己的資源優勢，在婦女研究上，正發揮着愈來愈大的作用。高等院校和科研院所方面，以 1987 年鄭州大學成立的婦女研究中心為先河，[2] 在 1989 年、1990 年杭州大學、北京大學繼之成立了婦女研究中心和中外婦女研究中心，90 年代初高校和社科院出現了建立婦女研究團體的高潮，多數著名大學、中國社會科學院、中央黨校等有影響的學術研究部門，都有了名稱不一的婦女研究團體。其中大連大學、天津師大等校的女性研究中心已經融入了學校教學體制。多數團體還處於體制之外的三無狀態（無經費、無編制、無專門處所），但是這一時期婦女研究的特點是持續性較好，研究水平提升較快。兩個並行但又有交叉的研究系統，好像列車的軌道，把婦女研究引向了新的階段。至2004 年，經過申請註冊的中國婦女研究會的各類會員組織、團體與機構已達 100多個，加上暫時未註冊的，數目更大。[3] 此外，還有一批所謂 "草根組織" 的民間婦女團體，如 "紅楓婦女諮詢熱線"、"鄭州市社區研究中心"，以及各地的婦女法律援助等組織，在承擔具體婦女工作的同時，也參與了相應的研究工作。在依託

---

1. 兩個團體成立後均開展了活動，前者在 1986 年召開了全國性學術會議，後者正式出版了《女性研究》雜誌。
2. 2003 年 "鄭州大學婦女研究中心" 更名為 "社會性別研究中心"。校內與女性相關的研究團體還有"女護士協會"、"女專家女教授聯誼會"、"女性法律維權協會"。經性別研究中心與校方協調，長期堅持了在校內舉辦與女性研究相關的系列專題講座，在通識課中開設了 "女性學概論"，在社會學學位點開闢了 "婦女工作方向"，並在文學、歷史學、社會學、教育學、新聞傳播學、法學等領域開展與女性相關的研究。
3. 20 世紀 80 年代成立的婦女研究組織，最早的有中國婚姻家庭研究會、全國女性人才研究會，以及一些省份關於婦女的專項研究會，如陝西省婦女理論、婚姻家庭研究會等。其次是湖北、浙江、上海、湖南、遼寧、吉林、江蘇、廣東、安徽等省的婦女學與婦女理論研究會，多掛靠在各省婦聯之下。90 年代初建立婦女研究組織的學校有天津師大、首都師大、人民大學、延邊大學、復旦大學、南開大學、武漢大學、西安交大、新疆大學及中央黨校等（陶春芳，1997；劉伯紅，2004）。

各類婦女研究團體的前提下，一支相對穩定的老、中、青相結合的研究隊伍已初步形成，並正在不斷擴大和更新，一些具有博士、碩士學位的青年學者積極加盟其中；它的意義，不僅在於證實了婦女研究的魅力，也為婦女研究的持續發展提供了保證。

其二，新的研究成果不斷推出，並顯示了跨科際和高度綜合的特點。有的學者把新時期開展的婦女研究稱為"研究婦女運動"，現在看來不無道理。人們多年來被抑制的婦女研究的熱情，一下子激發了出來，一批批研究成果相繼問世。高校系統的婦女研究，因其人才集中、學科完備、研究實力強等因素，一直處於優勢。1989 年至 1993 年，李小江主編的《婦女研究叢書》先後出版了 15 種（18本），這套學風嚴謹、涉及多種學科的婦女研究著作受到了中國內外婦女研究界的好評。其中《夏娃的探索》（李小江，1988）一書，對女性進行理論抽象方面見解獨到，被一些國外學者看作是"中國女性自醒的宣言"（李小江，2005：89），北京大學也於 1995 年出版了《女性研究叢書》、[4]《中華婦女文獻總覽》（齊文穎主編，1995）、《近百年中國婦女論著總目提要》（臧健、董乃強主編，1995）等；進入新世紀以來，天津師大依託婦女研究專案，出版了社會性別理論及女性教育學、女性史學、女性社會學等方面的系列專著。全國婦聯在重點開展婦女工作和進行相關研究外，亦組織人力撰寫了《中國婦女運動史（新民主主義時期）》（中華全國婦女聯合會編，1989），並對資料進行了大規模的收集、整理工作，出版了多卷本《中國婦女運動歷史資料》（中華全國婦女聯合會婦女運動史研究室，1986）、《中國性別統計資料 1990 – 1995》（全國婦聯婦女研究所、國家統計局社會與科技統計司，1998）、《中國婦女研究年鑒》（全國婦聯婦女研究所）等工具書，以公共資訊的形式為婦女研究提供了方便。與此同時，還有相當數量的婦女研究的專著和論文陸續出版和發表。據《中國婦女研究年鑒》不完全統計，近 10 年來出版的婦女研究專著接近 1,000 部，論文 2,800 餘篇。[5] 這些研究成果顯

4.　北京大學出版社自 1995 年出版一系列《女性研究叢書》，其中包括文學、少數族裔婦女問題，及當代社會議題如離婚等，各卷分別由不同專研人員編著。

5.　本文數字根據 1990 年 –2000 年兩部《中國婦女研究年鑒》所列篇目統計。書中提到，1995 年 –2000 年的五年統計中，接觸到與婦女研究相關的資訊有 7,000 多條。

示了共同特點：跨學科和高度綜合性。單一學科的研究方法已被證明難以適應婦女研究的需要，研究涉及的多種學科主要有：女性學與性別學、社會學、人類學、史學、文學、心理學、人口學、人才學，以及教育、美學、宗教、性學等多個領域。在突破傳統學術領域的基礎上，婦女研究還進入了諸如"女性與性"這樣一些長期被視為禁區的領域。潘綏銘、李銀河等學者在這方面的探索，顯示的不僅僅是突破的勇氣，還有洞察、分析和闡釋這些現象與問題的能力。[6]

通過中國內外各種基金的支持，以課題形式進行婦女研究，是改革開放以來普遍採用的新嘗試，這種方法有利於集中資金、人力和時間，對某一特定專題進行較為深入的研究。但是課題的內容主要涉及現實生活中的婦女問題，基本屬於社會學研究範疇，如：中國婦女的社會地位、婦女參政、婦女生育與健康及人口、經濟改革與女性就業、農村婦女素質與外出務工、家庭暴力、女童失學、女性與高等教育等，同時包括了女性學基本理論、在中國推進社會性別理論等理論性問題，少數民族婦女以及歐美等外國婦女的狀況也進入了研究視野。課題研究進行的現狀調查與對策研究，成為了理論與實踐相聯繫的紐帶，中國政府在推出《婦女權益保障法》，重新修訂《婚姻法》，以及解決女性就業、參政與一系列社會問題過程中，婦女研究的成果不同程度發揮了積極作用。

其三，開始走出婦女研究理論缺失的困境，形成了多元化研究視角與方法，尤其是社會性別理論的引入方面，其概念、理論與方法，已經被多數研究者所認可，並正在滲透到各個學科的婦女研究中，使婦女研究走向了婦女 / 社會性別研究的新境界。

欠缺理論資源是 80 年代中國婦女研究的最大難題。最初的婦女研究，幾乎全部都借鑒了本學科的研究理論與方法。以婦女史為例，從選題、收集資料、到論證過程，其理論與方法基本源自傳統史學，最多不過採用了當時史學界盛行的年鑒學派理論，以及文化史提倡的某些方法。80 年代初鄧偉志、白井厚、李小江

---

6. 相關的性學專著有：潘綏銘，1988；1995、李銀河，1998；1999 等。

等人提出了"婦女學"的學科問題（白井厚，1982），[7] 但這新學科的建立，始終缺乏新的理論支撐點。馬克思主義婦女理論雖然在很多方面有自己的優勢，但在性別方面存在着某些盲點。同時，在當時的政治背景下，嘗試建構婦女學理論時，不得不小心翼翼地躲避"自由化"的大棒。一個時期，中國大陸曾有一種耐人尋味的現象：即學者使用 feminism 時，將其翻譯成了比較中性的"女性主義"，而避免使用"女權主義"。這現象的產生，不僅因其複雜的歷史文化背景，也有對應現實的策略需要。西方的各種理論曾陸續進入中國，從老三論到新三論，從現代主義到後現代主義，以及後結構主義、後殖民主義、東方主義等風湧而入，不少人面對這些新理論，感到接應不暇又無所適從，而這些理論也未能對大陸的婦女研究起到真正的推動作用。

　　引起多數婦女研究者興趣的是"社會性別"理論。1995 年第四次世婦大會召開前後，這種全新的理論、方法與研究視角傳入中國。中國政府在大會上承諾"把男女平等作為促進我國社會發展的一項基本國策"，[8] 這舉動不僅具有象徵意義，也在實際生活中引發了人們對於婦女理論的研究熱情。1999 年，時任中國人大常委會副委員長、中國婦聯主席、中國婦女研究會會長的彭佩雲，在"中國婦女 50 年理論研討會"上表示，婦女研究"鼓勵創新，鼓勵不同觀點的互相切磋和爭鳴"，"學術問題的研究和討論沒有禁區"（彭佩雲，2004：14）。禁忌的打破與學術環境的優化，促進了婦女理論研究的展開。西方的婦女理論被大量譯介過來，如《婦女：最漫長的革命》（李銀河，2007）、《社會性別研究選譯》（王政、杜芳琴主編，1997）、《西方女性學》（劉霓，2001）、《科學、文化與性別 —— 女性主義的詮釋》（吳曉英，2000）等。為準備世婦大會，中外婦女學者共同翻譯的《英漢婦女與法律辭彙釋義》（譚兢嫦、信春鷹，1995），實際上已超出了作為交流工具的作用，而是相對準確地傳播了國際婦女人權及婦女研

---

7. 上海大學鄧偉志於 1982 年發表的〈婦女問題雜議〉一文，使用了"婦女學"概念（鄧偉志，1982），其後又出版了《婦女學吶喊》（鄧偉志，1994）。1982 年《國外社會科學》介紹白井厚的文章〈爭取女權運動的歷史和婦女學〉（白井厚，1982）。
8. 對"基本國策"的提法有兩種看法。一種認為，它只是我國《憲法》確立男女平等原則的一個具體提法，並不具有像"計劃生育國策"一樣的國策意義和效力。一種則認為這一提法具有劃時代的意義（李金珠，1998：16 - 19）。

究的理論。學者對於社會性別理論的認識角度不盡相同，有的認為它是對馬克思婦女理論的補充，有的認為它是一種全新的認識世界的理論與方法。認同者往往着力於這理論的傳播，存疑者則往往更加關注婦女理論的本土化。但是，將性別視為一個研究範疇，以及從性別視角切入各學科開展女性／性別研究，已經為婦女理論界所普遍接受，並且正在成為各學科專業領域開展婦女研究時普遍採用的方法。人們除了從哲學角度綜合性的探討社會性別理論之外，也在探討這理論在每一學科的發展可能與切入的路徑。新的理論與研究方法，已經成為提高婦女研究總體水平的推動力量。

其四，社會性別主流化、婦女學學科化 —— 大陸婦女研究的新熱點。聯合國提出的"社會性別進入決策主流"的戰略，這對婦女研究來說，無疑為解決其長期處於邊緣狀態提供了契機。主流化首先是指推動婦女研究進入社科研究和學科建設主流，包括教學主流；為此，各婦女研究團體，尤其是高校的婦女研究中心等組織，不僅進行了長期、踏實的工作，還進行了多方呼籲、宣傳、溝通，爭取得到有關方面的認可和支持，並取得了可喜的進展。2004 年 12 月，中國婦女研究會召開了"推動婦女研究進入社科研究和學科建設主流高層論壇"，邀請了教育部、中國社科院、中央學校、北京大學、南開大學等單位的主要負責人參加，會議主要議題是對婦女研究進入國家社科規劃主流和性別課程進入教學體系的必要性及可行性進行論證，提出了政策性建議。這是企圖通過權利系統，從上至下推動性別主流化的新嘗試。事實證明，這種作法是切實可行的，在 2005 年國家社科基金的立項工作中已取得立竿見影的效果。

婦女學學科化一直是婦女研究學者孜孜以求的目標，相關的理論探索與多種形式的實驗一直在艱難中進行。80 年代起，北京大學等院校已開始嘗試在各個學科中開闢與婦女學相關的課程。世紀之交，婦女學進一步轉向了"婦女／性別學"，向獨立學科的發展又邁進了一步。2000 年，婦女學開始以獨立課程立項，"其中包括天津師範大學婦女研究中心聯合國內同行主持的'發展中國的婦女與社會性別學'課題；北京師範大學教育系主持的'對現行中小學和幼兒教材的性別分析'課題；還有大連大學性別研究中心主持的'女性與性別教育：以校區為基礎'課題；北京大學中外婦女問題中心等中外交流引介的翻譯專案等"（杜芳琴，2002：16）。目前，多數院校是在通過計劃開設相關課程來進行學科化嘗試，各類與女

性 / 性別學相關的課程分佈在三個層次：一是全校素質課的選修課，二是專業課的選修課，三是研究生的選修或必修課，已有 50 多所高校開設了以上類型的課程。[9] 目前大陸雖然還沒有婦女學的碩士、博士學位點，但一些學位點已開闢了與女性相關的研究方向，如婦女史、婦女工作、女性文學等，選擇婦女問題作為博士、碩士學位論文方向的也已為數可觀。可以説，婦女學學科化全面進入了實驗階段。婦女學的學科基地建設，也提上了議事日程，正在以一些高校和全國婦聯婦女研究所為中心進行籌建，得到了國內有關高校校方的積極配合。

此外，推動性別意識進入政府決策主流，是一件更加艱難的工作，目前已進入調研階段並啟動了對策研究。

其五，建立起了婦女研究的學術交流機制與平台。這裏起作用的首推各類婦女學學術交流會議，再説就是大眾傳媒。學術交流在最初階段顯得格外重要，它不僅是資訊和經驗交流的需求，也是互相鼓舞的精神力量。1990 年，鄭州大學婦女研究中心在各方面條件不完全具備，特別是經費十分困難的情況下，召開了 150 多人參加的 "婦女的參與和發展" 國際研討會，中國內地學者有機會與港台、歐美學者面對面接觸，討論的熱烈程度出乎意料。1990 年至 1995 年，北京大學中外婦女研究中心連續召開了三次國際性的關於婦女研究的學術會議，一個能與世界溝通的全國性婦女研究的學術網路逐步形成。90 年代起，中美、中日、中俄婦女問題研討會，以及 "海峽兩岸婦女發展研討會" 先後召開，1995 世婦會的非政府論壇上，3 萬多名各國婦女、數千場會議，實現了前所未有的婦女研究的國際性交流。請進來與走出去的婦女研究學者也日益增多。進入 21 世紀，中外婦女研究的交流進入了更高層次，2004 年 6 月，復旦大學與美國密歇根大學聯合在上海召開了 "百年中國女權思潮研究" 國際學術討論會，中國婦女研究會每年召開一次專題研討會，已成為一項制度。

一些熱衷於婦女問題的新聞界與出版界，對於傳播婦女研究資訊、推動婦

---

9. 目前各大專院校開設與婦女相關課程的形式有多種，有些在各學科開設相關選修課程，如在歷史系開性別史，在中文系開女性文學等；有些是在素質教育課中開設 "女性學概論" 和女性專題選修課；在研究生中開設的婦女研究課程，多為輔助性選修課。目前大陸還沒有獨立的婦女學碩士點與博士點，也無法系統地開設相關課程。

女研究的發展作出了重大貢獻，他們在婦女與社會之間，在婦女研究與百姓生活之間建立起了溝通橋樑，使長期處於邊緣狀態的婦女研究為社會和民眾所逐步了解，也使婦女研究有了自己的陣地，一批以研究婦女問題為主旨的雜誌先後創刊出版，如《婦女研究論叢》、《婦女研究》、《中華女子學院學報》等，國內有影響的學術刊物如《歷史研究》、《哲學研究》、《社會學研究》等也都為婦女學術研究打開了大門，開啟了婦女研究進入學術主流的必經之路。還有一些非正式刊物，如中國婦女研究會的《婦女研究動態》、天津師大的《婦女與社會性別通訊》等，也在溝通資訊方面發揮了積極作用。

　　經過多年的不懈努力，大陸的婦女研究取得了很大進展，並出現了持續上升趨勢，雖然還稱不上"顯學"，但已經常以"熱門話題"形式被學術界，甚至為整個社會所矚目。能有今天的局面，主要是婦女學界同仁共同奮鬥的結果，也是全社會特別是部分男性理解與支援的結果。對此有學者這樣總結道："當代婦女研究運動的高漲，並不依賴於一兩個人的先鋒作用或一兩本書的誘導，主要有賴於社會氣候和大眾傳媒的作用。大一統的社會格局可能造成大一統的社會氣氛，召喚並誘導婦女的集體動作，積極為中國婦女研究鳴鑼開道"（李小江，2005：86）。這是中國婦女研究得以迅速發展的原由之一。

跨越的期待

　　中國大陸的婦女研究在發展中形成了自己的特點。一方面是它的開放性，衝破了封閉的研究模式，與海外婦女學界，以及港、澳、台婦女研究團體建立了密切聯繫，開展了多種形式的交流。其中既有西方研究理論與方法對於國內研究的衝擊，也有世界各地華人同道與同仁的熱情關懷與支持，[10] 包括海外各種基金會的資助。[11] 這些珍貴的援助，對於大陸的婦女研究及時吸納新的研究理念，在更廣大

---

10. 留美中國學者王政、鮑曉蘭、高彥頤、鮑家麟等人，香港學者葉漢明、張妙清、郭佩蘭、黃嫣梨等人，台灣學者姜蘭虹、顧燕翎、林維紅、游鑒明等人，以及其他學者，均因經常參加大陸婦女研究活動，而為大陸學術圈所熟悉。
11. 長期給予中國婦女研究以資助的有很多國際基金會，如美國的福特基金會、亞聯董、香港樂施會、日本國際交流基金會等。

範圍內啟動課題研究，都是不可或缺的。同時，改革開放也促使愈來愈多的中國學者走向了世界。交流產生的互動，使中國國外及港、台學術界進一步了解了大陸婦女研究的特色與進展。相互理解、信任與支援及合作式研究，對於推動開放型的中國婦女研究是非常重要的。[12]

　　另一特點是作為官方代表的婦聯對於婦女研究的重視與參與，並在推進研究中實現了與民間學術團體的合作。人們欣喜地看到，全國婦聯在改革中正在逐步轉型，從專注於婦女工作轉變為工作與研究雙軌並行，全國婦聯的婦女研究所及其創辦的婦女研究會、婦女研究刊物，正在走向學者化與學術化，特別是有計劃的大量資助婦女研究課題，對於在邊緣處境中掙扎的婦女學的發展無疑是一種有力支持。可以説，婦聯對大陸婦女研究產生實質性的影響，並有擴大的趨勢。此外，在社會性別主流化方面，婦聯也在通過橫向溝通和利用組織網路上下通達的優勢，為開闢通往決策層的可行之路，進行了有益探索。在這些方面，民辦婦女研究團體往往是無法與其比擬的。民辦婦女研究團體與婦聯系統的研究力量走向聯合，有利於大陸婦女研究的發展，也體現了中國的特色。

　　取得重大突破的同時，大陸的婦女研究始終也被一些棘手的問題所困擾。首先是性別主流化的迫切願望與婦女研究的邊緣化處境產生的矛盾，除了婦女社會學、女性文學、婦女人口學等少數學科，多數學科中的婦女研究基本上還被排斥於主流學術圈之外，經常受到有形或無形的歧視。婦女學的學科化除了本身不成熟，還有教育體制造成的諸多限制。這固然需要婦女研究團體繼續努力，但有些則是研究者自身難以解決的，而有賴國家體制改革的深化和整個社會性別意識的提高。

　　其次是引進國外研究理論與方法同本土化要求的矛盾。由於本土理論資源的短缺和西方各種研究理論不斷湧入，在引進過程中不可避免地出現飢不擇食或囫圇吞棗的現象。女性研究理論本土化的問題尚未引起足夠的重視，缺乏突破性進展；對於可能出現的東方主義與文化霸權主義，也缺乏應有的警惕和認真的辨析。再者就是婦女研究的理論成果倍出與難以在改革實踐中充分發揮作用的矛

---

12. 據統計，1999 年 – 2004 年，中國的國家社科基金資助的研究專案共 5275 項，屬於婦女／性別研究的僅有 28 項，佔 0.5%，集中於社會學、人口學、文學（譚琳，2004）。

盾，這也是一個體制性問題，不僅直接影響了婦女研究者的積極性，還涉及研究的成本問題。此外，不少人還擔心在婦女研究的發展過程中，是否會產生權力與金錢的介入問題，是否會由此產生對婦女研究獨立性的侵蝕或其他的影響。從總體看，大陸的婦女研究與港、台及歐美一些地區相比，總體水平還有差距，有待解決的問題也很多。

世界性的婦女研究已經開創出了一片天地，但要走向輝煌還需更加奮勇前行。就大陸婦女研究而言，當前急需解決而且可行的有如下幾個方面：第一，通過創新，實現婦女研究理論的本土化、民族化，這是一切理論研究走向成熟的必要前提。我們不應只做西方女權主義研究範例的學徒，而應在充分借鑒和吸納西方理論精華的基礎上，建立一個開放的、以西方女權主義文化為參照系的理論體系。第二，為性別意識主流化尋找理論依據和可行的路徑，並開展相應的策略研究。其中涉及三個方向，一是推進婦女研究在各領域學術地位的提高，二是敦促政府系統實現性別意識進入決策主流，三是在全社會普及性別意識。全方位推進性別主流化是婦女研究者義不容辭的歷史責任。第三，在世界華人範圍內，開展有效的合作研究。合作的重點可放在對不同地區、不同族羣的華人婦女進行比較研究方面，改變各說各話相互疏離的狀況，開展實質性與綜合性比較研究，使世界華人女性社會中固有的同中有異、異中有同的文化現象，得到充分展示和理性的闡釋。這將不僅對大陸的女性研究，而且對於海外與港澳台的婦女研究，產生積極的影響，開闢出一片新的視野。

參考書目

- 中華全國婦女聯合會婦女研究所、國家統計局社會與科技統計司編：《中國性別統計資料：1990–1995》（北京：中國統計出版社，1998 年）。
- 中華全國婦女聯合會婦女運動史研究室主編：《中國婦女運動歷史資料》（北京：人民出版社，1986 年）。
- 中華全國婦女聯合會編：《中國婦女運動史（新民主主義時期)》（北京：春秋出版社，1989 年）。
- 王政、杜芳琴主編：《社會性別研究選譯》（北京：三聯書店，1997 年）。
- 白井厚：〈爭取女權運動的歷史和婦女學〉，《國外社會科學》，4 期 (1982 年)，頁 66–69。

- 全國婦聯女研究所編：《中國婦女研究年鑒》（北京：社會科學文獻出版社，2001 – 2005 年）。
- 吳曉英：《科學、文化與性別 —— 女性主義的詮釋》（北京：中國社會科學出版社，2000 年）。
- 李小江：《夏娃的探索：婦女研究論稿》（鄭州：河南人民出版社，1988 年）。
- 李小江：《女性、性別的學術問題》（濟南：山東人民出版社，2005 年）。
- 李金珠：〈論男女平等基本國策的依據和意義〉，《中華女子學院學報》，4 期（1998 年），頁 16 – 19。
- 李銀河：《同性戀亞文化》（北京：今日中國出版社，1998 年）。
- 李銀河：《性的問題》（北京：中國青年出版社，1999 年）。
- 李銀河：《婦女：最漫長的革命》（北京：中國婦女出版社，2007 年）。
- 杜芳琴：《婦女學和婦女史的本土探索》（天津：天津人民出版社，2002 年）。
- 陶春芳主編：《1991 – 1995 中國婦女研究年鑒》（北京：中國婦女出版社，1997 年）。
- 彭佩雲：〈加強婦女理論研究 —— 推動婦女發展〉，《中國婦女研究年鑒 1996 – 2000》（北京：中國婦女出版社，2004 年）。
- 臧健、董乃強主編：《近百年中國婦女論著總目提要》（吉林：北方婦女兒童出版社，1995 年）。
- 齊文穎主編：《中華婦女文獻總覽》（北京：北京大學出版社，1995 年）。
- 劉伯紅主編：《中國婦女年鑒 1996 – 2000》（北京：中國婦女出版社，2004 年）。
- 劉霓：《西方女性學》（北京：社會科學文獻出版社，2001 年）。
- 潘綏銘：《神秘的聖火 —— 性的社會史》（鄭州：河南人民出版社，1988 年）。
- 潘綏銘：《中國性現狀 —— 潘綏銘性學專題》（北京：光明日報出版社，1995 年）。
- 鄧偉志：〈婦女問題雜議〉，《解放日報》，1982 年 11 月 26 日。
- 鄧偉志：《婦女學吶喊》（澳門：澳門出版社，1994 年）。
- 譚琳等：〈關於將婦女／性別研究進一步納入國家哲學社會科學規劃的建議〉，"推進婦女／性別研究進入社科研究和學科建設主流" 研討會上的發言。2004 年。
- 譚兢嫦、信春鷹主編：《英漢婦女與法律辭彙釋義》（北京：中國對外翻譯出版公司，1995 年）。

女性主義思潮下性／別研究新課題芻議
——一個台灣男性的省思 [1]

謝臥龍

女性主義思潮的衝擊與在地回應

20 世紀 60、70 年代第二波女性主義（Second Wave Feminism）孕育婦運能量，掀起強而有力的迴響。在這種聲浪的激盪中，當時的女性主義者大多認為，要解放女性，就要徹底改變男性主宰的社會文化，唯有改造女性的內在意識，始能克盡其功。因此，提高女性意識的團體紛紛成立，致力提升婦女的自尊與自信。在女性意識和女性主義理論與婦女生活經驗密切結合的情況之下，"男性壓迫女性" 是當代女性主義者的共同想法。歐美激進派女性主義者皆認為，父權文化就像種族主義一樣，是一種無可救藥的病毒，是腐化社會的元兇，是一種男人壓迫和宰制女人的社會文化機制。

時移勢易，社會轉型，教育日益普及，經濟急速發展，因應就業市場所需，許多婦女投入就業職場。然而，父權社會的觀念和制度，卻未能及時因應此變遷，以致家庭主婦與職業婦女對於社會既存已久的性別角色刻板印象和性別角色衝突漸感不滿（顧燕翎，1995）。此時，正值台灣威權政治體系日受挑戰，發生鬆

---

1. 獲作者同意，本文由本書編者葉漢明改寫自《知識型構中性別與權力的思想與辯證》（謝臥龍，2004：1－13）。作者謝臥龍為國立高雄師範大學性別教育研究所副教授。

動。林國明與蕭新煌（2000）就指出，台灣社會集結民間社群的力量，挑戰既有的秩序和文化，藉一波一波的社會運動，要求公平地分配資源，及個人權益有保障，並進而試圖建構新的權力秩序。

　　70 年代引領 "新女性主義" 運動的呂秀蓮（呂秀蓮，1972），呼籲女性要以破釜沉舟的決心和魄力追求與男性平等的地位，白領階級女性追求性別平權遂成時尚。隨後四位堅強勇敢的女性學者於 1985 年篳路藍縷地創立了台大婦女研究室，引領當代婦女研究的風潮。女性主義思潮被催生，隨着解嚴時政治結構的鬆動而飛揚激盪。

　　思潮的洶湧澎湃和婦運的波瀾壯闊，衝擊既有的性別權力版圖，翻轉了社會資源分配的方式。女性主義在個人性別意識形態、學術研究，以及婦女運動中建立理論根基，進而在本土性的回應中，凝聚出理論觀點和實踐。知識生產成果豐碩，深具啟迪力（劉惠琴，2000）。

　　本來，父權意識決定了社會中男女的位置；資本主義的利益和價值觀，也姑息了性別偏見與性別盲。與此頡抗的自由主義與社會主義的女性主義者之間，興起了一場改革社會體制或重建社會體制的爭辯（黃淑玲，2000）。理念與意識形態的辯證交錯，激化了個人性／別經驗的再體認，性／別意識的再形塑，以及性／別權力版圖的重構。

　　以自由經濟為前提的全球化熱潮，不但促使資本主義帶動人類關係的商品化（夏曉娟，2002），更加深了對開發中國家廉價女性和兒童勞動力的剝削。針對這種現象，70 年代源於第三世界的女性主義運動，結合第三世界的婦女社群力量，在文化和社會兩條戰線上進行雙軌抗爭。他們挑戰父權社會以及西方女性主義中產階級的狹隘偏見，堅決反對任何形式的性別與種族壓榨（蘇紅軍，1999）。在全球化的弔詭氛圍下，Smith 和 Hooks 鼓吹全球化女性主義，以全球所有階級和種族的婦女為對象，呼籲婦女解放，以擺脫殖民主義及帝國主義父權意識形態的桎梏（Smith，2000；Hooks，2000）。

　　70 年代新女性主義在台灣社會興起，其他各種流派的女性主義也風起雲湧。這一波一波的女性主義理念，透過更寬廣的思辨場域，挑戰社會文化中既存已久的 "男尊女卑" 性別區隔和不平等現象。追求兩性平權，已蔚為今日的社會風潮。這風潮為台灣婦運灌注理論養分，讓婦女運動蓬勃發展，並在女性意識抬頭的社會情境中，令女性充權的實踐，產生了巨大的改變。醞釀多年的兩性平等法、家暴防治法，以及民法親屬篇的三讀立法通過和全國實施，造就了職場和家庭中性別權力的移置。相關的公共部門機構回應社會需求和民意壓力，設立了追求性別平等的官方組織，諸如在行政院成立的婦女權益促進委員會，教育部的兩性平等教育委員會，以及內政部的性侵害防制委員會等。

婦女與性別研究亦在學術研究領域中萌芽茁壯，國立台灣大學婦女研究室首先在 1985 年創設婦女研究室，國立清華大學兩性與社會研究室於 1990 年繼之成立，高雄醫學大學亦於 1992 年利用跨校際與跨科際的研究資源，設置兩性研究中心，共同為性別與兩性研究而努力。這些年來，國立中央大學、世新大學、國立成功大學、東海大學與暨南國際大學在 2002 年也紛紛成立了婦女與性別研究機構。不但如此，國立高雄師範大學更於 2000 年首創全國第一個性別教育研究所，高醫大在翌年也繼之而成立性別研究所，而世新大學的性別與大眾傳播研究所則在 2003 年招生。

這種種情況展示了歐美女性主義在中國本土實踐的歷史，這一波一波的新思潮更帶動情慾、性取向、父母職、性別角色、性別氣質等課題的研討，進而牽動社會對性/別權力結構的反思和檢視。以下是一些與社會變化相關的研究課題示例。

有關性/別權力關係重構的研究課題

職場中女性處境的轉變

資本主義興起後，愈來愈多婦女投入職場，但父權結構與資本主義卻聯手，使職場上的女性受到不公平的對待。Kimmel 指出（Kimmel，1998：57 - 68），今日職場中的男性主管擁有性別和階級優勢，部分常對女性屬下性騷擾，令婦女就業職場充滿性別歧視。其他問題如女性與男性在薪資和升遷上的不平等及"同工不同酬"、婦女在職業訓練機會上遠低於男性、婦女工餘還需負責大部分的家務等（胡幼慧，1995；詹火生，1995），都是女性在工作上所遇到的困難。女性在職場上的權益不僅被剝奪，其遭遇更會被正常化和合理化。

因此，在工作場域的性別互動中，破解既有的性別權力關係，並聲討性騷擾的情況，是爭取兩性待遇平等之道。除了在法律和政策上爭取對婦女權益的保障外，我們也要更努力在家庭與工作之間取得平衡。在男性方面，如能以尊重的態度處理職場中的男女互動，在以男性為主導的工作層級中，放下權力對女性的束縛，方能消除性別區隔、歧視或壓榨。總而言之，在性別意識方面的覺醒，能帶動對性別權力關係的檢視和反省，對形塑無性別區隔和歧視的職場氛圍，以及改善職場中女性的處境和地位，都肯定大有裨益。歸根結底，要扭轉男性主導下職場中的性別權力關係，也得靠男性一方的覺醒。在這方面，Kimmel 所說的男性的女性主義實踐及有關影響，不失為一個值得開展的討論題目。

異性戀文化霸權下的同性戀解放

父權是女性主義的最大敵人，父權所衍生的"異性戀文化霸權"更擴大了異/同性戀的區隔。在性解放的道途上，"直人"（straight）的權力及其所建構的社會也應受到質疑和挑戰。"同志"運動伴隨同志團體的成長而開展，在實際的社會事件中，以行動或論述來對抗異性戀霸權文化。如白佩姬（白佩姬，1997：211－218）所言，同志運動呈現的是政治與文化的雙曲線進展。例如台灣的 AG 事件、東森事件、常德街事件等，都有異性戀公權力的介入。同志團體更透過合縱連橫法，不僅用網路串聯，更以實際行動為同志爭取權益。2001 年兩名同志，詹銘洲及陳文彥，就以實際行動在台北立委選戰中開拓同志運動的另一片領域。同志參選之路已開啟，革命尚未成功，同志更須努力（謝臥龍、張銘峰，2002：239－258）。此外，同志書報的發行、同志電影的大放異彩、同志音樂專輯的推出、同志紀錄片的拍攝、同志書店的成立等，都是呈現同志面貌的文化形式。阮慶岳也指出（阮慶岳，1998），空間乃因應心理需求而產生的領域，而其領域性質與空間使用者的權力和意識更有相當程度的關連。然而，同志對於生存空間的需求，又常源於與"直人"在權力、利益和秩序觀方面的衝突。衝突的存在也使社會不得不看見同志，不得不談論同志。不僅異性戀思維開始鬆動，異性戀空間也開始由點到面的與同志空間交疊。同志解放運動更因"酷兒"論述的引進,而進入另一境界,改變了異性戀"直人"所建構的版圖。在這方面,論述與運動間的互動及其影響,尚待進一步探究。

情慾潮流的激盪

台灣的女性主義論述中,情慾自主、性解放和女同性戀可說是當中涉及本地性慾政治的三條主線。1992 年婦女新知基金會舉辦"我愛女人"園遊會,首度展示女性性慾,基本上也延伸女人認同女人的認同政治論述,反抗性別歧視。《婦女新知》、《女朋友》、《島嶼邊緣》、《立報》等也開啟了另類情慾以及情慾自主的討論(顧燕翎,1999:287－295)。何春蕤於《豪爽女人》一書(何春蕤,1997)中喊出"我要性高潮"的口號,挑戰了男主動女被動的情慾價值,也使女性透過行動從情慾禁錮的樊籠中解套,強調性解放的重要。柯采新(Cheshire Calhoun)曾提出,女性主義者對於異性戀壓迫的分析不足,使女性主義所建構的女性認同對認識女性間的差異,所造成的障礙多於啟發;在二元對立的世界裏,同性戀女性的身份也消失不見了(顧燕翎,1999:294)。情慾自主、性解放和女同性戀三種思潮的奔流,讓情慾展現出豐富的生命力。如張小虹(張小虹,1995)所提及,性別邊界的存在,在於標示、劃分、釐清和隔開;而跨越邊界的可能,則在於偏離、錯置、擺盪和位移。因為有分明的邊界,也就不斷有跨越的慾望。這種訴求是不分性別、種族、階級或性取向的。情慾的解放不僅挑戰了傳統的性別角色刻板印象,也讓情慾的呈現有更多元的樣貌。劉亮雅在《慾望更衣室》一書裏大量提到酷兒情慾(劉亮雅,1998)。Gayle Rubin 也提出"情慾少數"(erotic minority)的口號,直接挑戰異性戀婚姻、一夫一妻、陽具掛帥等,以及以生殖為中心的霸權所排拒的各種性慾樣態,如同性戀、易服者、變性人、SM(玩虐/扮虐)等(顧燕翎,1996:258)。情慾已沒有疆界,在性別意識的活化以及情慾的多元解放已成潮流趨勢後,有關研究便不得不亦步亦趨。

婚姻及家庭中的性別權力重整

恩格斯於 1884 年出版的《家庭、私有財產與國家的起源》(*The Origin of the*

Family, Private Property, and the State）曾提及婚姻和家庭的轉變，由羣婚、對偶婚，發展到一夫一妻或一夫多妻制，一夫一妻（或多妻）的父權家長制等，使男性掌控了在婚姻和家庭中的主導地位，女性在家中不僅成為男性的私有財產，連家務中的勞動力也由丈夫支配（黃淑玲，2000：63）。婦女解放運動中的婚姻和家庭議題也聚焦於夫妻親密關係／家務分工等方面的互動。Giddens（2001）指出，男女所締結的婚姻關係漸從經濟的考量移轉到性的吸引和浪漫愛情上。夫妻的刻板性別角色可以在情愛的經營中翻轉，影響婚姻中夫妻關係的因素也更趨多元。在家中勞務多由女性負擔的情境下，"家務有給制"乃夫妻共處合作方式的另類選擇，可平衡家中性別的權力關係。在婦女再職和再進修的機會遠低於丈夫的狀況下，夫妻在工作、進修與家庭間的協作和配合，也在考驗並改變婚姻和家庭中的夫妻關係，夫妻間的親密關係也可以不再執着於原有的形式。凡此種種改變，不僅鬆動家庭中的性別權力關係，也因夫妻間親密關係的經營，使性別刻板印象和角力的影響降低。現實的變化和社會訴求將為研究提供更多案例，對理論重構也有一定的啟示。

父母角色和職能的改變

父權社會所形塑的家庭觀念，以及父嚴母慈的制式，令中國傳統女性以養兒育女為其一生榮耀所在的天職（鄭至慧，1996：110）。生育及養育的母職荊棘冠冕強加於女性頭上，使女性處在以生物本質為基調的性別弱勢地位中，營造出某種形式的壓迫。女人不僅被視為卑微，其身體自主權亦被剝奪，甚至母職實踐的過程亦充滿意識形態之爭。不同世代的育兒觀念的衝突、不同性別的教養方式，以及不同階級對母職的要求，皆與權力競逐有關。無論結果如何，女性永遠是最大輸家。她們因生育者的母職和角色而被視為消費者，缺乏經濟價值；因撫育者的母職和角色而在職場上被視為失能者；又因照護者的母職和角色，女性在情感上必須是無限量的供應者。

在社會極高的要求和期許下，女性不但得對抗自我不被社會容納的情感掙扎，更被迫在父權制的霸權文化中壓縮自我。另一方面，男性也擔負着家庭的重擔，"養家活口"的性別角色和父職也成了一種束縛（賴爾柔，2002：315）。男性在男子氣概的要求下被壓抑、被僵固。傳統男子氣概所形塑的無情感、獨立和權威特質，令男性因此被視為欠缺照護他人的能力，育兒遂成為父職之外的工作。王舒芸的研究（王舒芸，1996）也指出，在育兒的工作上，因性別角色和分工的制約，男性在參與育兒工作時中多處於被動，且在時間上往往是偶發性和間歇性的，對父職的社會期待僅在於經濟支持和保護功能上。男性參與的撫育工作被視為業餘的，具有加分效果。當母親以母職為義務工作時，父親參與育兒工作卻被頒予驕人的"新好男人"獎章。除了性別社會化的影響外，亦隱然有性別權力的掌控機制在發揮作用。

今天，傳統的父／母角色和職能經歷了女性主義思潮的強烈挑戰和解構，產生鬆動或蛻變。父親可以肩負養育子女的"奶爸"角色，母親也可以勝任養家的經濟支柱角色，彼此間在角色和職能上存在更多的流動與移轉。存在主義女性主義者西蒙・波娃提議透過社區來分擔養育小孩的工作；Chodorow 則主張親職共負（joint parenting）。男性參與撫育照顧子女的工作，可減輕女性的育兒重擔，使她們得享有自主和平等的權利。男性則經由與孩子的親密互動，學習情感抒發之道和照護方法，並鬆脫僵固的男子氣概枷鎖。這種在女性主義思潮的衝擊下父／母職的多元選擇，既是新生事物，也是研究新課題。

性別特質和角色的顛覆

在父權結構和體制的操弄下，不同的性別角色特質鑲烙在不同性別的思維及行為表現上，透過國家、社會、家庭、學校等機構的推波助瀾，男性擁有男性化特質、女性保有女性化特質成了社會化必經的門徑。周淑儀（2000）認為父權意識形態為兩性建立角色規範，形成性別角色發展的差異，並利用角色規範來壓抑女性潛能，將她們塑造為弱者；而女性在缺乏意識覺醒的情況下，內化了性別角色，阻礙了自我發展的機會。黃麗莉在《跳脫性別框框》一書（黃麗莉，1999）中，也提供諸多對於性別刻板印象的反省和解構門徑，指出男像男、女像女的性別角色可以不再是理所當然的；同時擁有男性化和女性化特質者可能有更佳的生活，以及更高的適應能力。娘娘腔男孩，男人婆女孩現在或許仍是揶揄嘲諷的話語，假以時日，未嘗不會成為一種對他人恭維的美言稱讚。當反串風在媒體已被大眾接受之時，性別角色的界線已模糊難辨。男像不像男，女像不像女，Who cares ？而跨越性別界線的現象已成學術研究的對象。

女性主義衝擊下的男性主體

隨着時移勢易的變化和社會轉型，少數男性受到女性主義思潮感召，有人在思維上作出反省，有人投身於解放婦女運動的行列。這種性別關係的微妙改變，引發了爭辯。Sandra Bartky（1998）首先認為，由婦女解放運動的歷史可見，女性主義者在尋求經濟援助的過程中，有時也與對婦運有微言的基金會合作，以拓展婦運。這種借助外力的經驗令一些年輕的女性主義者領會到，婦運不能將主導社會主流文化與經濟活動的男性拒絕於外。

此外，一些男性在回應婦運家在女性認同方面的痛苦經歷時，也對自己在父權文化中所受到的男性性別認同的衝擊作出反省。在這種自我體認與相互回應的互動中，許多男性整合了女性主義的婦運價值和使命感，他們的個人生活和人際關係也深受影響。這些影響也衝擊着男與女之間，或父親與子女之間的關係，或其他親密關係，以及工作與學術研究和教學的發展。因此，一些新生代的女性主義者認為，不同性別之間的相互學習，不但可以修正往昔激進派女性主義的性別分離主張，更能為改造父權文化和社會結構，營造更有利的條件。

女性主義不僅刺激男性對性別認同的反思，也促使男性對種族主義作檢討。Bartky 認為，在以白人中產階級為主流的美國社會，男人經歷了種族和階級的衝突，枉耗了無法計量的精力和社會成本。因此，愈來愈多男性了解種族主義餘毒的深廣危害性，認同反種族主義的信念，進而為擺脫種族、性別、文化、階級壓迫者的身份而努力，甚至提出反性別主義和反種族主義的立場。女性主義者認為，男/女共同結盟相互聲援，以多種方式發聲和行動，始能解放性別桎梏，重構男女性別關係。

在 *Men Doing Feminism* 一書中（Kimmel，1998），作者 Tom Digby 激發女性主義者，以及從事女性主義思考的男女對女性主義運動作進一步的反思。他指出，身為女性主義者的男人，與從事女性主義運動的男人之間，存在一種辯證的關係。男人能否成為女性主義者，關鍵在於其信念和價值；而從事女性主義運動的男人所重視的，則是行動與實踐。

　　存在主義大師沙特的名言 "存在抑或虛有"（being or nothingness）以及 "存在先於本質" 闡明存在重要性：如果沒有存在，則一切本質都是虛空的。同樣，從事婦女運動者如果沒有女性主義的意識，在行動力度上可能會有某種程度的不足，或在方向上有所偏頗，結果，不僅浪費了自己投放的時間和精力，也令女性主義社會運動的成效大打折扣。反過來説，擁有精深學理，卻只光説不做，無以付諸行動，那不正是知識巨人，行動侏儒嗎？因此存在與行動之間，有着相互拉扯的動力。女性主義者的身份，與從事女性主義運動的實踐同樣重要。

　　男人是否可以成為女性主義者，以及男人是否可以從事婦女解放運動的辯論，衝擊着身為女性主義者的我，刺激我嚴肅地思考。在學術殿堂中大談女性主義理論，如不能付諸於實際行動，那不啻是假借女性主義之名，而坐享父權社會男性的優勢。如此一來，不僅無法貫徹女性主義的理念，更可能因假意識的為害而讓性別解放運動受挫。因此，男人是否可以成為女性主義者，以及男人是否可以參與女性主義運動的問題，與男人的女性主義思維和相關的實踐行動有關，必須將二者作一體兩面來思量。故上文所述，既涉及思維層面，也有社會現實的一面；既是研究課題芻議，也是行動芻議，二者密不可分。你／妳説是嗎？

參考書目

- 王舒芸：〈現代奶爸難為乎 —— 雙工作家庭中父職角色之初探〉（國立台灣大學社會學研究所碩士論文，1996 年）。
- 白佩姬：〈文化與政治的雙曲線：漫談九零年代中葉的同志運動轉折〉，載紀大偉編《酷兒啟示錄：台灣當代 Queer 論述讀本》（台北：元尊文化，1997 年）。
- 何春蕤：《豪爽女人 —— 女性主義與性解放》（台北：元尊文化，1997 年）。
- 呂秀蓮：〈兩性社會的風響〉，《聯合報》，1972 年 1 月 7 日。
- 阮慶岳：〈一夜魚龍躍 —— 試看同志空間〉，《性別與空間》，5 期（1998 年），頁 3。
- 周淑儀：〈國小教師性別角色刻板印象與兩性平等教育進修需求〉（國立台中師範學院國民教育研究所碩士論文，2000 年）。
- 林國明、蕭新煌：〈台灣的社會福利運動倒論〉，載蕭新煌、林國明主編《台灣的社會福利運動》（台北：巨流圖書，2000 年）。
- 胡幼慧：〈男主外，女主內？婦女與工作報告〉，論文發表於 "婦女研究十年 —— 婦女人

權的回顧與展望 ” 研討會，1995 年。

- 夏曉鵑：〈流離尋岸：資本國際化下的 ‘ 外籍新娘現象 ’〉，載《台灣社會研究叢刊》（台北：台灣社會研究國際中心，2002 年 3 月）。

- 張小虹：《性別越界：女性主義文學理論與批評》（台北市：聯合文學出版社，1995 年）。

- 黃淑玲：〈烏托邦社會主義／馬克思主義女性主義〉，載顧燕翎主編《女性主義理論與流派》（台北：女書文化，2000 年）。

- 黃麗莉：《跳脫性別框框》（台北：女書文化，1999 年）。

- 詹火生：《婦女勞動政策白皮書研究與建議》，論文發表於 “ 邁向廿一世紀婦女政策系列研討會（六）—— 國家政策的婦女規劃與發展 ”，1995 年，頁 21 – 56。

- 劉亮雅：《慾望更衣室：情色小說的政治與美學》（台北市：元尊文化企業股份有限公司，1998 年）。

- 劉惠琴：〈性別議題與社會改變〉，《應用心理研究》，13 期（2000 年），頁 243 – 249。

- 鄭至慧：〈存在主義女性主義〉，載顧燕翎主編《女性主義理論與流派》（台北市：女書文化事業有限公司，1996 年）。

- 賴爾柔：〈父職角色的迷失 —— 賺錢機器的老爸〉，載謝臥龍主編《性別：解讀與跨越》（台北：五南文化事業，2002 年）。

- 謝臥龍：《知識型構中性別與權力的思想與辯證》（台北：唐山出版社，2004 年）。

- 謝臥龍、張銘峰：〈同志參選空間的想像與期待〉，載《高師大性別所 2002 年同志研討會論文集》，2002 年。

- 蘇紅軍：〈第三世界婦女與女性主義政治〉，載顧燕翎、鄭至慧主編《女性主義經典：十八世紀的歐洲啟蒙，二十世紀本土反思》（台北：女書文化，1999 年），頁 3。

- 顧燕翎：〈現代婦女大翻身？女權運動〉，國立台灣大學人口研究中心婦女研究室所主辦的 “ 婦女研究十年 —— 婦女人權的回顧與展望 ” 研討會論文，1995 年 11 月 17 – 18 日。

- 顧燕翎《女性主義理論與流派》（台北市：女書文化事業有限公司，1996 年）。

- 顧燕翎〈當代台灣婦運的情慾論述〉，載顧燕翎、鄭至慧主編《女性主義經典：十八世紀的歐洲啟蒙，二十世紀本土反思》（台北：女書文化，1999 年）。

- Giddens 著，周素鳳譯：《親密關係的轉變：現代社會的性、愛、慾》（台北：巨流圖書，2001 年）。

- Bartky, S., "Body Politics", in A. M. Jaggar and I. M. Young (eds.), *A Companion to Feminist Philosophy*. Malden, Massachusetts: Blackwell, 1998).

- Hooks, B., *Feminism Is for Everybody: Passionate Politics* (Cambridge, MA: South End Press, 2000).

- Kimmel, M. S., "Who is Afraid of Men Doing Feminism?", in Tom Digby (eds.), *Men Doing Feminism*. (New York: Routledge, 1998).

- Smith, B. G., *Global Feminisms since 1954* (N. Y.: Routledge, 2000).

性別研究課程
在香港高等院校的發展問題 [1]

譚少薇　葉漢明

性別研究，尤其是婦女學，在台灣及西方社會的發展往往與本土的女權運動有緊密的關係。然而，性別研究在香港作為一個學科，其發展在開始時與整個社會環境和女權運動的進展並無直接關係。不過，隨着女性社會地位的轉變，學術界對女性議題愈加關注。到 90 年代，性別作為公民權利的爭議，影響着社會各個階層和他們的相關利益，再加上女性政治、經濟和專業界別者明顯增加（Chu & Tang，1997），突顯急速社會變遷對婦女地位的影響（葉漢明，1998；李小江，1995），使學術界不得不參與性別的討論並作出回應。

論者大多認為香港女權運動可以分為三個階段（梁麗清，2001；黃碧雲，2000；張彩雲，1992）：第一階段，大致從第二次世界大戰到 20 世紀 70 年代間，社會上出現了愈來愈多關注婦女福利和權益的呼聲。這一階段的目標是通過法例的改革來提升女性地位，有關行動包括香港婦女協會（Hong Kong Council of Women）為廢除一夫多妻制而進行的長期抗爭，60 年代的 "同工同酬" 運動，以及 70 年代為強姦案審訊形式的改變，以及勞工團體為女性僱員爭取懷孕期間的有關權益所作的努力等。

---

1. 本文部分內容曾於《教育：性別維度的審視》（魏國英、王春梅編，2007）一書中發表，感謝該書編者允許資料的使用。

　　第二階段，在 20 世紀 80 年代，重點轉移到女性的公共參與。在這階段中，旨在推進女性覺醒的非政府組織數目不斷增加，其中大多數發起人均屬於受過良好教育的中產階級。一些組織如新婦女協進會等的主要活動以女性主義理論的學習和培訓為重心。同時，一些相對規模較小的基層組織在社會福利界亦逐漸建立起來。它們關注的內容不盡相同，其中包括：生育權益、家庭暴力、性騷擾、稅制改革、托兒服務、色情行業，以及性別認知教育等，議題多樣化，分別代表不同政治立場和社會階層利益。正好在這一發展階段中，中英兩國就香港的主權問題談判，使女權運動工作者和女性主義者對自身角色和未來發展的方向必須重新檢視和作出相應部署。與此同時，在大專院校中的女性主義學者，在各自的學系中進行以性別為主題的研究和教學，以及指導研究生進行與性別有關的論文。這些學者包括在 80 年代建立起來的女權組織的成員，他們的女性主義觀點亦反映在他們教授的課程內容之中。

　　性別研究的制度化，出現於 1985 年。當年由香港中文大學（中大）的一羣學者所創立的性別研究計劃（2000 年更名為性別研究中心）正式成立，隸屬於該大學的香港亞太研究所。作為一個研究單位，性別研究計劃的成員積極組織多種學術活動，諸如每月一次的主題討論會、每年一次的兩性角色工作坊，及兩至三年一次的國際學術會議等。至 90 年代初，在性別研究計劃的核心成員協力下，於社會科學院建議成立一個跨學院、跨學科的性別研究課程。這個課程於 1997 年獲大學教務會正式通過，成為香港高等教育機構之間第一個性別研究授課單位，提供本科生副修和選修課程。翌年成立研究式碩士課程，並於 2002 年成立修課式文學碩士課程和博士研究課程。在短短幾年間，性別研究在高等教育體制中，不但從無到有，而且完成系統的學術培訓框架，這個近乎奇蹟的出現，原因在哪裏？

　　香港中文大學性別研究課程的成立，與第三階段女權運動為社會帶來的變化不謀而合。20 世紀 90 年代初，性別作為一個文化概念以及公民權利，在香港社會中，成為公眾爭論不休的議題。當時引起最激烈討論的兩個話題包括：（一）香港男性在中國大陸“包二奶”是否屬刑事罪行；（二）新界女性原居民是否應該享有與男性同等的遺產繼承權。1994 年《新界條例》的修訂獲得立法局通過，終於確認了新界女性原居民的繼承權。但“包二奶”的問題，因牽涉眾多跨境法規和文化思想、傳統習俗等問題，至今仍未得到認真處理。不過，1995 年《性別歧視條例》

的制訂和 1996 年香港平等機會委員會的建立，清楚地傳遞了一個重要訊息：性別平等是社會生活的基本原則。隨着香港政府在 2001 年成立婦女事務委員會，性別觀點主流化最終得到了一定的程度的認同，在以後政府制訂政策和具體措施的執行上，性別被邊緣化的現實終於獲得較認真的對待。90 年代的這些改革，為香港中文大學性別研究課程的成立和發展，提供了學術界內外兩方面的良好氛圍。

幾乎在同時，香港大學的一些學者成立了婦女研究中心，並舉辦經常性的研討會。很可惜，它設立婦女研究學位課程的計劃，並沒有得到香港大學當局通過。校方將這個小組撥入亞洲研究中心，設置為其中一個研究單位，賦予它制度上的身份，卻沒有為婦女學的發展給予實質的經費和行政支援。香港大學的性別研究學者，只能選擇在通識課程和持續教育課程中加入性別的觀點和內容，或者繼續開設非主修課程——如湯歷姬在政治學系講授"婦女與政治"和"性別與發展"課，並以個人之力推動實踐女性主義教學法，她不無感慨地指出："在男性主導的學科⋯⋯教授婦女學課程本身就是一個政治行動"。[2]

在其他香港的公營大學中，女性主義學者亦不斷嘗試促使婦女研究制度化。他們有些受到同工不同程度的支持，但更多是遭到來自行政部門的阻撓。在 2003 年的一個沙龍上，四所大學的老師就此進行了交流。[3] 他們發現在香港城市大學和香港理工大學的經驗中，當有關教師倡議開設具性別視角課程的時候，往往遭遇不同程度的困難。理由包括諸如課程不能配合主修科的內容，或教學時間表經已排滿，又或學生工作量已經非常繁重，不能再增加學時等等。即使在教員堅持下（歷時六、七年的堅持）獲得批准開課成為選修或者通識課程，但是它們仍然得面對倘若學生不足便得隨時取消課程的壓力。例如梁麗清在香港城市大學開設的一門晚間兼讀選修課，名為"社會工作中的性別視角"課程，它的開課與否要視乎當年選修學生是否達至 15 人。另外有開設性別研究課程的還有香港理工大學。其中一課是何芝君為社會工作學的兼職和全職本科生開設的選修課"性別研究與社會工作"，與及黃碧雲開設的通識課程"性與性態"。然而，對於大部分老師來說，

---

2. 見湯歷姬著 "Doing Feminist Pedagogy in Hard Times"，載王金玲主編：《婦女學教學本土化—亞洲經驗》（北京：當代中國出版社，2004），頁 96。

3. 新婦女協進會在 2003 年 11 月 8 日，在會址舉行了一場沙龍，討論性別研究課程在大學教育的狀況。來自四所公營大學的五位學者交流了教學和行政上的經驗和看法。

跨越制度上的障礙，經常意味着只能將女性主義的內容灌注在現存的課程中，而非開設獨立的性別研究科目。

在上述的沙龍中，討論也關注到香港科技大學作為一所專門教授科學、工程、商科的學校，在社會科學和人文學科方面並無主修課程，因而性別研究和婦女學並無可安身之處。按谷淑美觀察，社會科學和人文學科學部為本科生開設了範圍甚廣的副修和通識教育科目，但學校並沒有計劃發展專門獨立的性別研究學科。事實上，社會科學學部仍然以男性研究者的"主流"研究為主。然而，由於該大學在結構上學科建設系統比較寬鬆，教員仍然可以選擇自己教學的內容，制度上並沒有阻擋教師開設性別議題的課程，故此呈現了較多元化的情況。例如一些教員在課程中加入了性別的維度（如谷淑美的"香港文化"），而一些具有性別視角的課程，如"中國社會中的女性"則只是由訪問學者開設。

自 2004 年，各大專院校中，新聘的全職或兼職老師較多開設性別科目或在課程中加入性別視角／內容，他們包括香港科技大學的吳國坤、陳麗芬、伍湘畹、秦家德；香港理工大學的潘毅、香港浸會大學的黃結梅、香港大學的江紹琪和司徒薇、嶺南大學的陳順馨和游靜等。

在香港高等教育中，性別／婦女研究的學科發展遇到兩個主要障礙：1. 制度限制：制度中決策者主要為男性，斷定了性別／婦女研究是邊緣學科，而非核心課程中的一部分；2. 市場導向：選修的學生人數決定了某一門課的存在價值。這些問題反映出，大學行政單位對性別／婦女研究作為一個學科的前沿性和社會意義的認識嚴重不足。在大學中，仍然存在一種對性別研究學者的明顯猜疑，以為這些學者（尤其是女學者）都是對男人帶侵略或攻擊性的。針對這類誤解，女性主義學者只有持續在研究及工作中"教育"同事。而在學科發展策略上，他們往往要將婦女研究和性別研究區分。主要原因是，在香港婦女研究往往被理解為與 70 年代戰鬥型女權主義者有關，並會因此引來針對婦女研究的不同責問，其中最常見的問題如："為甚麼你們只做婦女研究，不做男性研究？"這些問題清楚反映出詰問者對婦女研究的無知敵視態度。女性主義學者發現，用"性別研究"的名字往往更能夠被大眾接受，因為它可以賦予一個在知識層面上重視不同性別互動關係、超越了只聚焦於婦女的研究的印象，從而產生一種不排除男性的以及較客觀的感覺，減低制度內的牴觸情緒。

中大性別研究課程的經驗與反思

在上述的教學生態之中，1997 年香港中文大學成立了香港第一個性別研究課程（英文名稱 "Gender Studies Programme"；為行文方便，以下簡稱 GRS）。十多年後的今天，GRS 仍然是香港特別行政區高等教育機構中唯一的性別研究學術課程。以下我們可以從分析它的特點和其中面對的困難，窺視香港高等院校推行性別研究教育的問題。以下先簡介 GRS 的課程概況。[4]

GRS 提供不同程度的課程，包括本科副修、通識科選修、修課式碩士、研究式碩士和博士課程。在學士課程的層面，所有中大本科生，不論其主修科目或所隸屬的學院，除了個別性別研究科目的選修外，均可選擇副修性別研究。副修性別研究，除必修科 "ANT 2310 性別與文化" 外，只須另選修以下其中四科：

ANT 1310	婚姻、家庭與親屬關係
ANT 2330	性別在亞洲
COM 2920	媒介、性與暴力
CRS 2014	身體政治與再現
CRS 2022	東西文化中的女性主義
CRS 2036	酷兒理論及文化
CRS 2041	性別與戲劇
CRS 3018	女性閱讀及婦女書寫
CRS 3021	性別透視下的現代性
CRS 3131	婦女、宗教與中國文學
CRS 3304	宗教與性別研究
ECO 3510	家庭經濟學
ENG 3230	性別與文學
ENG 3690	性別與語言
GEN 2192	女人、男人與文化

---

4. 以下有關課程結構及內容的討論，以 2008 年資料為基礎。

GRS 1001	女人、男人及語言
GRS 1301	香港兩性問題
GRS 2002	性與文化
GRS 2003	愛情哲學
GRS 2004	性別與教育
GRS 2005	當代社會的性別與性
GRS 2006	生活女性主義
GRS 3001	性別研究專題（一）
GRS 3002	性別研究專題（二）
GRS 3003	性別研究專題（三）
HIS 3403	性別與歷史
HIS 3411	西方歷史中之婦女、家庭與社區
LAW 3210	性別、法律與政治
PHI 3373	愛情哲學
PSY 3640	性別心理學
SOC 2211	婚姻與家庭
SOC 3208	性別與社會
THE 3233	神學與女性主義

　　以上每課編號前端的英文縮寫，標示了提供此門課的學術部門。例如：ANT 是人類學系、COM 是新聞與傳播學院、CRS 是文化及宗教研究系、ECO 是經濟學系、ENG 是英文系、GEN 是新亞書院通識、GRS 由性別研究單位直接開辦、HIS 是歷史系、LAW 是法律學院、PHI 是哲學系、PSY 是心理學系、SOC 是社會學系、THE 是神學院。目前共有 13 個部門分別開辦了 33 門與性別研究有關的課程，不同部門課程的組合，正好說明了今天性別研究 / 婦女學在不同的學術領域都佔一席位。值得留意的是 1997 年性別研究課程開始時只有一兩門與性別相關的科目，今天已超過 30 門課；當初只由一兩個學系開辦，今天共有 13 個教學單位提供有關科目。這個發展，說明性別研究正配合學生的知識需要和學習興趣，不斷培育對社會有承擔、對制度有批判思考和多元思維的年青人。

在研究院課程方面，GRS 提供不同程度的修課和研究式課程。針對缺乏性別研究基礎知識的學生，特別是在職人士，GRS 開設性別研究修課式文學碩士課程。[5] 此課程要求學生完成八個科目，包括必修科 "GRS 5010 性別研究：理論"，以及選修下列科目中的七科：

GRS 5020　　性別研究：方法論
GRS 5030　　性別研究高等專題（一）
GRS 5040　　性別研究高等專題（二）
GRS 5050　　當代婦女議題
GRS 5142　　宗教與性別研究
GRS 5210　　性別與法律
GRS 5233　　神學與女性主義
GRS 5690　　性別與語言
GRS 5131　　女性與文學
GRS 5920　　媒體與性別意象
GRS 5083　　女性主義與公民社會
GRS 5084　　亞洲情景與多元性 / 別
GRS 5640　　性別心理學
GRS 5403　　性別與歷史
ANT 5670　　性別與文化
CLC 5206　　性別，愛情與性愛文化研究
CLC 5207　　科技文化的跨學科研究

上述的清單當中，有九個科目由不同學系開設，共佔總數的一半。這情況一方面印證了性別研究是一種跨科際的學問，學習內容必須以多個學科知識為基礎，使學生可以對性別議題獲得多種角度的理解。另一方面，這裏同時也指向一個現實：性別研究課程缺乏獨立的資源來進行它的多元學科建設。

此外，為培養性別研究專才，GRS 也提供研究式碩士和博士課程。碩士課

5.　此課程於開始時定名為 "女性研究文學碩士課程"，並於 2007 年更名為現在的 "性別研究文學碩士課程"。

程的結構較為特別，需要説明一下。性別研究的兩個核心科目：理論和方法論，由 GRS 專聘的老師授課，需要在一年級修完。第二年學生需要修讀“性別研究專題”（一）和（二）研討班，並完成論文撰寫。由於 GRS 除了由 2004 年開始增聘一位全職導師外，並沒有隸屬自己部門的全職專任教授，研究生的指導工作便得落在不同學系的教授身上，由他們各自義務擔任。由於不同專研科目的安排，碩士研究生在入學時須先選好一個專研學科（home discipline），在研讀過程中隸屬於一個學系，並擔當該系的助教工作。課業方面由該學系的教授指導研究，並以該學科的理論、研究方法和研究興趣為基礎，進行各自的性別研究項目。為此，學生必須在兩年課程內，同時兼顧性別研究和專研學科的知識獲取，並完成兩個課程的指定學科及考試。這種類似雙主修制的模式，使性別研究的碩士生比其他學部的學生課業負擔沉重；並且在學業發展方面，往往因為在一系內只有一至兩人在唸性別研究，而缺乏同輩之間的彼此支援與知識的互相激盪。不過，儘管經營困難，學術研究的路上仍是多姿多彩的。在老師的鼓勵下，學生均能享受寬廣的研究空間，並進行着多項在香港以至國內都是前沿的研究項目。從研究生的論文題目來看，學生的興趣不僅僅限於婦女研究，還包括文學及視覺媒體中的性別意識、女同性戀、性態、性別轉換議題等；也有學生的研究課題是男性氣質與父職，和男同性戀等文化現象，在香港可説是此類研究課題的先鋒。

在博士課程方面，學生需要完成性別研究科目最少 21 學分。核心科目是理論與方法論，並修讀三次“性別研究專題”，也需要獨立進行一項原創的研究並撰寫論文。與碩士課程相類似的是學生的指導老師都是來自不同學系的成員，因此他們也需要選擇一個專研學科，唯一不同的是博士生不需要兼顧專研科目的課程要求。

從課程結構和行政架構看，性別研究課程有以下的特點和問題：

一、教師義務承擔跨學科教學：GRS 提供的課程基本上由六個學院中的 22 個學系的教師協同教學。他們都是中大不同部門的全職教員。他們為 GRS 課程開授的本科生科目，也同時是他們各自學系的科目；他們參與指導 GRS 的碩士 / 博士研究生，分擔行政工作，以及出任研究生的論文委員會成員。雖然這些工作十分繁重，但他們為 GRS 所擔負的各種職能，一般情況並不計算在正常的工作量中。所以在 GRS 課程的教學、研究指導和實質經營上，參與的教授基本上是義務工作，導致長期的身心透支。[6]

　　二、跨學院課程缺乏行政支援：作為一個跨學院課程（inter–faculty programme），GRS 由 1997 年至 2004 年行政上隸屬人類學系，通過學系向社會科學院負責。自 2005–06 年度學院進行改組之後，雖然 GRS 日常行政仍然獨立運作，但整體課程轉為直接向社會科學院負責。性別研究教務委員會是課程的管理實體，由相關學系的教師組成。委員會成員選舉產生研究生學部的主任和教學委員會，以及本科生副修課程委員會的主席和成員。凡此有關教學與決策人員都是兼任的，沒有酬勞。 一直以來，GRS 辦公室只有一位全職的項目統籌，負責執行性別研究委員會所有的決策，是名副其實的 "一把抓"：不單在學務教務上作出統籌，也同時兼顧推廣宣傳、和照顧所有不同程度學生的各項學習需要。[7]

　　三、錯失全國性的先導角色：GRS 除了在香港提供一系列學術課程之外，還應邀與密歇根大學以及中華女子學院合作，於 2002 年至 2004 在北京開設了學士後文憑班，招收了 22 位學員來自全國高等院校的性別／婦女學領軍人物為學員。女性研究學士後文憑班是由亨利・盧斯基金會（Henry Luce Foundation）資助的短期專案，旨在為中國大陸的大學老師和研究者，提供女性主義理論和方法論的基礎培訓，是一個培訓者的培訓（train–the–trainer）和建立學術羣體（academic community）的開拓性工作。學員利用兩年的寒假和暑假，於北京進行密集的課程後，回到各自的大學或研究機構，繼續培養下一代的女性主義學者。由於內容特別注重當代女性主義理論和方法論、以及有關女性在社會上面對的議題和困難，這個專案課程對國內學者在掌握國外最新理論和研習有關的應用知識，扮演了重要而適切的角色。例如在 "當代女性議題" 的課程中，學生批判地探討諸如家庭暴力、工作場所等不平等問題，並檢視國內對《消除各種形式歧視婦女公約》（CEDAW）等國際條約的執行情況。這些學術項目以及 GRS 與香港之外的研究中心、項目的戰略合作，加強了 GRS 在香港和中國大陸婦女

---

6. 2004 年起聘用一位全職導師後，GRS 開始提供有限的專門課程，但仍然未能減輕兼任教授的工作負擔。
7. GRS 於 2010 年增加一位辦公室文員。

研究和性別研究發展中扮演積極角色的能力。處於性別研究剛在國內建立的時機，GRS 應可發揮引進前沿理論與方法的橋樑角色，但是鑑於上述資源的問題，課程無限期暫停，先機因而錯失。

四、與境內外性別研究／婦女學建立的學術網路有待進一步配合拓展：GRS 與香港、大陸及亞洲地區的性別／婦女研究單位建立起學術網絡，簽訂合作和交流計劃，互相聯繫並共同舉辦學術會議。GRS 與北京大學自 1999 年合作，輪流在各自院校開辦性別研究專題會議。自 2006 年開始，加入韓國啟明大學的交流協議，三方共同籌組國際學術會議和出版，共同推動性別研究學術發展；GRS 又與台灣幾所大學及澳洲莫納舒、悉尼等大學建立了交流關係，進行人員互訪。此外，設立訪問學人計劃，每年邀請知名國外學者到中大進行公開講座，並為研究生舉辦工作坊。GRS 和中大亞太研究所性別研究中心一直緊密聯繫，兩者之間通過相當的人員重疊，兩個單位並肩合作，共同發展性別研究的學術研究和社會應用工作，並與本地各大學性別研究同仁通過舉辦會議、工作坊等，拓展性別研究在香港的空間。近年其中一項發展是男性研究。來自不同科系的教授和研究生成立了男性研究小組，並開辦男性研究的科目、進行專項研究、舉辦學術會議。然而，不論是境內或境外網絡間的連繫，仍有待進一步加強，以有利新研究領域的拓展，尤其是在以男性為主的傳統學科如工程、醫學與法律等，性別研究的主流化，仍是舉步艱難。

回顧中大性別研究課程的發展經驗，我們可以總結在香港開辦性別研究和婦女學課程的幾個主要問題。首先，作為跨學科課程，由於大部分科目須倚賴不同學系開設，GRS 對各開設的科目內容和時間既無決定權，亦不能參與制訂該門課程可供分配予性別研究副修生的配額。至於研究生名額，校方的分配決定了每年錄取學生的數量，大學並按研究生人數計算得出行政撥款，大比數撥歸專研學系。這種經濟上、行政上的含義是明顯的：性別研究課程必須在最少的資源補貼情況下存活。它之所以能夠維持多年，實在仰賴性別研究學者的無私奉獻；他們對性別研究的堅持，造就了 GRS 的繼續發展。例如過去曾在 2002 年一年之內，GRS 同時開設了三個新課程：女性研究文學碩士、性別研究哲學博士，和女性研究學士後文憑班，其中所費的心力可想而知。這些新課程的建立是由於：一、有鑑於對研究式碩士課程畢業生的延續培養的需要，以及海外學生對東亞社會深層次研習的殷切需求，GRS 的博士課程力圖為有志於深造性別研究的學生，提供一個系統的訓練；二、女性研究义學碩士學位課程（後更名為性別研究文學碩士課程），是全日制一年制或部分時間二年制修課式項目（不含論文）。它的出現配合了那些在事業發展上需要性別研究知識的專業人士，如教師、記者、社會工作者和婦女事務政策制訂者等的要求，也回應了社會上對性別平等的訴求，對有關趨勢的推進工作，大有助力。

性別研究在地方政策中的作用

GRS 的成員除了學術研究和大學教育工作，也積極參與社區中的性別教育，例如長期為性別研究中心的公務員培訓課程在性別觀點主流化、性別分析、性騷擾等領域，開辦研討班和講課。這些為政府各級官員開設的培訓，參加者包括了首長級行政官員，以及來自警察、社會福利及康樂及文化管理部門的公務人員。此外，培訓課程的對象也包括私人企業中的決策者及執行者。簡言之，GRS 通過社區教育，長期以來致力於香港性別平等認知和維護的推動工作。

除了與性別研究中心通力合作之外，GRS 成員還參與研究多種具迫切性的社會問題，例如教育體制和教科書中的性別刻板印象、香港與內地跨境交往對家庭婦女的影響，以及性別對青少年的選舉行為的影響等。在每年一度的兩性角色工作坊以及公開的政策論壇上，這類研究的成果以及政策獻議，會直接與在場的政府官員、社會服務使用者、婦女組織以及媒體交流和分享。過去曾兩年一次舉辦的國際學術會議主題，亦深具時代意義，如 "全球化與性別" 國際會議不單吸引多位來自世界各地的學者以及非政府組織代表，也為社會上帶動全球化過程提出性別的視角。為提高社會大眾對性別議題的認識和了解，GRS 也曾經在 2002 年–03 年為香港文化博物館的 "香港女性的歷史" 的展覽擔任顧問，並於 2007 年為婦女事務委員會策展《香港女性飛躍百年展》。

在個人方面，不少 GRS 成員積極參與有關性別平等和婦女服務的政策制訂和諮詢工作，例子包括：張妙清出任平等機會委員會首任主席和作為婦女事務委員會的創會委員；譚少薇出任婦女事務委員會委員。GRS 成員在校外也致力於婦女權益和福利的非政府組織工作，例如黃志威與 Eleanor Holroyd 出任 "青鳥" 執行委員，關注性工作者的愛滋病預防和婦女生育權等問題；李芷琪則關注愛滋病感染問題、性工作者及同性戀者的健康需要等。在校內，多位 GRS 成員為中大的反性騷擾委員會服務：葉漢明曾經是性騷擾調查委員會主席，蔡玉萍、譚少薇均是反性騷擾教育專責小組成員，黃慧貞亦有擔任性騷擾調查工作。GRS 的學生和畢業生也是監督政府有關婦女、性別平等以及人權政策的非政府組織和壓力團體的活躍成員。性別研究碩士畢業生金佩瑋，在灣仔區議會選舉中成功當選議員。她的競選綱領就包括了實現不同性別和性傾向社羣的平等待遇。推動婦女權益工作的畢業生多不勝數，如修課式碩士班畢業生蔡泳詩是現任新婦女協進會的主席；黎梅貞與葉長秀曾長期於為婦女爭取福利的非政府機構工作。另外，已取得博士學位的金曄路，及博士班的李偉儀和曹文傑，亦積極參與有關多元性取向的公眾教育工作。由以上可見，性別研究不單提供高等教育學術上的承先啟後，也通過言教、身教，引領年青學子思考自身對社會改革的責任，並鼓勵他們付諸實行，回饋社會。

其他高等院校的性別研究／婦女學課程發展

　　香港其他六家受政府資助的大學，雖然仍未設有性別研究／婦女學的學位課程，但近年均增設了不少有關科目。以下作簡短介紹：[8]

一、香港大學

　　文學院、社會科學院，和教育學院均有性別研究科目。在文學院，有中文系的"中國婦女文學導論"；英文系的"婦女、女性主義和寫作"及"語言與性別"；日本研究系的"日本與香港的女性"。比較文學系所提供的相關科目最多，包括理論和專題討論，舉例如下：

- "教育"女性主義文化研究
- 文化與"酷兒"理論

---

8. 各大學之性別研究科目資料，採自大學及有關學系 2008 年的官方網站。

- 性史：佛洛伊德與傅柯
- 當代中國文學與電影中的性別與性態
- 現代男性的構建
- 孩童、女性角色，與文化迷思
- 性別、女性主義與現代中國
- 質詢差異：性別、後殖民主義與文化

歷史系也提供一系列的相關課程，例如：
- 性別、性態與帝國
- 精神之性化：現代女權主義對基督宗教挑戰的歷史
- 現代性 / 別身份與表述的歷史
- 中國的性、性別與現代性
- 香港與美國的婦女歷史個案研究
- 性別與歷史：美、潮流與性

　　社會科學院開設的科目包括政治公共行政系的"婦女與政治"及"性別與發展"；社會學系的"性別與罪案"、"社會與性態"和社會工作及社會行政系的"性別與社會：社會政策觀點"。研究生班的科目則包括"性與差異的疑問"、"女性主義與現代主義"和"女性、犯罪和社會監控"。教育學院設有"性別與教育"科。此外，個別老師在不同的課程中納入性別課題，如電影文化、普及文化、旅遊文學、歐洲歷史等。亞洲研究中心屬下的香港文化與社會研究計劃，也設計了一個"性別化香港"導讀清單附於其網站上。

二、香港浸會大學

　　與性別研究 / 婦女學相關的科目，主要由人文學科和社會科學的學系提供，包括中國語文及文學系的"中國文學中的情慾世界"，英文系的"性別與文學"，翻譯系的"性別與翻譯"，歷史系的"1911 前的中國女性歷史"，宗教哲學系的"性態與基督教價值"及社會學系的"性、性別與社會"和"女性在中國"。

三、嶺南大學

　　文化研究系開設以下學科："女性主義與文化政治"、"性別、性與文化政治"、"酷兒研究"及"電影與傳媒研究：性別與電影文類"。其他學系提供的性別研究學科，包括歷史系的"中國的婦女與兒童歷史"，翻譯系的"性別、語言與翻譯"，社會學及社會政策學系的"家庭、性別與社會"和亞太老年學研究中心的"婦女健康議題"。

　　與性別有關的課題，也可在以下的科目內找到："大眾傳媒與輿論"、"人口動力及其社會效應選題"、"香港社會問題選題"等。

四、香港科技大學

　　人文學部和社會科學部均設有性別研究科目。前者開設科目如"女性的文學"、"中國婦女史"、"中國宮廷女性與政治"、"中國親族與性別"、"傳媒中的性別與性態"、"跨文化視角的婚姻、家庭和親族"、"華南的家庭和家族"、"中國婦女運動：成因及影響"及"中國文學與電影中的性別議題"。社會科學部則開設科目如"性別、經濟與社會"、"性別與社會"、"婚姻與家庭"和"性別、發展與生育"。

五、香港理工大學

　　性別研究科目大多集中於通識教育範圍之內。經常開設的科目包括"愛情、親密關係與性"、"性別與倫理"、"香港兩性關係"、"中西性文學比較"、"性與性別的表述"和"近現代中國婦女史"。此外，英文系開設了"語言與性別"選修科；社會工作系亦開設"性別建構與社會工作"。

六、香港城市大學

　　應用社會科學系設有"社會工作的性別視角"、"家庭暴力"及"性態多樣性的議題"選修科。英文系開設了"性別論述"及"同性戀者文學"。傳播系開設了"性、暴力與傳媒"。創意媒體學院開設的科目包括"攝影鏡頭與性別"及"大眾傳媒中的性別"。亞洲及國際學系開設的科目比較多，有"亞洲的婦女與發展"、

"亞洲的伊斯蘭：性別及國族營造"、"性別、環境及資源政治"、"性別、勞工及人權"、"視覺媒體中的性別形象"、"韓國電視劇中的性別形象"等。此外，尚有法律、社會學等的有關科目，如"法律與性別"、"女性主義與家庭倫理"和"能頂半邊天？亞洲的婦女"等等。

　　縱觀各所大學提供的與性別研究相關學科的情況，尤其是科目的數量，一個明顯的趨勢是學生對性別課題的興趣在過去 10 年間不斷提高。從科目內容和學科範圍看，大部分科目以社會科學和人文學科為主；在理學院、工程學院、醫學院等教學單位，一般都沒有開設。這裏可歸納出兩個問題：一，因為沒有系統的性別研究課程設置，性別研究學者一般只能以較鬆散的形式提供個別的科目因此性別研究的培訓，尤其是理論與方法論，未能全面而持續的提供給學生，也因而減低性別研究所能發揮的社會效應。二，從學科的涵蓋面和影響力考量，性別研究和婦女學在各高等院校之中，仍被視為"軟性"科目，未能為傳統"硬科學"所接受。學科之間的地位差異格局，並非個別院校的現象，而是反映了知識界與消費主義在高等教育中的長期的霸權關係。性別研究學者必須通過課程開設理論和教學實踐的系統探索和更新，配合橫向組織和集體行動，利用行政體制下可以運用的資源，在不友善的環境中勉力拓展新的學術和教育空間。

結論

　　在香港高等教育體制中，性別研究和婦女研究在美國第二波女性主義的影響下緩慢地開展。不同科系的學者有意識地將性別覺醒的素材及指向，與課程內容、學術研究結合起來，同時在體制和個人層面上推進性別平等。然而因着婦女學／性別研究始終被看成是對父權制度和男性中心文化的挑戰，發展過程中是經常遇上挫敗的。在香港八所公營大學裏，儘管學者都擁有一定的學術自由，但面對大學當局把性別研究和婦女學邊緣化的結構性障礙，性別研究學者還是需要付出相對於其他學科額外的心力。大學的決策者也繼續漠視性別研究在推動平等和社會公義上的作用。社會變革是漫長的，需要長期而滲透性的教育使之持續發展；而開明的大學教育，通過畢業生在社會上的各行各業發揮影響力，是社會文化進步的基礎。如果高等院校裏沒有持續的性別／婦女學課程，大學校園裏的性別平等教育便無法延續，這就會直接影響性別平等意識和關係在社會上推廣的深度、廣度和速度。性別平等是社會進步的核心組成部分，因而性別研究必須納入在各科及通識課程之中，成為大學生的必修科。

面對目前的體制困境，性別研究學者在課程建設、行政工作，以及開設性別相關科目的努力，需要得到校方和各部門同事的肯定與支持，而不是由得他們繼續將性別研究作為志願和額外的工作；也就是説，必須要改變體制內對性別議題邊緣化的問題。另一方面，性別研究學者必須主動締造有利的社會文化氛圍，建立有效的學術和社會行動網絡，以鞏固和加速性別研究／婦女學的影響，使之在社會整體的支持下持續發展。這個行動應以本土公眾教育和國際社會的有機結合為基礎。本土的公眾教育，包括與政府和非政府機構的聯線，如通過平等機會委員會等法定機構，推動以學術研究為基礎、提供公眾、政策制定者和傳媒的交流平台。[9] 至於和國際社會力量的結合，例如通過聯合國教科文組織，作為一個擔負着推進社會文化改變和性別平等重任的國際性組織，以其系統的行動及其在國際上的道德認受性，鼓勵高等院校高層決策者重新審視大學對性別教育的職能和社會責任。性別研究學者如能加強與國際組織、政府、商界、傳媒及民間團體等多方面的協作，增強學科對社會的應用性，提高大眾對性別議題的認知，性別研究將為社會改革作出倡導、達到變化社會氣質的效果，為性別平等締造正面的條件。

---

9. 2010 年性別研究中心舉辦、以北京宣言 15 年為主題的兩性角色工作坊之中，平等機會委員會主席林煥光作主題演講時説，"在 21 世紀的香港……理應沒有公然的性別歧視……很慚愧作為平機會主席，都不太明白……兩性經濟地位不平等問題"（見王鳳儀、盧家詠編，2011，頁 8）。通過這類工作坊，學術界與平機會、社會福利界、勞工界等交流，推動政策制定和實踐的改善。

參考書目

- 王金玲主編：《婦女學教學本土化 —— 亞洲經驗》（北京：當代中國出版社，2004 年）。

- 王鳳儀、盧家詠編：《北京宣言 15 年：兩性共創平等經濟地位》（香港：中文大學出版社，2011 年）。

- 李小江：〈婦女研究在中國大陸的發展及前景〉，載張妙清等編《性別學與婦女研究：華人社會的探索》（香港：中文大學出版社，1995 年）。

- 孫曉梅編：《中國婦女學學科與課程建設的理論探討》（北京：中國婦女出版社，2001 年）。

- 張彩雲等編：《另一半天空：戰後香港婦女運動》（香港：新婦女協進會，1992 年）。

- 梁麗清：〈抉擇與限制：香港婦運回顧〉，載陳錦華等編：《差異與平等：香港婦女運動的新挑戰》（香港：新婦女協進會、香港理工大學社會政策研究中心，2001 年）。

- 葉漢明：〈婦女，性別及其他：近二十年中國大陸和香港的近代中國婦女史研究及其發展前景〉，《中國婦女近代史研究》，13 期（2005 年），頁 107–165。

- 魏國英，王春梅編：《教育：性別維度的審視》（上海：學林出版社，2007 年）。

- Chu, S. & C. Tang, *Educating for Change: Development of Women's /Gender Studies and Its Challenges for Hong Kong*. Occasional Paper no. 66 (Hong Kong: Hong Kong Institute of Asia – Pacific Studies, Chinese University of Hong Kong, 1997).

- Tong, I. L. K., "Doing Feminist Pedagogy in Hard Times"，載王金玲主編：《婦女學教學本土化 —— 亞洲經驗》（北京：當代中國出版社，2004 年）。

- Wong, P. W., *Negotiating Gender: the Women's Movement for Legal Reform in Colonial Hong Kong* (PhD Dissertation, UCLA, 2000).

台灣高等教育中的婦女與
性別研究課程：

以學生為學習主體的設計

林維紅　陳秀曼

前　言

　　台灣大學人口與性別研究中心婦女與性別研究組（以下簡稱"台大婦女研究室"）成立於 1985 年，並於 1997 年設置台灣第一個"婦女與性別研究學程"，開始系統性地規劃課程、研發教材、改進教法。

　　1997 年起，台大婦女研究室參與韓國梨花女子大學發起的"亞洲婦女研究課程規劃"計劃（Building Women's Studies Curriculum in Asia），積極發展更適合台灣需要的性別教育課程，與亞洲各國交流經驗，並着手編輯台灣性別研究論文、預計出版中英文專書，以呈現台灣性別研究的成果，又於 2002 年起接受教育部顧問室委託，開始推動"人文社會科學教育改進計劃——婦女與性別研究跨領域整合型計劃"（以下簡稱"人文社會科學教育改進計劃"），自多元文化觀點規劃跨學科的課程設計。不論是"婦女與性別研究學程"或者是"亞洲婦女研究課程規劃"都整合了多門學科，更是一個跨校的計劃，包含數所大學的多個科系。本文即就台大婦女研究室數年來推動跨校、跨學科性別教育的經驗，提出心得與反思，就教於婦女與性別研究學界諸位先進。

台大婦女研究室推動教學改進計劃的歷史

一、婦女與性別研究學程

設置歷史

　　1989 年台大婦女研究室首先在台大校園內開始開設"兩性關係"課程，積極於校園內進行婦女與性別研究的扎根教育，並進一步於 1997 年起成立"婦女與性別研究學程"，增設"婦女與性別研究導論"等相關課程，除了培養學生性別平等意識之外，更提供學生從不同的學術領域了解婦女與性別研究的視野，為有志於此的學生奠定研究基礎。"婦女與性別研究學程"是台大校內跨學院、跨系所、跨學科的課程規劃；自 1997 年創設起至今，開課系所包括中文系、外文系、歷史系、人類學系、社會系、社工系、政治系、法律系、公衛系、護理系、農業推廣系、新聞所、城鄉所以及國發所等系所，而學術領域則涵蓋文學、人類學、社會學、政治學、法學等等。此外，由於修課學生同樣來自各系所，因此除了吸收不同學術領域的婦女與性別研究知識之外，學生彼此間的交流與互動也可以增進學生對各個學術領域的認識，以拓展在婦女與性別研究方面的視野。

課程規劃

　　台大婦女研究室於學程設置初期，將課程概分為"理論"以及"學門"兩大方向，並且規劃必修與選修課程。必修課程包括"婦女與性別研究導論"以及"兩性關係"，其中"婦女與性別研究導論"屬理論課程，學生修畢 20 學分始可申請學程證書。

　　其後，為了讓修習學程的學生對於婦女與性別研究有更具系統的認識與訓練，將課程做了系統性的規劃，分為"理論"、"研究方法"、"經典研讀"、"實務應用"等數個大方向，並開拓不同的論述資料，包括文字、視覺材料及肢體開發等，也增設"女性主義理論"相關課程，與"婦女與性別研究導論"，以及"兩性關係"共同列為必修課程。

　　由於婦女與性別研究與時俱進，並且有愈來愈多來自各研究領域的學者投入婦女與性別研究，開創出更寬廣的教學與研究空間，而在這種婦女與性別研究蓬勃發展的情況之下，台大婦女研究室持續致力於改進教學方法、教材，同時也積極開發新課程，並參與教育部"人文社會科學教育改進計劃——婦女與性別研究跨領域整合型計劃"，以及由韓國梨花女子大學發起的"亞洲婦女研究課程規劃"計劃，藉由跨校乃至於跨國的交流經驗，相互切磋彼此的研究與教學經驗。這些跨校、跨國、跨學科的教學經驗協助台大婦女研究室檢視累積的研究與教學成果，並進一步回饋"婦女與性別研究學程"，以及"亞洲婦女研究課程規劃"。

課程實例舉隅

兩性關係

　　"兩性關係"這門課程在台灣大學有非常悠久的歷史，自 1989 年起便固定開課，而每學期總有 300 至 400 位同學選修的盛況，15 年來有大約 3,000 名學生修習了本課程而開始接觸性別議題。其貼近生活面的授課內容可以深入淺出地帶出性別議題，也因此在台大婦女研究室於 1997 年成立"婦女與性別研究學程"之後，便將"兩性關係"與"婦女與性別研究導論"並列為學程必修課程。

　　"兩性關係"的課程規劃，主要邀請各領域相關的學者討論婦女與性別議題，而開課老師亦全學期參與教學的工作，使修課學生得以較全面地窺知婦女與性別的各項議題。在課堂教材與教法方面，除了老師單向的主講外，為了使教學更活潑生動，往往會輔以播放錄影帶或錄音帶，使教學多元化，完整的教具收集及硬體的設備則是使教學更順利的利器之一。

　　"兩性關係"課程於每週邀請不同領域的專家，從社會、政治、醫療、影像、勞工、婚姻、家庭……等各種不同的面向切入女性主義知識理論與性別議題。而為了增加與學生之間的互動，這門課自 2001 年起以課程網站作為媒介，在此網站上提供上課講義、教材，全程錄製講師的上課情形，另提供檔案上傳區，請學生將課後心得及作業以文字檔的形式上傳到此網站上，還闢設討論區，讓學生與老師能透過網絡進行課程意見的交流。

　　經由本課程的學習，培養學生自我檢視個人的性別經驗與影響，以及剖析社會建構性別議題的能力，並建立學生個人性別平等的觀念與行為，透視各種體制中性別不平等的問題。

性別政治

這門課程的授課內容主要是從西方女性主義的主要思潮及台灣當代發展經驗兩方面，討論性別與政治的關係，而課程的目的則是使修課同學對女性主義思潮建立初步的了解，並且思考台灣婦女所面臨的各項議題。

在課程架構方面，這門課可以分為 "思想流派"、"經典閱讀"、"台灣經驗"，以及 "議題討論" 等幾個主要部分。在 "思想流派" 以及 "經典閱讀" 部分，介紹西方的女性主義思想，包括自由主義觀點的女性主義、馬克思主義／社會主義觀點的女性主義、基進女性主義，以及後殖民女性主義等等，然後在 "台灣經驗" 以及 "議題討論" 部分，則深入探討台灣社會的婦女議題，包括台灣慰安婦、二二八事件、美麗島事件、台灣女性的勞動經驗、性產業，以及婦女參政等議題。

課程設計上兼顧思想流派與議題，並時時呼應台灣經驗；而在課程教材的安排方面，則是考慮到研究作品的難易度，選擇適宜學生閱讀的教材，並且在選擇英文或翻譯作品時，也考慮到翻譯作品的品質與英文作品的可讀性。課程的進行方式同樣考慮到與學生之間的互動，除了講課之外，也架設課程網站，並且將學生分成小組，每組分配閱讀材料並向全班同學報告。

這門課程的理念是和學生一起思考，並盡量鼓勵學生發言，說出自己的看法。因為這是個持續變動的研究領域，在知識內容上有相當程度的開放性，因而更重視和學生一起討論台灣社會的婦女與性別議題，並期待修課學生能進一步在婦女與性別研究領域有所實踐。

二、亞洲婦女研究課程規劃

女性主義最早發源於歐美地區，亞洲的婦女研究，也受來自西方的影響，然而歐美經驗不一定適用於亞洲；基於這種想法，韓國梨花女子大學申請 United Board for Christian Higher Education 的補助，於 1997 年開始舉辦 "Building Women's Studies Curriculum in Asia" 的國際工作坊，聯合亞洲國家或地區，包括台灣、日本、印度、印尼、泰國、菲律賓及中國大陸，希望經由共同討論及經驗分享，開設具有亞洲各地文化特色的婦女研究課程。

　　1997 年以來，各地區代表在亞洲各國（或地區）舉辦多場工作坊或會議，邀請各參與國參加，與各地學者進行聯繫與交流。台灣地區由台大婦女研究室負責與韓國梨花大學聯繫，並規劃執行台灣的相關活動。1999 年分別於清華大學及台灣大學辦理"亞洲婦女研究課程國際工作坊"，邀請亞洲各國女性主義學者與本地學者進行交流與討論，重點放在婦女研究課程內容設計與教學經驗的分享。

　　為了讓性別教育能依據本土特色有所發揮，研究成果又能為亞洲各國共享，並供非亞洲地區參考，本研究室邀請台灣婦女研究學者，根據個人專長領域撰寫英文論文，編輯成書，除了提供學術研究成果，尤其希望能為大學性別教育參考。

三、人文社會科學教育改進計劃：多元文化

計劃概述

　　為了兼顧人文社會科學與科技的均衡發展，並從台灣整體發展規劃改進人文社會科學教育，台灣教育部推動"人文社會科學教育改進計劃"，以改進教學為主題，加強人文社會科學教學電腦化及人才培育，以提升教學效果（教育部顧問室，2002）。在這個大架構中，包含"科技與社會"（Science, Technology and Society）、"多元文化"以及"現代性"等數個子計劃。

　　在這個脈絡之下，台大婦女研究室規劃"多元文化"項目的"婦女與性別研究跨領域整合型計劃"，着手進行婦女與性別研究的跨校、跨領域教學改進計劃，涵蓋各種社會面向，兼顧語文、口語、影像等不同論述方式，為"婦女與性別"的主題提供多元的探照視野（林維紅，2003）。

　　承蒙性別學界同仁的協助，及共同的意願，這個跨校、跨學科的課程改革計劃乃得以推動，參加的學校有台灣大學、清華大學、高雄醫學大學、台灣師範大學，以及台灣藝術，領域包括歷史、文學、社會學，以及藝術等等，並有跨學科的課程設計。

　　在這個計劃中，台大婦女研究室嘗試了許多新的教學方式，諸如童書繪本以及教習劇場等等，用更加生動活潑的方式引領學生進入婦女與性別研究的領域，

並讓學生學習從日常生活中分析性別意識。此外，台大婦女研究室也試圖改變以講師授課為主的教學方式，讓學生成為教學的主體，並鼓勵學生藉由創作的方式來發抒己見，並舉辦期末發表會以呈現學習成果。

此外，藉由這個計劃，台大婦女研究室得以將教學方法以及研究心得做更系統性的整合，並藉由網站以及電子報等方式，提供研究和教學的訊息，並建立網絡及學術社羣，讓跨校、跨學科的學者或學生能參與其中，與有志於性別教育的學者交流經驗與心得。

在"多元文化"這個子計劃中，尚有"差異與寬容"、"族羣、性別與階級"，以及"移民與社會"等計劃，而所有計劃的成員每年皆舉辦成果發表會，互相觀摩與交流彼此的經驗與成果，使得各校計劃成員獲益良多。

課程精神：尊重差異

多元文化主要在強調多元主體的議題，亦即多樣的文化認同。長久以來，社會文化只強調一元式思維、觀點與價值的結果，造成許多"差異"的分別與"認同"的心理反應。無論古今中外，性別向來被視為一項重要的分類，在單一文化價值所形塑下，"性別差異"與"性別分類"無形中宰制着我們的生活與行為，進而衍生為"性別層級"及尊卑支配的關係。教育雖可讓一個人突破困境、成長發展，但我們若把有破壞性的認同觀點與價值，透過教育來傳輸，那麼這樣的教育只會使人否定自己的位置及身份，造成自我設限與自我貶抑，如此的教育錯置，亦將誤導個體、羣體及整個社會（游美惠，2000）。

"人文社會科學教育改進計劃"在課程的規劃上強調尊重多元文化，並教導接受與尊重差異。舉例而言，"族羣理論：族羣及其隱喻和表徵"這門課程便以日常生活的實例說明各種理論，而最終目的在於透過表徵與文本分析教學，在我們隱含各種文化、地域、性別、階級、以及族羣偏見的情境中，培養學生對情境敏銳的觀察、判斷與反思能力。

各校資源交流

由於各學校和不同科系皆有其獨到的專長與見解，因而跨校交流可以讓各校彼此分享經驗，猶如一道窗，讓成員可以藉此看見彼此的優點。本計劃的成員除了台灣大學數個系所之外，還有清華大學通識教育中心、高雄醫學大學性別研究所、台灣師範大學美術系以及台灣藝術大學電影系，而各校間的資源交流為這個計劃帶來豐富的內容，使得學生獲益良多。

舉例而言，清華大學通識教育中心開設的"性別研究導論"為清華大學"性別研究學程"的先修課程，主要目的在於對性別研究領域作有系統的介紹，作為"性別研究學程"的基礎導引。本課程將討論女性主義的知識論與方法論，並探討當代女性主義研究如何界定性別研究領域、如何設定性別議題、如何建構性別理論。課程內容包括三部分：第一部分介紹女性主義的源起與發展；第二分討論女性主義知識生產及在各學科領域的展現；第三部分將介紹幾個當代性別議題論述。

高雄醫學大學性別研究所開設的"兩性社會學"採取的講課方向是理論上比較初階，貼近生活面向為原則，把女性主義，社會學分析與日常生活相關的議題結合起來。課堂以討論議題的方式由淺入深，逐步解析，藉著了解男女如何受到目前社會文化的形塑，造成生活困境與矛盾，進而學習到社會學分析觀點，思考改善個人生活的可能。

台灣師範大學美術系除了開授性別與藝術相關課程之外，還於網際網絡上建置"性別與藝術網路畫廊"，展出近 10 年內師大曾曬淑教授所指導的台師大美術系學生關於性別議題的藝術作品，主題包括"消費文化與性別"、"女性特質與女性議題"、"男女之間"、以及"女工"等等，並且於 2004 年 12 月舉辦名為"身體驗"的性別主題藝術特展及座談會，以在校園之外推廣女性主義藝術。

跨校、跨學科的經驗

一、學科間的整合與對話

由於婦女與性別研究所包含的領域甚廣，開授的課程以及授課學系橫跨各個學門，因而要將不同的學科做統整，有系統性的規劃，並要協調各個學校與系所的教師，是最大的挑戰之處。

　　台大婦女研究室的做法是，藉由"婦女與性別研究導論"等課程提供婦女與性別研究的入門訓練，在課程規劃中介紹不同學門的婦女與性別研究理論、方法及研究實例，討論性別觀點的知識建構，並邀請各大學各學門從事相關研究的教師分別授課，希望一方面引導學生做專業思考，另一方面也自不同學門跨學科研究的探討，擴闊學生的視野，豐富研究能力。相關學門涵蓋人文學科、社會及自然科學領域，是婦女與性別研究學程必修課之一。

圖 4.1　婦女與性別研究導論課程規劃理念

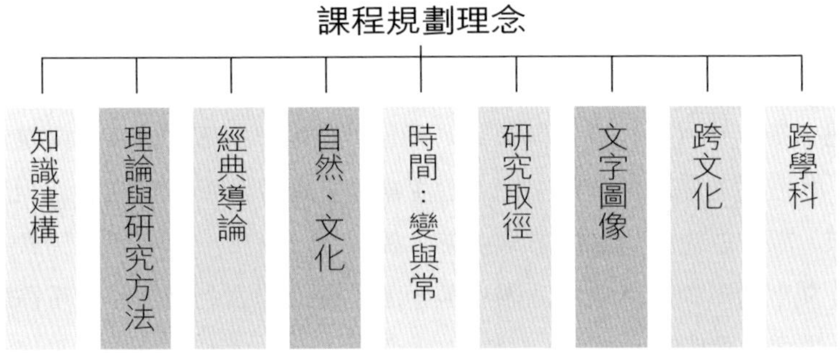

　　此課程的重點在於讓學生建立女性主義的知識建構，並引領學生獨立思考，讓學生實際操作，並於日常生活中實踐。其後，由於修課學生對於婦女與性別研究已有概括性的認識，可以就個人興趣針對不同的議題做更深入的學習與探討，並可逐步訓練學生自行進行研究計劃的能力，為學習與研究奠定基礎。

　　在課程設計方面，本課程採取跨學科教學為原則，由多個教師協同學生，特別重視婦女與性別研究理論的探討，尤其是理論對問題思考的啟發，但也舉具體研究實例、生活經驗及社會實踐來說明理論可能的落實與限制。每學期授課均自知識論的討論開始，由哲學系教授說明理論與經驗之間的互動與知識建構的關係，其次討論女性主義知識論及女性主義理論，以探討女性主義對既定知識及觀點可能的重構（林維紅，2000）。

　　就跨學科的訓練而言，則選定若干主題，每一主題則由不同學門的教師討論各學門的知識建構理論，以及該學門婦女與性別研究實例，希望能藉由同一主題不同學門的探討，做跨學科的初步訓練，並開拓學生視野，每學期的授課內容也包括一定的本土經驗。此外，課程教材包括文獻及視聽材料，教學方法則特重學生為學習主體，課堂授課包括演講及討論，作業設計避免死記，而着重閱讀心得、生活體驗的撰寫和小型研究（林維紅，2000）。

　　這門課最大的功能在於開拓學生的視野，提供不同學科的刺激，引導學生未來可行的方向，並期待啟發性別意識的思考（林維紅，2000）。

二、系統架構的規劃理念

　　在學生對於婦女與性別研究有一定程度的了解之後，台大婦女研究室規劃"理論"、"研究方法"、"經典研讀"、"實務應用"以及"跨學科"等數個方向的課程，讓學生能有更全面的訓練。

圖 4.2　婦女與性別研究跨領域整合型計劃系統架構

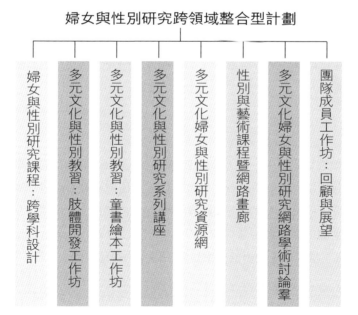

婦女與性別研究跨領域整合型計劃

- 婦女與性別研究課程：跨學科設計
- 多元文化與性別教習：肢體開發工作坊
- 多元文化與性別教習：童書繪本工作坊
- 多元文化與性別研究系列講座
- 多元文化婦女與性別研究資源網
- 性別與藝術課程暨網路畫廊
- 多元文化婦女與性別研究網路學術討論羣
- 團隊成員工作坊：回顧與展望

理論

　　在理論課程方面，台大婦女研究室開設或統整"性別政治"、"女性主義政治理論"、"傳播批判理論專題"，以及"族羣關係"等課程，從概括性的女性主義各種理論帶領學生入門，回顧西方的女性主義思潮演變，並簡介台灣關注的各種婦女與性別議題。

　　以王明珂教授開設的"族羣關係"為例，此課程設計的基本精神在於尊重差異，訓練學生批判思考的能力。由於台灣是一個多族裔社會，不論是就種族、語言、歷史經驗、地域，台灣社會的人口組成都充滿異質性。本課程的主要目標在於訓練學生對於多元文化的理念、內涵、歷史背景、政策、實施經驗能有所認識。課程着重理論的探討，並舉研究實例。

研究方法

　　在婦女與性別研究的領域中，有愈來愈多的研究使用質性研究，然而目前在大學部開設的研究方法課程中，仍然着重在量化研究的部分。為了培養學生獨立執行研究計劃的能力，台大婦女研究室協調台大張錦華教授等教師開設"質性研究"以及"質化研究方法"等課程，並舉辦質性研究工作坊，培養修課學生進行質化研究的能力。

經典研讀

　　在婦女與性別研究中，有許多經典書籍與理論值得深入探討，就對學生的啟發而言，經典研讀課實佔極重要的地位。學程積極邀請教師開課引導學生閱讀經典，例如黃長玲教授的"女性主義與契約論"，也有教師主動開課，例如張文貞教授的"女性主義法學經典名著選讀"，深入閱讀 Carole Pateman 所著 *The Sexual Contract* 一書，提供學生針對部分學科深入研究的課程規劃。

實務應用

　　婦女與性別研究首重實踐，因此在修課學生可以選修余漢儀教授開設的"弱勢羣體與社工倫理"及林方晧教授開設的"婦女虐待輔導與治療"等實務應用課程，讓學生不是關在學術的象牙塔中死讀書，而是將理論與實務結合。

跨學科

由於婦女與性別研究跨領域之間之對話極其重要，因而台大婦女研究室協調台大教師開設各個學科的婦女與性別研究課程，例如"和平學與女性主義"（葉德蘭教授）、"性別與溝通"（葉德蘭教授）以及"性別、醫療與健康"（張珏教授）等課程，讓學生依照自己的興趣，選擇感興趣的學科做進一步的學習。

以葉德蘭教授開設的"跨文化溝通與多元文化"為例，此課程是由跨文化傳播學的理論基礎及基本概念出發，輔以中、英文之實證研究文獻，希望學生了解跨文化情境下的溝通過程與特質，進而經由溝通對話建立積極正面導線的跨文化互動關係；而上課形式包括講授、小組活動、個案分析與實例演練。

三、以學生為主體的教學方式

婦女與性別研究與時俱進，有時學生甚至比教師更早接觸到最新的研究議題，因而台大婦女研究室一向秉持教學相長的理念，以學生作為教學主體，並鼓勵學生積極表達意見，讓課堂不再是演講式的一言堂。

互動式教學的嘗試：性別與教習劇場

教習劇場（Theater in Education，TIE），出自於巴西政治革命家奧古斯都‧波瓦（Augusto Boal）的被壓迫劇場（Theater of the Oppressed）及德國導演布萊西特（Bertolt Brecht）的疏離劇場的概念，是一個綜合戲劇形式與教育目標的特殊教學法，在這裏戲劇技巧被運用為達成教育目標的工具（陳姿仰，2003）。

在教習劇場中，教習長會運用許多戲劇技巧來鼓勵學生發言，例如"角色扮演"（role play）、"坐針氈"（hot－seating）、"靜相畫面"（image theater），以及"論壇劇場"（forum theater）等等，有時讓學生自行討論彼此的想法，有時則由教習長激發學生深入探討問題。由於教習長只是從旁協助學生整理自己的想法，並鼓勵學生發表意見、彼此討論，因而學生得以藉由不斷思索問題而加深印象。

　　台大婦女研究室開設性別教習劇場課程已有兩年的經驗，不論是學生或教師都有很大的收穫，是值得繼續嘗試的互動式教學方式。

學生為學習主體的呈現：學生期末發表會

　　為求教學相長，台大婦女研究室多門課程於期末舉辦學生期末發表會，鼓勵學生展示學習成果，作為一種公開發表的訓練，讓學生有實際操作的機會。學生可以選擇不同形式的創作，例如：拍攝劇情短片或紀錄短片、繪製童書繪本、撰寫文學作品，或者是藝術創作呈現等等，讓學生盡情發揮想像力。

　　以＂婦女與性別研究導論＂為例，由於修課學生眾多，因而學生的成果也非常豐富多元，除了期末作業的形式非常多樣化之外，學生在題材的選擇方面也包含許多面向，例如探討日常生活中耳熟能詳的約會強暴、＂兵變＂、變裝、處女情結、外籍新娘等議題，以及從各個學科的角度探討性別議題的＂中國樂曲中的女性形象＂、＂廣告中的性別意識＂、＂希臘悲劇‘米蒂亞’的女性形象＂，還有選定單一議題深入探討的研究報告，如探討女性與職場區隔、從書籍版本的演變觀察社會兩性關係的轉變，以及在台外籍勞工的生活等等。

　　而＂性別與童書繪本＂這門課則邀請幾米、賴馬、柯倩華以及林真美等童書繪本作家擔任講師，教導學員童書繪本的內涵及操作方式，並讓學生實際操作。在學期末舉辦＂性別與童書繪本＂創作發表會時共創作了近50本童書繪本，並請授課講師講評。由於學生創作的繪本作品十分精彩多元，因而台大婦女研究室擬和出版社洽談出版事宜，期待未來能將學生的創作出版。

　　藉由學生期末成果發表，除了讓修課學生重新溫習授課內容並加以融會貫通之外，授課教師也得以藉此了解學生的學習成果，並據此作為未來課程調整的依據。

開發新課程

　　由於婦女與性別研究日新月異，再加上網際網路的資訊發達，學生對於婦女與性別研究的知識需求勢必增廣，而傳統的婦女與性別研究課程已不敷學生所需。除了修訂與增加舊有課程內容之外，也必須配合時代變遷增設課程。

　　職是之故，台大婦女研究室積極開發新課程；除了在今年開設 "性別與童書繪本" 以及 "性別與教習劇場" 之外，並規劃 "女性主義知識論"、"女性主義與契約論"，以及 "性別與紀錄片攝製" 等課程，並且將逐年規劃與開發新課程，以帶給修課學生更豐富的教學內容。

四、網路無國界：資訊科技的協助

　　由於台大婦女研究室嘗試的是跨校乃至於跨國的教學合作計劃，因而極需要暢通的溝通與聯繫的管道。拜網際網路之賜，各式各樣的網路服務提供了無國界的溝通管道，使得跨校、跨系所的課程可以順利進行。

網站與資料庫

　　隨着網際網路的發展，使用者對於資源的取得講求效率與正確性。然而，資訊傳播最大的困難在於傳播的內容，亦即研究資源，其中資源共享的關鍵更在於妥善組織、整理相關研究資源，因此，建立 "婦女與性別研究資源網"，以整合各項研究資源。此外，除了提供研究資源的查檢，更可包括教學相關資訊，使之成為一項整合教與學的實用網站（林維紅，2003）。

　　此外，除了提供研究資源的查檢，更可包括教學相關資訊，使之成為一項整合教與學的實用網站。台大婦女研究室之最終目標為：1. 建立華文世界婦女與性別研究之重要資源網；2. 提供學術研究、實際教學二大方面的資訊（林維紅，2003）。

　　目前台大婦女研究室已建置並持續維護之資料庫包含：婦女與性別圖書資料庫、性別平等教育專業人才資源資料庫，以及婦女與性別研究課程資料庫；而目前也積極收集世界各國婦女團體以及婦女與性別研究機構等資訊，以期儘速建置為獨立的資料庫。

　　此外，台大婦女研究室也自行開發學生作業上傳等系統，讓修課學生分享上課心得以及婦女與性別研究網路資訊等等，一方面可以讓修課學生隨時觀摩彼此的學習心得，另一方面也建立一個互動的學習社羣，讓學生與教師在課餘時間也可以持續討論與交流。

電子報

台大婦女研究室每月發行一期電子報，用以傳遞婦女與性別研究相關的訊息，諸如台大婦女研究室最新出版品的摘要內容，以及演講通知、活動訊息、計劃申請，以及研究獎助等訊息。

台大婦女研究室建置的網頁與資料庫雖然有極為豐富的資料，然而由於現代網路資訊發達，為免本研究室的資訊淹沒在茫茫網海中，因而藉由每月一次發行的電子報來加強訊息的傳遞，並加強成員間的聯繫。

出版品

《婦女與性別研究通訊》從 1995 年起每年發行四期迄今，報導婦女與性別研究領域的新知、書訊、研究概況，不僅是台灣內相關學界重要的交流園地，也廣泛為中國大陸與世界各國研究機構收藏。其後，自 2003 年 4 月號起正式更名為《婦研縱橫》，發行遍佈兩岸及歐亞美各洲，每年 1、4、7、10 月 15 日出刊。

《婦研縱橫》固定調查台灣各大專院校開設的婦女與性別研究相關課程，也經常報導研討會等相關訊息。此外，由於台大婦女研究室每期均寄贈《婦研縱橫》給大各專院校與性別研究機構，因而對於相關資訊的傳播有相當的貢獻。

建議與展望

跨校、跨學科的教學計劃最重要的是課程間的整合，並且避免開設過多重複的課程，從學生學習的角度出發來做系統性的課程規劃，讓學生修習完成最基礎的導論與理論課程之後，可以分別依照個人興趣修習其他課程，對於婦女與性別研究能有循序漸進的學習過程。

由於課程間的整合需要聯繫與協調各校與各科系的授課教師，因而溝通的管道便顯得十分重要，也因此台大婦女研究室於近年來不斷加強網路科技的運用，希望藉此建立婦女與性別研究的學術社羣，而這也是本研究室建議未來可以持續運用的部分。

　　此外，最重要的是，台大婦女研究室在推展跨校、跨學科教學改進計劃的過程中，深刻地體認到，一個完善的教學環境有賴各界研究資源的互相扶持，因此加強婦女與性別研究學界的交流成為了刻不容緩的任務（林維紅，2003）。婦女與性別研究學界應該增加互動與經驗交流的機會，以加強研究資訊與資源的共享與整合。

參考書目

- 王品尹：〈"性別教習劇場"展演心得：細數曾經〉，《婦研縱橫》，68 期（2003 年），頁 77 - 81。
- 林維紅：〈Women's Studies Curriculum: Experience and Appraisal. 婦女研究的課程設計：以台大"婦女與性別研究導論"的教學為例的探討〉，《通識教育季刊》，7 卷 1 期（2000 年），頁 27 - 43。
- 林維紅：〈研究、教學與學術社羣：以台灣"婦女與性別研究跨領域課程改進計劃"為例的探討〉（台灣大學"'多元文化：婦女與性別議題的研究與教學'研討會"論文，2003 年）。
- 林維紅：〈婦女與性別研究的建制化：以台大婦女研究室為例〉，（上海復旦大學"'百年中國女權思潮研究'國際學術研討會"論文，2004 年）。
- 教育部顧問室：〈施政方針〉，台灣教育部全球資訊網（http://www.edu.tw/EDU_WEB/EDU_MGT/CONSULTANT/EDU2994001/approach.htm? TYPE=1&UNITID=106&CATEGORYID=0&FILEID=18845），2002 年。
- 陳姿仰：〈教習劇場四月天 —— 台大"性別教習劇場"之展現〉，《婦研縱橫》，68 期（2003 年），頁 73 - 76。
- 游美惠：〈多元文化女性主義〉，《婦女與兩性研究通訊》，54 期（2000 年），頁 30 - 36。
- 謝小芩、張錦華：〈編輯室報告："性別與大專教科書檢視"專題〉，《女學學誌》，16 期（2003 年），頁 i - iv。
- Hsieh, H., "The Development of the Women's Movement and Women's/Gender studies in Taiwan", in W. Lin & H. Hsieh (eds.), *Gender, Culture and Society: Women's Studies in Taiwan* (Seoul: Ewha Womans University Press, 2005).
- Lin, W., & H. Hsieh, (eds.), *Gender, Culture and Society: Women's Studies in Taiwan* (Seoul: Ewha Womans University Press, 2005).

附件一："人文社會科學教育改進計劃——
婦女與性別研究跨領域整合型計劃"開設課程一覽表

開課時間	課程名稱	開課校系	授課老師
91 學年度下學期	婦女與性別研究導論	台灣大學歷史學系	林維紅
91 學年度下學期	性別、制度與認同	清華大學通識教育中心	謝小芩
91 學年度下學期	性別、社會與醫療	高雄醫學大學性別研究所	成令方
92 學年度上學期	性別、影像與多元文化	高雄醫學大學性別研究所	成令方
92 學年度上學期	性別政治	台灣大學政治學系	黃長玲
92 學年度下學期	婦女與性別研究導論	台灣大學歷史學系	林維紅
92 學年度下學期	性別與童書繪本	台灣大學歷史學系	林維紅
92 學年度下學期	性別與教習劇場	台灣大學歷史學系	林維紅
92 學年度下學期	兩性社會學	高雄醫學大學性別研究所	成令方
92 學年度下學期	性別研究導論	清華大學通識教育中心	謝小芩
92 學年度下學期	族羣關係	台灣大學人類學系	王明珂
92 學年度下學期	弱勢羣體與社工倫理	台灣大學社工系	余漢儀
92 學年度下學期	質化研究方法	台灣大學新聞研究所	張錦華
93 學年度上學期	媒介與性別研究	台灣大學新聞研究所	張錦華
93 學年度上學期	跨文化溝通與多元文化	台灣大學外國語文學系	葉德蘭
93 學年度上學期	西洋藝術史專題研究：女性藝術與藝術史（由文藝復興至十九世紀）	師範大學美術學系	曾曬淑
93 學年度上學期	現代藝術理論與實務：女性主義運動與女性主義藝術	師範大學美術學系	曾曬淑

附件二：台灣各大專院校開設性別相關課程一覽表

一般大學

開課學校	開課系所	課程名稱	授課老師
大同大學	通識教育	兩性關係	賴惠珍
大同大學	通識教育	婚姻與家庭	林建宏
大葉大學	視覺傳達設計學系	女性藝術導論	王心慧
大葉大學	通識教育	婚姻與家庭	施建彬
中山大學	中文所	女性文學專題討論	龔顯宗
中山大學	外文所	十九世紀前女性劇作家	王儀君
中山大學	外文所	女性主義理論與批評	張淑麗
中山大學	中學學程 小學學程	性教育概論	徐芝敏
中山大學	通識教育	性、身體與倫理	龔卓軍
中山大學	通識教育	性與人生	徐芝敏

開課學校	開課系所	課程名稱	授課老師
中正大學	中文所	古典小説與性別專題研究（一）	黃錦珠
	犯罪防治研究所	性罪犯與婚姻暴力加害人處遇專題研究	林明傑
	犯罪防治研究所	家庭暴力與性侵害專題研究	鄭瑞隆
	法律所	民法專題研究（身份法）（一）	施慧玲
	勞工所	家庭與勞動	楊琇玲
	歷史所	中國婦女傳記專題研究	韓獻博
	教育學程	性別與教育	卯靜儒
	通識課程	女性文學與影像	江寶釵
	通識課程	中國語文知識及其應用（古典小説中的愛情故事）	張慧美
	通識課程	中國語文知識及其應用（文學與女性）	毛文芳
	通識課程	男女平等在台灣	施慧玲
	通識課程	英國女性政治史話	張秀蓉
中央大學	哲學所	性／別理論專題	甯應斌
	客家社會文化研究所	客家婦女研究專題	張翰璧
	英美語文所	性／別研究專題	雷俐
	通識課程	女性與永續發展	王燦槐
	通識課程	兩性社會學	王燦槐
	通識課程	性暴力之分析	王燦槐
	通識課程	婦女與法律	林佳陵
中原大學	工業系	兩性關係	黃曉玲
	心理系	外遇心理學	戴浙
	心理系	親密關係	李新鏘
	特教系	特殊兒童性教育	杜正治
	通識教育	女性人身安全與防身術	詹美玲
	通識教育	女性主義	曾慶豹
	通識教育	婚姻與家庭	莊文生
	通識教育	性教育	林詩齡
	通識教育	兩性健康行	陸淑芬
中國文化大學	文藝系	現代小説張愛玲作品研究	嚴紀華
	生應所	兩性關係研究	柯澍馨
	社福系	婦女福利	邱貴玲
	新聞系	媒介與女性主義	盧嵐蘭
	教育系	兩性關係	柯澍馨

開課學校	開課系所	課程名稱	授課老師
中興大學	外文系	性別研究與文學	朱崇儀
	通識教育	兩性教育	潘菲
	通識教育	兩性關係	洪慧涓
	通識教育	兩性關係	潘菲
	通識教育	兩性關係	關永馨
	通識教育	婚姻與家庭	齊隆鯤
元智大學	社會學系	性別社會學	陳芬苓
	通識教育	兩性關係	麥麗蓉
	通識教育	現代西方女性主義與文學	鄧名韻
	通識教育	婚姻與家庭	麥麗蓉
玄奘大學	社福系	女性議題研究	李明玉
	社福所	婚姻與家庭專題	張貴傑
	應用心理系	婚姻與家庭	周玉真
	通識教育	婦女與人權	簡明華
	通識教育	基因工程與兩性調適	張馨文
世新大學	社心所	婚姻與家庭諮商	張景然
	性別所	女性主義理論	陳宜倩
	性別所	男性研究	謝臥龍
	性別所	性別研究名著選讀	羅燦煐
	性別所	性別與媒體研究	羅燦煐
	性別所	性別與政策研究	林芳玫
	性別所	性別與傳播科技專題講座	方念萱
	性別所	性別與流行文化專題講座	陳宜倩
	社發所	專題：台灣產業發展與女性勞動	夏曉鵑
	通識中心	廿世紀中國女作家	張雪媃
	通識中心	女性文學	黃裕惠
	通識中心	性別與消費	戚栩僊
	通識中心	性別關係	陳宜倩
	通識中心	婦女與近代中國	喻蓉蓉
	師培中心	兩性教育（小）	鄭美珍
	師培中心	兩性教育（中）	鄭美珍
台北大學	合作經濟學系	家庭經濟學	黃芳雅
	法律所	兩性平權與法律專題研究	郭玲惠
	社會系	婚姻與家庭	林桂綉
	社會所	性別與工作	徐宗國
	通識課程	婦女與生活	戴麗華

開課學校	開課系所	課程名稱	授課老師
台灣大學	人類系	兩性研究	王梅霞
	外文系	女性身體與性別文化	黃宗慧
	外文系	跨文化溝通與多元文化	葉德蘭
	外文所	身體、慾望與視覺性	朱偉誠
	歷史系所	中國的性別文化與社會	林維紅
	歷史系所	中國的性別文化與社會研導	林維紅
	歷史系（進修部）	女性與中國社會文化上	衣若蘭
	社工系	女性主義社會工作	王麗容
	社會系	女性主義理論	吳嘉苓
	政治系	性別政治	黃長玲
	新聞所	多元文化論與傳播研究	張錦華
	新聞所	傳播批判理論專題	張錦華
	法律系	法律文化研究專題討論	陳妙芬
	農推系鄉社組	家庭社會學	高淑貴
	農推系所	農村婦女問題	賴爾柔
	建城所	性別與環境	畢恆達
	建城所	城鄉發展與性別	成露茜
	護理所	家族治療概論	熊秉荃
	護理所	婦女健康專論（一）理論基礎	余玉眉
	通識教育	北歐女性主義	黃毓秀
	通識教育	兩性關係	張玨
交通大學	語言與文化研究所	精神分析專題：同性戀／異性戀	林建國
	教育學程	親職教育	許鶯珠
	通識教育	兩性關係	梁瓊惠
	通識教育	兩性關係	許韶玲
成功大學	台文系	女性文學選讀	楊翠
	台文系	性／別文學	劉開鈴
	外文所	英文女性作品專題研究	任世雍
	政治系	性別政治	唐文慧
	政經所	性別與社會政策	唐文慧
	歷史系	中國婦女史（一）	廖秀真
	歷史系	近代中國婦女運動史	廖秀真
	教育學程	家庭教育	趙梅如
	通識課程	中國婦女史	廖秀真
	通識課程	兩性關係	許霖雄
	通識課程	性別與文學	劉開鈴
	通識教育	婚姻與家庭	饒夢霞
	通識課程	婦女詩歌欣賞	賴麗娟
	通識課程	婦女與政治	蔣麗君

開課學校	開課系所	課程名稱	授課老師
長庚大學	護理系	婦女健康議題研討	黎小娟
	護研所	家庭照護	葉昭幸
	護研所	高級婦女兒童健康護理學（I）（II）	葉昭幸
	通識課程	人類性學概論	黃世聰
	通識課程	性別與社會	陳麗如
東吳大學	心理系	婚姻諮商	林蕙瑛
	社工系	女性與社會政策	李淑容
	社工系	家庭動力與家人關係	王行
	社工系	婚姻與家族治療	萬心蕊
	社工所	進階婚姻與家庭治療	王行
	社會系	女性與家庭問題	吳明燁
	社會系	兩性社會學	葉肅科
	社會系	親密關係社會學	張家銘
	政治系	性別政治	林淑芬
	英文系	女性主義小説選	謝瑤玲
	哲學系	女性主義	陳瑤華
	通識課程	女性主義與學校教育	邱雅芳
	通識課程	兩性關係	吳秀禎
	通識課程	家庭與婚姻	唐代豪
東海大學	中文系	女性文學	鍾慧玲
	外文系	女性文學	郭士行
	外文系	女性文學	Paul Harwood
	外文系	文討：性別與語言	郭士行
	社工系	婦女與社會工作	吳秀照
	社會系	性別與工作	陳建州
	歷史系	中國古代婦女史	游惠遠
	歷史系	民國時期的性別與文化	許慧琦
	通識教育	性別與文化	鍾慧玲
	通識教育	婦女與宗教	Beverly Moon
	通識教育	近代中國的婦女地位	呂芳上
	通識教育	婦女與社會	范　情
	通識教育	傳統中國的婦女地位	游惠遠
東華大學	中文系	女性主義文學專題	郝譽翔
	民族文化學系	原住民性別與文化	謝若蘭
	創作與英語文學研究所	女性文學專題	曾珍珍
	觀光暨遊憩管理研究所	婦女與休閒	許義忠
	師資培育中心	性別與教育	李雪菱
	共同科	女性與中國古典文學	吳儀鳳

開課學校	開課系所	課程名稱	授課老師
政治大學	心理所	婚姻與家庭專題	李良哲
	心理所	家族治療	修慧蘭
	法律所	性別與法律研究（一）	陳惠馨
	社會系	家庭社會學	林顯宗
	社會所	家庭社會學專題討論	林顯宗
	俄語所	俄羅斯文化專題：性別	劉心華
	政治所	性別政治	楊婉瑩
	教育學程	性別教育	周祝瑛
	通識教育	女性與政治	白中琇
	通識教育	全球化下的女性移動	無提供
	通識教育	兩性關係與法律 —— 婚姻與家庭	陳惠馨
	通識教育	婦女與工作生涯	許彩娥
南華大學	應用社會學系	觀光、族羣與性別	邱琡雯
	應用社會學系	情色與文化	翟本瑞
	應用社會學系	性別與社會	魏書娥
高雄大學	通識教育	女性文學	許麗芳
	西洋語文學系	女性主義	倪碧華
海洋大學	校際遠距	性暴力之防治	王燦槐
華梵大學	教育學程	性別平等教育與研究	陳佩英
	通識教育	兩性關係	陳錫琦
	通識教育	婚姻與家庭	李錫琦
	通識教育	婦女研究導論	何珮瑩
淡江大學	中文系	婦女文學	李元貞
	中文所	女性主義文學批評	李元貞
	英文系	女性文學	黃逸民
	英文所	生態女性小說	黃逸民
	英文所	後性別論述研究	陳宜武
	師資培育中心	兩性平等教育講座	洪素珍
	通識教育	性別角色與兩性關係	葉紹國
	通識教育	性別角色與兩性關係	薛曉華
	通識教育	性與倫理	徐佐銘
	通識教育	性與倫理	鄭光明
	通識教育	兩性生活與法律	郭躍民
	通識教育	兩性生活與法律	羅承宗
	通識教育	兩性生活與法律	鄭伊玲
	通識教育	性愛的心理與倫理	徐佐銘
	通識教育	性暴力之分析	王燦槐
	通識教育	家庭與婚姻	周海娟
	通識教育	愛慾與死亡	唐耀棕
	通識教育	藝術與性別	李錫佳

開課學校	開課系所	課程名稱	授課老師
陽明大學	公衛所	生殖，週產期與婦女健康發展	盧孳艷
	通識教育	性別研究導論	謝小芩
	通識教育	性別與電影	黃素菲
慈濟大學	人類發展學系	兩性關係與諮商	王純娟
	宗教與文化研究所	宗教與性別專題	盧蕙馨
	兒童發展與家庭教育學系	性別教育	李雪菱
	兒童發展與家庭教育學系	親職教育	胡美智
	社工系	家庭與法律	沈美真
	社工系	家族治療	張淑英
	社工系	婦女與社會工作	楊金滿
	社工所	婦女與社會工作專題	游美貴
	東方語言學系	女性文學專題	蕭鳳嫻
	傳播系	畢業製作——性別研究專題組（一）	周典芳
	教育所	多元文化教育專題研究	何縕琪
	通識教育	家庭與婚姻	陳婉蘭
嘉義大學	幼教系	婚姻與家庭	詹英美
	家庭教育所	婚姻與家族治療原理	王以仁
	家庭教育所	婚姻與家庭介入	高淑清
	家庭教育所（在職）	兩性關係及兩性教育研究	廖永靜
	教育學程	兩性教育	劉俊豪
	通識課程	女性人權	陳佳慧
	通識課程	女性醫學	徐興國
	通識課程（夜二技）	兩性關係	王以仁
	通識課程	兩性關係	余坤煌
	通識課程	兩性關係	房兆虎
	通識課程（進修部）	婚姻與家庭	涂信忠
銘傳大學	性別研究所	性別研究名著選讀	羅燦煐
	性別研究所	性別與媒體研究	羅燦煐
	性別研究所	量化研究方法	沈幼蓀
	性別研究所	性別與政策研究	林芳玫
	性別研究所	男性研究	謝臥龍
	性別研究所	女性主義理論	陳宜倩
	性別研究所	性別與流行文化專題講座	陳宜倩
	性別研究所	性別與傳播科技專題講座	方念萱
	通識教育	女性文學	蘇芊玲
	通識教育	性別文化研究	蘇芊玲
	通識教育	愛情學	孔令信

開課學校	開課系所	課程名稱	授課老師
輔仁大學	心理所	性別與心理治療	夏林清
	心理所	家族治療與心理劇：台灣實踐經驗	吳就君
	心復系	家族治療	劉同雪
	比較文學所	性別研究與台灣女性視覺藝術	簡瑛瑛
	兒家所	婚姻與家庭研究	利翠珊
	兒家所（在職）	婚姻與家庭專題	利翠珊
	社工所	專題討論：家族治療	鄭玉英
	英文系	女性短篇小說	裴　德
	英文系	文學裏的愛情故事	黃女玲
	英文系	比較文學中的女性	鮑端磊
	哲學系	女性主義	林麗珊
	歷史系	台灣女性史	陳君愷
	全人教育中心	女性主義	林麗珊
	全人教育中心	婚姻與家庭	陳富莉
	全人教育中心	婚姻與家庭	陳若琳
暨南國際大學	外文所	近代法國女作家選讀	莊子秀
	比教系	多元文化教育比較	洪雯柔
	社工系	女性議題與研究	許雅惠
	社工系	家庭暴力問題專題討論：狀況、成因及影響	王珮玲 柯麗評
	社工系	家庭暴力處遇專業價值及倫理議題	曾華源 柯麗評
	社工系	族羣文化與家庭暴力防治議題	王珮玲
	通識教育	男 / 女與性別	梁雙蓮 蘇子中
靜宜大學	中文系	台灣女性詩人專題	陳明柔
	兒福系	兩性問題與處遇	李郁文
	兒福系	家庭社會工作	邱方晞
	兒福系	婚姻法律	林宇光
	兒福系	婚姻協談	許博一
	兒福系	親職教育	張耐
	青兒所	性別議題與社會福利	王文瑛
	青兒所	婚姻與家庭專題	許博一
	通識教育	兩性關係	鄭美枝

開課學校	開課系所	課程名稱	授課老師
實踐大學	生活應用科學系	親職教育	鄭淑子
	生活應用學系（進修部）	性別教育	白倩如
	社工系	家庭科學	陳淑娥
	社工系	家庭暴力	林佩瑾
	社會工作學系（進修部）	家庭暴力	林惠娟
	社會工作學系（進修部）	家庭暴力	姚淑文
	社會工作學系	親職教育	吳澄波
	家庭研究與兒童發展研究所	家庭生活教育方案設計專題研究	鄭淑子
	家庭研究與兒童發展研究所	家庭理論專題研究	蕭英玲
	家庭研究與兒童發展研究所	家庭暴力與輔導專題研究	莫藜藜
	通識教育	性教育	武文月
	通識教育	情愛行為學	廖榮利

師範大學與學院

開課學校	開課系所	課程名稱	授課老師
台北師範學院	台文所	台灣文學與女性主義	范銘如
	教育心理與諮商學系	兩性關係與輔導	王瑞琪
	教育心理與諮商學所	家族治療專題研究	曾端真
	幼教系	婚姻與家庭	劉秀娟
	社會科教育學系	性別人類學	張榮富
	通識教育	兩性教育	王懋雯
	通識教育 *	性別與教育	王大修
	通識教育	愛情哲學	張炳陽
	通識課程	當代女性議題討論	王淑芬

開課學校	開課系所	課程名稱	授課老師
	人類發展與家庭學研究所	婚姻與家庭	陳小娥
	人類發展與家庭學研究所	引導研究：性別與家庭	黃馨慧
	人類發展與家庭學研究所	獨立研究：男性專題研究	黃馨慧
	心輔系	性教育與輔導	洪有義
	心輔系	婚姻與家庭	洪有義
	心輔所	家庭暴力與性侵害專題研究	鄔佩麗
	心輔所	婚姻與家族治療研究（一）	鄔佩麗
	心輔所	諮商之性別議題	王麗斐
	公領所	性別與教育專題研究	張樹倫
	社教系	家庭暴力問題與處置	彭淑華
	美術所	女性主義與藝術史	曾曬淑
台灣師範大學	英語系	性／別文學	賴守正
	英語所	性別與現代主義	曾靜芳
	英語所	美國女性作家專題	高瑪麗
	教育所	性別與教育	潘慧玲
	衛教系	性教育	晏涵文
	衛教所	人類性學研究	晏涵文
	歷史系	中國婦女史	林麗月
	歷史系	世界婦女史	徐戴愛蓮
	通識教育	性別議題（一）	林安邠、陳李綢 曾靜芳、梁一萍 黃馨慧
	通識教育	性別議題（二）	彭淑華、傅祖怡 李文彬、陳李綢 徐戴愛蓮
	通識教育	婚姻、家庭與人生	陳小娥
	英文學系	女性成長小說	張學美
	國文學系	女性文學	許麗芳
彰化師範大學	輔導與諮商系	兩性關係	趙淑珠
	輔導與諮商所	婚姻與家庭專題研究	趙淑珠
	輔導與諮商所	婚姻諮商	郭麗安
	輔導與諮商所	婚姻諮商專題研究	郭麗安

專門／科技大學與學院

開課學校	開課系所	課程名稱	授課老師
中山醫學大學	公共衛生學系	婦幼衛生學	林隆堯
	營養學系	女性健康議題	林以勤
	醫學社會暨社會工作學系	婚姻與家庭	汪淑娟
	護理系	人類性學	黃正宜
	護理系	婦嬰護理學	郭碧照 李淑杏
	通識教育	兩性關係	鍾麗珍
	通識教育	婚姻與家庭	徐文鈺
	通識教育	動物和人的性	黃達三
台北市立 體育學院	通識教育	兩性關係	佘玉珠
台北科技大學	通識教育	兩性關係	黃淑慧
	通識教育	兩性關係	蔡稔惠
	通識教育	婚姻與家庭	黃淑慧
台北醫學大學	通識教育	東西方身體論比較研究	林文琪
台南女子技術學院	通識教育	西洋婦女運動史	涂永清
	通識教育	身體面面觀	張忠良
	通識教育	傳統中國的婦女與婚姻	金世忠
	通識教育	台灣女性小說的女性閱讀	徐玉梅
台灣科技大學	教育所	兩性教育	朱如君
	通識課程	兩性平權關係與女權主義	何珮瑩
	通識課程	性別與法律	陳宜倩
台灣藝術大學	通識教育	西方女性文學賞析	黃裕惠
	通識教育	性別與台灣社會	陳素秋
佛光人文社會學院	文學系	女性文學	朱嘉雯
	社會系	性別社會學	賴淑娟
	社會所	女性主義專題	賴淑娟
長榮大學	大傳系	兩性傳播	劉盈慧
	社工系	兩性關係	鄭維瑄
	通識教育	情・意與愛	林乃慧
	通識教育	情・意與愛	林秀蓮
	通識教育	兩性關係	林秀蓮
	通識教育	婚姻與家庭	盧金山
虎尾科技大學	通識教育	兩性與文化	王文瑛
	通識教育	兩性關係	王文瑛
	通識教育	婚姻與家庭	梁季倉

開課學校	開課系所	課程名稱	授課老師
屏東科技大學	社工系	家庭社會學	杜娟娟
	通識教育	社會科學（女性主義概論）	羅慎平
	通識教育	社會科學（性別、社會與空間）	姜蘭虹
高雄醫學大學	公共衛生學系	婦幼衛生（含家庭計劃）	王姿乃
	行為科學研究所	後現代主義身體觀專題	黃駿
	醫學社會學與社會工作學系	身體與社會	林淑鈴
	醫學社會學與社會工作學系	性別、醫療與社會	王秀雲
	性別研究所	工作、身體與時空	成令方
	性別研究所	性別社會學	成令方
	性別研究所	性別名著選讀	王秀雲
	性別研究所	性別、階級與族羣	林津如
	性別研究所	性別與日常生活科技	成令方
	性別研究所	性別研究法	王秀雲
	性別研究所	性別與醫療史	王秀雲
	性別研究所	女性主義理論	陳美華
	性別研究所	女性主義與多元文化家庭	林津如
	通識教育	兩性與日常生活	林津如
	通識教育	性別、影像與多元文化	成令方
	通識教育	性教育與性別	陳美華
高雄第一科技大學	通識課程	兩性關係	駱慧文
	通識教育	婚姻與家庭	蔡昭民
高雄應用科技大學	應用外語系	英美女性主義研究	石光生
	師資培育中心	學校情境的兩性教育	杜振亞
	通識教育	兩性心理學	徐西森
	通識教育	兩性教育	黃世鈺
	通識教育	性別教育與健康	歐陽慧
	通識教育	健康家庭與兩性教育	仇方娟
朝陽科技大學	社工系	婦女福利服務	王慧琦
	社工系	性別議題	王慧琦
	通識中心	兩性關係	王慧琦
	通識中心	兩性關係（進修部）	李華璋
	通識中心	婚姻與家庭	李華璋
	通識中心	婚姻與家庭	董智慧
	通識中心	婚姻與家庭（進修部）	王文秀
	通識教育	婦幼衛生	陳芬茹、吳健綾

開課學校	開課系所	課程名稱	授課老師
僑光技術學院	行銷系（四技）	兩性關係	藍家馨
	外語系（四技）	兩性關係	鄧明賢
	金管系（四技）	兩性關係	陳愛娟
	國貿系（二技）	婚姻與家庭	杜惠英
	國貿系（四技）	兩性關係	邱美華
	通識教育（二技）	兩性關係	陳愛娟
	通識教育（四技）	兩性關係	許雅惠
樹德科技大學	人類性學研究所	SAR 的原理與方法性觀念與性態度	阮芳賦
	人類性學研究所	人類性學專題研究	阮芳賦
	人類性學研究所	婚姻與家庭動力學	鄭其嘉
	人類性學研究所	性別研究	楊幸真
	人類性學研究所	性教育	林燕卿
	人類性學研究所	性學史	阮芳賦
	人類性學研究所	性健康	鄭其嘉
	人類性學研究所	性心理學	鄭其嘉
	人類性學研究所	性治療專題研究	文榮光
	人類性學研究所	性教育教學法與課程設計	林燕卿
	人類性學研究所	性與暴力專題研究	阮芳賦
	人類性學研究所	婚姻與家庭治療	吳就君
	幼兒保育系	遺傳與婦女健康	顏世慧
	通識教育	兩性關係	李旺庭
	通識教育	婚姻與家庭	李旺庭

中國大陸女性研究課程
的發展與特點

魏國英

中國大陸女性研究課程起步於 20 世紀 80 年代中期。第四次世界婦女大會之後，女性研究課程在更多的大學校園中出現。北京大學等高校女性學碩士科目的設立，推動了專業女性學開展的步伐。

大陸女性研究與女性學學科建設回顧

中國大陸女性研究自 20 世紀 80 年代以來得到了長足發展。1995 年聯合國第四次世界婦女大會在北京召開，又為大陸女性理論研究的深入與拓展提供了新的契機。梳理 20 餘年的發展脈絡，我們可以從以下四個角度去考察：

首先，從學科的角度來考察。近 20 餘年，中國大陸的女性研究大致可以分為三個發展階段。20 世紀 80 年代，女性研究側重在既有學科內進行。諸如在心理學、歷史學、文學、教育學等傳統學科領域，相繼出現了以研究女性特質特徵為出發點的分支研究，並產生了女性心理學、婦女史學、女性文學與女性批評、女性教育學等分支學科。隨着研究的推進，學界發現女性研究是一個多學科綜合交叉的新興領域，許多女性的生存發展問題，很難在某一個既有學科內得到完滿解答，需要跨學科的研究與探索。於是，90 年代初，女性研究比較關注在若干既有學科中進行融合和交叉，譬如對"女性與中國傳統文化"、"轉型期中國婦女的發展"等問題的研究就是若干學科的女性研究者共同承擔的。自此，女性研究進入了跨學科的發展階段。90 年代中後期，在既有學科和跨學科研究的基礎上，女性研究進入了以建立獨立的女性學學科為中心的發展階段。學界開始探討女性學作為一個獨立學科存在的依據，學科的研究對象、範疇、方法，以及知識系統和理論體系等問題。當然，這種直線型發展的描述只是方便我們了解女性研究而已，其實，女性學在這三個領域——既有學科、跨學科和獨立的女性學學科——的研究是緊密相連、互為依託、相互補充的，只是在某一特定時間內某領域的研究受到更多的關注，進展比較突出而已。

其次，從學科基本理論發展的視角來考察，20 世紀 70 年代以後，中國大陸的女性研究對象從某種意義上說，經歷了從"運動"到"問題"以至"人"的轉變。中國的女性研究與婦女運動相伴而生，在 20 世紀相當長的一段時間內，女性研究的焦點是"婦女運動"。80 年代以後，女性研究開始更關注"女性問題"，即女性的發展與事實上的男女平等問題。90 年代中期以後，"女性學"研究被廣泛關注。學界普遍認為，應從"人"的角度，即以作為人類的一半來研究女性問題。女性學研究的對象是"女人"——"自覺的實踐活動着的女人"，這種見解，成為研究者的一種共識。當然，運動、問題和人，都在女性研究視野之內，但從人切入揭示女性作為人的本質屬性，和有別於男性的女性自身特徵，顯然是女性研究和女性學學科的邏輯起點。

再次，從研究機構和隊伍建設來考察。近 20 年來，大陸婦女研究機構和隊伍已經形成了婦聯、高校和社科院系統"三足鼎立"的局面。三個系統的研究機構和研究人員在第四次世婦會後均得到較快發展，但發展最快的是高校系統。大學的女性研究學者已經成為大陸婦女學界一支十分活躍的力量。

率先成立女性研究機構的是鄭州大學。1987 年，鄭州大學婦女學研究中心問世。緊隨其後，1989 年和 1990 年杭州大學與北京大學相繼成立婦女研究中心。20 世紀 90 年代，以籌備"世婦會"為契機，高校女性研究機構迅速增加。據統計，1993 年至 1995 年 5 月的兩年多時間內，高校的婦女研究機構就由原來的三家發展到 22 家（杜芳琴，2000）。據不完全統計，截至 2005 年初，已經有 53 所普通高等院校設立了女性研究機構。

綜觀 53 家高校的女性研究機構，若從領導體制上考察，大致可以分為三類：一是隸屬於校方或校科研部處，主要負責人由校級領導兼任，如北京大學、首都師範大學、中央民族大學等院校；二是隸屬於某個學院（系、所），如山東大學、華中師範大學等院校；三是隸屬於工會等羣團組織，如吉林大學、內蒙古大學、廈門大學等院校。若從功能作用的角度來考察，大致也可以分為三類：一是以教學和科研為主；二是側重於研究；三是以研究和女教職工權益保護為主。在建制上，多數高校仍停留在虛體建制階段，但“三無”（無編制、無經費、無場地）的狀況正在逐步改變，一些高校婦女中心有了自己固定的活動場所。據悉，有專職編制的高校婦女研究中心已有四家，它們是天津師範大學、延邊大學、東北師範大學和中國傳媒大學。

大陸女性研究課程的發展

大陸高校的女性研究課程起步於 20 世紀 80 年代中期，主要內容是介紹西方女性主義學說、運動和思潮。據我們的了解，北京大學是最早開設女性研究相關課程的高校。隨着中國改革開放，北大教師走出國門，“外教”進入北大校園，一些熱心婦女發展事業的教師開始關注西方女性主義理論與方法。1984年，北京大學英語系聘請的外籍教師，應邀在北大舉辦了有關西方女性研究專題講座課。1987 年至 1988 年，北京大學英語系陶潔教授與外籍教師一起開設有關西方女性研究的專題課。同年，在陶潔教授和歷史系齊文穎教授、鄭必俊教授等人的宣導下，北京大學成立了女性主義研究學術沙龍。1990 年，北京大學中外婦女問題研究中心問世，使分散在各院系熱心婦女研究的教師走到一起，促使一批女性研究課程在北大出現。到 1995 年，北大已經在外語、中文、歷史、心理學、社會學等院系開設了有關女性研究的專題課、講座課或選修課 12 門。在這期間內，鄭州大學、杭州大學、天津師範大學等高校也開設了相關的女性研究課程。

第四次世界婦女大會之後，隨着大陸女性理論研究不斷深入與拓展，女性研究課程在更多的大學校園出現。1997 年西安交通大學開設全校本科生選修課“女性、素質與發展”，到 1999 年已講授四次，約 350 位學生選修（孫曉梅，1999）。杭州大學（現浙江大學）向全校本科生開設基礎性的“婦女研究”選修課程，幾年內選修學生就有 664 名（孫曉梅，1999）。復旦大學自 1997 年在社會學系開設了"婦女研究"限選課，在全校本科生中開設了"性別研究"通選課（魏國英、王春梅，2002）。

　　這一時期，女性研究課程建設在普通高校的發展，既體現在課程數量的增加上，也體現在課程品質的提升中。1995年以後，女性研究和女性學課程多為"限選課"或"通選課"，比起之前的"專題課"、"講座課"，在課程內容和教學方法上均有所進步，即內容的系統性、理論性增強，並實施學生參與式教學法，實現了教與學的互動，受到學生的普遍歡迎。首都師範大學啜大鵬教授開設的本科通選課"女性"，1999年以來已經講授了11個學期，應學生要求從開始的18學時增加到36學時，報名選課人數最高達180人，用同學們的話説："這是學校裏很火的一門課程"。2001年起，北京大學佟新教授在全校本科生中開設的通選課"社會性別導論"，每次都有100多名學生選修。性別課程走進上海高校課堂以後，很受學生歡迎。上海大學第一次選課人數為117人，第二次170人，其中男學生佔30%。福建農林大學2003年向全校本科生開設公共選修課"女性學"，選修的學生一年比一年多：2003年9月第一期，計劃60人，報名578人，實收75人；第二期計劃100人，報名680人，實收112人；第三期計劃139人，學生網上選課，很快滿額，最後報名多達1685人，實收160人。這是該校其他課程從未有過的現象（福建農林大學性別與發展研究中心，2005）。

　　1998年，北京大學設立了女性學碩士專業方向，由此推動了女性學專業課程建設的步伐。從1999年起，北京大學開出了四門女性學專業課程：女性學研究——女性學概念、知識及其理論體系；女性發展史——婦女史、婦女運動史、女性學説史；性別與發展——性別與經濟發展、性別與社會發展、性別與人口發展；西方女性學名著選讀——西方女性主義的理論與方法。東北師範大學、雲南民族大學等院校也相繼設立了具有本校專業特色的女性學碩士專業課程體系。據不完全統計，到2005年7月，中國已經成立婦女研究機構的53所高校中已有39所院校先後開設了女性研究或女性學的相關課程。

　　除此之外，一些高校還進行了多方位的教學嘗試。譬如，天津師範大學婦女研究中心2000年在福特基金會的資助下，啟動了"發展中國婦女與社會性別學"課題，在多個省（市、自治區）的多所學校進行跨校際的女性學與女性研究課程試點，並於2004年11月牽頭建成了"跨界婦女與社會性別研究培訓基地"。大連大學性別研究中心，致力於將性別研究課程向原有課程滲透，探索校區／社區互動的路子，開展“在高等教育中發展性別課程”研究，“整合女性主義視角進入大學課程和活動”，組織“支援性別研究的跨學科中心”。大連大學女子學院經過近10年的探索，課程設計思想歷經“注重女性特色、引入性別觀念、強調以人（女性）為本”三個階段，現在該院的女性／性別課程體系包括“女性／性別必修課程、女性／性別選修課程、女性系列專業課程（面向全校學生）、女性／性別滲透課程”等四個層次（單藝斌，2003）。

課程體系的不斷建設與完善，帶動女性學教材建設加快了步伐。2000年底，北京大學率先出版了普通高校女性學教材——《女性學概論》（魏國英，2000）。其後，更多為普通高校教學使用的女性學概論性或專題性教材陸續出版。據統計，截止到2005年上半年，約有八部這樣的教材問世：《社會性別與婦女發展》（鄭新蓉、杜芳琴，2000年）、《女性學》（啜大鵬，2001）、《女性學》（羅慧蘭，2002）、《女性學》（駱曉戈，2004）、《女性與社會性別》（鄧偉志、夏玲英，2003）、《女性學導論》（韓賀南、張健，2005）、《西方女性學》（劉霓 2000）及《女性主義》（李銀河，2004）等。

為了更好地推動和交流女性學與女性研究的課程和教學，探討教學教材教法的會議陸續在高校召開。1999年8月21至23日，中華女子學院召開“婦女學學科與課程建設研討會”，多所普通高校和婦女幹部學校開設和準備開設婦女學課程的專家學者和教師參加會議，共同研討女性學學科的教學與教材。2001年北京大學召開“中國高校女性學學科建設研討會”，與會的24所高校代表共同探討了學科理論、課程設置、教材建設、師資隊伍建設等問題，並自發成立“高校女性學學科建設協作組”，以進一步加強交流與合作。會後又出版了《女性學理論與方法》論文集（魏國英、王春梅，2002：296）。2002年和2004年暑期，東北師範大學和雲南大學先後組織召開高校學科建設協作組第二次、第三次會議，研討“高校女性學課程與教學”與“女性發展與女性學學科建設”等問題，數十所大學的與會代表各抒己見，並就一些問題形成了一定的共識。2002年10月，中華女子學院女性學系舉辦了“女性學教學本土化——亞洲經驗”國際研討會，來自日本、菲律賓、印度以及中國大陸和香港的76所院校的代表出席會議，會後出版了論文集《婦女學教學本土化——亞洲經驗》（王金玲，2004）。

大陸女性研究課程的特點

歸納起來，中國大陸女性研究課程主要有以下幾個特點：

第一，從開設課程的路徑看，中國大陸的女性研究課程是從"分散"向"集中"發展。大陸的女性研究課程是從分散在各個人文社會科學及某些自然科學的女性研究課程，向比較專門、獨立的女性學學科研究課程轉化和集中的。雖然各個學科女性研究課程仍在進展中，但獨立的女性學學科課程逐漸誕生。而且，分散在各學科的女性研究課程和獨立的女性學研究課程是互為依託，互相促進，共同發展的。

第二，從各高校開設的課程類別看，大致可以分為三類：一是全校通選課，二是專業選修課，三是專業必修課。例如，首都師範大學等院校在本科生中開設"女性學"通選課，主要講授女性學的基本知識、概念與理論，提高學生的性別意識和平等理念；如中央民族大學民族學與社會學系為本系學生開設了"女性人類學"、"社會性別研究"等必修或選修課程（民族學專業必修，博物館專業選修）；如東北師範大學、雲南民族大學為女性學專業碩士生開出了"女性學研究"等系列專業必修課程。

第三，從開設課程的內容看，基本上是各個學校根據各自的校情和各自學科特點、課程特點自行設計規劃的，即或是同一名稱的課程，內容也是大有差異的。從"女性學導論"課的內容來看，有的學校以講授理論為主，有的學校則以講授女性發展中的實際問題為主，各有側重。從開設課程的學科看，一般都與本學科女性研究的深入程度相關，因為課程的建設與發展，依賴於研究的深入與拓展。譬如，大陸女性社會學和女性史學研究不斷有新成果推出，例如《女性社會學》（王金玲，2005）和婦女史相關教材編寫和出版，支持了課程的開設和可持續發展。

第四，從課程講授的方法看，各校普遍採取了參與式教學法，注重師生互動，注重理論聯繫實際，注重啟發學生的學習慾望和參與熱情，使學生由被動的接受轉為主動的思索和尋求解答。許多學校重視活化教學，組織學生觀看錄影，實地訪談，專題討論，讓學生成為課堂的主角，大大增強了學生的學習積極性和課堂效果。

　　當然，中國大陸的女性研究與女性學學科正在發展之中，課程建設還處於初級階段，還不夠規範、不夠完善。譬如，由於女性學基本理論尚缺乏研究的深度和廣度，課程內容原創性不夠；由於研究隊伍的理論準備和素質差異，課程內容與教學品質參差不齊；由於建制和編制上的滯後與薄弱，課程開設有某種隨意性，科研與教學隊伍還不夠穩定，力量尚不足。因此，從事大陸女性研究課程建設的工作者任重而道遠。

參考書目

- 杜芳琴：〈"運命"與"使命"：高校婦女研究中心的歷程和前景〉，《浙江學刊》，3 期（2000 年），頁 90。
- 孫曉梅：〈中國女性學學科與課程建設研究綜述〉，《婦女研究論叢》，4 期（1999 年），頁 41。
- 福建農林大學性別與發展研究中心：〈推動農村婦女研究進入社科研究和學科建設主流高層〉，（廈門："高校女性學學科建設經驗交流座談會"論文，2005）。
- 單藝斌：〈對適合女性發展的女性／性別課程體系的探索 —— 以大連大學女子學院課程設置為例〉，《婦女研究論叢》，1 期（2003 年），頁 28。
- 魏國英主編：《女性學概論》（北京：北京大學出版社，2000 年）。
- 魏國英、王春梅主編：《女性學理論與方法》（長春：吉林人民出版社，2002 年）。
- 王金玲主編：《婦女學教學本土化 —— 亞洲經驗》（北京：當代中國出版社，2004 年）。
- 王金玲主編：《女性社會學》（北京：高等教育出版社，2005 年）。
- 鄭新蓉、杜芳琴主編：《社會性別與婦女發展》（西安：陝西人民教育出版社，2000 年）。
- 啜大鵬主編：《女性學》（北京：中國文聯出版社，2001 年）。
- 羅慧蘭主編：《女性學》（北京：中國國際廣播出版社，2002 年）。
- 駱曉戈主編：《女性學》（長沙：湖南大學出版社，2004 年）。
- 鄧偉志、夏玲英主編：《女性與社會性別》（上海：上海教育出版社，2003 年）。
- 韓賀南、張健主編：《女性學導論》（北京：教育科學出版社，2005 年）。
- 劉霓：《西方女性學》（北京：社會科學出版社，2000 年）。
- 李銀河：《女性主義》（台北：五南圖書出版公司，2004 年）。

跨界婦女學的建構：一個校區的經驗
—— 對天津師範大學婦女學發展歷程的回顧與反思

杜芳琴

天津師範大學婦女研究中心成立於 1993 年，但婦女學的研究活動從 1985 年開始發端。中間經歷了成立虛體的婦女研究中心，到建立實體的跨界婦女 / 性別研究基地，目前一所旨在從事婦女 / 性別學科建設，以培養研究生為重點的性別與社會發展研究院正在籌建中。20 年的歷程和今日的飛躍，在中國大陸一所並不太有名的大學裏發生着經歷着。究竟婦女學在這裏是怎樣發生和變化的？甚麼因素促使這種變化？這種變化説明了甚麼？有哪些所謂的 "經驗"？存在哪些問題？今後的道路如何走？……作為當事人的筆者，將在這篇短文中通過對 20 年經歷的回顧與反思做出初步的回答。

知行合一，在認識和踐行婦女學
理念中摸索運作方法

一、認識婦女學：全新的思想、學術和教育領域的革命

中國的大學在 20 世紀 80 年代中期開始傳入婦女研究（women's studies），但更多是在研究項目和活動方面着力；我和所在的天津師範大學婦女研究中心也經歷了這樣的歷程。直到 21 世紀初才有了學科建設和課程發展的自覺意識和行動。

　　甚麼是婦女學？她的使命、特點、任務、內容和結構是甚麼？為甚麼我們需要婦女學？怎樣將婦女學引入主流，使之生根開花結果？經過了 20 多年的摸索思考，筆者至今不能說已經認識明晰，只不過是在“摸着石頭過河”中有了一些切身體驗，在幹中學、學中幹罷了。

　　作為學術女性主義的婦女學，嚴格的定義是指在高校進行的旨在推動性別平等，並實現社會公正和協調發展巨集遠目標的一個思想、學術和教育領域的革命，她是以建立新的知識領域、新的教學和研究方法為具體目標的偉大的教育運動，她也是以教育手段和學術成果影響人們性別觀念和行為、改變人們的思維模式和道德模式的文化革命。一言以蔽之，婦女學是一個嶄新的學術、教育的領域，她在道德理念上追求人之間的平等、尊重和協作，面對充滿等級歧視偏頗的知識系統，需要在學術和知識上推陳出新，在知識的重建中必須批判開路，反思先行，改變二元對立的思維模式和行為準則。尤為重要的，婦女學還是一場在高校和社會實行變革的行動，如對教育體制改革，對未來社會的藍圖的設計和領導人才的培養等。婦女學作為一項立意高遠目標宏偉的偉大事業，需要無數人以至數代人為之獻身，堅持不懈以實現宏旨，所以她更需要合作與分享。

　　由此可見，婦女學與以往傳統學科、知識形態具有不同的理念價值、胸襟志向、思維模式和運作方法。傳統學術的特徵是父權等級和二元思維模式 —— 單槍匹馬、習慣壟斷（資源、材料、資訊）、崇尚競爭、忽視分享；捷足先登者熱衷於建構權威，後進邊緣者屈從膜拜，造成門派林立、同行競爭、不善合作甚至反目為仇。婦女學要想在中國生根，必須真正實踐學術女性主義的理念，需要徹底摒棄傳統學術界的弊病，不然，發展中國的婦女學就是一句空話。

二、發展婦女學：踐行理念，創新方法

　　在實踐中我們認識到，中國婦女學需要一種開放的心態來建樹這項艱巨的事業，婦女學全新的理念需要在開拓新的學術空間中體現，婦女學也只有的真正實踐女性主義學術理念中才能健康發展。

　　婦女學在中國高等教育已成為嶄露頭角的新事物。婦女學新在哪裏？一是

"無中生有" 的 "舶來品"。"新" 是相對已有的學科而言 —— 其實，幾乎所有稱得上現代的學科制度內容都來自於境外，婦女學生於西方，本土原 "無"，引入中國可謂 "無中生有"，機構、機制、學科、課程、教師、學生都處於空缺，因而中國創建起步艱難。二是目標深遠而又不肯、不能循由舊章。婦女學的目標是要用批判和反思性的眼光和知識去解構知識權力的等級和學界的等級，她的 "唱反調" 行為的 "另類" 姿態，在求新求變的西方也是步履艱辛；在中國這個等級傳統深厚的社會和高等教育的知識權力架構中更易處於多重邊緣境地 —— 學術無依傍、學科無歸宿、課程無地位、機構呈 "四無" 狀況、人員受歧視、成果不獲承認……是不可避免的了。但她又立志高遠，不甘長期處於邊緣，堅信能進入主流和體制，並像孫悟空鑽進鐵扇公主肚子般進入教育主流，成為教育改革的強大推動力量。在歐美亞洲等地區婦女學的主流化已經發生了；在中國，婦女學的發育成長需要時日。婦女學進入主流的繁難艱巨，還在於她的多學科和跨學科性質，沒有一門知識學科與婦女／性別無關，婦女學必須全面進軍知識學術和教育領域，欲扎根滲透於龐大的知識體系而自身永固不拔，情況何其複雜。所以，需要漫長的磋商與磨合時間。

　　創新、合作、分享是中國婦女學的希望。這也是在婦女學創建實踐中慢慢體悟到的。創新，不但知識上的創新，還需要機制和組織上的創新。要做到兩個創新，首先是創新，思維方式的創新 —— 要有開放的心態，虛懷若谷接納八方來風；更要具備性別敏感視角和多重敏感視角，對不平等及不公正有批判的勇氣。另外，合作就是大家一起做；合作需要原則、共識和目標一致很重要，但理解尊重包容多元更重要。其外，分享方面，按照我們的理解，任何有資訊資源者肯公開讓別人知道，每個人既是受益者又是提供服務者，而先知先有者理應主動提供服務。

　　創新、合作、分享不是口號，需要身體力行。創新需要智慧，更需要奉獻心智精力投入其中、沉靜思考、讀書研究、教書育人、拒絕浮躁和功利主義；合作與分享需要胸懷、寬容理解、虛懷若谷，做到美己之美，美人之美；美美與共，才能天下 "大同"。

有校界的婦女學
── 凝聚隊伍，創建平台

　　在相當長的時間，我們所理解的婦女學就是做研究，而且是狹義的在原有學科中加進婦女的研究，課程建設和機制建設很少受到關注。以天津師範大學為例，最初成立婦女研究中心就是為了"做事"──開會和做項目。

　　事態的發展有時看來難以預料，卻又有自身內在的必然，變化是常態，能動不可少。天津師範大學的婦女學就經歷了這樣的變化：機構建設從學者自發研究到成立虛體中心做項目，再到開展跨界婦女學課題，又建立實體機構，研究和課程發展從"有校界"到"跨界域"，從一個校區的草根運作到向全國輻射，推進婦女學在中國的發展。

一、歷程：二十年，邁四步

從自發研究到組織起來（1985 − 1992）

　　從 1985 年，天津師範大學四名學者，參與"婦女研究叢書"的寫作，出版了《女性觀念的衍變》（杜芳琴，1988），《國際婦女運動》（閔冬潮，1991）並在歷史系開設了"婦女研究"、"國際婦女運動史"等課程（1987）。這個小組還與歷史系合作舉辦"全國高校首屆婦女史講習班"（1991）；通過活動建立國際聯繫，得到福特基金會和校方支援，成立了婦女研究中心（1992）。

走出校園與國門：在交流合作中學習，探索本土婦女與性別議題
（1993 − 1999）

　　第四次世婦會在中國召開前後，當時屈指可數的大學婦女研究中心都得到國外資金的支持，開展與籌備世婦會相關的交流活動和行動研究，但婦女學不在資助之列。1993 年 1 月成立的天津師範大學婦女研究中心也同樣通過舉辦研討班、做項目吸引、凝聚、鍛煉研究骨幹。七年間先後承擔了如下專案：

　　1993 年與海外中華婦女學會合作舉辦"中國婦女與發展 ── 地位、健康、就

業暑期研討會"（福特基金會資助），首次在大陸引入"社會性別"、"發展"等概念、理論和方法，為海內外婦女學與外界的交流開闢了道路，也訓練了本土特別是校內學術骨幹。

1994 年 –1999 年間，在多家基金會資助下開展農村的婦女研究，山區婦女口述培訓，並得到國家教育科學"九五"、"十五"規劃課題立項。

1997 年 –2001 年間，參加中加教育合作專案編寫本土第一本社會性別教材（杜芳琴、鄭新蓉編，2001）；和韓國梨花女子大學"建立亞洲婦女學課程"，參與主編英文版教材（Du & Zheng，2005）。

在這一階段中對婦女發展和社會性別的引入做了開拓性工作，合作出版了譯文集和研討專輯，為今後的婦女學建設打下學術基礎。

探索本土婦女學的發展之路（1999 至今）

中心從婦女史學科建設起步，繼續與海外婦女學會合作，從一個學科（1999 年 8 月舉辦婦女史學科建設讀書研討班）擴展到數個學科，由福特基金會資助的"發展中國的婦女與社會性別學"課題，就是由本中心牽頭運作並延續六年之久。（下詳）

本土婦女學機制化與主流化新探索（2004 至今）

婦女學課題順利推進的直接成果之一，就是在本校建立實體化婦女學機制。2004 年 11 月初，學校批准建立一個有兩名正式編制的"跨界婦女與社會性別學研究培訓基地"，搭起開展跨科際、校際、國際的研究、教學和培訓的小平台；在此基礎上，學校又極力支持建立一所以開展婦女 / 性別學科建設、培養研究生為主的性別與社會發展研究實體。

二、做法：定位明確，能動工作

天津師範大學婦女研究中心的宗旨和定位比較明確，始終把學科建設作為重點，扎實開展校內婦女學建設，逐步確立了以研究為基礎，以課程為重點，以組織建設為保障的學科發展方針。最近的目標更為明確具體：集學術研究、課程發展和機制建設為一體，建設以培養研究生為主的人才培訓基地和多學科跨學科的婦女／性別研究基地；關注現實中的婦女狀況與發展，強調為社會發展服務，建立社區／校區的良性互動模式，為教育改革作出有益探索。

　　具體做法如下：

科研先行：突出重點，發現新增長點

　　研究是學科建設之本，基本理論方法、具體領域、課程發展、教學方法，研究貫穿始終。在研究中，既注意發揮既有的優勢學科，又不斷產生新的學術增長點。婦女史學科在天津師範大學起步早，至今不斷研究新問題，系統地研究本土社會性別制度和表現，現在婦女史學科成為天津師範大學的特色專業，成為人才培養的集散地。

　　捕捉新的學科增長點。1993 年引入〝婦女與發展〞學科，其後開展發展專案、培訓專案、鍛煉隊伍、培養人才。目前，社會學、發展學、社會工作、思想政治學、傳媒、文學、教育學等都有可能成為新的學術增長點。

課程建設：持之以恆，推陳出新

　　課程建設是婦女學的核心，17 年來不曾間斷，以政治與行政學院、女子學院、學前學院、教育學院、經濟管理學院、歷史文化學院等為依託，開設了〝社會性別與婦女發展〞、〝女性與日常生活〞、〝女性史〞、〝家庭社會學〞、〝性別與政治〞、〝性別與倫理學〞、〝社會性別與社會工作〞等本科課程，還為婦女、文學史研究生開設〝學術女性主義基礎〞、〝婦女與社會性別史導論〞與〝經典文本的性別解讀〞等十幾門課程。正在籌備的研究生培養計劃將開出各類公選、專業基礎和專業方向課程。

　　課程和教學強調〝三新〞——課程新、內容新、方法新，嶄新的視角、管用的知識、豐富的內容和新穎的教學方法為教學改革帶來清新之風。在教學中，老師將日常生活的性別敏感課題與國內外婦女運動大趨勢相結合，引導學生將個人成長經驗與對更多婦女的關注相結合，在揭示社會性別問題時要看到變化，在干預社會，促使其變化的行動中，將重視理論與強調行動相結合。由於婦女學各門科目較好地體現上述原則，於是婦女學各門科目逐漸成為學校中最叫好的課。

機制建設：抓住機遇，不斷上"台階"

　　組織機制建設是婦女學進入主流可持續發展的組織保障。在中國大陸特定的背景下，機制建設是婦女學學科合法性的保障，是學術合法性和社會合法性的基礎，婦女學具備上述三方面的合法性，才能在本土扎根，實現可持續性。儘管機制化很難、很煩瑣，為多數婦女學學者所不願及不屑為，但又是不得不跨越的門檻。

　　20 年來，我們抓住一切時機不斷上台階，如抓住 20 世紀 80 年代中期的開放寬鬆環境，由自發研究發展到課題研究組的組建（1985－1992）；90 年代抓住世婦會在中國召開的時機，進行國際婦女學交流，並得到基金會的資助，建立婦女研究中心，開展研究和課程建設（1993－1999）；進入 21 世紀以來，抓住福特基金會的支持，開展跨界婦女學與社會性別學學科建設（2000－2006）；抓住課題的影響，在本校推動由虛體的研究組織到實體研究教學機構的建立（2006）。

　　機制建設每上一個台階，都為婦女學的實質性推進創造機會，同時也為中心成員的成長提供契機。儘管多數成員兼職研究和教學，流動性大，但仍能新人輩出；目前在機構建制過程中，從世界範圍內引進人才，形成老中青結合，專兼結合，核心固定成員與周邊流動成員結合，校內外結合的多元化的富有生氣的學術梯隊，為本校婦女學的騰飛奠定組織和人才基礎。2006 年 10 月，一個有七人編制的集研究、學科建設與研究生教育於一體的性別與社會發展研究所在中國大陸率先成立，今後，將逐步擴大編制與規模。（如 6.1 圖示）

圖 6.1　天津師範大學婦女學機制建設規劃圖示

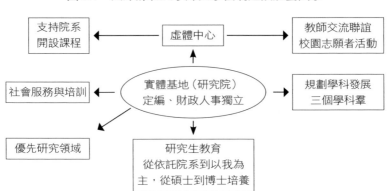

　　多重因素促使天津師範大學婦女學機制建設更上層樓。國內大環境提倡建立和諧社會，性別議題成為一個關注點。全國婦聯對婦女研究和學科建設主流化推動加大了力度，2004 年以來，不斷對中宣部、教育部、社科院和黨校系統施加影響，成效顯著，如 2006 年度中宣部主持的社會科學基金立項在 12 個學科加入婦女與性別議題，批准立項 17 項；全國婦聯還牽頭召開教育部系統的八所高校校長參加的婦女學科建設座談會（2005 年 12 月 8 日）；還授予 13 家高校為首批婦女與性別研究培訓基地（2006 年 6 月）。天津師範大學就是在這樣的社會背景下得以推進建制進程；當然學校尋找新的學術增長點，社會和學生對婦女學需求的增長也是機制建設的重要催生因素；更重要的是，婦女學在天津師範大學的經 20 年學術積累的內功修煉也為今天在該校的主流化機制化打下了基礎。

跨界婦女學：
課題運作模式的合作、分享與創新

一、概述

　　直到 2000 年初，中國大陸高校開設婦女學課程寥寥無幾，婦女學處於有"市"（需求）無 "場"（師資少，無教材，課程少）的狀態；學者也忙着做項目、搞活動。"發展中國的婦女與社會性別學" 聯合課題（2000－2006）啟動於這樣的背景下，開始的寂寞無助可以想見。

　　該課題的目標是用六年的時間分三期建立起中國婦女學的基本格局與框架：第一期（2000 年 1 月－2001 年 12 月）重點是集結、培訓隊伍，收集資訊進行學科研究並編寫教材，為課程開設做好準備；第二期（2002 年 1 月－2004 年 6 月）四個子學科進行課程試點並推廣、滲透到更多學校、學科與課程，進行教學法研討，創立網站和出版資訊；第三期（2004 年 9 月－2006 年 8 月），建立研究生課程體系並進行跨校修授課試驗，進行婦女學機制網路建設的探索。

　　課題結構如下圖。

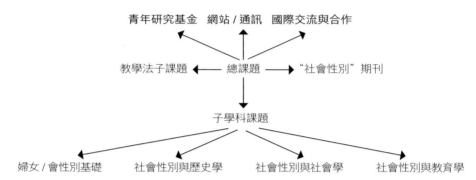

圖 6.2　課題結構示意圖

青年研究基金　網站／通訊　國際交流與合作

教學法子課題　←──→　總課題　──→　"社會性別" 期刊

子學科課題

婦女／會性別基礎　　社會性別與歷史學　　社會性別與社會學　　社會性別與教育學

二、運作與成效

按照我們的設計，婦女學應是研究、課程和機制建設三管齊下：研究（包括對學理、學科本身內容和方法的研究）、課程（包括各級各類課程發展和教學）和機制（包括科研和教學機構的制度化和網路化建設），缺一不可，但在各階段根據邏輯和實際需求有所側重 —— 首期重研究，二期側重課程，三期重點建立機制。

按照上面的思路進行操作，六年來已經見到成效。據初步統計，通過數十次的研討會和培訓活動，參與的教師和研究者約上千人次，在 21 個省（市、區）約 70 所大學中，集結了婦女學研究和教學骨幹隊伍上百名，開出的婦女學課程上百門，出版物 21 種，自編教材十多種，有編制的婦女及社會性別的研究和教學基地開始建制，區域性和全國性的婦女學網路逐步形成。下面分別從三個方面進行簡述：

1. 研究

學理研究：

既堅持學術女性主義學理的原則性，同時在中國的背景下學理參差不齊時，持尊重多樣包納相容的態度，在不同中尋求共識，在性別平等的旗幟下集結力量，面對違背這一原則的，至少不喪失自己的操守和立場。

婦女學的知識生產與推廣：

這是更為繁重、龐雜和持久的工作。在學科草創時期，課題通過各種手段從事本土婦女學知識生產和推廣。如舉辦讀書研討班，就是將研究和培訓結合起來進行知識生產和再生產的有效模式。四個子學科從 2000 年課題啟動以來，舉辦學術會議與讀書研討班將近 20 次，參與的學者教師和研究生近千人次，其中多數人已成為婦女學研究教學骨幹，在各地播撒婦女學的火種，不久將出現星火燎原之勢。

對新生力量的培養更決定婦女學的後繼有人和可持續發展，課題用資助青年學者和研究生立項研究、出國進修和參加研討班進行重點培訓。在前三年有 82 名青年學者得到研究小項目資助，完成 78 項論文；還選派十幾人次出國進修婦女學課程。

婦女學知識生產的主要成果是出版物，包括翻譯、教材、專著、研討會專輯和多媒體等約有 25 種之多，其中包括國內和跨國合作的成果。

2. 課程與教學

課程發展：

2001 年 – 2005 年 1 月，課題已資助課程試點近 50 個，實際輻射課程約 100 門，準備開課的學校目前尚無統計資料。課程的級別和門類也由原來的本科課程向研究生課程提升。儘管目前還沒有跨學科的婦女學博士和碩士學位點，但在原有學科的學位點增加了婦女和性別的研究生方向愈來愈多，研究生課程正在從零散向系列課程發展。

教學法探討改進教學：

有了理念正確內容新穎的課程，還需要新的教學理念方法相匹配。於是第二期設計了將課程發展、教學法研討和培訓交叉進行的子專案，如加拿大和中國合作舉辦的"女性主義教學法與課程發展暑期研討班"（多倫多大學）；製作《新女書：女性主義教學法入門》光碟（熊秉純，2002）；舉辦 "婦女與社會性別學課程發展和教學法研討會"（中山大學）等。目前，課題資助的課程試點，授課教師利用多媒體手段和師生互動的教學方法很普遍，各校反映婦女學課程普遍受歡迎，與內容的新穎有用和民主平等參與式的教學方法大有關係。

3. 組織機構（機制）和網路

　　課題本身就是一種組織模式，它培養臨時性學科骨幹，重視青年學者的培養、網路建設與資源分享，共同成長與持續發展。

　　課題組和天津師範大學婦女研究中心合作於 2003 年 5 月開通了"婦女與社會性別學網站"（www.chinagender.org）。該網站為婦女學者開設課程、交流資訊、獲取資源、建立聯繫提供了方便。以書代刊的《社會性別》（年刊）[1] 和《婦女與社會性別學通訊》[2] 成為學術彙集資訊傳播的載體。

　　以課題為基礎建立的中國性的婦女／社會性別學網路經過兩年多的籌備，於2006 年 8 月召開網路成立大會，正式建立婦女學的全中國網路，這一新的組織模式，將與以校區為基礎的研究教學基地互相支援依託，形成中國大陸婦女學佔主導地位的組織機制和運作方式。（如圖 6.3 示）

圖 6.3　網路化的婦女學

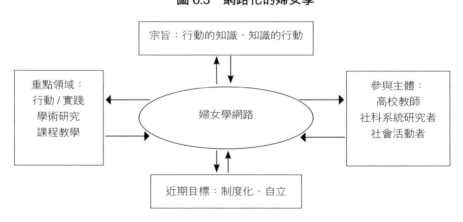

1.　《社會性別》（年刊）由天津師範大學婦女研究中心編彙，天津人民出版社出版。
2.　《婦女與社會性別學通訊》（季刊）由天津師範大學婦女研究中心編彙及出版。

經驗與反思

一、經驗

處邊緣樂觀進取，進主流保持清醒

　　按照傅柯（Foucault）的理論，沒有絕對的主流和邊緣，各有優勢和空間。當婦女學在天津師範大學和國內處於邊緣地位、飽受忽視甚至歧視的時候，我們充分利用邊緣的優勢，發展自身；後來，利用基金會支持婦女學的資源優勢，從邊緣進入主流。如上面所分析的，除了客觀情勢的改變（情勢的改變也離不開不懈的努力）。從主觀能動性來說，靠的是婦女學者的堅定信念。我們堅信性別議題的主流化是大勢所趨，婦女學的國際化、區域化和本土發育是一種必然。有了樂觀的信念，才能耐得住寂寞，爭取時間，進行學科起步和未來騰飛的學術準備。

　　面對主流化的初步成功，今後的任務是在主流中拓展空間，保持目標和理念的延續性和一致性。　方面對商業化、權威主義和女性味對婦女學的誘惑侵蝕保持警覺。另一方面要適當調整策略，應從邊緣地位的抵制路線轉變為促使改變的對話和合作，以便在進入教育體制內部對高等教育改革發揮積極的干預和影響作用。

創新：以機構／機制創新帶動研究和課程創新

　　機制創新是婦女學實質進展的突破口。機制建設的新突破在本校堅持實體化、專業化和專職化。事實證明，虛體、兼職、業餘從事婦女學已經遠不能適應當下婦女學發展的需要，以前婦女學者出於個人愛好和社會責任曾執着地在體制外開疆擴土，但目前“兼職”和“業餘”的游擊狀態已成為婦女學發展的一種限制，面對高校擴張、學生擴招，教師課時負擔負重如牛，無暇作系統學習和培訓，婦女學發展的“瓶頸”日益突出。天津師範大學正在進行的學科建制工作，將在突破這一瓶頸作出探索。

合作與分享

在中國婦女學從無到有的過程中，要整合資源、創造知識經驗並作最大程度的分享，就需要合作，合作中誠信是關鍵。按照女性主義學術分享的原則，享有資源者理應提供優質服務，從"用戶"需求出發，不怕做笨事，服務質量最重要。課題運作六年來，我們重視舉辦時間較長用力較多的讀書研討班、高級研修班，從參與者的需求出發準備大量的參考文獻，邀請專家授課，充分討論，每次活動都要出版專輯便於更多人分享。中心的藏書目錄經整理上網，任訪問學者、與會者到中心來查閱複製。這些看來"笨"和"傻"的工作，對初創的中國婦女學是非常必要的，也甚得婦女學學者口碑。"跨界婦女與社會性別研究培訓基地"2004 年底建立，2005 年 1 月和 10 月兩次面向全中國提供系列選課，前後三週的課程，報名踴躍，學員反映收穫甚多；要求前來訪問的學者不斷增加。

二、反思

檢視 20 年來大陸婦女學發展歷程，就本中心和本人而言，需要反思和自省之處不少，略舉數端：

長期停滯與主流突進

婦女學長期停滯不前，就本人認識和本校實踐而言，與過多強調外因而忽略調動婦女學學者內在能動性不無關係，如認為環境不好，上面理解不夠，支持少；中國外資金支援活動專案多資助學術少……出於這樣的認識，自然放棄可能得到的國內和校內支持，甚至自我邊緣化；於是不得不單一依靠外援，致使風險成本增高，一旦外援斷絕，婦女學如同不能扎根的浮萍，早晚被風吹雨打去。現在認識清楚了，着手開發國內和校內潛力，將婦女學納入主流，進入機制，可謂"亡羊補牢，猶為未晚"。

進入主流是婦女學落地生根的必然歸宿，但主流化和機制化是一勞永逸的惟一正果？回答是否定的。面對新機構內部建制立章和與固有院系學科的整合嫁接，新的矛盾和困難將橫亙於前，依然需要正視，不斷創新、合作，逐一解決。在這一意義上，機制化和主流化是婦女學萬里長征的第一步，漫長的革命還在後面。

共事合作中的主體性

　　合作是多方尋找共同點和磋商達成一致的過程。與共事者的業內同行（近者如中心成員，遠者有國內外婦女學同行和組織），與合作者如資助者基金會、技術支援的專家學者，還有直接領導和管理的上級部門和領導……如何在更有效工作中建立信任關係，而又有自己的獨立自主性？這裏雖有經驗，但更不乏教訓。

　　首先，我們對本校業內同行激勵不力，往往強調自願參與、兼職業餘，令能動性發揮不夠，單槍匹馬的突進形成後繼乏人的局面；其次，校外同行雖能堅守誠信原則，但在協調中忽視了可能出現的理念衝突和身份變化引起的利益分化，影響課題的進展和質量。在與合作者的關係處置，特別在與基金會的合作上，困惑尤多：如何在尊重平等踐諾，並堅持自己操持的立場，不會為曲意迎合而放棄自己的目標和原則？有時，婦女學的學術目標會與某些基金會（或個別專案官員）急功近利的效益觀發生衝突，這時主體性的堅守顯得尤其重要。

婦女學的使命與目的

　　創新知識、改變意識、付諸行動，在校園和社區將婦女與性別研究的成果轉化為行動，落在實處，改變性別的不平等不公正，這是婦女學的根本宏旨，是我們努力的動力所在；而不是讓婦女學像傳統學科知識般成為謀求個人職位和物質利益的敲門磚。在理想和現實面前，我們能保持操守和經得起誘惑嗎？特別當婦女學進入主流，成為學術熱點，學者成為所在單位的"寵女"、"功臣"、"學術明星"的時候，還能保持邊緣狀態時的批判眼光、永遠進擊的勇氣和創新的熱忱嗎？

　　這是對自己的警戒，也是對同道的共勉。

參考書目

- 天津師範大學婦女研究中心:"婦女與社會性別學網"。(www.chinagender.org),2003 年。

- 杜芳琴:《女性觀念的衍變》(鄭州:河南人民出版社,1988 年)。

- 閔冬潮:《國際婦女運動 —— 1789 – 1989》(鄭州:河南人民出版社,1991 年)。

- 熊秉純:《新女書:女性主義教學法入門》(光碟資料)(天津:天津師範大學婦女研究中心,2002 年)。

- 鄭新蓉、杜芳琴編:《社會性別與婦女發展》(西安:陝西人民教育出版社,2001 年)。

- Du, F & X. Zheng (eds.) , *Mapping the Social, Economic and Policy Changes in Chinese Women's Lives*. (Seoul: Ewha Womans University Press, 2005).

第二部
女性主義研究與方法論

性別分析還是女性主義研究：
方法論的一點反思

蔡玉萍　杜平

女性主義研究及其研究方法偏好

隨着 20 世紀 60 至 70 年代女性主義運動不斷發展，具有強烈意識形態色彩和政治訴求的女性主義也開始向學術領域滲透，並開展愈來愈多的女性主義研究（feminist research）。女性主義研究被賦予了獨特的意義，莉姊・斯坦利和休・懷斯（Stanley & Wise，979）認為女性主義研究絕對而且必須是由女性所進行的研究，因為女性意識（feminist consciousness）與女性主義存在着一種直接的關係。很多女性主義者也同意裘蒂絲・斯黛茜（Stacey，1988）對於女性主義研究的界定──對女性所做，由女性所做，和為女性所做的研究（on, by, and especially for women）。這些界定，將女性主義研究局限於基於女性經驗，致力於爭取女性解放的女性世界裏，也使得它在研究問題、研究目的和研究主體上都區別於其他的社會科學研究。桑德拉・哈丁（Harding，1987）就指出，好的女性主義研究具有三個特徵：第一，研究將女性經驗問題化；其次，研究是為女性而做的，它的目標是服務女性；第三，研究將批判性地分析研究者在決定研究結果時的角色，也就是指社會科學的自反性（reflexivity of social science）。雖然隨着研究領域和視野的不斷拓寬，有些學者逐漸突破了一些原本苛刻的束縛，但女性主義研究仍保留着它的獨到之處──"它對於女性主義的政治與族羣承諾（political and ethnical commitment to feminism），也就是要承諾實現更加平等和公正的性別關係"

（Halsema，2003）。受到了 20 世紀 60 年代女性主義運動所提出的〝個人的即是政治的〞這一理念的深刻影響，學術研究中包含着強烈的政治色彩，使得女性主義研究與傳統的社會科學研究存在諸多差異。這些差異主要表現在其認識論和方法論的基本立場之上。

桑德拉・哈丁（Harding，1987）曾提出：是否存在一種獨特的女性主義研究方法呢？為此，她區分了認識論（〝關於知識的理論〞）、方法論（〝如何進行研究或應該如何進行研究的理論和分析〞），以及方法（〝收集證據的技術〞）。儘管她並不認為女性主義者進行研究和收集資料的具體方法與其他社會科學研究者有何差異，但不可否認的是，女性主義認識論（feminist epistemology）與傳統的，或者說是主流的，認識論存在巨大分歧。女性主義指責傳統的認識論並不是真正地客觀和價值中立，而是以男性為中心的。以少數受過高等教育的中產階級白人男性為代表的認知主體所構建起來的知識框架，並不能代表客觀和普遍的真理，因為它排斥了被邊緣化的女性認識產物，並掩蓋了男性的認識偏差。在女性主義者看來，女性在認識過程中的邊緣地位非但沒有給她們的認識活動帶來不利影響，反而使她們能夠獲得更好更正確的知識，這種強調認識主體立場的認識論也被稱為女性主義立場認識論（feminist standpoint epistemology）（Naples，2003）。它認為知識和真理從來不是未經調解的（unmediated），而且認識主體的社會位置，包括性別，對研究結果產生了重要影響（Hartsock，1998）。多羅西・史密斯（Smith，1987：392）也指出，立場論〝並非旨於開創新的理論領域，而是試圖分析女性主義理論研究的價值和問題，這項研究通過將知識和調查定位於女性立場或女性經驗之上來尋求與現存學科之間的根本決裂〞。從這一意義上說，女性主義認識論與男性中心的認識論是根本對立的，而認識論的立場又深刻影響了研究者如何選擇研究方法以及如何對待研究主體與客體關係等相關的方法論問題，因此女性主義也否定了傳統的方法論，並構建出女性主義方法論（feminist methodology）。

女性主義方法論源於女性行動主義（feminist activism）以及女性主義者對社會科學標準程式的批判，她們尋求一種能夠將女性的關注納入到研究中心的方法論，並且能夠支持研究對於女性的價值，從而導致社會變遷或有利於女性的行動的出現（DeVault，1996）。基於對傳統認識論中客觀性的批判以及對女性經驗在認識過程中獨特價值的肯定，女性主義在方法論上堅持主觀性與個體經驗的價值（Black，

1989）。馬丁‧哈默斯利（Hammersley，1995：45－49）歸納了女性主義方法論的四個主題。其一，女性主義方法論將對於社會性別和性別不對稱的關注置於中心位置。女性主義相信女性和男性在社會中的位置深刻地影響着人類生活中的各種社會關係，因此，社會性別是社會生活必須考慮並予以分析的關鍵問題。其二，女性主義方法論強調個體經驗的有效性，並以此來反對傳統上（男權主義）對於科學方法的強調。女性主義認為科學方法忽略了研究者是嵌於社會政治環境之中的，特別是社會性別對於構建知識體系的重要影響，因此，女性主義研究的主要工作就在於探究女性經驗。其三，女性主義方法論摒棄了研究關係中的等級地位，它認為研究者與被研究者應該保持一種互惠的關係，並宣導女性的意識覺醒（consciousness－raising）。女性主義者主張應該在研究者與被研究者之間建立真誠可信的關係，並鼓勵被研究者積極地參與到調查之中。只有通過這種可信的關係，研究者才能發現事實，而被研究者的積極參與也將使調查更加順利和成功。其四，女性主義將女性的解放，而非知識的生產，視為研究的目的，因此真理要根據它是否有利於女性解放這一目標來進行判斷。"根據歷史的、辯證的、唯物主義的知識理論，一個理論的'真相'並不依賴於特定方法論原則與標準的應用，而是依賴於其適應解放與人類教化的實踐歷程的潛力"（Mies，1983：124）。

　　儘管女性主義並沒有專屬於自己的研究方法，但是它在選擇進行研究和收集資料的方法時仍然存在明顯的偏好，這主要是由於女性主義在認識論和方法論上所持的立場。女性主義質疑傳統科學的客觀性，懷疑科學方法的價值中立，堅持主觀性的價值，並強調個體經驗的重要意義。由於定量研究強調其本身是嚴格傳統的社會科學研究方法，其客觀性和價值中立遭到了女性主義的質疑。女性主義者認為這一實證主義路徑秉承了研究者與被研究者之間僵化的兩分法，而她們在方法論上又否認了這樣的假設，即研究者與被研究者之間的嚴格分離可以產生更加有效的客觀知識（Cook & Fonow，1986）。此外，也有批評指出定量研究方法不能夠將所收集的資料情境化，也不能矯正研究設計中與性別相關的偏差（Mahler，2006）。另一方面，很多女性主義學者相信定性研究方法更加適用於女性主義研究的目標。對個體經驗的強調導致女性主義研究拒絕結構化的研究方法，而支援非結構化或定性的研究方法，因為它能夠為研究者提供觸及女性經驗的管道（Hammersley，1995）。談話與傾聽被認為是研究者與被研究者得以共同參與到調查之中挖掘女性經驗的有效工具，而在這一過程中，兩者之間得以建立起平等、信任、真誠的關係，從而保證了研究者可以獲得真實可靠的資料。

女性主義研究的限制

由於對傳統研究方法的否定，女性主義研究大多是站在傳統社會科學研究方法的對立面上，並把定性研究和定量研究人為地二元對立起來。定性研究方法被看成是女性主義的研究方法，而定量研究方法則被認為是只能為傳統社會科學中以男性為主導的思想服務的工具（DeVault，1996）。於是，定性研究方法在女性主義研究中頗受青睞，而定量研究方法則被女性主義研究者所排斥。女性主義研究為推動女性解放事業作出了積極的貢獻，但其強烈的意識形態色彩和政治訴求卻阻礙了其在學術領域的發展。

我們認為女性主義研究的界定 —— 對女性所做，由女性所做，和為女性所做的研究（on, by, and especially for women）是基於四個假設：第一，把女性和男性看成是絕對的對立 —— 女性是被壓迫者／受害者，而男性是施壓者／迫害者；第二，把男性看成為一個單一的羣體（homogenous group）。基於這兩個假設，女性主義研究認為女性是純粹的、唯一的現存性別體制（gender regime）下的被壓迫者／受害者，因此她們的經驗才是研究的主體，於是女性主義研究必須是，只能是"對女性而做"。這一看法無疑是把男性視為一個單一的羣體 —— 壓迫者。但男性是否是單一的羣體呢？有些男性，例如男同性戀者，邊緣羣體的男性，會否亦是現存性別體制的受害者呢？第三，女性主義研究把女性的經驗和男性的經驗看成是可以獨立分析的。於這種想法，女性主義研究着重於女性的經驗，而排斥及忽略男性的經驗。在女性主義發展初期，由於當時對女性經驗的探討乏善可陳，且學術研究被男性研究者主導，以女性經驗為先，作為推動女性研究在學術研究中的地位，這一策略是無可厚非的。然而時至今日，仍然堅持女性主義研究必須是只對女性而做，在理論和經驗層面就很難再站得住腳。社會性別體制始於社會對男女兩性的二元分類，但社會性別在個人的經驗裏，是一種關係。女兒之所以被不平等對待，是因為父母把資源集中在兒子身上，亦由於兒子認同或者不反對這種分配機制。要了解家庭裏的男女不平等如何被世世代代再生產，就不能只分析女兒在這分配機制中的經驗和角色（例如默默承受或是反抗），而必須分析兒子作為既得利益者在這分配機制中的經驗和角色（例如他如何合理化這個不平等制度）。又例如，要了解家務分工的性別不平等，如我們只探討妻子的經驗，不免忽略了家務分工是家庭成員，包括丈夫與妻子磋商，議價和對抗的結果，亦忽略了做或不做家務不但是妻子體現女性身份的手段，亦是丈夫界定其男性身份的途徑（Berk，1985；Hochschild，2003）。如果社會性別是一種關係，那麼理解性別體制就必須把女性和男性的經驗放在一個整體的互動層面進行考察，不能只考慮女性的經驗。第四，女性主義研究把研究的正當性限制在研究者的主觀經驗上（"由女性所做"）。於這一假設，女性主義研究否定男性研究者對女性經驗作有貢獻研究的可能性，然把只有女性才可對女性經驗作研究的假設推前一步，是不是只有黑人女性才可對黑人女性的經驗作研究？是不是只有低下階層女性才可對低下階層女性作研究？是不是只有有被虐經驗的女性才可對家庭暴力及性暴力的受害者作研究？是否只有娼妓才可對娼妓作研究？明顯的個人經驗會對研究有所影響，但這種"由女性所做"的觀點不必要地規限了研究者的身份，否定了個體可超越個人經驗的限制，發展同理心去理解他人生活的可能性，亦否定了理論和概念可超越個人經驗局限的潛力。這種觀點在經驗上亦是站不住腳的。60 年代至今，很多卓越的研究者所做的研究都不是關於自我社羣，但他們的研究仍然很有啟發性。

一個社會性別視角的分析

基於上述對於女性主義研究的批評，本文提出了另一個分析視角── 以社會性別為分析基礎的性別研究視角。這一視角與女性主義最大的不同點在於：第一，這一視角認為社會性別是一種關係，性別並不只是關於女性的，而是關於女性和男性在社會資源和權力方面的分配；在親密關係、家庭、社區和國家等制度中的互動；以及在文化層面的等級建構。因為性別是一種關係，因此要明白性別體制，必須把女性和男性放在一個框架中進行分析，並對女性和男性的經驗進行整合。第二，一個社會性別的視角不把女性看成是純粹的受害者。在現存的不平等性別體制下，女性固然正忍受很多不平等對待，但女性不是一個單一的羣體。有些女性是現存體制中的既得利益者；在過去半個世紀的社會改革中，有些女性的處境改善得比較多，有些女性的處境改善得比較少，因此女性間亦存在着很多差異和不平等；在性別體制中，有些女性是受害者，但亦有女性扮演壓迫者的角色。第三，一個社會性別的視角不會把男性看成是一個單一的羣體——壓迫者。它看到了男性間的差異，比如霸權男性主義（hegemonic masculinity）（Connell，1987）；也看到了男性是父權社會的既得利益，但不排除有些男性亦可能是現存性別體制的受害者。第四，一個社會性別的視角不限制性別研究必須是由女性所做（原因請參考上文）。第五，它不排斥定量研究方法，而是主張要因研究提問，選擇最適合的方法。可見，一個社會性別的視角包含了兩大方面——概念的分析框架和性別研究方法。以下，我們將分別就這兩方面作出陳述。

社會性別的概念分析框架

基於社會性別建構理論（social construction of gender），我們認為社會性別包含四大維度（dynamics）：性別差異（gender difference）、性別規範（gender norms）、性別分工（gender division of labor），和性別身份（gender identities）。本質論認為男女間的差異是與生俱來的和絕對的。亞里士多德就曾説，男性天生比女性優良，是天賦的統治者，而女性是被統治的。另一希臘聖者畢達哥拉斯亦指出，"世上有一好的原則創造了秩序、光和男性；有一壞的原則創造了混亂、黑暗和女性"（Beauvoir，1949）。我們的聖賢孔子亦説，"唯女人與小人難養也"。但在近 50 年，本質論備受批評。

西蒙・波伏娃在其經典著作《第二性》（Beauvoir，1949）中批評本質論的觀點假設了社會制度上的不平等安排是果，男女生理結構上（尤其是生殖系統上）的差異是因。她認為女性被認為是"次等性別"（second sex），是"他者"（the other），並非因她們生理上與男性不同，而是社會文化和制度的不公導致的。西蒙・波伏娃以女性擁有子宮可受孕為例指出，就算女性因其生理結構而懷孕和生育，但孩子並非一定要由母親照顧。父親、其他家庭成員、保姆，甚至是國家亦可照顧孩子。可見，絕大部分西方社會要母親放棄工作留在家照顧孩子的安排，是社會性別分工的結果，而非由生理結構決定。另一著名女性主義學者胡賓（Rubin，1975），亦指出我們要把生理性別（sex）和社會性別（gender）區分開。

男人和女人當然是不同的。但是他們並非像日與夜，天與地，陰與陽，生與死那麼不同。事實上，以自然界的角度來看，男人和女人比起他們與其他東西——例如山，袋鼠，或者是椰樹——都要接近。相斥的性別身份並非反映男女間的自然差異而是壓抑了他們的共通點（Rubin，1975：179 – 180）。

社會學家韋斯特和齊默爾曼（West & Zimmerman，1987）認為生理性別是指男女生理上（如生殖系統、體能、基因和荷爾蒙）的不同。至於社會性別，指的是社會賦予男女不同的意義——是關於男性氣質（masculinity）和女性氣質（femininity）的定義和相關行為規範。

本質論（essentialism）受女性主義學者批判的主要原因是它把男女的差異和不平等看成是兩性生理結構差別的結果，是自然的定律，不可改變，不能改變，和不應改變的。因為改變則意味着違反自然。但本質論一直屹立不倒的原因是它與我們的經驗似乎不謀而合：日常生活中男女幾乎在每一層面——外觀、體形、喜好、性格、行為、能力和崗位都存在明顯差異。如果不是自然定律，又是甚麼呢？不錯，男女間的確存在差異，但本質論教我們看到的差異是非歷史性（ahistorical）的。

性別差異是男性氣質和女性氣質這二元對立概念的基礎，但差異其實可劃分為兩個相互關聯的概念：假設性的差異和實際觀察到的差異。 兩者的關係必須要通過一個結構化的角度予以理解。如果父母假設了男孩比女性能幹，那麼一個理性的決定當然是把有限的資源投資在比較能幹的那個人——男孩的教育和事業發展上。如果這假設被系統化的嵌入（embedded）價值體系和行為規範內，被普及化，那麼很多父母亦會選擇投資在兒子而非女兒的教育和事業發展上，造成系統性的男女差異——男性比女性教育程度高和事業發展良好。這個差異一旦成為一個固有模式（pattern），它將發展成具獨特變數的社會處境（social situation），進一步提供不均等的機會、條件和空間予男女在教育和事業上發展，並為原本無依據的對男孩能力比女孩高的假設提供了有力的證據。從這個角度來看，性別差異是男女不平等的因，而體現不平等的媒介（media）才是不平等的結果。這樣看來，一個社會性別的角度必須比較和分析兩性的差異和造成差異的結構性因素。

　　上述討論到，假設嵌入（embedded）行為規範的性別差異會系統性地造成男女不均等的機會，但甚麼是性別規範？巴特勒（Butler，1999）認為性別規範是"二元的異性戀互補理想"（ideal dimorphism, heterosexual complementarity of bodies），是預設男性氣質和女性氣質的理想。另一方面，韋斯特和齊默爾曼認為"性別規範是對與自身性別類別（sex category）相關的合適行為和態度的構想"（West & Zimmerman，1987）。美國社會學家戈夫曼（Goffman，1963）提出"社會身份"（social identity）的概念。我們一出生就被安放（placed）到不同的社會類別，性別類別只是其中之一。我們的身份其實是由所屬的不同社會羣體，例如性別、階級、種族、國籍和性取向所界定。這些劃分並非簡單的分類。在我們未出世時，社會已有一套對人進行分類的準則 —— 如根據生殖器把人分為男性或女性。每一個社會對不同的社會羣體也有不同的行為規範和期望（expectation），例如大多數社會對男性（男性應外向好動）和女性有着不同的行為規範和期望（女性應內斂文靜）等。

　　性別類別與性別角色理論中的角色不同。韋斯特和齊默爾曼認為性別不可與其他職業角色，如老師、醫生、工程師等相提並論。這些角色是處境性的（situated）—— 離開了相關場境，個人可停止角色扮演。但性別類別則是個人的主軸身份（master identity）—— 滲透所有不同情境。無論在家裏、在工作上、還是在公共場所，無論我是一個老師、工程師，或是醫生，我的這個女性／男性身份都會影響我與其他人的互動。

　　在性別角色理論中，性別是一個角色，而性別規範是這個角色的劇本，是一些清晰的規條和指引。康奈爾（Connell，1979；1985；1987；2002）批評性別角色理論的這個分析是決定論（determinism）。他認為現實生活中，行為是沒有劇本可依，需要隨機應變的。性別規範不是工作指引（例如：教導我們要如何做一個男人和女人）、專業守則（例如：界定甚麼是男人可以做的，甚麼是女人可以做的），亦不是法律條文和規條（例如：列明不做好一個男人或是一個女人會有甚麼懲罰）。性別規範對個人行為可能有如上述各項（工作指引、專業守則和法律條文）相同的約制力（regulatory power），但性別規範不是以上述各項的形式存在的。它是透過社會互動（social interaction）生產、被體驗、賦予意義、學習、再生產和改變的。因此性別規範是關係性（relational）的。我們是透過與家庭裏和工作上接觸的人，與朋輩、鄰居、陌生人，甚至是大眾媒體的代言人的互動中經驗、明白、學習和評估城市與農村，老一代與年青一代的性別規範差異。

帕森斯（Parsons，1942）認為性別分工是指成年人的性別角色分工——男性被賦予家庭經濟提供者的角色，要專注事業發展；而女性被賦與家庭照顧者的責任，要奉獻自己給丈夫和兒女。這定義表面看起來很合邏輯。大部分社會不都是"男主外，女主內"的嗎？問題是，性別角色理論深受功能學派的影響，認為不同角色在社會承擔不同的互補功能。康奈爾（Connell，1979；1985）批評這是無視性別分工所隱含的資源和權力不均等，和隨之而來的控制與反抗。雖然性別角色理論學者，包括帕森斯（Parsons，1942）和其後的卡瑪洛斯基（Komarovsky，1973）都提到角色張力（role strain）和角色衝突（role conflicts），但對他們來説角色張力和衝突的主因是社會化不足或是社會結構比角色期望變遷步伐快。針對前者，只要加強社會化，問題就會迎刃而解；針對後者，只要角色期望得到調整，角色張力就會消失。康奈爾（Connell，1979；1985）認為一個缺乏權力分析的性別角色框架無法理解有系統性的社會反抗，如女權運動對性別分工安排的根本否定和挑戰。

如果性別分工不能以性別角色理論的角度去理解，那麼性別分工又是甚麼呢？戈夫曼（Goffman，1977）認為性別分工是一些根據個人所屬的性別類別，將其編排到不同位置，給予不同對待，賦予不同權利、義務和責任的社會安排（social arrangements）。如果社會互動是個體體驗、學習、再生產和改變性別規範的場境，通過性別分工這一個組織機制，社會保證適合的人會出現在特定的互動場境（interaction field），有相關資源去展示性別（gender display）。

> 我們有一個超凡的組織機制去保證無論一個男人在多少比他有權的人面前受了委屈、在社會受到怎樣的挫折，每晚回家都保證可找到一個由他掌管的領域。當一個男性走出家庭，總是可找到女性可以讓他感受到自身的才幹。男行政人員都有一個女秘書並非偶然的……一個示威行動的男組織者有女性幫工……無論一個男人走到哪裏，他都可以帶着這種社會分工（Goffman，1977：315）。

換言之，性別分工保證無論一個男性走到那裏，都總可找到一個女性去展示男性性別身份的優越感（superiority）。相反，性別分工的社會安排使到每一女性無論生活在哪個層面，都要面對被男性控制的命運，都要被提醒作為一位女性，她，相對於男性是次等、被動、被命令的。所以，性別分工不只為性別展示提供合適的場境，它更影響個體獲得資源和權力的機會和社會地位 —— 是社會分層的主要機制之一。

　　現在我們轉到社會性別最後一個核心問題：性別身份。從社會學的角度理解，性別規範和性別分工都是社會結構的一部分，但性別身份觸及的是行動（agency）和個人賦予社會結構的意義。前文提及，我們自出生就被分配到一個性別類別（sex category），並被社會化要接受與這類別相關的行為規範和分工。但人類並非可任意擺佈的木偶，不一定會接受外界對他／她身份的劃分。性別身份是指當個人問："我是誰？"的時候，意識到這個"我"是屬於一個性別分類，以這個性別分類的理想標準評價這個"我"的存在。換言之，性別身份是自我的性別認同過程。因為身份並非只是一個單向的被界定和灌輸的過程，而是一個被界定和再界定的社會和個人的互動過程。因此我們就必要問：性別身份是怎樣形成的？

　　精神分析學者着重研究性別身份的形成過程（Freud，1965；Chodorow，1978）。例如，佛洛伊德就認為男女性別身份差異源於母親是嬰孩的主要照顧者和情感依附對象。男孩的性別身份建構是一個對這個主要照顧者／母親，和一切與母親有關的女性化特徵的否定；而女孩的性別身份認同則是直接對母親的一種模仿。我們認為精神分析學研究的嬰兒期性別身份是一種基礎身份（basic identity）。雖然這個基礎性別身份大致上是穩定的，但並不表示我們的性別身份不會在成長過程和生活裏不斷受到衝擊、挑戰和改變。因此，關於性別研究一個重要的議題是：社會結構的轉變對個人性別身份帶來甚麼衝擊？

　　簡而言之，社會性別這個概念包括四大維度 —— 性別差異、性別規範、性別分工和性別身份，而這四個維度的互動又組成了一個社會的性別體制。在現今大部分的社會裏，這個體制都是向男性利益傾斜的，並被稱為父權制。在這個體制下，社會假設了男女在喜好、性格、認知和能力上有根本的差異，利用這些假設的差異製造二元的性別對立觀，模糊兩性間的相同之處，強調他們的不同，並劃出不可逾越的性別界限。我們自出生就被分配在一個固有的性別類別（sex category）中，被賦予一個性別身份，並在家庭和學校受社會教化影響，要接受這個性別身份和其相關的行為規範（性別規範）。雖然性別規範以常識和"自然知識"（naturalized knowledge）（Butler，1999）的姿態出現，但性別理想其實是充滿暴力的（Butler，1999），警示（police）性別界限的機制無處不在。不符合性別規範的行為被社會唾棄，跨越性別界限的個人被視為越軌者並遭到處罰。基於對男女差異的假設和對他們的不同期望，社會將男女分派到不同的崗位。性別分工的結果是男性和女性在勞動市場上處於不同位置，在生產過程中佔據不同崗位（Ong，1991），最後造成結構性的性別資源不平等（Acker，1988）。

性別分析在研究方法上的反思

性別分析不同於女性主義研究。一方面，性別分析不是關於女性，為了女性和由女性主導的研究。上文已經清楚指出，性別分析以社會性別為研究視角，並不只是一個關於女性的概念。事實上，社會性別是社會賦予男女兩性的社會意義，是關乎社會上對男性氣質和女性氣質的定義和相關行為規範，可見，它與男性和女性同時相關。因此，性別分析所關注的不僅僅是女性，也有男性；更確切的說，它關注男女之間的性別關係與性別結構。其次，社會性別本身是對性別不平等的挑戰，而性別分析所追求的則是平等的性別關係。這既是對女性的平等，也是對男性的平等，而不僅僅局限於女性的解放。此外，在社會性別理論和經驗研究中作出重要貢獻的男性研究者不勝枚舉，研究者的性別不可能成為區分這一研究領域的特徵。另一方面，性別分析不站在社會科學的對立面上，也不以實現政治訴求為己任。性別分析日益發展成為社會科學中一個獨立的研究領域，它與其他學科的研究領域一樣，都致力於探求真理並為人類知識的積累作出貢獻。因此，對於性別分析更為重要的是實現學術領域內的發展與進步，而非單要實現更多的政治理想。

基於以上的理解，可以斷定性別分析不必站在女性主義認識論和方法論的立場之上，因此，在進行經驗研究時，性別分析對於研究方法的選擇也不同於女性主義研究。性別分析要求我們將社會性別視角納入到分析之中，同時，它也要求我們將男女兩性放在一個相關的體系中進行比較。正如上文所指出的，社會性別包含性別差異、性別規範、性別分工和性別身份四個維度，因此，我們認為基於社會性別這一概念上的性別分析應有四個主要目的：一、系統性整理男女在資源、權力、社會地位和社會分工上的不平等，並分析這些不平等的成因；二、解構性別規範的二元性及其對男女行為的影響；三、理解性別分工的形成以及它與性別規範、性別身份和性別差異的相互影響；四、探討性別身份的形成，變化以及它作為結構與個人主體性接合面的角色。我們認為這四個議題有不同的提問方式，而要回答這些問題，則需要根據具體問題選擇有效並可行的研究方法進行，而研究方法的選擇並不應受到定性與定量研究方法區分的影響。喬伊・斯普雷吉和瑪麗・齊莫爾曼（Sprague & Zimmerman，1989）就曾指出，由於拒絕而不是試圖轉變定量研究方法，女性主義社會學家將自己置於學科的邊緣，並且不能改變其核心。因此，性別分析不應該偏好或排斥任何一種研究方法。

事實上，在社會性別不同維度的研究中，有的問題適合於定性研究方法，有的問題可通過收集和分析定量資料得到理想的答案。因此，我們主張研究方法的選擇應該回到不同的維度和具體的研究問題上，在充分考慮研究資源與能力的前提下，作出正確的選擇。如果對性別差異的提問是關於結構上的不平等，涉及男女兩性在整體中不同資源，如收入、職位、成就和社會參與等方面的分佈，那麼定量研究方法會比定性研究更適合於搜集相關資料，回答這些問題。因為就業率、職位和收入這些概念都易於操作化為變數，通過問卷調查的方法收集定量資料，能有效地進行統計分析，以驗證男女之間是否存在顯著的性別差異。在資源和能力不足以支援大規模問卷調查的情況下，也可以考慮通過易得的管道獲取相關調查資料，而後進行二手資料分析。另外針對一些研究如關乎整體或個別社群的性別意識分佈以及差異，比如不同族羣、年齡羣和階級之間的性別意識差異，採用定量研究亦會比採用定性研究更為有效。不過，倘若研究的焦點是關乎造成這些差異的過程（process）和機制（mechanism）、個人賦予這些差異的意義（meaning），或是個人面對、挑戰和反抗不平等的策略（strategy）等等，那麼深入訪談、參與觀察、焦點訪談、田野調查和文本分析這些定性研究方法就更能做到使個體發聲（voice giving）、呈現意義賦予的複雜性、因果過程的不穩定性和偶然性、以及社會機制的互動。

從以上的例子可以看出，性別分析，無論在資料的收集還是分析方面，可以採用的研究方法都非常廣泛。既可以是定量研究方法，也可以是定性研究方法，還可以是兩種研究方法的組合。社會性別的四個維度不僅為性別分析提供了有力的分析框架，也為多種研究方法的選擇提供了機會。因此，性別分析突破了女性主義在研究方法選擇上的束縛，主張研究者根據具體的研究問題選擇適當可行的研究方法，既有助於研究的順利進行，又體現了科學客觀的研究態度。研究方法的多元化，不僅有利於拓寬社會性別研究的思路和視野，也有利於實現社會性別理論與經驗研究的創新。

參考書目

- Acker, J., "Class, Gender and the Relations of Distribution", *Signs*, Vol.13 (1988), pp. 473 – 497.

- Beauvoir, S. De., *The Second Sex*, trans. by H. M. Parshley (Penguin: Harmondsworth, 1949).

- Berk, S. F., *The Gender Factory: The Apportionment of Work in American Households* (New York & London: Plenum Press, 1985).

- Black, N., *Social Feminism* (Ithaca, NY: Cornell University Press, 1989).

- Butler, J., *Gender Trouble: Feminism and the Subversion of Identity* (New York: Routledge, 1999).

- Chodorow, N. J., *The Reproduction of Mothering: Psychoanalysis and the Sociology of Gender* (Berkeley: University of California Press, 1978).

- Connell, R. W., "The Concept of Role and What to Do with It", *A. N. Z. J. S.,* Vol. 15 (1979), pp. 7 – 17.

- Connell, R. W., "Theorising Gender", *Sociology*, Vol. 19 (1985), pp. 260 – 272.

- Connell, R. W., *Gender and Power: Society, the Person and Sexual Politics* (Oxford: Polity Press, 1987).

- Connell, R. W., *Gender* (Cambridge: Polity Press; Malden: Blackwell Publishers, 2002).

- Cook, J. A. & M. M. Fonow., "Knowledge and Women's Interests: Issue of Epistemology and Methodology in Feminist Sociological Research", *Sociological Inquiry*, Vol. 1(1986), pp. 2 – 29.

- DeVault, M. L., "Talking Back to Sociology: Distinctive Contributions of Feminist Methodology", *Annual Review of Sociology*, Vol. 22(1996), pp. 29 – 50.

- Freud, S., *New Introductory on Psychoanalysis*, trans. by J. Strachey (New York: Norton & Company Inc, 1965).

- Goffman, E., *Stigma: Notes on the Management of Spoiled Identity* (Englewood Cliffs, N. J: Prentice – Hall, 1963).

- Goffman, E., Stigma "The Arrangement between the Sexes", *Theory and Society,* Vol. 14 (1977), pp. 301 – 331.

- Halsema, I. V., "Feminist Methodology and Gender Planning Tools: Divergences and Meeting Points", *Gender Technology and Development,* Vol.1 (2003), pp. 75 – 89.

- Hammersley, M., *The Politics of Social Research* (London: Sage Publications,1995).

- Harding, S., "Is there a Feminist Method ?", in S. Harding (ed.), *Feminist and Methodology* (Bloomington: Indiana University Press, 1987), pp. 1 – 14.

- Hartsock, N., *The Feminist Standpoint Revisited and Other Essays* (Boulder, Colo: Westview Press, 1998).

- Hochschild, A. R., *The Commercialization of Intimate Life: Notes from Home and Work* (Berkeley: University of California Press, 2003).

- Komarovsky, M., "Presidential Address: Some Problems in Role Analysis", *American Sociological Review*, Vol. 38 (1973), pp. 649 – 662.

- Mahler, S. J., "Gender Matters: Ethnographer Bring Gender from the Periphery toward the Core of Migration Studies", *International Migration Review,* Vol. 1(2006), pp. 27 – 63.

- Mies, M., "Towards a Methodology for Feminist Research", in G. Bowles & D. R. Klein (eds.), *Theories of Women's Studies* (London: Routledge & Kegan Paul, 1983), pp. 117 – 139.

- Naples, N. A., *Feminism and Method – Ethnography, Discourse Analysis, and Activist Research* (New York & London: Routledge, 2003).

- Ong, A., "The Gender and Labor Politics of Postmodernity", *Annual Review of Anthropology,* Vol. 20 (1991), pp. 279 – 309.

- Parsons, T., "Age and Sex in the Social Structure of the United States", *American Sociological Review*, Vol. 7 (1942), pp. 604 – 616.

- Rubin, G., "The Traffic in Women: Notes on the 'Political Economy' of Sex", in R. R. Reire (ed.), *Toward an Anthropology of Women,* (New York: Monthly Review Press, 1975), pp. 157 – 210.

- Smith, D. E., *The Everyday World as Problematic: A Feminist Sociology* (Toronto: University of Toronto Press, 1987).

- Sprague, J. & M. K. Zimmerman., "Quality and Quantity: Reconstructing Feminist Methodology", *American Sociologist,* Vol. 1 (1989), pp. 71 – 86.

- Stacey, J., "Can There be a Feminist Ethnography ?", *Women's Studies International Forum*, Vol.1 (1988), pp. 21 – 27.

- Stanley, L. & S. Wise., "Feminist Consciousness and Experiences of Sexism", *Women's Studies International Quarterly*, Vol. 3 (1979), pp. 359 – 374.

- C. West, & D. H. Zimmerman., "Doing Gender", *Gender and Society,* Vol.1 (1987), pp. 125 – 151.

宗教經典詮釋與傳統重塑：
性別研究的進路

黃慧貞

　　歷史學家瓊・史葛茲（Joan Wallach Scott）指出，從性別角度研究歷史，得出來的結果不但是對婦女歷史的改觀，而且是對歷史本身的全新認識和理解。史葛茲的重點是，要關注婦女在人類社會生活中的位置，焦點不單在於她們做過些甚麼事情，而是她們所做的事情如何在具體社會互動關係中產生意義，並其中產生的又是甚麼意義。[1]由此，她提出從性別議題入手的歷史研究包括四個方面：首先，從主要由男、女性別組成文化上可用的象徵和符號着手，分析它們如何再現、流轉和發展；第二，要理解各性別文化象徵的操作，如誰作定義、如何建構和訂定時處境中發揮的功用；第三，那些相對地固定的主流性別價值所牽涉的社會及社羣權力和建構問題；及第四，置身其中的婦女如何通過連串有意和無意的活動、社會組織、以及歷史文化的表徵，建構女性主體身份（Scott，1996：167－169）。

　　上述史葛茲對"性別"的定義包含兩個意思：一、"性別"是建立在兩性差異上的社會關係的一個組成部分；二、"性別"標誌着一個最基本的權力關係的所在。如此說來，社會性別關係和意識的與社會結構和權力關係的改變緊密關聯。因着性別關係在社會及建制發展脈絡中所產生的多層糾結，性別分析為解讀和明

---

1. "研究婦女歷史所要着眼的不單是新婦女史而是新的歷史"的說法，史葛茲引自"*The Problem of Women's History*"（Gordon, Buhle & Dye，1976: 89）。參 Scott，1996：154。

白眾多人類交往的複雜網絡和其中的意義提供一個重要的取徑，並得以進一步理解某時代中相對穩定的性別意義，及它與歷史互動和交涉的空間（Scott，1996：167）。

20 世紀 80 年代到 90 年代以來，女性主義就宗教經典和傳統的批判、歷史片段的記錄、整理和重塑，並對各樣與婦女生活有關的專題研究、自傳的收錄、文本詮釋等，不但豐富了女性主義研究的文本和範例，更重要的是讓我們對宗教經典及傳統有更深入、更富動力和豐富多元的理解。以下我會從經典研究、歷史傳統及語言象徵三方面分別提出女性主義視野所引發的不同研究重點，展現與性別相關的多重文本及歷史糾結，並豐富對婦女綽約多姿的面貌的認識。

宗教研究中的性別研究

由女性主義運動[2]引發的性別研究對宗教經典和傳統研究衝擊不小，並使後者的接收並不那麼理所當然。一直以來，撇開研究者本身的宗教取向，研究宗教經典、傳統和宗教現象發展可以有兩種不同的進路。首先是一種護教（apologetic）的研究態度。[3]護教的取向是指一羣研究者以關心和投身於一個宗教傳統的教導為起始點，認同它的崇高性、體認它的獨特真理，及擁護它的指導權力；他們對宗教經典及傳統的研究，目的在於對它的推廣和發展，並不接受任何破壞其聖典和傳統威信的解說。與此不同的，是一種採取有別於宗教認信卻對宗教傳統文化有普遍研究興趣的進路。這一類研究者，主要針對某一宗教傳統的歷史，對其中傳遞的意義世界、禮儀、象徵等進行探討；許多時候，他們的研究還包括一種跨文化或文化比較的旨趣，企圖從多於一個宗教傳統和歷史去進行理解和認識，相信

---

2. 這裏主要指 19 世紀開始由西方婦女投票權運動引發的，連串關乎女性和性別廣義上的政治平權討論和實踐。由於女性主義運動於本文只是背景而不是論述的焦點，文中暫且不討論女性主義本身在學術上發展出來的不同流派和內部分野。

3. 在基督教的研究中，護教神學以外還有"認信神學"（confessional theology）的分別。一般來說，認信神學除了堅持神學的基礎在於闡釋神的啟示並以服務教會羣體為中心之外，對於護教以外的解說較有容納空間，所以不少從婦女經驗出發的神學發展也可算是其中一員。然而，為方便與其他宗教的研究歸納討論，本文不處理研究者的宗教取向，只就其不同的研究態度作出分析。

不同的宗教語言和象徵系統也同樣是人類對現實尋求了解的結果。[4] 宗教研究的宗師默士·穆勒（F. Max Muller）就說過，只認識一個宗教等於不認識任何宗教（he who knows one knows none）（Muller，1978：16）。

我們可以理解，對性別議題的抵制聲音主要來自採取第一類認信並致力維護某一宗教傳統態度的學者。在一定程度上，因為他們對傳統及其權威的偏頗，會傾向於接納社會上既存的男女性別價值和角色，並為從傳統社會過來的主流性別象徵和符旨提供合理化解釋。譬如說，因為遠古社會中生活、環境和生育等因素發展成的性別分工，一般宗教傳統認定它為神的恩賜和祝福，於是宣信女性的生育和家庭責任是她的天職。又例如，基督教因為《聖經》世界中的耶穌是男性，不少教會就認定只有男性才可以表徵基督，所以主持聖事的神職必須由男性負責。儘管社會歷史不斷發展，固守於"傳統"的教會神學家只會繼續為社會男女有別、各從其份、各安其職等遠古模式賦予神聖的理據。於是對於女性主義的訴求，宗教建制內的信徒所要面對的不單是社會的價值及結構轉變的問題，而同時要面對一個神學和個人信仰認同的問題。再加上宗教傳統建制在歷史中，一直的運作都是以權力密集（而這權力又高度集中於男性）的模式進行，性別議題引發的衝擊自然更大。

對於不急於推廣某一宗教的研究者——這裏也包括一些宗教傳統以內卻不以護教為出發點的研究者——來說，性別議題對近代宗教研究的挑戰反而是極大的啟發。事實上，不同宗教傳統中一直都有男有女，只不過婦女通常都隱藏在一個次等或邊緣的位置，在經典或傳統的歷代流傳中不受重視也資料不詳。唯一清楚可見的，是各宗教經典及傳統中對不同性別的明顯差異（男尊女卑）的教導，以及其對具性別指涉（男貴女賤）的宗教象徵和禮儀的記載。它們對婦女"本性"的理解和對她們言行生活的嚴格規範，正好突顯了宗教自傳統以來對性別意識的深沉而久遠的影響。所以，無論從歷史、經典、教導，以及象徵等範圍來說，若果沒有性別研究，我們對宗教的傳統和現象的理解也無法完全。套用史葛茲的引申說法，沒有針對宗教經典和傳統的性別研究，人類的歷史也無法完全。

---

4. 就宗教學作為一門科學研究的歷史發展，參黎志添，2003：第一章。

性別研究中的宗教研究

　　宗教研究中出現的兩種不同取態，在一定程度上也出現於性別研究之中。與宗教研究相同的是，性別研究者大致也有投身女性主義運動並以推廣性別平等為職志的，以及抱着對普遍宗教傳統和經典中的婦女有研究興趣的兩個不同取向之分。不是說兩者可以完全分割，而是討論的重點有所不同。首先，投身女性主義運動的研究者所關懷的，不單是對某宗教傳統和歷史中婦女的地位和角色有所理解，而是以性別研究為一門轉化的知識（transformative science），一份志在轉變社會的力量。所以，不少採取如是立場的研究者會致力針對某一宗教的教義、歷史以及其實踐，提出新的資料和詮釋角度以促使其內容及結構的轉變，努力使其成為倡議性別平等的宗教。莉達‧葛蘿絲（Rita Gross）便提出"後父權宰制宗教"（postpatriarchal religion），為宗教傳統開拓一個超越父權中心的願景。[5]

　　另一方面，撇開其政治效果的好壞，性別研究者由針對婦女在經典與傳統的缺席或邊緣化出發，就不同性別特別是婦女在經典、傳統及歷史中的位置、她們主動或無意間所扮演的角色，以至對現實生活中的各種女性意象和神聖象徵的建構等，積極探討其在不同文化和社會中所產生的性別意義和價值，近年已見成果纍纍。雖然兩個進路都一樣源自性別意識的醒覺，然而兩者的分別卻在於對其所產生的政治效果的不同程度關注。第二個研究進路較着意於多方面檢視性別在宗教傳統中出現的眾多可能關係。例如，婦女可以是強悍無情的，多妻的族長也可以是婦女的救助者，或貧苦無依的女尼或女道也可發揮一定的主體性等，他們的研究對婦女在歷史及文化中的多重身份和性別象徵的多元性有更立體的探索和呈現。至於第一個研究進路就首先在立場上做一個抉擇：宗教經典或傳統中哪裏有壓制婦女的地方，又在哪裏是解放婦女的？是壓制的，研究者要進行嚴厲的批判；有解放潛在資源的，她們便努力提出改革的建議。這些很多時費盡心力的改

---

5. 最早觸及這個議題的是 *After Patriarchy: Feminist Transformations of the World Religions* (Cooey, P. M., W. R. Eakin, & J. B. McDaniel eds, 1991)。之後葛蘿絲亦出版過 *Buddhism After Patriarchy: A Feminist History, Analysis, and Reconstruction of Buddhism* (Gross, R. M, 1993)。在 *Feminism & Religion: An Introduction* (Gross, Rita. M, 1996) 中，她正式提出"後父權宰制宗教"的觀念作為女性主義宗教的發展方向。

革建議，雖然不一定會得到有關宗教羣體的理解或採納，卻可以在內部造成相當的變革壓力，經過時日可以引進一定程度的更新。肯定的是，她們的貢獻和努力成為研究宗教中性別議題的重要參考和動力。簡單來說，兩個進路對宗教經典和傳統的性別研究同樣重要，兩者都與女性主義關懷有不可以分割的關係。正是這一點對女性主義的關懷，性別研究得以對宗教的經典詮釋、傳統的重塑，和象徵的轉化等各方面，繼續發揮影響。

女性主義角度宗教經典詮釋

女性主義處理宗教經典的時候經常問的第一個問題就是這些經典裏面有"女人"嗎？宗教經典裏面所談的"女人"是否都只是男人世界的產物，附屬於他們的權力或想像之下，要麼就是妖孽化身的妲己、要麼就是三貞九烈的節婦？要釋放在男權社會文化下孕育和出現的宗教經典，保羅·利科（Paul Ricoeur）的詮釋理論成為關鍵。對於文本的演譯，利科提出必須要從三個層面的互動關聯入手。他將三個層面分為：文本背後的世界、文本內的世界，及文本面前的世界。（Ricoeur，1981）第一個層面接近現代歷史文獻研究的歷史批判方法，只是不再假設某種完全真實的歷史的客觀存在；第二個層面仔細分析文本的人物、事件、故事的起承轉合，文本本身的結構，以及其中所呈現的主要脈絡甚至矛盾、沉默和衝突等；最後一個層面是近代通常被稱為讀者反應（reader's response）的閱讀進路。讀者閱讀的政治、社會及文化等的歷史場景，及他／她的個人處境及閱讀的動機等，都會築構成不同的意義。三個不同的閱讀層次互相引動，使文本閱讀的意義築構達至最渾厚的效果。接受這三層閱讀並置的重要性，任何文本包括宗教經典都可以變成開放多元的閱讀空間。

宗教經典的研究若能考慮處境的問題，並容許開放式的閱讀，詮釋的角度便成為一個重要的意義建構關鍵。在莫托里（Toril Moi）著名的《性別／文本政治》（*Sexual/Textual Politics*）一書中，她詳細分析了不同女性主義文學批判的政治指涉。（Moi，1985）在她的分析基礎上，我整合了女性主義閱讀的三個核心策略。雖然三個策略在理論上不盡相容，但是對於女性主義的旨趣均有不同程度的貢獻，三者都不容忽視。下面我且用一個程式去說明：

女人 → 性 / 別 → 自然 → 附設 / 附屬 / 次等 / 客體（the other）

男人 → 理性 → 文化 → 主體（the primary subject）

　　這個程式是我嘗試簡單地整理現在社會文化普遍賦予男性或女性的價值。這裏女人等於一系列的價值，男人等於另一系列的價值。我先解釋一下女人和男人相對於自然和文化這一項。人類學者雪莉‧奧特娜（Sherry B. Ortner）嘗試分析不同民族對性別的價值劃分，發現女人一般可與自然類比，男人則與文化類比。問題是，如果從現代文化的發展脈絡看，整個現代主義所關心的就是人怎樣去控制自然，文化發展的價值比自然為高，人的文明就是建構在操控"自然"之上，例如水力發電。文明不單將"自然"的危害減到最低，更且將"自然"轉化成社會可使用的能源。"自然"控制得越好，社羣便被認為是更文明的，文化也更發達。為何把女人與自然類比，男人與文化類比呢？一個重要原因是她的生殖功能，包括懷孕、生育、哺乳、提攜嬰兒成長，與及月經週期等都與自然規律緊緊相繫。相對來說，男人的成長目標就是與自然（母體）分離，進身文化 / 文明領域（Ortner，1996：21－42）。

　　另一項的對比是"性"（sex）與"理"（reason）。露絲瑪莉‧蘿特（Rosemary Radford Ruether）清楚列出中世紀以前基督教的教父怎樣控制生理的需要，特別是性的需要，以達至接近神 / 靈性的境界。在基督教的傳統中，追求靈性和肉身的性（bodily sex）是背道而馳的，後者所指涉的性衝動在宗教立場是被貶抑的。人的"成熟"正在於其能運用"理"去達至"靈"的境界，這才是人值得追求的一個目標（Ruether，1974b：50－183）。用佛洛依德的解釋，就是說男性因為要離開對母親的愛慾，與代表建制和法規的父親權力競逐，最後發展成出色的理性，擁有更高的道德能力；女人則缺乏道德判斷能力（Freud，1923－1925：257－258）。

　　第三項的對比是由一位早期的女性主義者西蒙‧波娃（Simone de Beauvoir）首先提出的。她從觀察中發現女人一直都是環繞着男人生活的，並由男人去界定她的角色，如妻子、女兒、媽媽等。男性是整個歷史舞台的主角、主體；女性則是附屬性、次等的，她索性名之為"第二性"（the second sex）。女人的存在價值，全在於男人給她們甚麼位置和評價。如是女人以持家為本，男人以事業為重；性格表現上女人要溫柔婉順，男人要剛強果斷。地位的主次、附屬，道德的高下等等都以此為據（Beauvoir，1972）。 簡言之，通過上述由三項對比組成的程式，我們可以籠統地勾畫出社會上普遍加諸於男女兩性的不同價值的兩種系列。

以下我嘗試按這個程式所綜合成的三個不同婦女釋經層次，去闡明經文所呈現的關係。簡單來說，對一段經文進行婦女角度釋傳的第一個層次，從聖典中找出以下有關兩性關係的基本信息：性別角色及價值的定型是對關於男性的一系列價值和女性的一系列價值各有一定的理解，而且有高下之分和不同規範。在經典文獻中找出此程式的意義就是要拆解經文中怎樣建構人的性別，指出它怎樣建構女人，怎樣建構男人，女性和男性又怎樣被各自規限於某一個框框內發展。

在各宗教經典詮釋的歷史中，最早具女性主義詮釋意識的首推基督教。[6] 從 20 世紀 80 年代初，嘉芙蓮・撒根菲（Katherine Doob Sakenfeld）（Sakenfeld，1985：55–64）及菲莉絲・翠寶（Phyllis Trible）（Trible，1982：116–118）先後提出女性主義《聖經》詮釋，目的主要是揭露《聖經》文本世界的父權中心 "真" 面目。這是上面程式中的第一列，即是要指出經典文獻中男主女次、男尊女卑的基本格局。在這個詮釋脈絡中，詮釋者會指出女人如何被邊緣化或甚至完全隱沒。就是說，她們要麼就不出現，要麼就被視為人 / 男人的罪誘之源，成為靈性增長的孽障。所以，宗教經典中出現的女性形象，一般不外是孽障深重的罪疚者、誘惑者、通姦者、妓女、不育、愚笨，或不潔婦人等等。採用這個閱讀角度，詮釋者會發掘到連串一再強調婦女的不可信任及奴役性的經文，指出其中明顯包含嚴重的性別歧視的內容，直接挑戰經文的父族權威。

中國經典如《尚書》"牧誓篇" 就有 "牝雞無晨；牝雞之晨，惟家之索" 的說法（屈萬里，1984：72），喻意婦人若做她本來不應該做的事情，結果只會像妲己敗壞商紂王朝政的故事一樣，使社會家國秩序大亂。李察・古素（Richard W. Guisso）在他早年寫的一篇文章中列舉 "四書五經" 各種對婦女的規限，並視之為一種不可逾越的、自然宇宙秩序的部分，必定遵守和服從（Guisso，1981：47–63）。《易經》包括了中國最古老的說法和觀念，對男女在宇宙秩序中不同位置的規劃影響至深。與陰陽互補之說相反，《易經》中的男女、陽陰、天地、日月、光

---

6. Elizabeth Cady Stanton 早於 1895 年出版《婦女聖經》(*The Woman's Bible*) 並批評經文由組成到詮釋都充滿性別偏見。參黃慧貞，2000：31–36。

暗、乾旱和滋潤等說，早有高下、主次、主動和被動之分。例如，易卦三的"屯"為"女子貞不字"，由於陰柔凌駕於陽剛之上，凡事難行不進；四十四的"姤"卦為"女壯，勿用取女"，同樣是女子過分強盛，不能宜家宜室；還有卅七的"家人"更清楚說明，"女正位乎內，男正位乎外；男女正，天地之大義。""家人"卦的精義在於："父父、子子、兄兄、弟弟、夫夫、婦婦而家道正，正家而天下定矣。"第一層女性主義閱讀就是要引入性別意識以檢視這些經典的性別權力位置，引證傳統男主女輔、男強女弱的性別主義文本構成（textual construction）（Guisso，1981：48 – 50）。

第二層的女性角度閱讀經文是要改變上述的程式。如果按原來的程式，女人等於性、自然和客體，男人等於理性、文化和主體，並且上面一系列的價值均是較低的，而下面一系列的價值才是社會普遍所追求的，第二層的閱讀就是要將女人寫入（re – inscribe）第二列中的男人位置之中。換言之，就是要在經典文本中為女性討回公道，嘗試從經典中重新闡釋婦女的主體和自主性。就是說，一個父權中心的文本一直偏重男人的角色，如將他們視為故事或事件的主導者、領導、英雄，或救世主等，他們在性格上又經常被描述為強者、具主動性、戰鬥力強、有理性及決斷力等；對於女人，一般會放於次等或陪襯的位置如作為某妻子、某母親、戀慕的對象、被拯救的對象等，又或賦予一些負面的性格如軟弱無助、被動、服從、情緒化及優柔寡斷等。女性主義經典詮釋於是將女人寫進過去她們被邊緣化及缺席的地方，重點地提出經文世界中的女英雄、女宗教領袖、自主自強的女角色等，重申她們在歷史中的貢獻和不可取代的角色。

在古素和約翰尼遜（Stanley Johannesen）早期所編的《婦女在中國》一書中，瑪莉安娜‧宋（Marina H. Sung）嘗試為漢代班昭（?–116）的《女誡》辯解。第一，她重新闡釋"列女"在司馬遷（公元前 145 – 86）《史記》中的記載，認為有關內容包括對婦女的勇敢、剛烈和貞忠的肯定。即使班昭的侍奉姑翁至孝的"列女"典範影響後代至深，班氏並未有將焦點放在婦女的貞潔上，她的重點事實上是希望通過婦女教育，提升她們對家庭（也就是國家）的貢獻。另一方面，戴安‧梅麗（Dian Murray）重寫一個很有趣的人物——鄭一嫂。與唐代的武則天、清朝的慈禧太后，以及毛澤東的妻子江青一樣，鄭一嫂的權力來自丈夫的授予。然而比前三者更有趣的是，鄭一嫂的丈夫不是甚麼達官要人，而是橫掃廣東沿岸船隻的海盜，而一嫂就是打理海盜大軍的頭目、戰略軍事顧問，和整個海盜團的組織者，能力和權謀為一眾海盜所肯定（Dian Murray，1981：147－161），以上兩個寫法都是重新閱讀文獻中的婦女的領導地位和角色的例子。

在早期女性主義《聖經》詮釋中頗受注視的經文可在這裏作為一個有趣例子。基督教聖經中《馬太福音》第一章記載的耶穌家譜，本來要宣揚耶穌的大衛血統，顯示他的王族尊貴背景。女性主義釋經學者則將焦點放在家譜上出現的五個婦女身上，為耶穌的出身提出一個蘊含顛覆意味的"母族傳統"（matriarchal lineage）。五個耶穌族母之中不單有與父子亂倫的他瑪（《創世記》卅八章）、出身妓女的拉合（《約書亞記》二章）、也有來自異族的摩押寡婦路得（《路得記》）、被大衛施計掠奪的將軍妻子大利拉（《撒母耳記下》十一章）及懷孕的貞女瑪利亞。在女性主義釋經學者手中，五位婦女都一改作為父族社會受害人的姿態，主動、勇敢地掌握自己的命運，運轉乾坤，憑婦人之力，挽救宗族、家庭，及延續王族後裔，完成神所賦予的歷史使命。柔弱而等待救助的婦女，一躍成為救助他人的主體，男女主次的程式改寫了，經典的父族世界得以打出一個缺口。如是經文閱讀的取向，對於一直被教導要接受性別宿命、馴服於神權父權面前的婦女深具啟發意義，為在宗教傳統中尋求另類性別角色的人，提供重要參考典範。

近年華人宗教研究的例子有張珣的《幾種道經中對女人身體之描述初探》（張珣，1997：235－265），提出雖然道經認為男女身體有別，並以女身的姙孕和月經週期為弱點，會增加修煉的困難；然而道教以九天之氣作萬物之本，化生同本同源的男女身，帶有性別平等之義。[7] 永明的《佛教的女性觀》（永明，1997），嘗試從早期印度的婦女地位開始，追溯佛教傳統中不同時代對婦女規訓的歷史原因，並以大乘佛教的不分男女相及人人平等的原則，重塑一個性別平等的佛教觀（永明，1997）。最後還有楊孝容的《男女同尊：佛教女性觀》（楊孝容，2004），同樣提出佛教支持男女平等的論説，為佛教歧視女身的傳統翻案（楊孝容，

7.　原載於《思與言》35，2（1997）：235－265，現收集於《婦女與宗教：跨領域的視野》（李玉珍、林美玫合編，2003：33－68）。於此之前，Roger T. Ames 也曾就老子和莊子著述論説一個道教的 "雌雄同源理想"（Androgynous ideal），參 *"Taoism and the Androgynous Ideal"*，（Guisso & Johannesen，1981：21－46）。

2004）。這些無疑都是將婦女的關注重新寫入宗教傳統之中，為傳統的重新塑造作出努力。

在基督教的女性主義釋經中，首兩層閱讀的取向被廣泛地運用。第三層的閱讀策略則由法國女性主義的心理分析學派所啟發，此派主要提出一種從夾縫及無聲狀態（silence）出發的顛覆性閱讀，挑戰最根本的父權結構言說體系。這個閱讀策略先假設了第一層的宗教經典基本上環繞父權而築構的現實，然而又認為純粹將女人寫進以男性為主體的程式不夠徹底，所以，要從法國心理分析女性主義學派出發，直指文本世界中父權統管的無可避免，因為那是語言秩序建立的基本規律。不遵從規範的女／陰性言說及其具顛覆性的慾望只可以在潛意識的心理狀態下發生，並通過夢話或片語在文本的縫隙、斷裂，及亂語中揭示壓抑之所在。最有趣的是，按法國女性主義者克理絲托娃（Julia Kristeva）所言，這種含顛覆性的亂語存在於所有文本之中，隨時通過閱讀的過程釋放出來，造成對現存體制和秩序的衝擊（Kristeva，1986：93－98）。如果採取這個閱讀策略，基督教《聖經》中《馬太福音》第一章中的耶穌家譜並沒有如編修者所願，成功地將耶穌置於偉大君王的尊貴血統之中；相反，五個族母的異族或曖昧性身份正好顛覆了猶大國的純正性或耶穌怎麼高不可攀的尊貴地位。這就是隙縫中閱讀的效果。

另一個例子是 "劉香寶卷"。它是在大約 10 世紀流傳的一些民間經卷，記載一個少女一心唸佛，並且因着自己的信念，成功感化父母守齋從佛。寶卷的內容除了一般的勸誡之外，卷中女尼對男女的命運頗有一番解說。經文詳細陳述了男女一生下來貴賤分明的命運：

……（男）生出娘胎盡歡心……爹娘愛惜如珍寶／及其長大讀書文……一舉成名天下聞……；（女）娘胎落地盡嫌憎……公婆發怒忙陪笑／丈夫怒罵不回聲……生男育女穢天地／血裙穢洗犯河神。（周燮藩主編，2005：4－5）

男女不同的命運令女眾感悟身世，也肯定修道的目標和意義：

任你千方並百計／女體原來服侍人……若是聰明智慧女／持齋唸佛早修行／女轉男身多富貴／下世重修淨土門……根深福大回頭早／孽重冤多昧本心／若還不聽良言

語／世世生生受苦辛。（周燮藩主編，2005：5）

　　"劉香寶卷"有趣的地方是，一方面女尼在訴説女性命運逃不過生兒育女、侍奉翁姑、聽命於丈夫、與親人隔絕疏離、血污穢犯天地河神，一生受盡辛苦；另一方面卻也在示範倘若女眾選擇受戒修行，除了可以冀望來世"女轉男身"得享富貴之外，還可以於今生擺脱做女人的宿命，不婚不育，持孝守（娘）家。如是，本來敍述女性苦命的經文，卻同時透露了父族社會中的婦女，如何藉着宗教信仰和身份，尋求另類生活選擇。經文中女尼的位置於是成為針對父族社會男尊女卑的批判，更是對婦女宿命的顛覆。

　　第三層的解讀方法是要創造一個全新的女／男閱讀空間。按上文程式的理念來説，如果第一層閱讀是在經文中找出程式所代表的普遍性別價值的偏頗，第二層就是要將女性寫入既定而價值較高的程式之中，提出女性的主體性，為她們討回公道。到了第三層，閱讀就根本上不再受程式的規限，男／女的價值不再分成有優次秩序的兩個行列，而是以男／陽性（masculine）代表一個現存建制權力所持的價值，以女／陰性（feminine）代表一個一直以來被建制勢力所壓抑的傳統。第三層解讀就是要追蹤找尋這個被壓抑的傳統的一點一滴，並且重建這個零散到幾乎隱沒了的抗衡"傳統"。這個抗衡"傳統"固然主要包括了婦女的聲音，又被稱為"陰性傳統"。

　　直接從經典詮釋的角度來説，我們要一方面正視各個宗教聖典的形成、傳遞和詮譯過程中，如何延續建制權威；而直到今天為止，建制的權威仍是以鞏固男性權力為中心的。另一方面，我們又得在肯定這些建制和結構性性別權力的存在之餘，相信這些權力並非絕對。即是説，即使在父族文化最鞏固的時候，我們仍然可以找到差異的聲音；就是在壓力最無所不在的時候，也可以找到抗衡的舉措。通過對不同經文的重組，在隱沒處的反覆追索，我們要重新建立經典中受抑壓的婦女異議空間，使之成為對經文中既定建制權力的一個整體反抗。

　　以上介紹的三個不同的釋經層次，如果要硬性將它們分開來使用的話，其中第二層閱讀及第三層閱讀在理念上會出現衝突。舉例説，婦女在用第二個閱讀的進路時，每每為要推翻婦女只是一面倒的感性或被動者的説法，而着意推許其勇氣和主體性，而不能或不願意面對經典中出現較負面的女人，如中國歷史上的經典例子如武則天的自立為皇（后），或近代慈禧太后的獨攬大權等。她們不單身在權位的巔峰，並且因為層層權力鬥爭，引發一代的政治危機，其表現常令女性主義者語塞。所以，問題的核心不在於個別婦女在歷史中的表現，而是將婦女寫進男性程式之中並不能搖動權力階梯的基本層壓式專政。換句話説，權力中心的人可以是有性別的，但大權在握的專制和層壓性質則無分性別（都是父權的）。相反，如果我們嘗試按三層閱讀法看一段經文，通過不同層面的經典詮釋探索性別角色在其間的互動及有關權力關係，便可以對經文有更多不同而豐富的討論，深化我們對經典世界的認識。這正是經典研究在性別研究中最引人入勝的地方。

宗教歷史傳統中的性別研究

　　一個著名的新約聖經學者，伊莉莎伯‧菲奧爾倫查（Elisabeth Schüssler Fiorenza）在她一本代表作中，指出我們的宗教歷史所載的，絕對是有選擇的記憶。她的書名就指出《聖經》福音書中一位耶穌特別吩咐門徒要記念的女人，始終在經文中無名無姓。更諷刺的是：在耶穌生平的故事中，出賣耶穌的猶大被記住了，那個忠心膏抹耶穌的女人的記憶反而被埋沒了。這也是菲氏的書以《以她的名為念》（*In Memory of Her*）為題的主旨所在（Fiorenza，1994：1）。

　　就女性主義的討論來説，性別研究不是一個中性（neutral）的進路，它開展的基礎在於一個前設，就是過去對婦女研究的忽視或偏見。所以，在研究者需要保留一定的批判空間的同時，不少的研究仍然具有這個強烈的願望，就是要指出過去歷史研究對婦女認識的不足或婦女的委曲，希望藉着新的研究焦點為婦女在歷史中的面貌翻案。所以，菲氏所指的不單是一個被遺忘姓名的女人的故事，而是歷史記載的片面，及以男性為中心所做成的疏忽。作為女性主義研究者，他們進入歷史的時候最關懷的是如何在一個男性主宰的歷史世界中，找尋婦女的蹤跡，並且不得反覆地推搞眾人的記憶和想像，進行歷史的重塑工作（Fiorenza，1983：99－104）。

　　與宗教經典詮釋一樣，女性主義論述中劈頭第一個問題常是：歷史中有沒有存在過真實的婦女？如果有，她們有沒有甚麼一致性，是否都展現着某種婦女獨有的特質？譬如説，歷史中記載的甚麼賢德女人、忠貞的女人、不顧一切犧牲自己的妻子或母親等，是否就應該被尊崇為婦女典範？一些婦女諸如孟母、花木蘭或西施等故事的出現，又是否應視為抗衡主流父權文化的代表？問題是：集中在這些婦女的歷史記載也不一定能夠描繪出一個清晰的婦女面貌。最令女性主義者不知所措的是，尋索歷史中婦女的蹤跡也不一定可以鎖定婦女受男性迫害的論點；因為正如現實生活中的婦女一樣，歷史片段中的婦女是多元的。所以，對於影響着她們命運的各種抉擇因素，仍有待我們更深入的探究。這是近代以性別角度研究宗教歷史的趣味所在。

李貞德早已觀察到，近年對中國宗教傳統中的女性的研究方興未艾，過去 20 年在這方面的論著尤多（李貞德，2003：251－270）。不過，也正如上文所述，在這些傳統歷史的研究中，出現一個頗為清晰的脈絡，就是要著意發掘過去種種不同領域中表現突出的婦女。對於猶太教、回教及基督教的歷史來說，她們包括傳統中的女士師、女先知、女傳道或女信徒領袖等。對於中國宗教歷史來說，她們包括女神及女仙的傳說、女巫、女尼及女道等等。做法就好比上文在經典詮釋第二層文本介入的例子一樣，將婦女寫入一向被男性佔據的歷史位置中。[8]

郭佩蘭在 1992 年出版的《中國婦女與基督教，1860－1927》（Kwok，1992：80－82）正是這樣的一個嘗試。以 19 世紀末到 20 世紀初一段時間，西方傳教士蜂擁來華傳教，不單孕育和奠定了現代華人教會的基礎，也栽培了第一批的"聖經婦女"（Bible Women）及 [9] 女傳道人。郭氏找到的資料記錄了一些直接質疑《聖經》中具性別歧視的婦女，她們深具挑戰父權和教會建制的膽色（Kwok，1992：84）。同樣，李雲尼（Rainey Lee）就學術界對湖南《女書》的開創研究，也嘗試建立一個女性自發自傳的宗教理念和生活世界（Lee，1996：130－163）。此外，受到近年台灣佛教特別是比丘尼團體蓬勃發展的影響，有關比丘尼的歷史研究如雨後春筍。其中華人著述由早期李玉珍：《唐代的比丘尼》（李玉珍，1989）開始到新近不少的著作，對女尼的歷史、個別的比丘尼故事的歷史重述、與及僧團與比丘尼團體之間的衝突及後者的艱苦發展等，皆有詳述，補充了過去

---

8. 見本文前述有關討論。
9. 傳教士書信和記錄中均提到"聖經婦女"（Bible Women），主要負責到偏遠地區從事傳道及探訪工作，性質與今日的"女傳道"相通。參 Kwok，1992：80－82。

佛教歷史的男性中心偏向和對女信眾歷史的缺乏。[10] 相對於佛教，道教的女性歷史仍在開發之中。除了上文提到張珣對《道經》[11] 及其相關的道教傳統的論述，90 年代初對道教傳統中的女性的研究稍有補充的是詹石窗的《道教與女性》（1990）（詹石窗，1990），奧化米亞（Daniel Overmyer）的一篇文章（Overmyer，1991：91－119），以及 90 年代中 Catherine Despeux 的《中國女性道教史》。[12] 它們詳細羅列了由早期道教歷史開始，廣納坤道、訂定女丹及女性修煉的各種方法，還有女性領袖如女官和女道、典籍中記載的女仙等的編制，[13] 仔細勾畫出道教婦女相對於其他宗教傳統中的婦女有較廣闊的出路。

　　從選材和研究的重點可見，以上研究的一個大前題是要闡明婦女在宗教傳統和歷史中有過重要的地位，她們具領袖才能，對有關宗教傳統發揮過舉足輕重的角色。從個別學者對宗教傳統中的婦女的重點研究來看，這個方法的缺點是，因着研究者對宗教婦女在傳統中的過人表現的特別重視，他們容易將歷史婦女塑造成我們今日的獨立自主型婦女。問題不單關乎歷史閱讀的角度，也是我們對宗教歷史中婦女的了解程度。女性主義作為一個政治意念，有意無意間將婦女約化為一個與權力爭持的人物（agent），從而製造出一個對婦女頗為統一的了解。然而，對歷史資料的小心研究發現，婦女在不同時代、不同境遇和不同社會文化中存着不少差異，故女性主義研究者在處理婦女歷史的過程中會遇到無可避免的挑戰。所以，能否在尋找歷史中的婦女主體以及所謂 "婦女傳統"（a women's lineage）的同時，也分辨出不同情況下婦女之間的差異（differences），便成為女性主義宗教研究新近發展的關鍵。在宗教的傳統中，在處理婦女歷史的方法上，正視和發掘其中的多重差異於是成為重點 —— 我們不獨要看經典中某傳統的性別規訓，更要看不同時代和傳統中的婦女對它們的不同回應，以及她們多重而複雜的表現。

---

10. 不包括非華人的宗教研究論著在內，佛教女尼的研究者除了上述李玉珍（1980），還有 Lee Lily Xiao Hong（1994）、周姚萍（1996）、雲庵法師（2007）、李哲良（1997）、裘山山（1997）等。
11. 見本文前述有關討論。
12. 參 Catherine Despeux（1996）。建立於之前的研究基礎上，Despeux 其後與 Livia Kohn 合作出版英文論著：*Women in Daoism*（Despeux & Kohn，2003）。
13. 近年楊莉就道教中的女性做過不少研究，其中包括《道教女仙傳記 "墉城集仙錄" 研究》（楊莉，2000）及〈"女冠" 芻議：一個宗教、性別與象徵的解讀〉（楊莉，2001）。

舉例説，據一般理解，儒家強調君權、父權和夫權，古素（Guisso）最早的一本中國婦女研究論著便將經典中的"三綱五常"羅列得清清楚楚：中國的禮就是要將婦女置於君／父／夫的管理之下，男女主次秩序是為"人禮"，而"人禮"順應"天理"，是為倫常秩序的根本（Guisso，1981：57-59）。可是，在深受儒家傳統影響的漢朝《列女傳》中，劉向雖憤恨外戚當政，也得對其中知書識禮、辯才了得的婦女予以肯定和讚賞。[14] 另一方面，道教的教導似乎因為以人身為九天之氣所化生，男女同源，本無分先後及優劣，而對男女兩性有更平等的看法；不過，與道教關聯甚深的《易經》及眾多經典如《太平經》、《黃帝內經》等卻又深見儒家尊陽貶陰、重男身輕女身的影響（永明，1997）。再者，現代學者對於一般中國民間宗教、回教等傳統中的婦女，都會千篇一律地視為宗教傳統壓迫下的受害者；做仔細的宗教歷史研究，結論就未必一樣（張珣，1997：55-59）。

自古以來，對在宗教傳統內的婦女來說，她們的掙扎是很明顯的。她們考慮的是如何為該宗教中的婦女建立一個支援性別平等的另類傳統。正如猶太學者茱迪芙・柏拉絲高（Judith Plaskow）所言：即使所存的資料不齊，但婦女一直是宗教傳統的參與者，並在宗教歷史中佔一席位的事實是肯定的。但她也承認宗教傳統有其複雜之處，它對婦女的確能產生一定的釋放作用（Plaskow，1990：xix-xxi）。所以，對於宗教傳統中的婦女來說，重尋歷史的意義也在重新建立她們在該宗教歷史中的傳統，因為"我們的傳統正是我們的力量"（our heritage is our power）。[15]

近年西方對婦女宗教歷史的研究影響至深的一個學者是嘉露蓮・拜琳（Caroline Walker Bynum）。在其成名作《聖筵和守齋》（*Holy Feast and Holy Fast*）中，她從中世紀婦女生活中處理食物的種種態度引申，指出婦女在傳統父權教會和社會中的另類宗教自主。通過她的反覆論證，肯定了中世紀婦女從食物處理的生活程序中，創造了宗教場所的相對自主空間，和在一定程度上對自己生命的操控權。因為食物對婦女的社會生活有基本的重要性，食物對了解婦女宗教生活

---

14. 見本文前述有關討論。
15. "Our Heritage Is Our Power" 原載於美國女性主義者茱迪・芝嘉歌（Judy Chicago）的 *The Dinner Party: A Symbol of Our Heritage*（Chicago，1979）內的一篇文章題目。

意義亦至為重要。在日常生活中，婦女負責有關食物的種種工作，包括：哺育幼嬰、負責挑選食物的種類、控制其分量和質素，和藉此間接地操控着食者的身體狀況和健康等。配合中世紀宗教生活及屬靈表現中的克己和禁食等信念，部分婦女對食物所採取的態度可以發展成另一種操控，為實踐者帶來別具意義的效果（Bynum，1987）。

　　對於一般沒有錢財或產業決定權的婦女來說，對食物的管理或對禁食的實踐可以說是她們最能夠體現自主的地方。通過宗教儀節，婦女之中有成功地以禁食來拒婚的，以宗教活動來取代如侍夫教子等家庭職責的。通過參與傳道工作，甚至對世俗及宗教權力批評或執行教訓、輔導等工作成為轉變角色的依據。中世紀一些婦女對自身進食的控制，特別是志願性的捱餓並將省下來的食物捐助窮人，以及透過聖餐的奉獻等，頗為有效地改變自己的命運。從中古世紀婦女可有的選擇來看，食物的控制不愧為一個有效的拒絕婦女宿命——即婚配、育嬰，終一生圍限於家庭職務及廚房生活——的有效方法。通過將自己的食物賙濟窮人，她們反而可以在一定程度上置身於社羣生活更廣闊的空間之中（Bynum，1987：189–218）。[16]

　　華人的宗教研究中，近年也出現了相類的主題和做法。盧蕙馨在 1997 年以〈性別、家庭與佛教——以佛教慈濟功德會為例〉一文提出男女通過佛教教義和實踐，產生微妙的性別互動效果。一方面，男信眾會因着投入師父的教導，而學會 "無所求的付出"，並走入廚房、接任炊事等後勤工作。另一方面，女信眾則全力投入宗教活動的組織和實幹工作，訓練出一股 "身體粗勇、氣質高尚" 的氣派。（盧蕙馨，1997：97–120）另外，李玉珍於 1990 年代末寫了一篇題為〈寺院廚房裏的姊妹情：戰後台灣佛教婦女的性別意識與修行〉的文章，指出女善信通過煮食和供養食物，分別在廚房和寺廟的生活和齋期之中，維繫善信姊妹之間的情誼，與尼眾互相照應及對師父表達虔敬，從而得以全情投入宗教生活，以 "自煮自足"、"不是專門煮飯給某個男人吃的" 方法提升自己的女性意識。於是，當男

---

16. 拜琳的資料中記載兩個相當有力的例證：英國女人瑪覺麗・卡暗比（Margery Kempe）經常拒絕進食或為丈夫接待的友人預備食物，加上平日齋戒素服，令丈夫及其家人非常尷尬。最後丈夫同意她的請求，只要一切待客如常，她可以免行性事。另一例證是斯恩拿的嘉芙蓮（Catherine of Siena），她用禁食使自己的外貌變得極其難看，從而拒絕婚嫁，最後要求進入修道院中過另類生活（Bynum，1987：189–218）。

性在宗教儀式上獨當一面的同時，"寺院廚房便成為佛教婦女互相激發性別意識的專門場域"（李玉珍，2003：281－332）。

總的來說，與拜琳對中世紀基督教婦女的研究相通的，是婦女通過日常生活空間，如家庭、食物和調製食物的文化及社會象徵意義，有效地運用她們可以控制的資源和空間，去做一些在宗教生活範疇以外不可以做到的事情。拜琳和李玉珍的研究最重要的啟示是：在一般婦女最普遍的日常生活場所，採用最基本的生活素材如食物，可以發展出一個異於一個社會定義下的生活模式和另類宗教空間。在這個意義下，她們的宗教生活成為一種另類的選擇和釋放；她們對宗教生活的固執，甚至成為她們對建制權力的一種監察和挑戰。[17]

宗教語言和性別象徵

如上文所述，史葛茲指出在婦女歷史研究中，與性別相關的"象徵"是一個重要的考察項目。"象徵"可以是文字、符號或圖像，它可以是某一意義的載體或代稱。在心理分析學說中，象徵是潛意識的"語言"，指向對人的最深的性壓抑。克里福德・格爾茲（Clifford Geertz）就以宗教為最重要的象徵系統，論述其賦予人在文化中最強而有力且最具滲透性的情緒及動力的支援（Geertz，1973：87－125）。對宗教傳統來說，最重要的語言和象徵是"神／聖"的稱謂。因為"神／聖"所指涉的（signified）基本上不能言盡，所以對"神／聖"的闡釋或論說主要還是要透過一套高度象徵性語言。西方宗教學者魯托夫・奧圖（Rudolf Otto）就曾經採用三個象徵詞彙訴說神聖顯現的那種不可言喻的境界："奧妙的、震撼的和不可名狀的"（mysterium tremendum et fascinans）（Otto，1923：12－40）。[18] 對於西方女性主義者來說，"神／聖"的語言象徵展示着男權的獨大和女性的委曲，其中的表表者正是基督教的一神尊稱："父神"（God the Father）。

---

17. 在中世紀教會之中，部分的女聖者（women saints）對食物的處理，特別是當她們宣稱她們軟弱的身體成為基督親臨的場所時，會使她們凌駕於男僧之上、有時甚至會成為突顯男僧的失敗、挑戰他們的權力。（Bynum，1987：227－237）。

18. 拉丁語，用於 *The Idea of the Holy*（Otto，1923: 12－40）．

　　基督教女性主義者在"神 / 聖"的象徵語言上下了不少功夫。除了最早由瑪莉・德理（Mary Daly）提出要超越"父神"，釋放"以父為神"對神性化男性權力的深層意識枷鎖外，（Daly，1985）還有不少學者致力重新研究女神的傳統。著名的例子是美莉蓮・史東（Merlin Stone），她在《當神是女人》（*When God was a Woman*）（Stone，1976）一書中仔細檢視西方女神的傳統，並驚訝於它的豐富淵源和悠久歷史，如何被長久地驅逐到西方宗教和歷史的邊緣。1970 年代以來，美國更牽起一片女神熱，由莎蓮・史柏特勒（Charlene Spretnak）及史達霍克（Starhawk）為首，掀起一場席捲全國的女神學術浪潮和崇拜運動，爭議的核心是女神作為象徵符號對婦女深層意識所發揮的作用。[19]批評父神稱謂的學者認為，因西方文化普遍及長期以來由基督教價值當道，高舉唯一至高無尚的父神正好合理化及神聖化社會建制中的父權中心意識。要女性能夠從父權意識中得到解放，首先要改變的就是"父 / 神"這個牢固的至高一神符指（signifier）。[20]

　　撇開基督教、回教及猶太教等一神宗教系統，中國宗教傳統中女神的圖像、祭祠、崇拜、儀式等深入民間社會，在日常生活中隨處可見。在這裏，女神的性別象徵未見形成明顯的性別文化差異，也沒有改變父權意識在中國社會深入民心的歷史現象。事實上，正如拜琳在《聖筵與守齋》一書中論點所說，每一個象徵符號有多重意義，對不同性別的受眾在不同的情景中引發不同的解讀效果。拜琳還在她《耶穌作為母親》（*Jesus as Mother*）一書中找到許多中世紀天主教聖僧接受瑪利亞授予母乳的聖畫，顯示出瑪利亞作為母親的形象，不單可以引發婦女認同，更深受一眾男僧的歡迎，化為恩淋聖寵的象徵。結果，與認為男性宗教象徵必然神化男性權力的學者相異，拜琳找到中世紀宗教婦女以男性耶穌為最重要的靈性導師，童貞瑪利亞反而是當時男僧祈求祝福和個人靈

---

19. 有關 1970 年代的女神宗教運動的主要文章，包括 Starhawk 的文章，收集於 *The Politics of Women's Spirituality: Essays on the Rise of Spiritual Power within the Feminist Movement*（Spretnak，1982）

20. 蘿特（Rosemary Radford Ruether）在她的女性主義神學經典 *Sexism and God-Talk: Toward a Feminist Theology*（Ruether, 1983）中，首先以一個"父親的虛位"（kenosis of the Father）開始，再在第二章提出神的形象有男有女，並以一個不能發聲的"神 / 女"（God/ess）為新的語言符號，取代神作為父親的權力層階。*Sexism and God-Talk*（Ruether，1983: 1 - 11，61 - 71）。有關基督教神 / 女神觀的發展和重要主張，可參〈永遠的神：從女性神學到女神學〉（黃懷秋，2003）。

性復興的對象（Bynum，1982）。

同樣，原來在印度佛教經典中非男非女的觀世音菩薩，因着其深入民間的妙善公主形象和廣為民間傳頌的慈悲屬性，在中國的民間宗教傳統中被認定為女身，一邊普渡眾生，一邊為婦女解難和送子。（Yu，2001：293－352）至於廣受沿海民眾尊崇的天后，不單一直成為漁民的守護女神，更因着特別的歷史情景而化身為漢民族遷徙台灣島的庇國佑民守護神（李獻璋，1990：287－307），團結島上不同族羣，（Nyitray，1996）同時吸引男女善信。凡此例證，一再說明了女神的性別象徵的多重解讀，她同時可以保守固有的性別權力層階，也可以因使用者的性別和不同需要而發揮超越傳統性別價值的功能。雪莉·奧特娜（Sherry B. Ortner）及夏里埃持·白赫特（Harriet Whitehead）的研究指出，雖然每一個象徵及每一個象徵的使用者都具性別性（gendered），每一個象徵在文化傳遞及碰撞的過程中，通過使用者的採納、挪用和提升（transformed），會產生多重的意義和變化，發揮意想不到的效果（Ortner & Whitehead，1981：4－9）。

不論西方或中國，在宗教生活場景中的另一個重要的性別象徵是由女性身體引發的各種血污與禁忌問題。身體一直以來都是各種抽象概念和價值角力，並在每日生活中落實規範作用的具體場所。與身體有關的體液都是兼具能力和危險性的，其中包括血、精液、奶水、經血、交合和生產中流出的液體等，例如：婦人的奶水是被視為具創造力的，好的東西；而她的經血或其他分泌則是壞的而且有殺傷性的，以致男女交合在諸多神話中都被視為極端危險。婚姻被視為是對交合危險性的一點緩衝，其中包括對女人的貞潔和性的有效管制，對男人則造就其自我約制和繁殖作用（Doniger，980：17－59）。[21]

上述張珣的文章用女性身體為切入點，指出道教經典以女性的赤脈（經血）為修煉的障礙。男性修煉的目標是"降白虎"（不漏精）；女性修煉的目標是"斬赤龍"（不漏經）。雖然張珣認為道教的身體修煉是要通過去性化回復本原（童身），在這方面，男女是一樣的，並沒有視女身為污穢的講法。然而，縱觀文獻中對姙

---

21. 在印度民間的傳說中，假如男人與一個體液與他不配合的年輕女子交合，他的生命液（life－fluids）會被吸乾。男的如遇上一個太強、太老或太年輕的女子很容易會失去他所有的體液（Doniger，1980：56）。

孕女身的種種描述，可見女性的身體＼血實在等同眾多兇險與污垢。如按《原始天尊濟度血湖真經・上卷》中的描述，產婦難產的結果不單是死亡，死後還要"死入酆都血湖地獄，備受諸苦"。另《太一救苦天尊説拔度血湖寶懺》也論及："……自從前世乃至今生，受身女流，過多罪咎……生男育女，墮子落胎之罪，憎嫌男女太多，用水浸棄撒之罪……"。女身所衍生的功能性行為成為女人身體低劣的因由。（張珣，1997：56－57）至於後來的經典如《太平經》中的男身尊而貴、女身卑而賤之説，[22] 則是混雜了儒家的男尊女卑觀念和佛教傳統中的"業報説"，張珣辯説此並非道教的核心價值。

　　對於女人的污染和危險，到目前為止較為詳細的研究是艾美莉・艾香（Emily Ahern）早期的文章。文中她指出，毫無疑問，中國民間相信女人在以下時間是不潔的：行經、生產時和生產之後、哺乳期間，或患有血漏或其他與性有關的疾病時。具體來説，不潔物指的是：經血、產血及產後的惡露。女人血的污穢、骯髒、邋遢等，並不是用水能潔淨的，沾到哪裏，哪裏也被污染。任何與經血有接觸的人都不得參加禮祭；神像以至男丁皆不可以在晾衣竹竿下經過，以免置身在曬晾中的女人褲袴之下。不然神像會發怒，男丁則會倒霉。神祭也不要觸及地上的泥土，因為地上的泥土也很可能沾上女人的分泌物。經血的穢比死人的穢更糟，所以凡是婦人行經、分娩後一個月內，其房間不得進入；剛行過房的人，他們與守喪的人一樣污穢，一律不可以參與祭祀（Ahern，1975：193－214）。

　　污穢最大的特色是不可以接近神祭。最嚴重的講法是女人因為經血或產血而污染河流或土地，死後受到特別嚴厲的懲罰。於是傳統上女人不會擔當重要禮祭的主持，包括一些以主要受婦女敬拜的女仙如織女等的祭祀；負責祭祀的男子則要事前數天開始戒色，保持潔淨。除了一些被視為較低等的女神或地方仙姑，主事污穢事物如生產或與死人通靈的靈媒等，女人一般都不得參與祭禮。比較有趣的是，因為血的權力和威脅，染血的布可以用作驅邪趕鬼之用，令受法者家道一蹶不振。（Ahern，1975：198）與此忌諱有關的研究包括是李建民對明清戰事中

22.《太平經》中提到："……男所以受命者，盈滿而有餘……尚常施與下陰，有餘積聚而常有實。……故陽得稱尊而貴也。……陰為女，所以卑而賤者，其受命處，戶空而虛，……故見卑且賤也。"（王明編，1960：386）。

的所謂 "陰門陣" 的討論。此法是用女人的身體或女陰面對槍炮，以女陰的不祥象徵對付敵人（李建民，1992：20）。西方女性主義宗教學者遂提倡重構女身與神聖的宗教象徵意義，為挑戰女身污穢的牢固傳統（Christ，1997）。

總結

瑪利・德勒絲（Mary Douglas）曾經說過：

> 身體可以是任何有疆界的系統的一個範型。它的邊界可以代表任何受威脅或不穩定的界線。身體是一個複雜的結構。它的不同部分的功用及它們之間的關係，成為其他複雜結構的象徵之源。除非我們將身體視作社會的象徵，在人身上作微型複製，我們就不能對排泄物、奶水、口水或其他的儀式作出詮釋，以及看得出社會結構中的權力和危險（Douglas，1966：115）。

　　身體是一個社會關心的主要象徵場所，更是性別被規劃的主要場所。女性的身體從來就是宗教傳統主要規管對象，例如印度教的殉夫葬儀（sati）、回教的面紗（hijab）、中國由宋到清為 "貞女" 建碑立祠之舉、宗教儀節普遍以經血和產婦為不潔或大凶等，都是對女性身體規劃的制度化和宗教化，並引申成為父族文化的鞏固和深化。於是，女身成為社會價值的象徵，成為反省社會結構的權力和危險的主要地方。在一個文化意識的層面，當一個宗教社羣要與神立約，並要求羣體內的成員共同信守承諾。違反這共同信守的價值的，也就是違反社羣的秩序，得罪神明，危害社羣的幸福。宗教傳統對女身的操控，所反映的是他們對社會關係的操控，對性別價值和意識的操控。宗教研究的性別視角對社會深層的文化意識的影響和意義是至為深遠的。

　　從性別角度研究宗教的學者關心宗教傳統中婦女的性別化身體，以及她們如何經歷、參與、轉化，或在眾多的社會價值和道德規訓中，掙扎求存。至於眾多的女性主義宗教研究者想要解答的一個問題是，宗教傳統之於婦女是釋放還是壓制，是祝福還是詛咒？然而，經過多年的努力，這些研究者找到的答案是混雜的。宗教經典、傳統和象徵既吸收社會的既定性別價值和角色分工，參與其中的婦女又同時可以通過自己獨特的處境和可用的資源，進行交涉並將宗教場所轉化成相對自主生活的神聖空間，其中的文本，歷史和生活實踐絕對是多元的。這是性別研究使宗教研究充滿動感和活力的地方。

參考書目

- 王明編：《太平經合校》，卷九十三（北京：中華書局，1960 年）。
- 永明：《佛教的女性觀》（台北：佛光文化事業有限公司，1997 年）。
- 李玉珍、林美玫合編：《婦女與宗教：跨領域的視野》（台北：里仁書局，2003 年）。
- 李玉珍：《唐代的比丘尼》（台北：台灣學生書局，1989 年）。
- 李玉珍：〈寺院廚房裏的姊妹情：戰後台灣佛教婦女的性別意識與修行〉，載李玉珍、林美玫編：《婦女與宗教：跨領域的視野》（台北：里仁書局 2003 年），頁 281 – 332。原載於《中央研究院民族學研究集刊》87 期（1999 年），頁 97 – 128。
- 李建民：〈"陰門陣"考——古代禮俗筆記之二〉，《大陸雜誌》85 卷 5 期（1992 年）。引自李貞德：〈最近中國宗教史研究中的女性問題〉，頁 20。
- 李貞德：〈最近中國宗教史研究中的女性問題〉，載李玉珍、林美玫編：《婦女與宗教：跨領域的視野》（北京：里仁書局，2003 年），頁 4。原載《近代中國婦女史研究》，2 期 (1994 年），頁 251 – 270。
- 李哲良：《中國女尼》（成都：四川人民出版社，1997 年）。
- 李獻璋：〈媽祖傳說的展開〉，《漢學研究》，8 卷 1 期（1990 年），頁 287 – 307。
- 周姚萍：《第一位比丘尼大愛道》（台北：法鼓文化事業股份有限公司，1996 年）。
- 周燮藩主編：〈劉香寶卷上〉，載《民間寶卷》第十四冊《中國宗教歷史文獻集成之五》（合肥：黃山書社，2005 年），頁 4 – 5。
- 屈萬里：《尚書今註今譯》。（台北：聯經，1984 年），頁 72。
- 張珣：〈幾種道經中對女人身體之描述初探〉，《思與言：人文與社會科學雜誌》35 卷 2 期（1997 年），頁 235 – 265。
- 雲庵法師：《台灣比丘尼現行腳：踏尋相庭與佛國》（台北：千華圖書事業有限公司，2007 年）。
- 黃慧貞：《性別意識與聖經詮釋》（香港：香港基督徒學會，2000 年）。
- 黃懷秋：〈永遠的神：從女性神學到女神學〉，載李玉珍、林美玫編《婦女與宗教》（台北：里仁書局，2003 年），頁 9 – 126。
- 楊孝容：《男女同尊：佛教女性觀》（北京：宗教文化出版社，2004 年）。
- 楊莉：《道教女仙傳記"墉城集仙錄"研究》（博士論文，香港中文大學，2000 年）。

- 楊莉：〈"女冠"芻議：一個宗教、性別與象徵的解讀〉，《漢學研究》19 卷 1 期（2001 年），頁 167－185。

- 裘山山：《當代第一比丘尼：隆蓮法師傳》（福州：福建美術出版社，1997 年）。

- 詹石窗：《道教與女性》（上海：上海古籍出版社，1990 年）。

- 黎志添：《宗教研究與詮釋學──宗教學建立的思考》（香港：中文大學出版社，2003 年）。

- 盧蕙馨：〈性別、家庭與佛教──以佛教慈濟功德會為例〉，載李豐楙、朱榮貴編：《性別、神格、與台灣宗教論述》（台北：中央研究院中國文哲研究所，1997 年），頁 97－120。

- Ahern, E. M., "The Power and Pollution of Chinese Women", in M. Wolf, & R. Witke (eds.), *Women in Chinese Society* (Stanford: Stanford University Press, 1975), pp. 193－214, 198.

- Beauvoir, S. de., *The Second Sex*, trans. & ed. by H. M. Parshley (Penguin: Harmondsworth, 1972).

- Bynum, C. W., *Jesus as Mother: Studies of the Spirituality in High Middle Ages* (Berkeley: University of California Press, 1982).

- Bynum, C. W., *Holy Feast and Holy Fast: The Significance of Food to Medieval Women* (Berkeley: University of California Press, 1987), pp.189－218, 227－237.

- Chicago, J., *The Dinner Party: A Symbol of Our Heritage* (New York: Doubleday, 1979).

- Christ, C., *Rebirth of the Goddess: Finding Meaning in Feminist Spirituality* (New York: Routledge, 1997).

- Cooey, P. M., W. R. Eakin & J. B. McDaniel (eds.), *After Patriarchy: Feminist Transformations of the World Religions* (Maryknoll: Orbis Books, 1991).

- Daly, M., *Beyond God the Father: Toward a Philosophy of Women's Liberation* (Boston: Beacon Press, 1985).

- Despeux, C. & L, Kohn., *Women in Daoism* (Cambridge MA: Three Pine Press. 2003).

- Doniger, W. O., *Women, Androgynes, and Other Mythical Beasts* (Chicago: The University of Chicago Press, 1980), pp.17－59.

- Douglas, M., *Purity and Danger: An Analysis of Concept of Pollution and Taboo* (London: Routledge, 1966).

- Freud, S., "Some Psychical Consequences of the Anatomical Distinction Between the Sexes", in *The Standard Edition of the Complete Psychological Works of Sigmund Freud*, Vol. XIXf, (London: Hogarth Press, 1923－25), pp. 257－58.

- Geertz, C., *Interpretation of Cultures* (New York: Basic Books, 1973), pp. 87－125.

- Gordon, A. D., M. J. Buhle, & N. S. Dye., "The Problem of Women's History", in B.A. Caroll (ed.), *Liberating Women's History: Theoretical and Critical Essays* (Urbana: University of Illinois Press, 1976).

- Gross, R. M., *Buddhism After Patriarchy: A Feminist History, Analysis, and Reconstruction of*

Buddhism (New York: State University of New York Press, 1993).

- Gross, R. M., *Feminism & Religion: An Introduction*. (Boston: Beacon, 1996).

- Guisso, R. W., "Thunder Over the Lake: The Five Classics and the Perception of Woman in Early China", in R. W. Guisso & S. Johannesen (eds.), *Women in China: Current Directions in Historical Scholarship* (Lewiston, N. Y.: The Edwin Mellen Press, 1981).

- Guisso, R. W. & S. Johannesen., "Taoism and the Androgynous Ideal", in R. W. Guisso & S. Johannesen (eds.), *Women in China: Current Directions in Historical Scholarship* (Lewiston, N. Y.: The Edwin Mellen Press, 1981), pp. 47－63, 48－50, 57－59.

- Kristeva, J., "Revolution in Poetic Language", in T. Moi (ed.) *The Kristeva Reader* (New York: Columbia University Press, 1986), pp. 93－98.

- Kwok, P. L., *Chinese Women and Christianity 1860－1927* (Atlanta: Scholars Press, 1992), pp. 80－82, 84.

- Lee, L. X. H., "The Emergence of Buddhist Nuns in China and its Social Ramifications", in L. X. H. Lee (ed.), *The Virtue of Yin: Studies on Chinese Women* (Canberra: Wild Peony, 1994).

- Lee, R., "The Secret Writings of Chinese Women: Religious Practice and Beliefs", in *Annual Review of Women in World Religions*, Vol. IV. (New York: State University of New York Press,1996), pp. 130－163.

- Moi, T., *Sexual/Textual Politics: Feminist Literary Theory* (London: Routledge, 1985).

- Muller, F. M. *Introduction to the Science of Religion* (New York: Arno Press, 1978), pp.16.

- Murray, D., "One Woman's Rise to Power: Cheng I's Wife and the Pirates", in R. W. Guisso & S. Johannesen (eds.), *Women in China: Current Directions in Historical Scholarship* (Lewiston, N. Y.: The Edwin Mellen Press, 1981), pp.147－161.

- Nyitray, V., "The Sea Goddess and the Goddess of Democracy", in *Annual Review of Women in World Religions*, Vol. IV. (New York: State University of New York,1996), pp.164.

- Ortner, S. B., "Is Female to Male as Nature Is to Culture? ", in *Making Gender: The Politics and Erotics of Culture* (Boston: Beacon Press, 1996), pp. 21－42.

- Ortner, S. B. & H. Whitehead, "Introduction: Accounting for Sexual Meanings", in S. B. Ortner & H. Whitehead (eds.), *Sexual Meanings: The Cultural Construction of Gender and Sexuality* (Cambridge: Cambridge University Press, 1981), pp. 4－9.

- Otto, R., *The Idea of the Holy* (London: Oxford University Press, 1923), p.12－40.

- Overmyer, D., "Women in Chinese Religions: Submission, Struggle, Transcendence", in K. Shinohara & G. Schopen (eds.), *From Benares to Beijing: Essays on Buddhism and Chinese Religion: In Honour of Prof. Jan Yun－hua* (New York: Mosaic Press, 1991), pp. 91－119.

- Plaskow, J., *Standing Again at Sinai: Judaism from a Feminist Perspective* (San Francisco: Harper Collins, 1990), p.xix－xxi.

- Ricoeur, P., *Hermeneutics and the Human Sciences* (Cambridge: Cambridge University Press, 1981), pp. 131 – 144.

- Ruether, R. R., "Misogynism and Virginal Feminism in the Fathers of the Church", in R. R. Ruether (ed.), *Religion and Sexism: Images of Women in the Jewish and Christian Traditions* (New York: Simon and Schuster, 1974), pp. 150 – 183.

- Ruether, R. R., *Sexism and God – Talk* (London: SCM Press, 1983).

- Sakenfeld, K. D., "The Bible and Women", in R. Letty (ed.), *Feminist Interpretation of the Bible* (Oxford: Basil Blackwell, 1985), pp. 55 – 64.

- Schüssler Fiorenza, E., *In Memory of Her: A Feminist Theological Reconstruction of Christian Origins* (New York: Crossroad, 1994), pp.1, 99 – 104.

- Scott, J. W., "Gender: A Useful Category of Historical Analysis", in J. W. Scott (ed.), *Feminism and History* (Oxford: Oxford University Press, 1996), pp. 154, 167 – 169.

- Spretnak, C. (ed.), *The Politics of Women's Spirituality: Essays on the Rise of Spiritual Power within the Feminist Movement* (New York: Doubleday, 1982).

- Stone, M., *When God Was a Woman* (San Diego: Harcourt Brace & Company. 1976).

- Trible, P., "Feminist Hermeneutics and Biblical Studies", *Christian Century*, Vol. 99 NO.22) , 1982: 116 – 118.

- Yu, C., *Kuan – yin: The Chinese Transformation of Avalokitesvara* (New York: Columbia University Press, 2001), pp. 293 – 352.

- C・デスプ,《女のタオイスム —— 中国女性道教史》,門田真知子訳(京都:人文書院, 1996)。

《點石齋畫報》中的性別：

以妓業為中心的探討

葉漢明

　　為《點石齋畫報》這個中國最早的通俗畫報編製全文檢索工具[1]時，我對畫報中與妓女有關的極其大量、涵蓋甚廣的資料，印象殊深。畫報 4,666 則圖文中，涉及妓女和妓業的逾 330 則。正由於量多面廣，與妓女相關的話題，無不俱備：如不同檔次的妓女、她們的身份與行為、社會背景、生活方式、妓院和她們的活動場所、她們的命運與所受的待遇、妓業經濟、妓院的跑腿與妓業的寄生者、妓業的行規、運作和相關行業、地方特色、有關風俗文化、嫖客、罪行、懲罰與法律、妓業的劇變等。仔細閱讀和察看這批豐富的材料，可加深我們對 19、20 世紀之交中國妓業的認識，不單對性別史和性史的研究大有裨益，也有助於了解中國從傳統過渡到現代的經歷。

　　《點石齋畫報》無疑展示了視覺的現代性。畫報的出版人，就是在 1872 年在上海創辦《申報》、1879 年在上海開辦點石齋石印書局的英國人安納斯・美查（Ernest Major）。他採用了當時先進的照相石印技術，把新聞大眾化引進中國，居功至偉（黃永松，2007）。[2]《點石齋畫報》是旬刊，每 10 天出版一冊，隨《申

1. 該檢索系統為香港特區政府研究資助局（Research Grants Council）資助的 "The Dianshizhai Pictorial and the Cultural History of Late Imperial China" 研究計劃（編號：CUHK4402/04H）成果之一，謹向該局致謝。
2. 關於 Ernest Major 的角色，並見 Rudolf G. Wagner (1995)。

報》附送，模仿外國 *London Illustrated News*、*Harpers*、*Frank Leslie's Illustrated Paper* 及 *The Graphics* 的做法。在 14 年的出版期間，畫報宣示了廉價而普及的畫報大量出版時代的來臨；伴隨着上海都市商業化、移居者的消費導向以及印刷資本主義等新社會形態而來的日益增加的閱讀大眾，正好配合了這個畫報出版的時代。上海這個現代都市是適合大眾文化發展的文化空間，這空間為《點石齋畫報》這種大眾傳媒產品開拓了廣闊的市場。

石印技術的引進與發展，淘汰了傳統中國木版印刷這種成本較貴而又不利於大量生產的印刷圖片方式，使大量印刷圖畫成了可能。在技術層面而言，照相石印術是中國 19 世紀末最重要的印刷技術。以照相術結合石印術的新技術，大量印刷紋理細緻的圖像便可以呈現。這種新技術，也使傳統中國式木刻圖畫中可以出現大量直線。據研究這種新式印刷術的學者所言，照相石印術最便於營造西方透視感的效果。與傳統中國木刻畫不同的是，這種新技術有助於表達人物表情與行動的差異（Pang，2005；2007）。它既創新又具吸引力，是因為：

> 人物細緻的面部表情和動作，與由無數直線構成具實感的背景放在一起，形成了活力與穩健的奇異組合。（Pang，2005，2007。頁 21）

無可否認，中國那時的畫像仍深受傳統繪畫風格的束縛，趕不上當時西方和日本的前衛畫風（Richard Vinograd，2002）。中國畫的透視法是有嚴重缺陷的，《點石齋畫報》中的圖畫便是把西方陰影、透視、立體等繪畫技巧與中國筆墨線條繪畫很不協調的結合在一起。這樣一來，圖畫中的西方事物就像是給硬塞進中國世界中般，顯得格格不入（郭恩慈、蘇珏，2007）。這正諷刺地反映了帝國主義時代西方入侵中國的情況。儘管有這些局限，《點石齋畫報》介紹的新事物，對當時的閱讀大眾仍有震撼性的影響。著名的劇作家包天笑在他的《釧影樓回憶錄》中便曾記下他對《點石齋畫報》的深刻記憶（包天笑，1971）。事實上，畫報搜羅怪異事物的內容才真正是產生驚奇效果的來源。在這些事物中，畫師所繪畫的公共領域中的婦女是最惹人注目。這也是報章中的熱門話題（Mittler，2004；Judge，2006）。舉例而言，在《申報》中，廣受輿論關注的最突出的公共領域婦女，都是來自低下階層的。其中妓女是最早吸引最多公眾目光的人物，因為在"三步不出閨門"的規範消退前妓女是公眾最易於"窺伺"的對象。

　　葉凱蒂嘗稱 19 世紀末中國新式畫報的出現為"視覺革命"，她把名妓視為這場革命的核心人物（Yeh，2003；2006）。我從《點石齋畫報》中則發現，最使時人吃驚的是畫報對各式妓女在公眾場合的驚世駭俗舉止的生動描繪。

　　《點石齋畫報》的畫師是否客觀寫實雖是個爭論不休的話題（Pang，2005；郭恩慈、蘇珏，2007），但對《點石齋畫報》素有成見的魯迅卻也認為其主幹畫師吳友如最擅長繪畫下流社會，縱使他話中有刺。魯迅説：

> 在這之前，早已出現了一種畫報，名目就叫《點石齋畫報》，是吳友如主筆的，神仙人物，內外新聞，無所不畫，但對於外國事情，他很不明白，例如畫戰艦罷，是一隻商船，而艙面上擺着野戰炮；畫決鬥則兩個穿禮服的軍人在客廳裏拔長刀相擊，至於將花瓶也打落跌碎。然而他畫"老鴇虐妓"，"流氓拆梢"之類，卻實在畫得很好的，我想，這是因為他看得太多了的緣故（魯迅，1941）。

　　《點石齋畫報》的畫師，除較著名的如吳友如、周慕橋等外，一般的出身都不可考。據推測，畫師與撰稿者、抄手並非同一人（黃永松，2007）。美查的畫報可能僱用了一批畫師輪番為畫報繪畫。畫報有署名的 20 餘名畫師中，繪畫最多的有六人，其畫作佔了畫報圖畫總數的九成以上（葉漢明等編，2007，畫師索引）。葉凱蒂稱許吳友如、周慕橋等畫師精繪海上名妓，創造了"都市麗人"，我卻發現《點石齋畫報》中吳友如（周慕橋亦然）筆下的娼妓一般都是相當負面的。我也發現《點石齋畫報》對名妓的的論述，其論調是多元化的，而非純為取笑挖苦（比較 Yeh，2003，p. 398）。如果從一個人受酬而去幹的事難以看出其人的真正立場，則從一個人受託去作的宣傳也難以假設他認同所宣傳的內容，不管這些是吳友如受託而畫的名妓像（吳友如，1998），還是鎮壓太平軍的名將紀功圖（吳友如，1894）。但研究《點石齋畫報》的學者看來都相信畫報的畫師似有選擇故事加以配圖的自由（Kahn，1993，p. 83），雖則有些題材明顯與《申報》的社論、新聞報導或報上的評論有關。

　　從圖畫的説明文字可以推斷撰稿者可能都是科舉考試失利的士子，為謀生而賣文。他們撰文大都不具名，寫的是文言，用典不少，句讀不易。從文字而論，他們心目中的讀者應是唸過書的士子，雖則圖像本身的閱讀大眾可能遠為廣泛，包括了少年人和女性。就此而言，《點石齋畫報》所展示的現代性是具有文化根源的，並從《瀛寰畫報》的失敗中汲取了教訓。《瀛寰畫報》出版於 1877 年至 1880 年，它刊載的畫稿幾乎都是直接從歐洲的一些最流行的石印畫報照搬過來的。如果現代性必須先植根於本土，則《點石齋畫報》的成功，應歸功於美查放手讓出身士子的中國同事把《申報》辦成"給中國人看的報紙"，（參 Millttler, 2004）把《點石齋畫報》辦成"給中國人看的畫報"。

畫報的題材反映了中國知識份子所關心的東西以及他們的觀點與立場；康無為（Harold Kahn）指出，這些題材表現了"跨坐新舊兩個世界"的人的慾望和焦慮，因此"舊道德與新進步並肩而坐"（Kahn，1993，p. 86）。Barbara Mittler 的文章指出，這種同時生活在兩個世界的感覺，是"現代性的一大難題，它提供了註釋，卻又作出了搗亂"。這在當時的中國被視為完全正常，即使是居於"現代"歐洲或其他地方的人亦莫非如此（Mittler，2003）。她因此說了句俏皮話：上海早期新聞媒體中的婦女形象，既註釋了現代性，也搗亂了現代性（Mittler，2003，p. 251）。

我們應在這樣的背景中對《點石齋畫報》作文本交互分析，嘗試了解其圖畫與說明文字之間的微妙關係。這裏應指出，不管是圖畫還是說明文字，女性的聲音都渺不可聞，情形就像 Mittler 深入研究過的新聞媒體一樣（Mittler，2003，p. 236）。套用她的看法，撰文者/評論者不論是在描繪名妓或妓女，還是在教訓他們心目中的閱讀者，男性的聲調都特別強。在《點石齋畫報》裏，如同 Mittler 在研究《申報》時所發現的一樣，婦女一直是客體。她們不僅是被報導和被討論的客體，她們還是被看的客體。公共視覺文化的特點，正正就是這種看的行為。這也正展示了《點石齋畫報》教訓和顛覆的雙重效果。下文將就此詳加討論。

《點石齋畫報》中大部分妓女圖像，都與嫖客有關。其中一幅畫的是個窮畫師，因付不出肉金被趕出妓院（見圖 9.1　畫士情癡）。此圖的畫師是符節，他把同行畫進圖中，很值得留意。魯迅說《點石齋畫報》的畫師畫下流社會畫得很好，是因為看得太多了的緣故，他說的也許沒錯。

圖 9.1　畫士情癡 [3]

圖 9.2　空心大老倌 [4]

圖 9.3　妓客同逃 [5]

圖 9.4　埋香韻事 [7]

　　與此相關的話題是嫖客被妓院的跑腿追債，有的走投無路，被逼行騙行劫以還債。《畫報》的文字譏之為"空心大老倌"，並痛加訓斥（見圖 9.2　空心大老倌）。妓女與嫖客間真情實愛的故事也時有所聞，贖身、私奔、癡情守候、為情自殺等情節也屢見於《畫報》之中。"妓客同逃"描寫的是一個妓與客私奔的故事（見圖 9.3　妓客同逃）。

　　《畫報》的繪作者最看重的，顯然是漸趨式微的名妓；名妓漸為普通妓女所取

3. "畫士情癡"，《點石齋畫報》，禮 12，頁 96，1884 年 5 月 28 日初刊。
4. "空心大老倌"，《點石齋畫報》，戌 2，頁 11，1890 年 11 月 8 日初刊。
5. "妓客同逃"，《點石齋畫報》，戌 12，1885 年 12 月 11 日初刊。

代，所餘無幾，是他們所深感惋惜的。[6]《畫報》中有一幅哀悼才貌雙全的名妓花湘雲之死。當時名流王韜對花湘雲之死也曾深表哀痛。（見頁135，圖9.4 埋香韻事）。

以下一幅圖畫以"詩妓"為題，其説明文字對畫中名妓的詩才稱譽有加，文後的閑章則著"解語名花"四字（見圖9.5 詩妓）。

以下一幅"琴川風月"，繪畫28名樂妓，當時獲譽為"雲台二十八將"（見圖9.6 琴川風月）。

此外，頌揚名妓"信"、"義"的也有不少。被讚者中有慷慨濟貧的，有從良為妾、丈夫死後仍忠於夫家的；也有武藝高強、鋤強扶弱如圖所描寫的（見圖9.7 武妓可愛）。

最使繪作者失望的，是名士名妓文化式微、"流妓"、"野雞"漸盛。《畫報》對市井妓女有大量負面的描繪，如鴉片煙間、賭場中的妓女，還有廣東的"鹹水妹"等（見圖9.8 流妓拉客）。

外國人在上海出現，令妓業情況更形複雜。見於《畫報》的，有接洋客的妓女，也有不接洋客的；有外國巡捕欺凌中國妓女，也有華人在租界召日妓，還有西妓表演彈詞，如下圖般唱其淫褻猥瑣的〈十八摸〉的（圖9.9 西妓彈詞）。《畫報》對這些混亂情況當然是大施撻伐的。

男人雖同情淪落風塵的女子被擄賣為娼妓的悲慘遭遇以及她們往後日子的辛酸，但他們往往視女子為憐憫的客體。在《申報》相類似的拐賣人口、暴力欺凌、虐待、殺害的報導中，女性受害者從來就不是媒體文字要溝通的閱讀主體（Mittler，2003，p. 241）。雖然如此，這些男性的敍述仍反映了女性的一些生活現實，是可以與當時的觀察報導相參證的。[13]

另一方面，傳統男性對"紅顏禍水"的恐懼以及他們對"淫婦"的主觀想像和

---

6. 研究這方面發展的有 Christian Henriot (1997)。
7. "埋香韻事"，《點石齋畫報》，辰10，頁51，1899年2月15日初刊。
8. "詩妓"，《點石齋畫報》，石8，頁65，1891年12月26日初刊。
9. "琴川風月"，《點石齋畫報》，丙5，頁40，1885年2月11日初刊。
10. "武妓可愛"，《點石齋畫報》，壬3，頁23，1886年12月30日初刊。
11. "流妓拉客"，《點石齋畫報》，壬10，頁74，1887年3月10日初刊。
12. "西妓彈詞"，《點石齋畫報》，壬12，頁90，1887年3月30日初刊。
13. 例如，有關妓業轉型的時人記述，見黃式權 (1985)。

圖 9.5　詩妓 [8]

圖 9.6　琴川風月 [9]

圖 9.7　武妓可愛 [10]

圖 9.8　流妓拉客 [11]

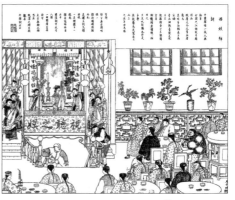

圖 9.9　西妓彈詞 [12]

成見，也都表現在這些焦慮不安的男性論述中。舉例而言，《畫報》第一則有關妓女的圖文，意在訓誡尋芳之客，不必對懷中的妓女太認真。圖中主角為妓女耗盡家財，竟遭白眼，遂自殺而死。這幅吳友如畫的題為"風流龜鑑"的圖畫，其文字說明強調妓女與嫖客的關係，猶如水月鏡花，當不得真（見圖 9.10　風流龜鑑）。

　　吳友如畫的另一幅"癡鬼爭妻"，故事出自紀曉嵐的《槐西雜志》，其中生前為妓的女鬼自言妓家之例，只要有錢，便相與論嫁娶，所謂定約，不外如是。文字說明的撰寫人特別指出，女鬼此言道盡妓女心坎事（見圖 9.11　癡鬼爭妻）。

　　有不少故事提到妓女的淫蕩本性，"從良"之後仍難改變。以下一個故事講的是兩個男人為妓女而打鬥，文字說明便把惹起事端的妓女說成是"禍水"（見圖 9.12　酒色釀禍）。

　　吳友如的另一幅繪畫，把上海妓女比作越南山中所產的怪物"美人蛇"，其上身為美人，下身則毒如虺蝎（見圖 9.13　美人蛇）。

　　張淇是《畫報》另一作畫甚多的畫師，以下是他所繪的題為"獸作人立"的圖像，畫的是一隻能站立如人的怪獸，其文字說明竟把牠比作上海細步伶仃、賣弄風情的"野雞"（圖 9.14　獸作人立）。

14. "風流龜鑑"，《點石齋畫報》，甲 1，頁 9，1884 年 5 月 8 日初刊。
15. "癡鬼爭妻"，《點石齋畫報》，巳 11，頁 81，1889 年 6 月 24 日初刊。
16. "酒色釀禍"，《點石齋畫報》，禮 12，頁 91，1894 年 5 月 10 日初刊。
17. "美人蛇"，《點石齋畫報》，辰 8，頁 37，1889 年 1 月 27 日初刊。
18. "獸作人立"，《點石齋畫報》，絲 6，頁 48，1892 年 4 月 2 日初刊。

圖 9.10　風流龜鑑[14]

圖 9.12　酒色釀禍[16]

圖 9.14　獸作人立[18]

圖 9.11　癡鬼爭妻[15]

圖 9.13　美人蛇[17]

　　張淇的另一幅畫更為詭異，他畫的是闍婆國（印尼）山中懂得玩弄樂器的猴羣。其文字說明竟把猴羣比擬作上海四馬路書場的樂妓（圖 9.15　別開生面）。

　　這些看來有點擬於不倫的比擬，可能正反映了評論者過了頭的道德判決或偏見。

　　《畫報》的說明文字也常以"報應"勸戒讀者提防娼妓的危險。例如在以下的"畫舫飛災"圖的說明文字中，敍述者在評論廣東妓船大火時，便認為是天降之劫，以懲其貽害少年（見圖 9.16　畫舫飛災）。

　　名妓與其恩客最終落得不名一文、疾病纏身、年老色衰、悲慘收場的故事，往往用以警戒讀者（圖 9.17　名妓下場）。

　　用以說教的例子，有正面的，也有反面的。以下"守貞獲福"一則，圖中婦人在極其困頓的環境中屢拒淫媒，守身自愛，終於守得丈夫挾巨資歸來，她也贏得貞婦之名（見圖 9.18　守貞獲福）。

　　與此相反的是眾多各種"野雞"、扯皮條、嫖客、淫媒、煙妓、流氓、地痞被判刑、受罰、遊街的詳細描述（例見圖 9.19　女堂遊街）。

---

19. "別開生面"，《點石齋畫報》，亥 1，頁 2，1891 年 2 月 24 日初刊。
20. "畫舫飛災"，《點石齋畫報》，絲 2，頁 14，1892 年 2 月 24 日初刊。.
21. "名妓下場"，《點石齋畫報》，己 11，頁 83，1886 年 3 月 31 日初刊。.
22. "守貞獲福"，《點石齋畫報》，匏 9，頁 65，1892 年 12 月 24 日初刊。
23. "女堂遊街"，《點石齋畫報》，丁 9，頁 67，1885 年 7 月 17 日初刊。

圖 9.15　別開生面 [19]

圖 9.16　畫舫飛災 [20]

圖 9.17　名妓下場 [21]

圖 9.18　守貞獲福 [22]

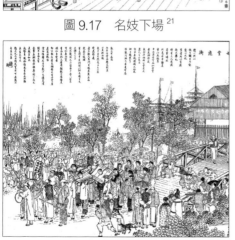

圖 9.19　女堂遊街 [23]

《畫報》圖文對恬不知恥的官吏、衙差、地方紳士的嫖妓行徑深痛惡絕（見圖9.20　扣餉養妓），對致力剷除妓寨的地方官員則大加表揚。

姑勿論其勸戒的目的，這些煽情的"情色與懲罰"題材和醜聞報導往往吸引大眾閱讀者的注意。在這些報導中，女性常被利用來吸引閱讀者。在文字媒體的報章中，女性的呈現固可收促銷之效；在畫報中，圖像的效果更大，因為從看的行為來說，女性的形象正是習慣注視的目標。在這些圖畫中，為了達到把注意力帶到目標上去，看的行為也更顯著突出。

諷刺的是，由於其畫像震撼煽情，《點石齋畫報》的圖文作者雖對新興的普羅妓業口誅筆伐，他們卻在新出現的公共記憶中鏤刻了普羅妓業興起的圖像。以下的一幀"還炮誌盛"中，有經營妓業者在過去一年廣東土地神誕中搶得頭炮，一年來生意旺盛，是年酬神"還炮"，妓院中雛妓30餘人華裝艷服，備八音乘亭宇招搖過市（見圖9.21　還炮誌盛）。

另一幀花花公子拍照選妾的圖像，即使在今天也會很具震撼力。兩個份屬親戚的花花公子想娶名妓為妾，他們二人的母親為求覓得理想人選，便擇日約城中諸名妓仔細品評，意猶未盡，還到照相館拍照留影，以供比較評選（見圖9.22 評花韻事）。

這些圖像的顛覆性，在於它們往往仔細描繪出破壞既有道德戒律和空間規範的實際或潛在力量，挑戰了傳統的社會秩序、階級結構和性別文化。事實上，娼妓和妓院在民居和公共空間中無處不在，其存在被視為對當地人正當生活的干犯。"乃見狂且"一幀，乃回應報章上刊載繅絲廠女工放工經過妓院外遭狂徒輕薄受辱的新聞報導：

> 近因中法有事，各洋行生意清淡，所僱小工傭人，俱已裁減。而失業
> 者又皆少年好事，每於薄暮時聚集於虹口路隅，俟公平繅絲棧婦女散
> 工時上前調戲，拉袖牽衣，亦不為怪。巡捕既不能禁，棧亦不之顧。
> 婦女何辜，而遭此辱也！（〈婦女受辱〉，《申報》，光緒十年八月初六）

24. "扣餉養妓"，《點石齋畫報》，書7，頁53，1895年7月8日初刊。
25. "還炮誌盛"，《點石齋畫報》，行6，頁44，1896年6月15日初刊。
26. "評花韻事"，《點石齋畫報》，貞10，頁74。

圖 9.20　扣餉養妓 [24]

圖 9.21　還炮誌盛 [25]

圖 9.22　評花韻事 [26]

圖 9.23　乃見狂且 [27]

圖畫則詳細描繪了繅絲廠周圍的複雜環境（見圖 9.23　乃見狂且）。

娼妓普及對普羅百姓的影響，似乎使衛道之士忐忑不安。以下 "為情所累"
一幀，述芝麻膏舖店東的女兒，因受客人在店中召妓侑酒的影響，春心大動，失

---

27. "乃見狂且"，《點石齋畫報》，乙 3，頁 19，1884 年 9 月 24 日初刊。

身於人，為其父所殺（見圖 9.24　為情所累）。

　　《畫報》中屢屢言及妓女無處不在，妓院、歌樓、旅館、鴉片煙間、賭館、茶館、戲園、花艇、花園、公園、寺廟，處處皆然，如妓院（見圖 9.25 大鬧妓院）、賭館（見圖 9.26　局賭害人）、歌樓（見圖 9.27　當場出醜）、茶館（見圖 9.28　博士肇事）和寺廟場景（見圖 9.29　醋拌黃魚）。

　　在這些公共或半公共空間，被看的妓女，身邊都有一大羣看客。看客看的行為，也因此得以呈現在閱讀大眾的眼前。妓女的活動伸延到上海空前擴張的公共空間，"她們成了城市的敍述插圖中的奪目'景觀'。"[34] 在《點石齋畫報》和其他上海插圖導遊書[35] 中這種奪目的妓女"景觀"，還有她們來去自如的自由：她們坐的是摩登時尚的交通工具，一方面仍然活躍於裝飾華麗的妓船上，但也更多乘坐人力車、轎式馬車、馬車等，成為最引人注目的城市景觀的一部分。

---

28. "為情所累"，《點石齋畫報》，壬 11，頁 87，1887 年 3 月 20 日初刊。
29. "大鬧妓院"，《點石齋畫報》，乙 8，頁 62，1884 年 11 月 13 日初刊。
30. "局賭害人"，《點石齋畫報》，乙 2，頁 11，1884 年 9 月 15 日初刊。
31. "當場出醜"，《點石齋畫報》，禮 6，頁 48，1894 年 3 月 12 日初刊。
32. "博士肇事"，《點石齋畫報》，乙 10，頁 77，1884 年 12 月 3 日初刊。
33. "醋拌黃魚"，《點石齋畫報》，未 5，頁 37，1889 年 12 月 18 日初刊。
34. 按葉凱蒂頗貼切的説法，見前引 Yeh, 2003, p. 410.
35. 如《滬游雜記》、《申江勝景圖》等。

圖 9.24　為情所累 [28]

圖 9.25　大鬧妓院 [29]

圖 9.26　局賭害人 [30]

圖 9.27　當場出醜 [31]

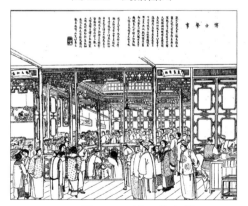

圖 9.28　博士肇事 [32]

圖 9.29　醋拌黃魚 [33]

妓女在上海的公共空間來去自如，成為城市的景觀，可見於妓船圖（見圖 9.30　點綴昇平），以及妓女乘轎式馬車到廟宇參神（見圖 9.31　命案傳疑）和妓女乘坐人力車的場景（見圖 9.32　元寶翻身）。

坐馬車不光是時髦，也象徵打破了舊的階級區別。《畫報》生動地展示妓女們的大膽甚至是富革命性的行為，正面的如名妓在公共場合慷慨濟貧，使人吃驚的則有在公共地方鬥口、扭打（見圖 9.33　車中鬥口）。

《畫報》中有關妓女的最熱門話題，要算易服。妓女穿着特別的服飾，起初是為了取悅客人，有穿古裝的，有穿外國服的，也有穿道袍的（見圖 9.34　花樣一新）。

輿論對此卻極盡鞭撻之能事，稱易服者為"服妖"。當時報章就有下列的激論：

> ……乃不謂滬上妓館中，事以出而愈奇，本以變而加厲，有令人惝恍迷離，不可捉摸者。是真無理取鬧，莫可名言，吾直斷之曰服妖而已。……今以婦人女子而儼然作丈夫男子之服，不謂之服妖得乎！……以巾幗而奪鬚眉之氣，志士寒心；以冠帶而登歌舞之場，壯夫失色。潰亂倫理，顛倒陰陽，關係非輕，世風愈壞。吾知紳士將為之誡諭，官長將為之懲禁。安得光天化日之下，任此輩魑魅魍魎橫行無忌也哉！（〈服妖論〉，《申報》，光緒十四年三月初九）

妓女有時喜歡在公共場合扮男裝，可能有特別原因，也可能沒有甚麼原因。有些妓女易服是為了跨越性別的界限，跨進男性獨佔的範圍，管它是跑馬場，還是澡堂。右圖是扮男裝的妓女大鬧跑馬場的局面（見圖 9.35　巾幗變相）。

---

36. "點綴昇平"，《點石齋畫報》，辛 10，頁 79，1889 年 11 月 11 日初刊。
37. "命案傳疑"，《點石齋畫報》，甲 7，頁 57，1884 年 7 月 7 日初刊。
38. "元寶翻身"，《點石齋畫報》，元 12，頁 90。
39. "車中鬥口"，《點石齋畫報》，寅 12，頁 74，1888 年 7 月 14 日初刊。
40. "花樣一新"，《點石齋畫報》，寅 3，頁 18，1888 年 4 月 16 日初刊。，
41. "巾幗變相"，《點石齋畫報》，戌 10，頁 77，1891 年 1 月 25 日初刊。

圖 9.30　點綴昇平 [36]

圖 9.31　命案傳疑 [37]

圖 9.32　元寶翻身 [38]

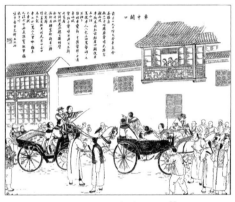

圖 9.33　車中鬮口 [39]

圖 9.34　花樣一新 [40]

圖 9.35　巾幗變相 [41]

在右圖中，易服妓女竟闖進澡堂
（見圖 9.36　骸垢想浴）。

有些人易服純是為了開玩笑。例
如有個男人就帶了穿男裝的小妾去光
顧妓院（見圖 9.37　挈妾尋芳）。

也有個男人居然扮成女子在妓院
當妓女（見圖 9.38　雌雄莫辨）。

在張淇所繪的"不甘雌伏"的畫
中（見圖 9.39　不甘雌伏），兩個上茶
樓的易服妓女被一羣人隔門窗圍觀窺

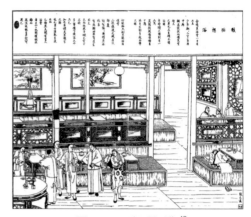

圖 9.36　骸垢想浴[42]

視，圍觀者似已識穿她們的性別。此畫的標題顯示文字說明的撰者嘗試道出雙姝
對身為女性的不甘心。

易服本干禁例，因此上海名妓賽月樓身穿男裝上街，被包探認出，便上前拘
住，解入捕房。"願效雄飛"一畫中，其說明文字則云："不使巾幗之人，亂我冠
裳之列"，相映成趣（見圖 9.40　願效雄飛）。

妓女干犯禁例的行徑，成了極具新聞價值的素材。在公共空間造愛也許就是
最駭人聽聞的行為了。朱儒賢繪畫的題為"貪色忘命"一圖，所記事發生於靜安
寺一帶，畫的是狎客與妓女在轎式馬車中造愛（見圖 9.41　貪色忘命）。

朱儒賢另一幀題為"驚散鴛鴦"的畫，繪上海名妓林黛玉與武伶趙小廉深宵
驅車經王家庫一帶，情不自禁，在轎車上造愛，為印捕所見，逮到捕房，幸得捕
頭縱去（見圖 9.42　驚散鴛鴦）。

前文提到，《點石齋畫報》最具震撼力的是其題材。在處理這些題材時，圖

---

42. "骸垢想浴"，《點石齋畫報》，丙 9，頁 72，1885 年 3 月 22 日初刊。
43. "挈妾尋芳"，《點石齋畫報》，絲 1，頁 6，1892 年 2 月 14 日初刊。
44. "雌雄莫辨"，《點石齋畫報》，絲 7，頁 53，1892 年 4 月 12 日初刊。
45. "不甘雌伏"，《點石齋畫報》，未 2，頁 15，1889 年 11 月 18 日初刊。
46. "願效雄飛"，《點石齋畫報》，樂 12，頁 95，1894 年 9 月 25 日初刊。
47. "貪色忘命"，《點石齋畫報》，亨 2，頁 16。
48. "驚散鴛鴦"，《點石齋畫報》，元 11，頁 87。

圖 9.37　挈妾尋芳 [43]

圖 9.38　雌雄莫辨 [44]

圖 9.39　不甘雌伏 [45]

圖 9.40　願效雄飛 [46]

圖 9.41　貪色忘命 [47]

圖 9.42　驚散鴛鴦 [48]

與文會有不同的效果。最常見的是説明文字的衛道語氣，與圖畫中看的行為及預期的看者共同聚焦於主角身上的顛覆性，各走極端。故 Mittler 所云圖畫把婦女描繪成主體，但評論或報導卻視她們為客體的説法不無道理（Mittler，2003，p. 249），雖則"主體"與"客體"的意義可能是相對的，而在圖與文中的女性主體性都極少獲得凸顯。

事實上，不少學者都注意到圖與文之間的矛盾對立。康無為甚至認為圖像的表述幾乎脫離了伴隨插圖的文字（Kahn，1993，p. 75）。研究圖像轉向的學者則認為圖像對了解現代性至關重要，因為"要表達和陳述新的激動、新的恐懼，沒有一樣感官比視覺更敏鋭、更方便"（Pang，2005）。正是由於圖與文之間的差異（陳平原，2000），我才感受到説教與顛覆之間的複雜性和微妙性。這裏弔詭的是：不管《畫報》的圖文藝術家批評妓女多兇，《畫報》大量描寫妓女和妓業，反而可能有倡導之效。當公共視覺打破了內與外、私與公、男與女等界限時，可能會把一些大膽的公共行為正常化，當然也會啟動"仿效"的浪潮。不管是生活方式還是時尚，影響的蔓延顯然可以是極為驚人的，因為閱讀者的總體是極難預測和控制的，往往出乎創作者意料之外。就《點石齋畫報》的圖像而言，一般閱讀者可能乾脆不理説教的文字評論，而只注意圖像的動人之處。另一方面，我發覺《畫報》的部分説明文字頗大膽，也有一定的顛覆性，這也是很弔詭的。總結而言，閱和讀的主體都值得深入研究。

申論至此，我們可以肯定，文本交互分析對資料極其繁富的《點石齋畫報》而言是既重要又必需的。對《畫報》的全文本研究，有助對文本多元論述的認識和相關議題多層複雜性的闡明。另一方面，文本分析顯示，由於男性是操筆的主體，女性則是被描和被寫的客體，描述中所呈現的男性想像和主觀判斷昭然可見。然妓女作為特殊的女性羣體，卻又時可逾越外與內、公與私、男與女等範疇間的界線。對這些大膽行為，畫報的圖像力求寫真，而文字部分卻滿含道德訓誡。圖文間的張力令畫報文本兼具勸懲目的與顛覆潛力，禮教規範與情色文化間的矛盾，也在圖文之間出現。前人對《點石齋畫報》的研究中所存在的曖昧和矛盾論點，恰是這種現象的反映。對這些弔詭作語境分析和進一步的跨文本探究，將可見《點石齋畫報》如何反映和表述 19、20 世紀之交在現代轉變邊緣的中國世界對現代性的迎拒掙扎。本文在 300 多幅有關妓業的圖文中，先選取有代表性的數十幅作示範探討。它們所呈現的微妙複雜性，正顯出一個轉型時代的曖昧和矛盾。在分析過程中，我們看到了最後一代的科舉人和最後一代的名妓所留下的痕跡，[49] 以及隨現代性而來的各種有關問題。從性別角度切入，我們已發覺，時人其實不只跨坐於現代與傳統兩個世界之間，也跨坐於男與女及與之相關的外與內、公與私等範疇之間。

參考書目

- 〈服妖論〉，《申報》，光緒十四年（1888）三月初九。
- 〈國難當前：《點石齋畫報》圖示之晚清的前現代世界觀〉，載郭恩慈、蘇玨：《中國現代設計的誕生》（香港：三聯書店 [香港] 有限公司，2007），頁 162。
- 〈婦女受辱〉，《申報》，光緒十年（1888）八月初六。
- 包天笑：《釧影樓回憶錄》（香港：大華出版社，1971）。
- 吳友如：《平定粵匪功臣戰績圖》（1894）。
- 吳友如：《海上百艷圖》（長沙：湖南美術出版社，1998）。
- 陳平原：〈在圖像與文字之間〉，《讀書》，Vol.7（2000）。
- 黃永松：〈《點石齋畫報》簡介〉，載葉漢明等編：《點石齋畫報通檢》（香港：商務印書館，2007），頁 vi – xix。
- 黃式權：《淞南夢影錄》（台北：新興書局，1985）。
- 葉漢明等編：《點石齋畫報通檢》（香港：商務印書館，2007）。
- 魯迅：〈上海文藝之一瞥〉，載魯迅：《二心集》（上海：魯迅全集出版社，1941），頁 90 – 91。
- Mittler, B., "Defy(N)ing Modernity: Women in Shanghai's Early News – Media (1872 – 1915)", *Research on Women in Modern Chinese History*, Vol.11 (2003), pp. 215 – 260.
- Mittler, B., *A Newspaper for China? Power, Identity, and Change in Shanghai's News Media, 1872 – 1912* (Cambridge, Mass.: Harvard University Asia Center, 2004), p. 252.
- Yeh, C. V., "Creating the Urban Beauty: The Shanghai Courtesan in Late Wing Illustrations", in Judith T. Zeitlin and Lydia H. Liu, eds., *Writing and Materiality in China: Essays in Honor of Patrick Hanan* (Cambridge, Mass.: Harvard University Asia Center, 2003), p. 397;

---

49. 《點石齋畫報》是最早、也可能是最後有這類內容的畫報，比較它和後起的畫報如《圖畫日報》等，可見無論在圖像或文字方面，都已趨普羅大眾化。

- Yeh, C. V., *Shanghai Love: Courtesans, Intellectuals, and Entertainment Culture, 1850 – 1910* (Seattle: University of Washington Press, 2006), Chapter 6.

- Henriot, C., *Belles de Shanghai: Prostitution et Sexualite en Chine aus xixe – xxe Siecle.* (Paris: CNRS – editions, 1997).

- Reed, C. A., "Re/Collecting the Sources: Shanghai's Dianshizhai Pictorial and Its Place in Historical Memories, 1884 – 1949", *Modern Chinese Literature and Culture,* Vol.12 NO. 2 (2000), pp. 44 – 71.

- Kahn, H., "Drawing Conclusions: Ilustration and the Pre – history of Mass Culture", 載康無為：《讀史偶得：學術演講三篇》（台北：中央研究院歷史語言研究所，1993），頁 83。

- Judge, J., "The Power of Print? Print Capitalism and News Media in Late Qing and Republican China", *Harvard Journal of Asiatic Studies*, Vol. 66 NO. 1 (2006).

- Pang, L., "The Pictorial Turn: Realism Modernity and China's Print Culture in the Late Nineteenth Century", *Visual Studies*, Vol. 20 NO. 1 (2005), pp, 20 – 21.

- Pang, L., *The Distorting Mirror: Visual Modernity in China* (Honolulu: University of Hawaii Press, 2007), Chapter 1.

- Vinograd, R., "Cultural Spaces and the Problem of a Visual Modernity in the Cities of Late Ming Chiang – nan", *Economic History, Urban Culture and Material Culture: Papers for the Third International Conference on Sinology, History Section* (Taipei: Institute of History and Philology, Academia Sinica, 2002), pp. 333 – 334.

- Wagner R.G., "The Role of the Foreign Community in the Chinese Public Sphere", *The China Quarterly,* 142 (1995).

20世紀20、30年代天津女性都市文化
——以《大公報》專刊《家庭與婦女》為中心的探討

侯傑

　　20世紀20、30年代是天津醞釀被後來稱為"北派"都市文化雛形的重要時期之一，其中女性時尚成為一抹亮色。"女性的曙光，才成為文化的曙光"（無悶，1934）。

　　《大公報》專刊《家庭與婦女》的編者和作者意識到報紙具有塑造都市文化，傳播公共觀念、供都市人羣消費等多重功能，遂利用這樣一個公共空間，塑造女性形象，然後經由讀者的閱讀消費，把編者和作者的想像投入到讀者的生活之中。這也為我們探尋天津女性都市文化，特別是媒體參與建構的輿論空間中女性主體性的某些面向提供了條件和可能。[1]

　　《家庭與婦女》專刊創刊於1927年2月11日，至8月26日為半月刊，同年9月6日改為週刊，1930年5月22日[2]停刊。就內容而言，該專刊側重於介紹女性服飾、裝束以及家庭生活方式和生活觀念。其中包括"夏季的輕快裝束"、"髮的裝飾"、"腳的裝飾"等時尚話題；"德國婦女的家庭生活"、"美國女權運動的回顧"等國外婦女運動和婦女生活狀況；"放足運動"、"天乳運動"、"打倒妾的

---

1. 女性生活的研究，源自於新文化史學的興起和發展——關注人們的衣食住行等日常生活內容對於一個人或是一個羣體的思想的影響。從女性生活的各方面可以了解到生活背後的文化內核。
2. 此後該專刊於1930年6月1日改為《家庭》，內容和版面與《家庭與婦女》相似性和繼承性並不十分明顯，故筆者認為《家庭和婦女》截止於這一時期。

運動"、"解決女子職業問題的緊要" 等婦女解放議題；"理想的家庭"、"婚姻問題的調查答案"、"我的擇偶觀" 等婚姻家庭問題；"烹飪常識"、"家庭藥庫"、"無線電知識" 等新式家庭生活問題。該專刊還以徵稿、文論等方式就某些社會、文化現象，將身體、婚姻、家庭及女性自身某些原本屬於私人範疇的話題，引入公共領域，變成公共議題，供讀者閱讀，使作者發聲。而略帶訓導式的語言更進一步呈現出蘊含其中的不平等關係。編者和作者掌控話語權，讓都市女性在閱讀中"明白自身的地位，明白她們所負擔的家庭間的責任和社會有甚麼關係"（〈我們的旨趣〉，1927 年 2 月 11 日）。

與以往研究 [3] 有所不同的是，本文以該專刊為中心，探討媒體如何反映並塑造天津女性都市文化、女性怎樣參與都市文化的構造、傳達自己的聲音進而表達主體意識。

"飾" 説新語 —— 媒體對於女性身體的塑造

該專刊對時尚的關注，不僅表明這一時期"民眾生活、行為、情感和心態在社會生活中所表現出來的相互模仿和追逐的羣體趨向"（劉志琴，1998），而且揭示出媒體參與天津都市文化建造的部分事實，對深化都市文化中女性形象和氣質的呈現與塑造，及女性自我認同等問題的認識有所裨益。

一、"頭髮革命"

在中國傳統社會，頭髮和髮式是與一個人的年齡、身份有很大關係的。15 歲的女孩 "及笄"，結髮而用笄貫之，不再像幼年一樣將長髮分開紮在兩邊，説明這

---

3. 在研究近代中國婦女生活史的著作中，《近代中國婦女生活》（鄭永福、呂美頤，1993）是一本很值得參考的書，作者探討了自 1840 年到 1921 年間婦女生活的幾個重點，諸如身體的解放，從天足到服飾、城鄉婦女的差異、婚嫁、宗教、女工的情形等等，透過不同階層婦女生活的比較，讀者能比較清楚地了解各自的生活狀況。在重點研究都市女性的生活的著作中，以《1910－1920 年代都會新婦女生活風貌——以〈婦女雜誌〉為分析實例》（周敘琪，1996）一書頗具代表性。該書從教育、婚姻、服裝、家事、育兒等項目來重建當時的婦女生活，反映都市新女性的生活風貌。重點在探討男性知識份子如何利用婦女報刊建構理想的婦女生活和形象。

個女孩已經長大，可以承擔家庭生活的責任，待字閨中，不日擇婚配。清朝滿族婦女的髮式更參雜了特殊的民族因素，盤梳繁瑣複雜的旗人髮式，彰顯着作為特權階級的旗人身份和地位。

五四以後，女子剪短髮成為追求 "解放" 者的時尚，從各地報刊登載的照片上可以看出這一流行趨勢。各種燙髮、頭飾日漸增多。該專刊在 1927 年 12 月 7 日、14 日、29 日特意登載了幾種流行短髮樣式：中分式，捲心式，雙鈎式（《大公報・婦女與家庭》，1927 年 12 月 7 日、14 日、29 日）。短髮尤以烙過鬈曲為流行先鋒，上面還有小珍珠串成的髮箍。

對於將愛美視為天性的女性來說，改變髮式的首要目的是為了妝飾和美觀。由於 "頭髮佔人身最高的部分，與美觀方面極有關係，所以妝飾的種類，也千變萬化"（鑄永女士，1927b）。署名秋漪的作者寫道："在下是絕對贊成女子剪髮的。尤其是妙齡女郎，秀髮覆肩，分外覺得活潑可愛"（秋漪，1927）。但甚麼是 "美"，甚麼樣的妝飾流行則並非自然形成，而是多種社會力量博弈的結果，是歷史發展變化的產物。那麼為甚麼要剪短髮，為甚麼短髮就可以成為時尚？首先，滿足了生活場域改變，生活節奏加快的需要。"那些女學生們女職員們，剪了髮，既便利，又爽快，實在有很多的利益"（黃震遐，1927）。一位十多歲的女學生，講述了自己剪短髮的原因："為了經濟、時間"。因為長髮不管是梳洗還是護理，比短髮都麻煩很多（郭毅，1927）。便利和實用是追求效率的現代生活的重要標準，而注重現實的中國人恰恰是這些標準的踐行者。其次，剪短髮對於統治中國女性數千載的長髮來說是徹底的顛覆，符合時代發展趨勢。剪短後的簡單，對於穿戴旗裝的繁複，無疑是一種嘲諷。隨着剪短髮女性的增多，天津出現了專門的女子剪髮館（絮絮，1927）。剪髮，在現代中國社會於是就變成了一種新興職業。

頭髮具有特殊的文化、政治屬性，在現代社會的時尚潮流中，"短長之爭" 在所難免。它還成為了男女兩性商榷女性形象、氣質和身份的重要符號。在該專刊中不難發現有些男性作者並不贊同女性剪短髮，提出的理由是基於 "美" 和 "實用" 的考慮。署名為黃震遐的男性作者 [4] 提出，"女子的美，尤以髮居要。現在將

---

4. 這裏確定他的男性作者身份，是因為在該文末尾他對自己妻子剪髮發表了自己的見解。

頭髮一去，那頭部美便也去了一大半"。在他看來，女子的一律短髮就失去了女性的個性美，"人的面龐是有異同的，不是一律的，而現在的髮式，卻完全都變成一樣"。所以就美而言，"對於那女子人人剪髮的提議，卻始終不敢贊同"（黃震遐，1927）。另外一位署名為鐵閣的男性作者，也發表了類似的觀點："長髮沒有甚麼不相宜的地方。而剪髮的好處，也沒有多大。在美觀上，以我個人的管見，還是長髮要比較美得多"（鐵閣，1927）。他認為相對長髮而言，花樣百出的短髮不僅剪髮式樣多了，開銷也增加了不少，並說："假設我妻願意剪髮，別的且不管，我恐怕我的預算上至少要增加三分之一"（鐵閣，1927）。天津女性對剪短髮的熱衷與男性對長髮的懷念，逼迫我們不得不重新考察剪短髮背後的性別含義。

哲學意義上美的概念意味着"偉大"，與自然和廣闊有着必然的聯繫，而現實生活中美的具體含義更多地與時尚潮流相關，是可以被時代和羣體所左右的。歷史上的時尚潮流往往又與某個既得利益階層存在某種聯繫，無論中國的纏足，還是西方的束腰，都源自於宮廷。清代以降，漢人對旗袍的喜好，是對滿州貴族階級地位、權利和生活方式的模仿和追捧。現代社會流行短髮，和學生、職業女性的學習、工作等實際需要有密不可分的關係。作為"新女性"，她們一方面承擔着工作、家庭的雙重壓力，要盡可能地省時，另一方面又要向世人展示現代女性的形象。事實上也確有一些具備獨立生存能力的新女性走上男性主導的社會舞台，開始從事某些長期為男性壟斷的職業，挑戰既有的社會權力格局。部分男性作者所否認的似乎不僅僅是短髮本身，而是擁有短髮的人物和這些人在以新的形象、氣質登上時代舞台後所帶來的權力變動。固守傳統的男性作者們因為焦慮傳統社會性別制度的鬆動、瓦解，所以更加恪守舊有秩序。因此説，男性作者所認為的"長髮美"是舊時的人面桃花。短髮無疑充當了男女兩性身份認同商榷的符號，媒體則提供了場域，作者和讀者則是時代潮流的塑造者、認同者或阻擾者、批判者。

二、服飾改良

服飾改良肇始於主張天乳（崇一，1927）、反對束胸（一潔，1928）等解放女性身體的呼聲。"我國的婦女特別是受過教育的婦女們，束胸穿背心的，約據百人之九十九，這不啻去了纏足的凡俗，添上了纏胸的陋習"（崇一，1927）。解放束胸客觀上就需要改變平胸的傳統服裝樣式，"現在有許多欲放胸的婦女，因為平胸式衣服的阻礙，不便立即解放。衣服的樣式，本以適體為主，身體上既有發展或更變，所以衣服也必須立刻改良”，於是提倡“趕緊設法改良衣服才好”（張相會，1928）。

何種服裝是流行款式？如何改良才能為天津都市文化所接受並成為其中重要的組成部分？流行背後受到甚麼文化潮流的驅使？從流行層面看，這一時期的流行服裝多來自於上海，《大公報》專門開闢了一個不定期的欄目，名曰“海上時裝”，所刊圖片人物，多為上海的名媛、交際花。例如，1927 年 7 月 11 日的圖片人物為唐瑛女士（《大公報・婦女與家庭》，1927 年 7 月 11 日），1927 年 11 月 15 日“海上時裝”的模特畢業於上海中西女塾（〈海上時裝〉，1927 年 11 月 15 日）。上海的摩登女郎成為流行趨勢的“樣板”，而她們的服裝也引領着時尚。這些新裝“僅短及膝，且身裁狹小，模特畢呈，其尤其者，則短不掩膝，罩以長統絲襪，襪都為肉紅色，藉顯其肉體美，裙既短小，步履頗成不便，則復於二側開一小叉，風動叉開，膝以上之肌理，宛然在目”（〈海上時裝〉，1927 年 11 月 22 日）。在仿效上海服裝的同時，天津的流行趨勢也瞄準西洋流行式樣。法國巴黎新裝（〈巴黎新裝〉，1928 年 4 月 12 日）及美國三藩市之新裝（〈三藩市之唐人街中之華僑婦女〉，1928 年 7 月 10 日）都進入讀者們的視野，並洋為中用，使女性的生活更為便捷。一則有關描述説：“今年上海的時裝舊式斗篷已經不甚流行了，取而代之的皮領短大衣，穿了既不妨礙走路，雙手也可以照常活動，不過領子是圓圍着頸項的，材料則仍軟綢和薄呢兩種，輕輕的，像西洋女子穿的差不多”（冰，1927）。

應該説，這一時期天津的服飾流行趨勢頗有幾分博采廣納、變幻莫測的特點。有人問：“現代的青年男女，誰不注意衣服式樣之超時？”（〈時髦習尚之起源〉，1927 年 11 月 22 日）有人以標新立異和光怪陸離為美，故“近來都門的女人，大都講究奇裝異服。不管奢侈不奢侈，大方不大方，只要能標新立異，伊們便覺得華美無比。而競相模仿”（秋漪，1927）。“領高到三寸，腰也瘦到三寸，一彎腰就裂縫的新裝”（羅文，1928）最為流行。這種先引進來試試看再揀選的做法與現代文化的兼收並蓄、制度現代化、城市工業化等等西化的趨勢相匹配，以至於形成只有奇特的才能流行，與傳統不同者便是現代的邏輯思維。這也構成現代天津服飾流行對都市文化發展的一個折射和嘲諷。然而，這種表象的模仿並非沒有受到人們的質疑，甚或批判。

有人認為"現在衣服的式樣——僅限於女子方面——我不敢說是否美觀，因為美無標準，但他不便於行動及做事"。因此提出"現在衣服的過瘦，固然是一個缺點。領高，也是一個缺點，我覺得根本就可不要。而現在一般的姊妹們，卻反提高了許多，也許領高，就顯得項長，而項長就是美人似的吧？而我看的，不但不美人兒似的，反像戴了枷鎖，那樣左、右、俯、仰，不自由！"作者甚至強調指出："這種衣服上的束縛和壓迫，無異於人格上的束縛和壓迫"（羅文，1928）。到底甚麼是美？衡量衣着美的標準究竟是甚麼？對於 20 世紀 20、30 年代在天津出現的奇裝異服，不少人提出了疑問："裝束是不是要適宜身體？裝束是不是要保存體溫？裝束是不是只為美觀嗎？裝束是只供人觀瞻嗎？的確，我們裝束自己，目的是：身體適宜，體溫的保存。並不在甚麼美觀、觀瞻"（芸雲，1928）。着衣的目的本來是為了蔽體、保暖，但卻為何出現了愛紅裝，更愛短裝的潮流？似乎這樣的思考從未停止過。有讀者就提出，衣服是護體的，只要不妨害身體的發育，又不妨礙做事就行了，何必管他時髦不時髦？更不需要奇形與怪狀。有人肯定："我相信美是不加害於人的，並且絕對離不開'真''善'兩個條件。凡是具有'真''善'兩個條件的事物。一定也是美的。我以為美的原則一是自然，第二是調諧"（玉梅女士，1928）。美的思索和討論在《大公報》上屢見迭出，然而無論媒體作者的宣傳、讀者的反饋，都深刻地打上了這一時期都市文化顛覆傳統、急於西化卻又不善取捨的某些烙印。趨新？從舊？追求新異？講求實際？服飾潮流折射出天津女性都市文化的時代困境和某些特質。

三、"廢纏足"——腳的解放

在該專刊的某些作者看來，"就研究妝飾方面言，頭部的裝飾與腳部的妝飾是一樣重要的"，所以關於腳的裝飾及相關討論也較多。"因為腳是支持全身的重量的，如果腳部不得當，這足以損害到全身的美點，如果我們看見一個纏腳很小的女子，伊走路都走不穩，有時候必須手扶着牆壁，那麼伊各部分自然的美的姿態，幾乎全被那走不動的兩隻腳牽制住了"（鑄永女士，1927a）。

廢纏足，無疑是現代女性獲得身體解放的重要標誌之一。自清末以來，社會各界就不斷呼籲廢止纏足、要求放足和天足。而這一時期的廢纏足主張更多地與女性美聯繫在一起。從"幾種腳上的裝飾"等圖片中不難看出，當時鞋的面料已不僅僅是傳統的棉布，更多的是皮革，鞋面上有很精美的圖案，顛覆了傳統的“遮羞”裹腳布的含義，成為足上妝。鞋面很少，盡可能多地露出腳（〈幾種腳上的裝飾〉，1928 年 5 月 3 日）。這與引領國際時尚潮流的“紐約”相差無幾：“紐約的婦女之新式鞋已廢除鞋面，僅用精美之皮帶，經於底上，以為美觀”（〈紐約的腳〉，1928 年 4 月 5 日）。這一時期，“皮鞋在中國已經由‘實用品’躍而為重要的‘裝飾品’之一了”（絕塵，1928）。在傳統社會中，腳幾乎是女人的第二性徵，不但不能露給別人看，而且要盡量裹小。因為腳的大小既足以判定女孩家教的好壞，又決定了女性的婚嫁，以及一生是否幸福。20 世紀 20、30 年代露面皮鞋流行的背後是廢棄傳統理念的女性解放思潮的暗湧。

　　儘管這一時期《大公報》上充斥着關於穿高跟鞋是美是醜的討論，但各種時尚圖片所表現的是：腿上穿絲襪，足下着高跟鞋，是女性頗為時髦而普遍的打扮。有文章説：“近日最流行的新裝，隨時變化，可是高跟鞋總是離不掉的，最時髦的，似乎是不可缺少的點綴”（劍華，1929）。鑴永女士指出：“我覺得腳部的妝飾，第一點還是要使自己不吃苦。第二點要不損美觀，如果一個穿不慣高跟鞋的，一定要學時髦，不僅自己找苦吃，而且實在並不好看，不過這種全靠要自己會研究了”（鑴永女士，1927a）。有人認為大多數人穿高跟鞋雖然從表面上看有益於塑造形體在走路時的弧線美，但久了會損害足弓的彎曲度，扁平的足弓會使足部的弧線減少，對身體有損害。專刊上的文章説：“現在婦女所着之高跟靴，據其研究，因足跟高，體重前趨之故，致使彼等足部逐漸增進其長度，足長則靴性減而弧線美之彎度失，且其因而減少，行動時震動之功用者也失”，因此建議“婦女之高跟靴，設於交際場中之盛大宴會時，偶一穿着固無何種妨害，至平時家居，或行路時則萬不可穿着”（〈高跟靴與弧線美〉，1927 年 10 月 19 日）。

　　可見在大呼廢纏足的同時，高跟鞋卻日益風行起來，成為女性的新寵。有人質疑“現在婦女解放的聲浪日高，打倒束胸呀，提倡放足啊，無二不利，但是只圖美觀，不顧身體的損害，為穿高跟鞋，而殘傷足部，還覺得痛苦，不是與纏足忍受差不多的痛苦嗎？”（劍華，1929）

　　事實上，“纏足”和高跟鞋一樣，最初都是為了滿足婦女愛美之心和取悅男子之意而出現的。但是，這種不尊重自然生理、心理規律的美，根本無法建立起健康、文明的生活，可能還會束縛人們的行為和心智。何止是纏足，穿高跟鞋，推究起來，無論頭飾、服飾等等附加在女性身體上被建構和賦予文化責任的美，都由男女兩性商榷形成，其中蘊藏的不僅僅是時尚等諸種意義，更含有社會性別的權力關係。對於中國人而言，髮式與足都是具有政治、文化意義的身體標誌，都市文化中所興起的對美的追求與討論，難免也會使被討論者演變成為具有一定時代特徵的符號。伴隨着高跟鞋的時興漸漸瀰漫開來的時尚潮流，也揭示了另一個社會性別商榷的結果。

從有關髮式、服飾和足飾的各種論述中不難發現，要求女子着裝樸素、保守與追求裝束的時髦、奢華似乎矛盾重重。但這恰好反映了 20 世紀 20、30 年代天津女性都市文化中傳統因素的慣性作用，使得新舊價值觀及美的觀念搖擺不定。她們在嚮往和追逐摩登時代生活的同時，仍受制於傳統觀念。值得注意的是，報紙媒體的態度與話語權的掌控、使用。這在一幅題為"短裙趣話"的漫畫裏得到某種體現。電車的門口裝上了木欄，圖文解說是"省得人家看見了雪白的玉腿"。（〈短裙趣話〉，1927 年 10 月 26 日）看與被看以及遮掩等多重性別關係活靈活現地表現出來。當然，這種流行時尚和關於美的認識是有一定時代性和階級性的。

實際上，無論是頭飾，還是服裝、纏足等等附加在女性身體上被建構和賦予的美，都由男女兩性商榷而成，展現的不僅僅是都市文化的某種風采，還隱含着社會性別意義及其權力關係。

"都市新觀察" ——新家庭生活方式的倡導

隨着南京國民政府的建立，20 年代末 30 年代初天津都市文化更加關注市民生活，既有對日常生活的關懷，又有對新生活方式及其情趣的展示。其中《家庭與婦女》專刊傳播了家政新知，如家庭娛樂、烹飪常識、無線電知識等，凸現了城市家庭對西方、現代、科學生活方式的想像和追求，表現出與鄉村生活截然不同的面向。這一時期的《大公報》究竟宣導了甚麼樣的現代生活方式？這些宣傳給市民的家庭生活尤其是女性都市生活帶來怎樣的影響？家庭生活、社會性別和城市文化的關係究竟如何？

該專刊曾經介紹過頗為"先進"的家用電器及其基本構成和工作原理，例如無線電收聽器、天線、引進線、電池燈等等。文章多選譯自美國 *Popular Science*

月刊上的 "A. B. C. of Radio" 一欄刊載的關於無線電收聽器之常識（金馬，1928）。因為新型家用電器本身新奇可喜，加上行文 "淺易明顯切合實際，頗能引起一般讀者之興味"（金馬，1928）。需要特別指出的是，該專刊在介紹新產品的時候，將科學原理講解得淺顯易懂，旨在為婦女增長現代科學知識提供可能。此舉可以視為傳播現代科學新知，開女智的一種重要方式。關注家政知識的時代意義究竟是甚麼？男性知識份子對於女性家庭責任的不斷確認，是顯而易見的。把它置於不斷向西方學習的近代歷史的發展脈絡之中，不難發現，此種西化的科學治家理想，也體現出人們對於現代生活的想像和追求。

還需要注意的是，在接受與理解這種新生活方式的過程中，人們更具開放心態。有作者呼籲，家庭生活應該更具現代氣息，"娛樂可使一家之人得閒暇時間最佳之利用，使羣國共同生活之樂趣。增加相愛之情誼"；"娛樂中如音樂與圖畫可以養成審美之知識，如種花與養魚可以造成勞務清潔之習慣"（黃嘉慧，1927）。竹君在文中就提倡日常生活的藝術化和科學化，主張建立家庭音樂會。作者認為："人人能享受藝術味，使生活音樂化"（竹君，1929）。很多家庭甚至根據自己的需要制定了 "家庭享樂預算表"。這裏的享樂不只是停留於過去的奢侈浪費，而是轉變為新的休閒方式，如看電影、參加音樂會和新的家庭教育方式的實行（〈暑期家庭享樂預算表〉，1929 年 7 月 18 日）。而這種預算表的出現則更標示了人們新家庭娛樂觀念的轉變和對新生活方式的接納。

無論是無線電收聽器、電池燈，還是種花養魚、家庭音樂會，都僅僅是傳遞 "現代" 氣息的符號。大眾傳媒、消費社會、商品化的概念與都市文化難解難分，代表 "現代化都市" 的符號藉助報刊媒體進行轉換、傳播。同時，考察歷時性和空間性的文化過程，媒體傳播的不僅僅是記錄在紙張上的語言文字符號，更力求在家庭範圍內塑造市民的 "現代性"。

受過教育的女性在家庭生活方式上有甚麼改變呢？該專刊發揮了媒體的作用。在編者和作者眼裏，廚房要十分清潔，飯廳、碟碗，都應當非常清潔（〈烹飪的基礎方法與用具的清潔整理〉，1929 年 12 月 12 日）。家政革命的中心價值在於提倡家庭飲食的衛生和健康。更有譯自美國新科學雜誌社上的一篇名為〈吃飯要規〉的文章，專門分析蛋白質、澱粉、脂肪等營養成分對人體的作用（趙頤年，1927）。根據食物的營養成分，把食物分為如下幾類 —— 魚類、蝦蟹類、肉類、家禽野味種、蔬菜類，並加以系統介紹和講解（〈烹飪常識〉，1928 年 9 月 27 日、10 月 4 日、10 月 18 日、10 月 25 日、11 月 15 日、11 月 22 日）。由此可見，該專刊特別強調婦女在處理家庭日常事務的時候，勇於吸收新知，關注家庭的健康，改變傳統的生活習慣和方式。表面看來這只是倡導一種積極健康的新家庭生活方式，但事實上，器物和生活現象的現代化，又在一定程度上影響着社會性別制度和城市文化的現代性演進。

　　這一時期的天津新女性並不像近代上海女性那樣奉行獨身主義，女性不僅沒有更多地脫離家庭，而且關於女性對於家庭的重要性、家庭是女性的責任等話題仍受到強化。由於康有為、梁啟超提倡賢妻良母式教育，女學的教育重點偏向家政。有作者就指出新式教育帶來的是西化了的新女性，“大多數自命為時髦的女子，其中也很多是受過教育的，都將國外舶來的繁華奢侈的風俗習慣，當做神聖一般的供奉起來”。她們與家庭的關係大有問題，“許多已嫁的女子，只要生活充裕，所有家務的處理，子女的養育，倒像是無足輕重似的。這實在是個中國家庭的大缺點”（〈我們的旨趣〉，1927 年 2 月 11 日）。受過教育的婦女如何來處理家庭關係呢？作者認為最重要的是婦女應當主動承擔家庭的責任，受過教育、有思想的女子應當是有能力並承擔責任的“新女性”，提出：“近來有知識、有思想、有見解的女子，日漸多了，她們也有點了解組織家庭之後，她們應有相當的知識，相當的責任”（《大公報‧婦女與家庭》，1928 年 9 月 27 日）。“就烹飪知識來講，男子都要學會，以備不時之需，也算得了常識的一部分，何況女子呢”（〈烹飪常識〉，1928 年 9 月 27 日）。作者舉了一個烹飪的例子，將在傳統社會中專屬女性的廚房，重新確定為女性的活動空間。教育、媒體和兩性商榷的結果是，女子比男子應該在家庭生活中承擔更多的責任——“男子都要……何況女子呢”。報刊文章的創作本身是一個過程，涉及實體符號、符號文字化、文字傳播等環節，此一過程本身就是對文化形態以及社會性別制度的再塑造。然而不容否認，經此過程之後的家庭觀念及性別制度仍比較偏向傳統。

　　自民國初年以來，關於家庭與婦女的討論就沒有停止過，婚姻制度、家庭生活等等議題都被公開討論，檢視它們究竟屬於傳統還是趨於現代。有人認為：“舊家庭制度暫不適於今日之潮流，新家庭制度又未成立，值此新舊交替之際，道德披靡，風尚日偷。故團結知識界婦女，傾注全力於家庭革新之運動，實為目前當務之急"（黃嘉慧，1927）。而該專刊所提供的並非一個簡單、直接的答案，而是文化、資訊、符號傳播的商榷過程，在社會生活的諸多領域中，發揮着製造和發佈資訊的作用。作為天津市發行量最大的報刊之一，它表明符號的生產與傳播在都市文化建構過程中具有十分重要的地位。此外，它傳播了一種從自發的社會文化變成的具有商業動機的消費文化。

該專刊所刊載的很多文章，都涉及到傳統與現代的爭論，而在現代中國，都市文化實際是在與傳統文化尤其是鄉村文化延續與斷裂的基礎上不斷孕育和發展的。它並不是傳統農耕文化合乎邏輯的自然進化和延展式發展的結果，而是對工業化導致的社會變革的回應，但傳統又不肯輕易消失。在種種複雜的情況下，媒體對新家庭生活方式的倡導有助於都市文化的建設。

婚姻家庭的變動受到社會的普遍關注，"娜拉出走"在天津引發了廣泛的討論。《大公報》就此曾展開"新性道德"（俱新，1928）、"女子人格獨立"（天然，1929）等問題的爭論。而"娜拉"被搬上戲劇舞台以及天津"娜拉"周仲錚的離家出走事件，都成為這一時期天津女性都市文化的戲劇化表現。《大公報》刊載的有關"玩偶之家"的演出消息，也反映了不同階層的女性試圖掙脫家庭束縛、追求自主婚姻的社會現實。"除了知識女性外，中下階層的貧苦女性，也多有為爭取婚姻自由，不惜反抗父母，逃出家庭之事例"（〈鼓姬之家庭革命〉，1929 年 11 月 18 日；〈少女逃婚〉，1930 年 1 月 9 日）。重要的是，該專刊還透露出一些讀者對這類事件的複雜心態，例如"在讚揚未婚女子因反封建反專制而出走之際，仍多將淫婦之名或道德譴責的眼光，加諸已婚婦女的出走之上"（〈淫婦畏罪破鏡重圓〉，1928 年 4 月 5 日；〈淫婦私逃反稱被逐〉，1928 年 5 月 27 日）。該專刊所強調的是女性在家庭中的重要與責任，足見該專刊所表達的家庭中的性別觀念乃傳統與現代並存。

"編者 —— 作者 —— 讀者" 的世界

毋庸諱言，《大公報》等報紙在現代中國直接或間接地營建了都市人的心態。報刊自從在中國逐漸流行之後，對於中國現代性和時尚的建構起到了相當重要的作用。它不僅改變了舊有的資訊傳播方式，極大地增加了資訊受眾的數量，以至於一篇文章剛剛登載，各地讀者便可以迅速瀏覽；依靠現代印刷技術，文化資訊得以大量複製，直接或間接地刺激了市民對於知識和資訊的需求，營建了新的市民心理模式，使之成為都市文化中不可或缺的一環。對於依靠類似於報紙媒體所建立起來的文本的現代想像，誠如當代學者李歐梵所言："從一開始，中國的現代性就是被展望和製造為一種文化的'啟蒙'事業"（李歐梵，2001：57）。此外，報紙媒體並非純然的紙質媒介與傳播思想的工具。作為一個文化機構，它並非孤立地存在於社會之中，而是與商會、學校、地方士紳、知識精英結成錯綜複雜的關係，形成一個輿論表達的空間，並充當了思想表達 —— 思想實踐的某種鏈條。因此，報紙媒體在反映、塑造都市女性的審美潮流、都市文化和社會性別認同的力量無疑是巨大的。

　　《大公報》專刊不僅代表了中國現代文化的獨特傳統，而且也提供了一個"媒體"理論：現代民族國家的建構和民主制度的發展是和印刷媒體分不開的（李歐梵，2002：138）。該專刊在反映、塑造女性都市形象等方面是怎樣處理"傳播者和受眾"之間關係的呢？根據傳播學的 5W 理論，資訊的傳播大概都要遵循"甚麼資訊通過甚麼途徑在何時向甚麼地方和誰"傳播的規律。媒體傳播過程中的每一個環節都不是獨立、割裂的，傳播者、傳播內容、媒介本身和受眾，這多重關係是互動的。而"編者—讀者—作者"往來則較好地詮釋了這一互動關係：編者作為報紙媒體的策劃者和主辦者，其思想觀念和價值趨向在一定程度上直接影響着報紙的傾向、主要內容和作者、讀者羣的選定。而作者是報紙內容的創作者，讀者是報紙的主要消費者，作者和讀者有時候又會角色互換。作者和讀者的興趣愛好經過聚焦、反饋之後，有可能反過來影響編者的辦報策略和報紙的價值走向，因此也在一定程度上決定和影響了報紙的品味。考察這一文化互動場域，有助於探討報紙媒體如何擬造女性都市文化，進一步追尋女性聲音、社會性別認同的整合。

　　編者在媒體資訊傳播過程中所扮演的角色毋庸置疑，可以"策劃和引導者"來概括，其思想傾向直接決定了傳播內容和傳播隊伍的建立。作為該專刊的創辦者和第一任編輯，經歷了五四新文化運動的何心冷[5]不滿足於在擁有很多女性讀者的欄目中男性作者獨霸天下的局面，遂發出以下的呼籲：

> 《婦女與家庭》中的文字，平均起來，由女子執筆而發表意見的，不十分多。所以有許多問題，都是讓男子在那裏隔靴搔癢，未免太煞風景了。我相信，我們這個報，當然有許多女讀者，不過是不肯作文而已，所以我要求，請你們提出點切身問題，討論討論，無論如何，總可以給其餘的一般女子一些很好的幫助（心冷，1927a）。

何心冷的這個提議主要是為了擴大作者隊伍，由以往很少言説的女性參與討論，同時鼓勵女性讀者大膽發表言論。沒過多久，此舉就收到了一定的實效。一些女性開始撰稿討論自己的切身問題，從而由讀者變為作者。較為典型的是北京的“迷我女士”在“陰暗滄海，混混冥冥，一路無望，迷糊徘徊”之時，看到別人發表了談論重男輕女的文章後，也就教育改良和經濟獨立等問題闡明自己的觀點。在她看來：“我乃中等學校的學生，沒有豐富的知識”，“本沒多大的能力來談這個問題，更不配與君來討論”，所以要把自己的言論公諸報端，“第一是因為我切身問題，第二是因看心冷君的給不認識的女友們的鼓舞”（迷我女士，1927）。由此可見編輯何心冷的鼓勵產生了效果。

何心冷還不斷提出包括都市女性在內的市民普遍關注並容易發出議論的各種話題，交由作者和讀者討論。這主要是因為何心冷明確表明自己的態度，“尤其是歡迎許多姊妹們能夠將本身的問題，切實的報告供給一般社會討論和研究”。如 1927 年 9 月 8 日，他在《貴族領頭”與“腦袋架子》一文中提出“儘管大家討論婦女解放，而裝飾這件事在人家心目中還是必要的”，遂引起人們對於妝飾這一話題的關注，並挪出一定的版面刊登有關資訊。於是，幾乎在每一期上都有關於女性裝飾的討論文字，以及各種圖片。在他向作者和讀者表示出“關於家庭的改良以及家庭陳設美的計劃，都是我們所十分歡迎的態度”（心冷，1927b）之後，關於家庭改良和家庭陳設美的文章逐漸增加，並經他之手，在專刊上刊出。

---

5. 何心冷，《大公報》的著名專刊編輯。他於 1923 年 9 月任《大公報》專刊的編輯，主要負責有《藝林》、《銅鑼》、《小公園》等副刊及《婦女與家庭》等專刊。

如〈整理器具法〉(《大公報‧婦女與家庭》,1928 年 1 月 12 日)[6]、〈大家庭和小家庭的片面觀〉(《大公報‧婦女與家庭》,1928 年 2 月 2 日)[7]、〈美國通行的壁櫥〉(李君,1928) 等。可見,編者何心冷對於該專刊的精心設計,起到了引導者的實際作用。

正是在編者的鼓舞下,作者開始踴躍投稿。參與徵文者來自眾多社會階層。其中既有男性作者[8],也有女性作者。在女性作者中,除了精通文字的知識份子之外,也有粗通文墨的普通人。MY 女士便是在編者的鼓勵下敢於發聲的典型代表。她非常謙虛地説自己僅僅是一個受過初等教育的人,且感覺 "作文的能力,非常薄弱,恐怕有許多詞不達意的地方",但仍希望敍述個人的家庭生活和心得,遂撰寫了《我的家庭》一文。在文章中,她不僅講述了自己的家庭狀況,也闡述了對婚姻和家庭的看法。"雖是一個很窮苦的、簡單的工人家庭,但是他的構成,是我們自己的努力的結果,所以我願意敍述出來,讓大家批評",她認為男女雙方:第一,必須能力相當,第二,必須志趣相同。第三,必須經濟獨立(MY 女士,1927a)。[9] MY 女士的文章引起了其他讀者的注意,有讀者隨即來函讚賞她的勇氣和人格説:"讀了 MY 女士新家庭的自述,我對她的人格,非常欽佩。她可算是我們女界中的一個覺悟者,一個實踐者"。為此,這位讀者還提出自己關於新家庭要素的觀點:"身體必須彼此健強"(《大公報‧婦女與家庭》,1927 年 9 月 15 日)。編者使該專刊成為女性書寫的一個相對廣闊的場域,MY 女士的文章引起了一場小討論,形成了女性互動。

此後,MY 女士不斷撰文來討論自己和其他女性的切身問題。在《兩點鐘的印象》一文中,她講述了自己在工廠失業後,到另外一個煙草公司應聘時的情景(MY 女士,1927c)。在《大題小作 —— 我也來談談重男輕女問題》一文中,

---

6. 該文中討論了家庭陳設中器具整理和擺放以及衛生問題。
7. 該文中討論了家庭改良問題。
8. 男性作者投稿這一現象相當普遍,也是過去和同時代報刊中較為普遍的現象,所以這裏就不單獨加以分析了。
9. MY 女士,出生於一個中產階級家庭,六歲喪父,高校畢業後,拒絕鄰村營長的求婚。後來鄰居張君到工廠工作,她經過幾番周折,來到天津和張君在同一間工廠工作。不久,兩人建立了幸福美滿的家庭。

她就重男輕女問題發表了深刻的見解，在讀者中引起較大反響。芳影在讀後感中指出，"我讀了 MY 女士的《大題小作》以後，除我自己對於 MY 女士和她的理論給予我深切的教訓，確實的，我的內心對於她這些言論很感動的，還起了共鳴作用！"（芳影，1927）。在 MY 看來，"女性自身的問題，需要我們自己來討論，需要我們自己去解決"。與開始的時候缺乏信心相比，MY 女士在言說的過程中不斷關注和確立自己的主體性。為了能在文章表達自己的觀點，分享個人經驗，MY 女士還閱讀了有關婦女問題的理論書籍，同男性商討一些性別議題："我所看過的關於婦女問題書籍很少（只有《婦女問題討論集》，《將來之婦女》），很缺乏理論，所以雖在這篇不成東西的文章裏，還加了張君（我的丈夫）不少的助力，才能脫稿"（MY 女士，1927b）。

　　MY 女士的作品不同於男性社會名流和倡導婦女解放的女性精英的文章，完全是藉助該專刊在讀者中產生影響，從而得到某種認同。這足以說明女性所發出的這些聲音不僅表達了她們個人的切身感受，而且構成那個時代的一些議題。由於她們的聲音和思想不時出現在報紙媒體上，所以既起到激發讀者留心關注女性問題的作用，又有助於編者、作者和讀者乃至廣大市民理解一般女性的想法。由此，編者、讀者、作者在共同關注的議題下被聚集到一起。也正是這種並非"持論甚高"、表達精彩，卻像是里巷瑣言的文章，透露出更多都市女性的生活和觀念，對於我們重構現代都市女性生活和心態史具有不可替代的意義和價值。

　　這一個案還為我們提供了深入分析的可能，MY 女士的文章是在編輯何心冷鼓勵下出現的，所談論的話題——新式婚姻、女工失業、重男輕女都是天津城市現代化過程中的重要議題。換言之，她所選擇的問題及其表達的個人經驗、對問題的看法都無法徹底脫離時代話語，亦或多或少經過編者的暗示和設計，究竟哪些是她自己的聲音？值得深思。賀蕭在研究 20 世紀上海娼妓的時候，曾經提出她們確實說了話，她們的話不但被記載下來，也呈現了個人的經驗，所以她們的聲音有些可能是經過設計而呈現，也有可能是原音重現（賀蕭，2003：3－7）。需要注意的是，MY 女士言明在撰文時，"還加了張君（我的丈夫）不少的助力"。不論是她的文字必須給丈夫"過目"、"修改"之後才能投稿，還是她的丈夫對她的文字有過修改建議甚至直接動手增刪，起碼她在表達思想的時候就已經必須面對男性的預設。還有一種可能，文章本身就是她和丈夫"商討"的結果。無論如何，MY 女士見諸報端的文章顯然接受了兩位男性 —— 何心冷、張君直接或間接的幫助。所以，報紙媒體提供的並非是一個純粹女性或者純粹精英理念的思想或實踐。實際上，它提供的是一種社會性別觀念與制度商榷的可能。女性作者也並非全然喪失主體性，表面上看來男性編者是主導，但他們往往也會被女性作者牽引；女性作者的書寫儘管會受到主流話語、男性編者的引導，但是卻十分難得地表達了個人的聲音。可見社會性別的言論、思想、制度正是在反覆的商榷、議論中呈現出一定的實像。換言之，女性通過報紙媒體也參與主流話語的製造、複製和傳播，同時也說明男女共同參與了女性都市文化的創造。

或許正是由於編者強化作者和讀者的女性身份，所以一些男性作者取了女性化的筆名。如在第十二期上發表《讀了〈微弱的呼聲〉後》的作者雖署名為"蓮"，卻聲明："當我未寫這篇文章之先，須要鄭重地聲明。我實實在在是個男子。並非冒牌貨。但是在我們自己同行的眼光看來，也許要說我是倒戈者吧"（蓮，1927）。這一時期或此前，撰稿人使用女性化筆名者並不罕見，署名為"某女史"者往往也是男性。而"蓮"不僅公開表明男性身份，而且還站在女性的立場上談論男女平等，其"倒戈"之舉既可以視為都市男性對於男女平等問題具有更多現代觀念，又會招致以"感同身受"的方式引導女性思想解放的嫌疑。

足見，該專刊的作者和讀者還存在着一定的性別模糊性。

結語

《大公報》的《婦女與家庭》專刊，在 20 世紀 20、30 年代的天津存在了五年，向人們展示了天津都市文化的某些面向，表現出"編者—作者—讀者"之間的互動，以及編者和作者利用這一公共空間，塑造女性主體性形象，影響讀者乃至更多都市人生活的特性。《大公報》不僅記載和反映了天津的都市文化，同時藉助市民生活方式、價值判定、審美情趣的彰顯，影響了兩性的社會性別認同。

女性都市文化的出現是城市社會、政治、經濟和文化共同作用的結果，非常複雜，既有現代對傳統的改變，也有傳統與現代的抗爭。而天津都市文化所表現出來的張力則呈現出明顯的特點：從"頭髮革命"、"解放身體"、"足飾變化"到各種服飾的流行以及美的討論來看，時尚流行和市民的保守觀念始終處於一種矛盾狀態。然而作為一個開埠較早的都市，天津在北方常常起到率先垂範的作用，都市化較早，都市化程度較高。像新家庭生活方式的引進和確立，各種新設備的使用，莫不如此。市民們的觀念和行為更具開放性，容易接納新事物，但現象和符號背後的社會性別制度卻仍然充滿矛盾。

　　作為一份以反映女性生活、觀念為主的專刊，《婦女與家庭》很好地呈現了20世紀20、30年代天津的女性都市文化。該專刊還成為了一種重要的文化傳播途徑，積極地加入到性別關係的調整與建構中，不斷地傳遞出關於性別角色的某些資訊，或明或暗地表明自身對不同性別角色、不同社會身份的基本態度，在批判傳統兩性關係的同時，倡導建立新的性別關係和文化。所有這一切，不僅程度不同地反映出女性都市文化在不斷發展變化的歷程，而且也或多或少地表明男性的性別觀念在影響女性以及受女性影響的多種情況下的實際狀況，加之報紙媒體對性別問題的獨特呈現，從不同側面反映並構建了這一時期都市文化中所存在的社會性別關係。

參考書目

- 《大公報·婦女與家庭》，1927年12月7日、14日、29日，圖片資訊。
- 《大公報·婦女與家庭》，7月11日，唐瑛女士圖片。
- 《大公報·婦女與家庭》，9月15日。
- 〈大家庭和小家庭的片面觀〉，《大公報·婦女與家庭》，1928年2月2日。
- 〈三藩市之唐人街中之華僑婦女〉，《大公報·婦女與家庭》，1928年7月10日。
- 〈少女逃婚〉，《大公報》，1930年1月9日。
- 〈巴黎新裝〉，《大公報·婦女與家庭》，1928年4月12日。
- 〈我們的旨趣〉，《大公報·婦女與家庭》，1927年2月11日。
- 〈時髦習尚之起源〉，《大公報·婦女與家庭》，1927年11月22日。
- 〈海上時裝〉，《大公報·婦女與家庭》，1927年11月15日、11月22日。
- 〈紐約的腳〉，《大公報·婦女與家庭》，1928年4月5日。
- 〈高跟靴與弧線美〉，《大公報·婦女與家庭》，1927年10月19日。
- 〈淫婦私逃反稱被逐〉，《大公報》，1928年5月27日。
- 〈淫婦畏罪破鏡重圓〉，《大公報》，1928年4月5日。

- 〈烹飪的基礎方法與用具的清潔整理〉，1929 年 12 月 12 日。
- 〈烹飪常識〉，《大公報・婦女與家庭》，1928 年 9 月 27 日、10 月 4 日、10 月 18 日、10 月 25 日、11 月 15 日、11 月 22 日。
- 〈幾種腳上的裝飾〉，《大公報・婦女與家庭》，1928 年 5 月 3 日。
- 〈暑期家庭享樂預算表〉，《大公報・婦女與家庭》，1929 年 7 月 18 日。
- 〈短裙趣話〉，《大公報・婦女與家庭》，1927 年 10 月 26 日。
- 〈鼓姬之家庭革命〉，《大公報》，1929 年 11 月 18 日。
- 〈整理器具法〉，《大公報・婦女與家庭》，1928 年 1 月 12 日。
- MY 女士：〈我的家庭〉，《大公報・婦女與家庭》，1927a 年 9 月 8 日。
- MY 女士：〈大題小作 —— 我也來談談重男輕女問題〉，《大公報・婦女與家庭》，1927b 年 9 月 21 日。
- MY 女士：〈兩點鐘的印象〉，《大公報・婦女與家庭》，1927c 年 10 月 5 日。
- 一潔：〈打倒束胸的惡習〉，《大公報・婦女與家庭》，1928 年 10 月 18 日。
- 心冷：〈給不認識的女友〉，《大公報・婦女與家庭》，1927a 年 8 月 11 日。
- 心冷：〈編者之言〉，《大公報・婦女與家庭》，1920b 年 7 年 12 月 14 日。
- 天然：〈女子是個人〉，《大公報・婦女與家庭》，1929 年 10 月 3 日。
- 玉梅女士：〈婦女的裝飾與美的原則〉，《大公報・婦女與家庭》，1928 年 12 月 20 日。
- 冰：〈裝束話 —— 斗篷與大衣〉，《大公報・婦女與家庭》，1927 年 11 月 30 日。
- 竹君：〈家庭音樂會的組織的價值〉，《大公報・婦女與家庭》，1929 年 5 月 16 日。
- 何心冷：〈"貴族領頭"與"腦袋架子"〉，《大公報・婦女與家庭》，1927 年 9 月 8 日。
- 李君：〈美國通行的壁櫥〉，《大公報・婦女與家庭》，1928 年 4 月 5 日。
- 李歐梵：《上海摩登 —— 一種新都市文化在中國 1930 – 1945》（北京：北京大學出版社，2001 年）。
- 李歐梵：《李歐梵自選集》（上海：上海教育出版社，2002 年）。
- 周敍琪：《1910—1920 年代都會新婦女生活風貌 —— 以〈婦女雜誌〉為分析實例》（台北：台灣大學文學院，1996 年）。
- 芳影："大題小作"共鳴〉，《大公報・婦女與家庭》，1927 年 9 月 28 日。
- 金馬：〈家庭的設備〉，《大公報・婦女與家庭》，1928 年 7 月 19 日、7 月 26 日。
- 芸雲：〈如此裝束〉，《大公報・婦女與家庭》，1928 年 12 月 6 日。
- 秋漪：〈服飾璅話〉，《大公報・婦女與家庭》，1927 年 7 月 26 日。
- 俱新：〈新性道德的基礎〉，《大公報・婦女與家庭》，1928 年 9 月 27 日。
- 崇一：〈天乳運動〉，《大公報・婦女與家庭》，1927 年 9 月 15 日。

- 迷我女士：〈讀"婦女的習慣怎樣革除"後的我見〉，《大公報・婦女與家庭》，1927 年 9 月 8 日。
- 張相會：〈胸部解放與衣服改良的問題〉，《大公報・婦女與家庭》，1928 年 11 月 8 日。
- 郭毅：〈讀"長髮與剪髮之比較"後之我見〉，《大公報・婦女與家庭》，1927 年 9 月 15 日。
- 無悶：〈裸腿之類〉，《大公報》1934 年 10 月 1 日。
- 絮絮：〈應當建設女子理髮館之我見〉，《大公報・婦女與家庭》，1927 年 7 月 26 日。
- 絕塵：〈穿皮鞋〉，《大公報・婦女與家庭》，1928 年 4 月 19 日。
- 賀蕭著，韓敏中、盛寧譯：《危險的愉悅：20 世紀上海的娼妓問題與現代性》，（南京：江蘇人民出版社，2003 年）。
- 黃嘉慧：〈家庭之娛樂問題〉，《大公報・婦女與家庭》，1927 年 6 月 26 日。
- 黃震遐：〈關於"頭髮革命"的話〉，《大公報・婦女與家庭》，1927 年 7 月 11 日。
- 趙頤年：〈吃飯要規〉，《大公報・婦女與家庭》，1927 年 7 月 26 日。
- 劉志琴：《近代中國社會文化變遷錄》（杭州：浙江人民出版社，1998 年）。
- 劍華：〈高跟鞋的害處〉，《大公報・婦女與家庭》，1929 年 3 月 7 日。
- 蓮：〈讀"微弱的呼聲"後〉，《大公報・婦女與家庭》1927 年 7 月 26 日。
- 鄭永福、呂美頤：《近代中國婦女生活》（鄭州：河南人民出版社，1993 年）。
- 羅文：〈由解放胸部說到服裝〉，《大公報・婦女與家庭》，1928 年 8 月 16 日。
- 鐫永女士：〈腳的裝飾〉，《大公報・婦女與家庭》，1927a 年 5 月 11 日。
- 鐫永女士：〈髮的妝飾〉，《大公報・婦女與家庭》，1927b 年 5 月 27 日。
- 鐵閣：〈長髮與剪髮之比較〉，《大公報・婦女與家庭》，1927 年 9 月 8 日。

《蝴蝶夢》與中國戲劇中有關
性與道德話語的女性重構

姜進

　　在中國，有關 20 世紀婦女解放的舞台表述，大多集中於婦女參政、教育、工作、經濟獨立，以及婚姻自主和戀愛自由等方面；探索女性作為獨立的、積極的性愛主體的作品卻不多見。時至今日，戲劇作品依然很少將女性當作自主、能動的性道德主體，而習慣於將她們表現為男性慾望的犧牲者，或是男性性行為所激發的性愉悅的接受者。西方心理分析和女性主義學者的研究表明，性自主對於任何獨立個體的身份認同之建構至關重要；沒有性的自主，婦女解放就是不徹底的。在戲劇表演中構建女性性自主的一個關鍵問題，是在有關性愛的敍事中如何以"主體型女主角"代替"受害型女主角"，從而顛覆男性在性愛敍述中的統治地位。在當代中國，此種顛覆大多發生在女性藝術家的作品中，而 2001 年在上海首演的越劇《蝴蝶夢》就是這樣一部有代表性的作品。

　　莊周夢蝶是《莊子》（又名《南華經》）中的一段故事，是一個廣為流傳的古代哲學經典，卻在此後的兩千年中演化成一個有關女人、性與道德的戲劇敍事。夢蝶故事之改編成戲劇作品至少可以追溯到元代；此後，明、清兩代和民國時期出現了多種不同的改編本，均在中華人民共和國早期（1949－1977）作為淫戲被禁演。改革開放以後，夢蝶故事再度成為戲劇舞台所熱衷的改編對象，並被演繹成至少兩部戲曲電視連續劇。夢蝶故事的源遠流長及其在不同時代的不同演繹給我們提供了一個觀察中國文化中有關女人、性、道德觀念之歷史變遷的視窗。

本文首先追溯夢蝶故事的起源及其興衰變遷，藉以審視其中所折射的不同歷史時期有關性和道德的意識形態和觀念。然後討論夢蝶故事的當代發展，以及女人、性與道德在當代中國文學和戲劇中的狀況。最後導入對越劇《蝴蝶夢》的分析和解讀，展示此劇是如何在性與道德的敘述中成功地將女性塑造成"主體型女主角"的。

女人、性、長生不老：歷史中的夢蝶故事

從現存最早的元代劇本及明清兩代的文本來看，《南華經》中莊周夢蝶等典故被演繹成了不同的故事，反映了不同歷史時期通俗文化的不同關注點，以及道家文化演變的某些側面。在《南華經》中，莊周夢見自己變成了一隻蝴蝶，自由自在地飛翔着。夢覺後，他對自己究竟是誰疑惑起來："不知周之夢為蝴蝶歟？蝴蝶之夢為周歟？"（陳鼓應，1983：92）。另一篇故事中，莊周在妻子死後鼓盆而歌。名家惠施責他乖於情理，莊子卻說："是其始死也，我獨何能無概然！然查其始而本無生，非徒無生也，而本無形，非徒無形也，而本無氣，雜乎芒芴之間，變而有氣，氣變而有形，形變而有聲。今又變而之死，是相與為春秋冬夏四時行也。人且偃然寢於巨室，而我噭噭然隨而哭之，自以為不通乎命，故止也。"（陳鼓應，1983：450）。在另一處，莊周亦云："明乎坦途，故生而不說（同"悅"），死而不禍，知終始之不可故也。"在莊子看來，萬事萬物都在不斷地從一種形態轉化為另一種，生和死也不過是迴圈無止之自然的環節而已。

道家因相信道法自然而倡導清心寡慾、返樸歸真的人生。弔詭的是，長生不老原是這種樸素人生可能帶來的一種好處，卻成了後人的追求目標；而作為自然之兩性之交如何影響長生不老這一問題就界定了道家對性的特殊關懷。這些問題不僅激發了學者文人在哲學和宗教層面的討論，而且彌散到大眾文化領域，成為供普通人消費的話題。在通俗信仰中，道家大師老子和莊周從聖人被提升為仙人，而探究聖人性事之秘密也成為通俗文化所熱衷的主題。這一現象從現存的有關莊周故事的諸多戲目和稿本中即可見一斑。筆者所見最早的稿本是元代史九敬先的雜劇《莊周夢》，描寫了年輕英俊的莊周如何通過和四位仙女的風流艷遇，參透並超越了醇酒

婦人這類過眼雲煙般的世俗歡樂，修成正果，得道成仙。[1]

現代的莊周試妻（有時亦作"戲妻"）的故事，成型於明清兩代。上海市圖書館館藏的幾部 17 世紀戲劇稿本和 19 世紀晚期的佛教寶卷顯示了夢蝶故事在晚明已經轉型成莊周試妻的故事。現存的兩個最早的完本是 17 世紀初的文本，情節完整、細節豐富，道德基調清晰，為此後各種版本所沿襲。其中一篇是馮夢龍採編的題為《莊子休鼓盆成大道》的擬話本小說，短小易讀，收入《警世通言》中；另一篇是謝國（字弘儀）的《蝴蝶夢》傳奇劇本，以文言文和崑曲曲牌寫成，長而極盡敷衍[2]。

在馮夢龍的小說中，莊周原是一隻蝴蝶，轉化成人；後跟隨老子學道，修成道家大師。一天，莊周看到一個年輕寡婦在扇一座新墳，覺得奇怪，上前詢問緣由。女子訴說亡夫曾囑咐她須等墳土乾後方可重新嫁人，但墳土總也不乾，她等急了。莊周覺得有趣，便施法術幫小寡婦弄乾了墳土，之後卻為女人的不貞而心煩。回家後他把這事告訴妻子田氏，田氏憤懣不已，說自己決不會如此。幾天後，莊周暴病而亡，田氏悲傷至極，茶飯不思。第七天，一個英俊的年輕人出現了。他聲稱自己是楚國王孫，欲從莊周先生學道。既然先生仙去，他願為先生守孝及期，同時研習先生的學問文章。這樣，半個月過去了，田氏對年輕人的渴望與日俱增。遂主動議婚，二人當下完婚。結婚當晚，楚王孫突然胸痛欲死，說只有新鮮人腦才能救他一命。田氏欲取莊周之腦救治王孫，於是舉斧劈棺。不想莊周竟然活着，坐起來走出棺材。驚惶之餘，田氏竭力掩飾，聲辯自己思夫心切，盼他起死回生，故而劈棺。莊周大笑，再展法力，當場幻形楚王孫；田氏自覺無顏，因懸樑自縊。莊周就用劈破的棺木盛放了田氏，鼓盆而歌，為之送葬，隨後取火焚毀屋宇棺木。馮夢龍交代："莊生遨遊四方，終身不娶。或云：遇老子於函谷關，相隨而去，已得大道成仙矣"（馮夢龍編，1624）。

謝弘儀的劇本分為兩部分：第一部分集中表現莊周的尋道悟道，情節主要取

---

1. ［元］史九敬先《莊周夢》雜劇劇本（收入《古本元明雜劇》，清代涵芬樓刊本）。又題《花間四友莊周夢》、《老莊周一枕蝴蝶夢》（上海藝術研究所、中國戲劇家協會上海分會編，1981：448）。

2. ［清］黃浩瀾有《蝴蝶夢寶卷》一卷（清光緒年間抄本）。另有明刊本《綴白裘》，明末雜劇劇本，和清代石龐傳奇劇本《蝴蝶夢》刊本，（上海藝術研究所、中國戲劇家協會上海分會編，1981：501－502）。

自《南華經》，講述莊周夢蝶、與名家惠施及儒者的辯論、與其師神秘的老子的相遇和得道，保留了元代作品中得道升天的主題。此後的情節則多為明代人所添。一次，莊周偶遇扇墳小寡婦，心頭疑雲頓起，欲知妻子在他離家訪道的這些年中是否忠貞。遂決定返家試妻，一探究竟。第二部分圍繞莊周試妻展開，寫莊周成功證明其妻確非守志貞婦，竟然一見年輕後生便背叛亡夫。不過，謝的劇本允許田氏悔過，並在丈夫點化下隨夫證道升天（謝國，明代）。

　　這兩個 17 世紀的文本帶有明顯的儒家禁慾主義和憎女症基調，但也折射出時人對性的愉悅、女人和道德話題的關注。故事的中心仍是哲學家莊周及其求道得道之過程，但卻創造了兩個極具戲劇性的女性形象 —— 莊周妻和撮墳小寡婦，是為莊周故事歷史轉折的契機。從此，元代《莊周夢》中通過對女人和性事而悟道的道家主題，被試妻故事中明清儒家的節婦話語所取代。[3]

　　在一脈相承的憎女症基調上，莊周形象體現了男人追求智慧和宇宙大道的優秀品質，莊周妻和扇墳小寡婦卻聯合演繹了女人的"天性"：惑人，危險，軟弱而又愚昧，為情慾所左右而無理性可言。她的結局只能是因羞愧而自殺，或感激涕零地接受丈夫的福澤隨夫仙去。

　　明清時代，江南地區在商業化和都市化發展的背景下，市井文化蓬勃興起，《金瓶梅》、《肉蒲團》等色情小說盛行，顯示了時人對性和性道德的濃厚興趣。但是，儒家禁慾主義的意識形態卻認定女人和性誘惑是社會失序和公眾道德敗壞的罪惡之源，滿洲新政權也將此"人慾橫流"現象視為明朝衰亡的根源，加強了對大眾文化和道德領域的控制。到了清代後半葉，官方的表彰節婦體系遍及南北各地，寡婦再嫁日漸成為社會醜聞。清政府又三令五申查禁"淫戲"，莊周試妻的故事在戲劇舞台上幾近消失。[4]

　　民國時期的政治文化巨變給莊周試妻的故事帶來了新的生命。五四新文化運動所提倡的婦女解放、自由戀愛、自主婚姻給性、性別和家庭的傳統意識形態帶

---

3. 儒家對於女性貞潔的觀念，是宋明理學的重要組成部分，程頤、程顥兄弟和朱熹對此都有表述。其中，程頤標舉"存天理滅人欲"，"女子餓死事小，失節事大"，堅決反對寡婦再嫁。（程頤，宋代）
4. 19 世紀晚期的上海租界中也許有此類戲目的演出。（王曉川編，1958；Arlington, L. C. & H. Acton, trans. & eds.，1963）

來革命性的變化，表現兩性情感、性愛和家庭關係的主題迅速成為娛樂文化的熱門題材。在這一背景下，《蝴蝶夢》、《小寡婦扇墳》、《莊周試妻》等戲劇作品在30年代和40年代再度出現，並成為當時各劇種票房最好的戲目之一，其中由著名女演員童芷齡和言慧珠演繹的京劇《大劈棺》最為出名（新聞報，30年代至40年代）。民國時期的各類莊周戲，砍掉了明代謝弘儀劇本第一部分的大部，只保留了莊周路遇小寡婦以後的情節，結局則多採用莊妻自殺。如果説元代劇本關注的是莊周如何得道升天，明清兩代劇本開始將重點轉到莊周與其妻的對手戲，將道家得道升天和儒家貞女烈婦的話語相攙雜，那麼，民國時期的戲劇作品雖然保留了明清作品中的憎女症基調，莊周妻卻上升為頭號主角，女人的性與道德也成為第一主題。[5]

中華人民共和國建國之初至文化大革命結束，共產黨政府繼承五四激進的傳統，將婦女解放和促進性別平等視為社會主義革命的重要組成部分。同時，革命政府的禁慾主義的傾向使其對五四運動所提倡的性自由視為資產階級情調而加以批判，性和慾成了某種見不得人的禁忌。新政府試圖全方位地"淨化"社會風氣，在取締賣淫嫖娼、黑社會、鴉片窩的同時，也全面清理整頓娛樂領域，早在1950年就宣佈禁演《大劈棺》等所謂"誨淫誨盜"的戲目。（上海藝術研究所，中國戲劇家協會上海分會編，1981）。這種現代禁慾主義的理論和實踐在文革中達到頂峰，在推進男女平等的同時將性愛視為"骯髒"和"罪惡"的代名詞而打入禁區。這種怪誕的，談性色變的國家清教主義與激進的男女平等的國家意識形態的混合物隨着文革的結束和改革開放的到來才結束。

---

5. 《蝴蝶夢（大劈棺）》京劇劇本在民國年間盧繼影校訂，由上海交通路羅漢出版社及上海好運道書局發行。 Chen Xixin 有英譯京劇劇本《蝴蝶夢》，30年代後期由上海世界書局出版。（Scott, A.C.，1967）。另有一個京劇《蝴蝶夢》的英文綱要，乃根據民國上海的一次舞台演出實況編錄。（Arlington L.C. & H. Acton，1963：224–229）

犧牲品還是主體人：
當代中國戲劇舞台上的女人與性

　　改革開放以後，隨着國家意識形態控制的相對寬鬆、經濟的發展和文化市場的重建，女人、性與道德再度成為文學和戲劇所熱衷的題材。新的作品反映了今人在一個以非政治化、商品化和全球化為標誌的後革命時代對這些問題的再思考。當代戲劇對婦女與性的探索往往脫不開三種話語體系的影響，表現為對五四婦女解放意識形態的發展、對人民共和國早期革命禁慾主義的批判和反彈、對當代全球化市場中流行的情色文化的呼應。許多作品集中表現女人"合理的"性需求和追求性愛的權力，有意識地打破左翼禁慾主義的框架，力圖把五四以來婦女解放和反封建的努力推向新的前沿。加之，在一個文化全球化的時代，當"日劇"、"韓劇"和西方愛情、色情片通過電視、電影、網際網路、VCD 和 DVD 湧入中國市場之時，一些地方戲作品開始有意識地追尋有關性與愛的獨特的民族審美。崑曲《牡丹亭》和話劇《莊周試妻》等劇作已經在很多國家巡迴演出，而越劇《蝴蝶夢》等作品也完全可能策劃國際巡演。正是在這多元而雜亂的文化氛圍中，女人、性愛、道德的主題再度引起今人的極大興趣，古老的莊周試妻故事再度成為戲劇改編的熱點，崑曲、川劇、黃梅戲、漢劇、越劇、數家地方話劇團都曾改編上演過。

　　一般新編莊周戲都脫離不了五四婦女解放和婚戀自由話語的窠臼。正如高彥頤等美國婦女史學者所一再指出的，五四婦女解放話語是現代主義男性知識精英構建的意識形態：反對封建父權制，同情受壓迫的婦女，但卻將婦女設置成被動地等待男性精英去解放的封建社會的犧牲品。這一話語最大的問題是將婦女定義為在苦難中默默地等待拯救的一羣人，否定了婦女作為主體的能動性和自我代表的能力（Ko，1994）。在這一框架內，對女性和愛情充滿同情的藝術作品幾乎總是將女主角寫成飽受各種形式男性壓迫的可憐蟲，極少展現女性個體掌握自己命運的願望和能力。新編莊周戲一面着重表現莊妻在丈夫"死"後追求愛情和性愛的合法性，一面卻仍然將她塑造成一個在男性威權下無力實現自己渴望的受害者；莊妻既未能看穿莊周的詭計，也無法控制自己內心對假王孫的渴望，為了救假王孫，在極度矛盾和掙扎中不得已舉斧劈棺，卻發現這不過是一場捉弄她的惡作劇。大多舞台版本以莊妻在羞恥、羞辱和絕望中自戕結尾。黃梅戲電視劇《劈棺驚夢》可以說是這種模式的一個典型。

這部於 1989 年推出的四集黃梅戲電視戲曲片，在女人、性與道德這個問題上幾乎沒有任何創意。劇中的莊周被描寫成一個冷漠無情的人，視妻子如同奴僕，從不關心她。這位平庸的哲學家教導世人遵循自然之道，也肯為小寡婦再嫁出力相幫，卻因妻子對另一男子有所賞識而妒火中燒。在裝死幻形為楚王孫試妻的過程中，他發現妻子對"楚王孫"的愛是自然的真情，而對"亡夫"莊周有的僅僅是道義感。哲學家認識到這種道義感正是自己的學說所反對的一種反自然的社會觀念，於是決定解除妻子對自己的義務，還她尋求真愛的自由。

形成反差的是劇中的哲人之妻被塑造成一個愚昧無知、心智孱弱的女人，只知一味依順丈夫、循規蹈矩地服從社會習俗，對夫君的精神追求一無所知。一次，莊周正在他的草屋中打坐靜思，她唐突地入內送茶而打斷了他，招致丈夫的責罵。當她意識到自己愛上楚王孫後，內心充滿羞恥和恐懼。當她終於控制不了自己的感情，答應假楚王孫三年孝滿後嫁給他時，卻陷入了巨大的絕望之中，因為這位新愛侶要她取出"死去"不久的莊周的腦髓來救自己的性命。她在愛情和道德的衝突中被撕裂，最後為了愛人舉斧劈棺，暈了過去。待她甦醒過來，大徹大悟的莊周遞給她一紙休書還她自由，告訴她去尋找她的真愛楚王孫。可悲的是，田氏為自己抵抗不了假王孫的引誘、喪失了女人的名聲感到羞恥；現在丈夫又休了她，而這一場與"楚王孫"的甜蜜愛情不過是一個惡毒的玩笑——真正的楚王孫根本就沒來！她覺得自己被欺騙、被羞辱、被踐踏了，成了壞女人，從此將活在人們的鄙視和唾罵當中。她舉起斧子結束了自己的生命。面對這一結局，莊周迷惑不解："我真心地放你走，你為甚麼還要死啊？！"他哀歎，"慶吾自拔兮，憐汝不省；痛心疾首兮，哀哀眾生。"他一把火燒了自家房舍，踏上了尋道成仙之路。[6]

此劇於明清時期在徽州地區盛極一時的節婦傳統多有涉及。莊周"死"後，

---

6. 見黃梅戲電視劇《劈棺驚夢》內容。

村裏的婦女便圍着莊妻，教導她做一個節婦。她們説，她的母親就是一個遠近聞名的節婦，結婚三月丈夫亡故後，一直心如止水地過着寡居生活。這些女人鼓勵她效仿母親，死後好贏得世人尊敬，為自己豎一座貞節牌坊。本來，多山的徽州並不適宜農業，徽州子弟因此多外出經商。明清時期徽商在江南地區迅速崛起，並在 18 世紀獲得清政府授予的食鹽專賣權，他們運回的錢使徽州富裕起來。長期旅居揚州及其他商業中心的徽商為確保留守老家的女人的貞操而試圖將她們禁閉在窄小的家庭、社會和道德的空間——如今仍然聳立着的徽宅的高牆，高牆上窄小的窗戶，連同一道道貞節牌坊，默默地見證着昔日徽州女人壓抑沉悶的生活。然而，貞節牌坊和節婦名冊不能代表徽州女人的全部故事。如果仔細閱讀有關這一地區的歷史記載，會發現許多徽州女人不僅使自己活得有意義，而且還掌管着家業，成為家庭、家族實際上的首領，在地方上也有相當的影響[7]。像黃梅戲中田氏這樣的可憐蟲形象，是男性中心的五四婦女解放話語的建構。在這個對女人同情有餘、尊重不足的話語框架內，婦女是被解放的對象，接受着精英們慷慨的施捨和同情，以及與此同來的輕蔑和不屑。如此，這部以反封建為旨歸的現代劇作卻繼承了傳統憎女症的基調。

　　伴同蝴蝶夢故事中的莊妻，戲劇舞台上還湧現了潘金蓮、西施、柳如是、倩娘和楊貴妃等一大批歷史和小説中的婦女形象，一個個經由男作家充滿同情的筆調的重新詮釋後粉墨登場，而魏明倫、王仁傑、羅懷臻等一批男性劇作家也因以此而著名。王仁傑為福建梨園戲寫了六部涉及女性命運的大戲，"從不同角度、不同側面、不同層次表現了女主人公不同形態的命運悲劇；"一位評論家如此寫道：

> 《皂隸與女賊》中伶俐機智的女賊，《陳仲子》中夫唱婦隨的陳仲子妻，《琵琶行》中淪落江湖的倩娘，《楓林晚》中一再壓抑自己感情的賀望蘭，《董生與李氏》中遭際坎坷的李氏，《節婦吟》中"苦節"20 年命運曲折悲慘的顏氏，她們的人生，在悲劇中被扭曲甚至被毀滅，但同時也在悲劇中展現出來她們心底美好追求的閃光。著名

---

7. 比如，歙縣棠樾村鮑氏家族祠堂裏供奉有女祖先，並記錄有這個家族歷代節婦的生平事蹟。那些記載表明節婦在生前不但擁有各種權力，而且備受尊敬。

文藝評論家何西來指出，王仁傑的大多數劇作可以看作是"女性命運悲劇的歌吟"（徐漣，2001）。

有關羅懷臻，一位評論家寫道：

> 羅懷臻的大多數作品以女性為主角。在戲曲舞台的人物長廊裏，在1990年代的10年中，他為我們先後塑造了虞姬、三公主、西施、柳如是、李清照、李鳳姐、白娘娘、春寶娘、楊貴妃等一系列光彩照人的女性典型。這些女性，職業身份性格各不相同，但都美得表裏如一，為愛情、事業，她們哪怕千回百折、赴湯蹈火甚至失去生命，也無怨無悔。……如此全力以赴地張揚女性的善良和美麗，當今劇壇可能無人出其右。（毛時安，2002）。

如果說王仁傑筆下的悲劇女性是等待現代男性精英去解放的可憐的受害者，那麼羅懷臻所塑造的女主角便成了男性文人所激賞的女性之"善良和美麗"的化身。

在這些高歌婦女解放的戲劇新作中，最有意思、最激進的恐怕要數魏明倫的川劇《潘金蓮》了。說到魏明倫及其筆下的女性形象，一個批評家寫到：

> 只有到在《四姑娘》、《潘金蓮》、《中國公主杜蘭朵》、《四川好女人》這幾部以女性人生為主為重的作品中，魏明倫才傾注了自己對女性生活的全部感情，塑造了幾個不甘於生活現狀，極富生命慾望和激情的"好女人"和"壞女人"典型，塗鑄着她們帶着真實的人的善與惡、美與醜、愛與恨、溫柔與殘忍、勇敢與怯懦、靈魂與肉體、光明與黑暗的兩重性格的魅力，以此從女性自身的性格發展上來探討男權話語對女人的精神窒息，由此而尋求女性的解放以及社會變革諸問題。（李遠強，2001）。

在《潘金蓮》一劇中，魏明倫正面攻擊以施耐庵為代表的傳統憎女症話語，質疑施耐庵在《水滸傳》中將潘金蓮塑造成淫婦蕩娃的男性霸權話語，認為是男人壓迫了女人並迫使她變壞（魏明倫，1986）。在施耐庵的小說中，潘金蓮是富戶家的女僕，由於她不願與主人有染，被主人報復，將她嫁給人稱"三寸丁"的武大郎。潘金蓮對丈夫不在意，卻喜歡與英俊男人私通。為了能夠與風流瀟灑的富戶西門慶在一起，她毒死了武大郎。大郎的兄弟、打虎英雄武松回家後聞知此事，殺死潘金蓮和西門慶，替兄復仇，然後投案自首。武松後來被逼上梁山，加入了起義好漢的隊伍。

　　在魏劇中，這個使周圍男人遭殃的壞女人轉型成一個值得同情的受害者。正是這些男人，包括她做女僕時的主人、侏儒丈夫、情人西門慶、她的真愛英雄武松，共同踐踏了她；而她一次次的反抗，卻招致了更大的報復，直至毀滅。她拒絕了主人的性要求，主人便強姦了她﹝注意，施耐庵小說中無此細節，此後許多細節均為魏明倫之創作，從而構成魏氏的翻案戲劇﹞，然後把她扔給一個侏儒。她發現她的丈夫不僅醜陋，而且性無能，更是一個懦弱的人，不能保護自己和家人。他聽任自己和金蓮遭受惡棍們的羞辱，自己不能生育卻買來木頭娃娃安慰金蓮。英武雄健的武松的出現點燃了她內心愛的渴望，她愛上了這個大英雄，然而武松卻以倫常的名義拒絕了她。對武松來說，像金蓮這樣的美女，嫁給侏儒兄長，過着既無快樂又無結果的生活，是"小有不平……大合理！"絕望的金蓮曾經請求丈夫休棄她，但是他拒絕了："我武大無權無勢，手中只有一點點夫權！婦道人家，嫁雞隨雞，嫁狗隨狗，嫁給門板背起走！我就是老了——老了也不休，死也不休！"（魏明倫，1986）。生活在絕望中的金蓮很容易成了風流倜儻的西門慶的獵物。佔有了金蓮的愛和性的西門慶又迫她謀害親夫，以便二人永享魚水之歡。然而，當武松遠行歸家、末日審判到來之時，西門慶卻已拋棄金蓮另有新歡了。最後，武松代表父權社會的正義，親手處死了視他為真愛的潘金蓮。

　　這是一個表現女人合理的愛情和性需求如何在男性中心的社會中被壓制和扭曲，男人又是如何在性和道德兩方面利用、消費、毀滅女性的悲劇；同時也揭示了在一個不允許女人追求愛和性快樂的社會中，女人是如何因為這種追求而被毀滅的。魏劇也許是後革命時代中第一部對女人性慾大膽地重新處理的劇作，並且是通過顛覆潘金蓮這樣一個鐵案如山的壞女人形象來進行的。此劇一出，硝煙四起。劇中對潘金蓮的全新解讀一邊令許多人感到難以接受，另一邊卻是好評如潮，並被 200 多個劇團在大陸各地和香港移植演出（吳祖光，1988：212 － 218）。著名劇作家吳祖光態度激烈地為此劇辯護，熱情地寫到：

在悠悠的封建歷史長河裏，中國男人對女人有任意作踐的特權……男人可以佔有眾多的女人，到處拈花惹草、偷香竊玉還常常被豔稱為風流韻事呢。而區區潘金蓮為了爭得一個勉強可心的男人，付出了多大代價！直到"現代中國"的今天，還有這麼多新思想的新人物由於看到了有一部為受侮辱受損害的女人說句公道話的戲劇竟致義憤填膺，說甚麼："不能給道德敗壞，品質惡劣的女人翻案。"（吳祖光，1988：213）。

……在那個綿綿不絕的封建禮教殺人害命的時代裏，女人是被壓迫在最底層的可憐蟲。直到'現代中國'，你還可以隨時找到女人的生命不如螻蟻的悲慘實例……所以，絕不可欺侮女人，尤其是中國文學家、藝術家更應當以保護女人為自己的天職。（吳祖光，1988：217）。

當代中國的女權主義者同樣引魏明倫為同調，熱情讚揚其對男性中心主義的嚴厲批判。一位評論家認為：

魏明倫是新歷史寓意劇創作陣營第一個進行女權主義言說的作家……他不僅重新反思潘金蓮，還反思那個眾口鑠金將潘金蓮塗抹成淫婦蕩娃的整個歷史文化語境。……魏明倫通過對潘金蓮這一歷史形象及其圍繞的歷史評價，徹底宣判了中國男權文化的非人本質（張蘭閣，1999）。

問題是這些激越的女性的解放者和代言人卻從未試圖給予女性自主的人的身份和解放自己的力量。潘金蓮和莊周妻仍然只是被看作某種符號：在過去她們是淫蕩無德的壞女人象徵，現在則被當作罪惡的男權社會中被侮辱與被損害的苦難女性象徵。這些知識份子，包括一些女性主義學者，習慣於面對一個深受傳統父權話語影響的聽眾羣，力圖震撼他們，喚醒他們去面對男權社會壓迫女人的種種惡行。他們當然也對女性說話，但卻是以保護者、解放者和導師的身份發言的，解放者與被解放者地位的不平等是不言而喻的。應該指出的是：最近這一輪戲劇舞台上有關女人與性的反思仍然是在一個由男性知識份子主導的話語空間中展開的，而正是這種男性主導的話語空間在過去曾經不斷地生產出各種版本的男性中心的意識形態，包括至今仍影響巨大的五四婦女解放話語。

　　如前所述，五四婦女解放話語自 1990 年代以來就不斷受到西方女性主義學者的批評和挑戰。在中國內地，雖然女性主義學術尚未對此問題展開系統的辯論，女性藝術家卻早已開始以她們的作品來說話了。許多中國當代女藝術家既不贊成五四婦女解放話語對女人主體性之否定，也拒絕以反男權社會的激烈態度為其寫作的出發點。她們更多地致力於在經驗層面上，聚焦於女性有關性與愛的生活經歷和想像，而不是在抽象的理念上探索女人之性態。她們所塑造的女性形象既非男權社會的犧牲品，亦非報復男性的女權主義英雄，而是在日常生活中時刻都要設法處置自己的性慾並承擔後果的活生生的個體，無法用概念的模子鑄造出來的個體。上海作家王安憶在談到她有關女性、愛情、性愛的"三戀"（《荒山之戀》(1986)、《小城之戀》(1986)、《錦繡谷之戀》(1987)）時，聲稱自己不是女權主義者，寫作是為了探究人性，而不是婦女解放這個命題："如果寫人不寫其性，是不能全面表現人的，也不能寫到人的核心，如果你真是一個嚴肅、有深度的作家，性這個問題是無法逃避的。"（王安憶，2003）。對王安憶來說，探索女性的感情世界更有意思，因為女性的感情比較自然，較少受社會建構的影響："這些觀點（比如女權主義）都太理論化。寫甚麼，怎麼寫，只有一個理由：審美"。[8]

　　與文革後走向成熟的王安憶這一代作家沉靜樸素的文風相比較，在世紀之交來勢迅猛的經濟潮、商業化、全球化中成長起來的新生代城市女作家群則以其大膽直露的色情描寫掀起了當代新一波性解放文潮。這些所謂的"美女作家"出版了一系列自傳體色情小說，撩撥着大眾的感覺神經，其中最為出名的有衛慧的《上海寶貝》(1999)、棉棉的《糖》(2000)、木子美的《遺情書》(2004)。這三位"美女"生活在上海、廣州、深圳等幾座青年性文化國際流行圈內的大都市，她們的作品均遭政府取締但卻風行於網上和黑市（Farrer，2002）。如果說王安憶的小說是通過性事在細細地品味女性人生，那麼新生代女作家則將女主人公的性事生

8.　當一位年輕的女性主義學者問及愛和性對於"三戀"中的女性來說意味着甚麼時，王安憶回答："我並不想在裏面解決一個女性的問題，……我覺得我寫那麼多女性，就是因為我覺得女性比男性更具有審美氣質，可能是男性在社會上活動得久了，社會化了"（王安憶，2003；167，274）。

涯和盤端出，誇張地展現在公眾面前。她們已經不需要為潘金蓮、莊周妻正名，因為她們筆下女主角的情色生涯早已使潘金蓮、莊妻等前輩相形見絀。更重要的是，兩代女作家筆下的性感女主角都與蕩婦淫娃的傳統道德話語毫不相干，亦沒有男權受害者的身份標籤，她們只是一些對自己的性行為及隨之而來的苦與樂自負其責的女性個體。

女性戲劇中的性與道德：越劇《蝴蝶夢》

在女性文學重新書寫女人與性的同時，女子越劇也在戲劇領域中重寫着這一主題。上海越劇院 2001 年出品的越劇《蝴蝶夢》成功地把莊周妻從一個壞女人、可憐蟲轉變成一個獨立自主的人，一個美麗動人的女人。作品以女性角度的敘事顛覆了對女人與性的傳統憎女症，賦予了這古老的夢蝶故事全新的意涵。

故事講述田秀苦苦等待夫君莊周 10 年的一場蝴蝶夢，因愛情的破碎而驚醒；她決定離開莊周，去尋找真愛。幕啟之時，田秀（王志萍飾）正在做着一個彩蝶繽紛的夢，夢中她渴望與遠遊的丈夫攜手相伴，不覺吟着主題歌翩翩漫舞如蝶。突然，貼身女僕的稚嫩嗓音驚破旖旎夢幻："小姐，你又做夢了！"田秀夢醒，幽幽吟歎道，"碎了夢中圖畫。"越劇中的田秀出身齊國貴族世家，美麗優雅，受過良好的教育，因傾心於莊周的學識而掉落愛河，不顧父母反對，嫁給了這位清貧的哲學家，隨莊周住進了南華山中那所竹籬環繞的簡陋茅舍。但是，結婚才三天莊周先生便遨遊四方尋訪大道去了。10 年了，他依然未曾返家。堅守愛情的田秀日裏誦讀先生的文章、晚上做着先生的蝴蝶夢，虔誠地等待着，直到有一天先生終於回來了。

田秀滿懷喜悦地準備夫妻團聚，完全不會想到她遠行歸來的丈夫會因為兩件小事而無端懷疑和傷害自己。莊周（鄭國鳳飾）先是在回家路上和一個失魂落魄的英俊後生差點撞了個滿懷。到家後他得知那後生卻是楚王孫，奉命前來請他出山，去做楚國宰相，被妻子 s 按照慣例婉言謝絕了。莊周驚歎妻子若許年後依然容顏姣好，光彩照人，卻突然意識到年輕的王孫是為田秀的美貌震驚而喪魂失魄。哲學家頓生醋意，面對田秀的柔情密意、滿腔期待，卻聲稱明天要下山講道，須連夜備講，拒絕與妻恩愛。次日，莊周講學完畢，回家路上偶遇一個年輕的村婦正在費力地扇着亡夫的新墳，好待墳乾再去嫁人。莊周用法術幫小寡婦將墳扇乾，卻不禁哀歎女人之易變和不貞，更增長了對妻子的疑心，決定設局試妻。哲學家到家時，田秀已經為這次期盼長久的夫妻重聚準備好了一切。當晚，二人正飲團圓酒，莊周突發心痛病暴死。

　　幾天以後，莊周化身的楚王孫前來弔唁，並堅持留下為先生守孝，同時整理先生遺稿以使其道弘揚天下。一晃數月，楚王孫的誠摯和溫情、他對學術的執着，打動了朝夕相處的田秀的心。戲在靈堂定情一場達到高潮，假楚王孫向田秀表白愛情時，田秀的心被攪亂了。但她卻注意到王孫的語調和眼神酷似莊周："仔細看，似曾相識一雙眼，分明是深潭兩團酷像莊周！哎呀天哪！回頭想半仙三扇能乾墳，難道他真是莊周隱身變形把妻引誘？！"驚疑之間，田秀很快決定："扇墳女有膽爭自由，這險路我也自己走，若不然此生孤眠幾時休，殘燈冷被該到頭。假王孫若是真莊周，我更愛先生添溫柔；先生啊，真王孫若無假，也是個百裏挑一難尋求。管他王孫與莊周，認認認，命中有緣推不走；錯錯錯，將錯就錯憑真愛；圓圓圓，先圓蝶夢再解疑扣。"她投入年輕愛人的懷抱。

　　一夜溫柔，兩人均對發生的事若有所思。田秀試圖為莊周製造機會，讓他"不丟面子把台下"；莊周卻以為"大聖人豈能認輸來作罷"，決定將荒唐遊戲做到底。第二天晚上，兩人正以詩酒慶新婚時，年輕的王孫突患頭痛病，説是舊疾復發，只有死去不久的莊周之腦可以救他一命。田秀被推到了崩潰的邊緣。在極度的悲傷和羞辱中，田秀意識到自己是被丈夫所謂的大道愚弄了，浪費了 10 年的青春在蝴蝶癡夢中等待他的歸來。她認識到真正的大道不在莊周的説教中，而是蘊含在世俗人生樸素自然的情感和慾求中。如小寡婦這樣順遂自然情感和慾望的普通百姓，才是真正的有道之人。田秀毅然舉斧劈棺，痛苦地斬斷情絲，棄莊而去。像一隻夢醒的蝴蝶，美麗而依然年輕的田秀張開自由的翅膀飛向塵世、尋求真愛。莊周這才開始感到羞愧，後悔因嫉妒而一意孤行地試妻，遊戲真情傷害了妻子，也違反了自己有關順乎自然，天道民心的教導，反省道："自以為超凡脱俗人上人，博古通今道中魁；誰知試妻試自身，試出了皮囊還未脱凡夫俗胎。……莊周我得道悟道根猶淺，學道還須從頭來。"剛剛步出舞台的田秀，此時在舞台後方彩色帷幕後出現，她的身影在雲霧繚繞中凝固成一隻翩翩的彩蝶。

　　王志萍對田秀這個人物的準確把握和生動再現使越劇田秀成為當代中國戲劇

舞台上最性感、動人的女性形象之一，她的溫柔體貼和情熱如火通過一些處理得很到位的細節令人信服地展現出來。戲開始時，莊周訪道 10 年、遠遊歸家的消息傳來，激起田秀對夫妻團聚歡愛的強烈渴望。她穿上壓了 10 年箱底卻仍然鮮艷的大紅嫁衣，香湯沐浴，備好團圓酒迎接夫君，不想莊周卻冷冷地拒絕了她。失望中，她還是柔順地接受了愛人的冷淡。經過大量的鋪墊，性感的高潮戲在靈堂定情一幕中到來：英俊體貼的假王孫的愛情表白打破了田秀的平靜，心頭狂瀾起伏。她這才意識到自己對愛的渴望是如此強烈，而楚王孫的愛又是如此難以抗拒。剎那間她想起先夫辭世未久，這使她拒絕了楚王孫；然而她的身體語言卻透露着她內心在愛慾和道德感之間苦苦掙扎的柔腸萬種。她的誠摯和美麗，以及她努力要對得起亡夫的那份情意是如此動人，以致假扮王孫的莊周剎那間忘記了自己的"試妻"計劃，情不自禁地愛上了她："難得她心中留我一片真，真情敲打我莊子休；聽着她軟軟絮絮語應酬，春風暖意漾心頭；看着她楚楚秀秀眼波柔，神仙也不能不風流；雨撩雲撥先濕己，我水淋淋頓覺魂難守……"他衝動地將田秀攬在懷裏。田秀再也無法抵抗："天哪！這柔情蜜語盼已久，這似花夢境春已透；這點活我心苗一瞬間，我卻又驚又喜，又盼又怕；手在顫，心在抖……"她閉上眼睛，向愛投降，決定"先圓蝶夢，再解疑扣。"一夜恩愛過後，兩人同唱着"一夜春風到瀛洲"的溫情而又歡樂的曲調出場，和着詩與酒翩翩起舞，慶賀新婚。

整部戲用了一種正面、積極、明快的基調來描寫田秀的性態，賦予田秀一種特別單純而又動人的性感，即不同於魏明倫筆下被"逼良為娼"的潘金蓮們那種扭曲、夾雜着罪惡和報復意味的淫蕩，也不同於新生代美女作家筆下女主角的非道德化的泛性主義。田秀對性愛的強烈渴望是在特定情境下發生的，反映的卻是女人自然的性要求。在被問及她的表演何以如此性感時，王志萍說："我不知道，是我演得性感了，還是這個角色本身賦予了她性感？這應該是人性的表現。""因為對於一個等待 10 年的女人來說，這是很正常的。我在想，如果我是田秀，我也會這樣做。""這個戲把女人內心的慾望表現出來了。你會覺得她真實、可信、可愛。"（王志萍，2002）。

確實，把田秀塑造成一個"真實、可信、可愛"的女人是主創人員共同的目標。越劇《蝴蝶夢》由吳兆芬編劇，陳薪伊導演，演出陣容則是由王志萍、鄭國鳳（飾莊周）領銜的清一色女演員。這一羣傑出的女藝術家通力合作，以女性的視角講述了一個有關女人、性、道德的故事，顛覆了傳統男性中心的敍述。這一重寫莊周試妻故事的關鍵在於將莊周妻這個角色轉型成一個動人的舞台形象並使她佔據舞台的中心。越劇中莊周妻第一次有了自己的名字，第一次被賦予了完整豐滿的主體性格。一般莊周試妻戲中，莊妻無一例外地跌入莊周所設陷阱，掉入假楚王孫的情網而不能自拔，莊周於是證明了自己關於女人的理論。越劇《蝴蝶夢》中的田秀卻是一個聰明而有主見的可愛女子。田秀很快就覺察到了莊周幻形楚王孫的遊戲，卻因她溫柔體貼的個性不但不戳穿他，反而要幫他體面地下台。但傲慢的哲學家卻在一夜溫情之後仍然拒絕放棄試妻遊戲，再度假死將田秀逼入絕境：要麼成為一個無德無恥的殘忍女人，為了滿足性慾可以對屍骨未寒的先夫劈棺取腦；要麼同樣的殘忍，為了道德的戒律而冷酷地聽任愛人死亡。田秀終於忍無可忍，對莊周的愛化為一腔激憤，她拆穿了莊周的把戲，劈棺抗議。這一安排賦予了劈棺這個核心細節以全新的義涵：田秀劈開的不僅僅是莊周的棺材，更是哲學家編織的蝴蝶夢的神話，那個使她愛了 10 年、等了 10 年的神話！最後，田秀離開了莊周，去南華山之外的真實世界裏去尋找真愛。她受到了傷害，而且傷得很深，但她沒有絕望；時間會為她療傷，新的生活還會開始。越劇中的田秀既不會羞愧而死，也不會接受大聖哲的施捨隨他升天；她不僅能夠走出南華山，脫離莊周的控制，而且被賦予了高於其夫的道德境界。離別之際，田秀平靜地對莊周唱出了她對愛情的新認識：“萍聚萍散已看透，自尊自重當堅守。情長情短平常事，何去何從隨緣酬。該分手時當分手，留難住處莫強留。隱痛各有春秋療，從今後，遠書歸夢兩悠悠。我會常記先生好，我會常想南山幽……讓你我，只記緣來不記仇。”一個蘭心慧質、心胸開闊、自主自尊的女性形象就這樣在舞台上樹立起來，與之成對比的卻是她那傲慢、平庸、又小心眼的哲學家丈夫。

　　越劇的田秀得以活下去是因為創造她的藝術家們想讓她擁有一個完整而有意義的人生。編劇吳兆芬説：“古本把莊周講成宣道者，聖人，要把他那六根不淨的老婆升天。我對這個故事有問題：自己離家 10 年，不關心妻子，卻反怪妻子移情，不公平！這是從前男性中心的詮釋，這些作品散佈了女人禍水和憎恨女人的封建思想；我要重新演繹這個故事”（吳兆芬訪談）。吳兆芬對當代一些五四婦女解放話語影響下的作品也有質疑：“我不喜歡黃梅戲《劈棺驚夢》。還是婦女解放的老一套，寫女人怎麼受男人欺負，沒意思。……我的田秀非常可愛，那麼純情、癡情、單純，但覺悟後又那麼大膽地出走，去尋找屬於自己的一份愛"（吳兆芬訪談）。飾演田秀的王志萍是越劇《蝴蝶夢》創作過程中最重要的人物：題材是她自選的，又請出了吳兆芬創作劇本，陳薪伊出任導演；又與上海越劇院共同投資啟動排演；作為製作人之一，她還要關心整個生產過程；作為領銜主演，她身兼田秀和小寡婦兩個角色，她的天才表演界定了越劇《蝴蝶夢》獨具一格的藝術風格。吳兆芬為她度身定做地寫了田秀這個人物，王志萍則能夠準確地把握田秀的情感發展，並以優美細膩的唱腔、身段和表演再現這個過程。對王志萍來說，主演《蝴蝶夢》既是一個挑戰，也是探索女人性愛和道德生活體驗、拓展自己演劇生涯的一個機遇，用她自己的話來說："這戲整個演得太過癮了。"[9] 導演陳薪伊贏得了王志萍的高度評價，"如果不是陳薪伊，越劇《蝴蝶夢》會完全不同。""她為蝴蝶插上夢的翅膀。"（王曄，2002）。陳薪伊投入了大量的時間研究和思考劇本，她認為"《蝴蝶夢》的立意非常簡單，就是劇中的唱詞——只記緣來不記仇。但同時還有另一個立意，那就是聖人也需要反省。……所以我們給莊周一個反省的機會。"（韋翔東，2006）。這樣，三位女藝術家組成的主創班子率領全體女演員，圍繞田秀這個中心人物，共同完成了一個有關性與道德的女性敍述。

　　由清一色女演員構成的女子越劇舞台營造出一種獨特的女性氛圍，使女性的敍述得以在此空間中充分展開，產生了《梁山伯與祝英台》、《紅樓夢》、《碧玉簪》等優秀作品。越劇女小生在建構越劇的女性敍事中至關重要。以女兒之身扮演男角的越劇小生總體來說是以女性的好惡來塑造男性形象，因此女子越劇中大多是女演員針對女觀眾的口味演繹的如梁山伯和賈寶玉這樣的溫情男子。與越劇女小生形成對比的，是傳統京劇中乾旦所塑造的女性形象，例如梅蘭芳的虞姬和楊貴妃，大多是為滿足男性的想像而產生的。女子越劇從女性視角對男女主角的處理，最有效地降低了盛行於主流戲劇舞台上之男性中心觀點的影響和干擾，使完整的女性敍事成為可能。越劇《蝴蝶夢》塑造了截然相反的兩個男性形象：一個是自大、專橫、無視妻子感情、不負家庭責任的哲學家；一個是年輕英俊的楚王孫，對田秀一見鍾情，卻因為不願不負責任地攪亂她的生活，而把愛放在心裏，

---

9. 王志萍訪談，2003 年 6 月 8 日。

默默地離去，遠遠地為她祝福。劇中的楚王孫雖着墨不多，卻是女人理想愛侶的化身；而 "偉大" 的哲學家卻缺點很多，需要反省。兩個男性形象，均由鄭國鳳扮演，十分妥貼地襯托了田秀的情感發展過程，對於《蝴蝶夢》女性中心敘事的完整性來說是不可或缺的。女子越劇中圍繞女主角展開的女性敘事傳統從前曾經支撐了越劇舞台上對婦女與革命、就業、家庭、愛情等主題的探討，這一藝術傳統也為越劇在當代中國的語境中探索女人的性與道德問題提供了框架，使女子越劇得以革命性地改寫了一個建立在憎女基調上的莊周試妻故事，在當今中國戲劇舞台上有關女人與性慾和道德的敘述中樹立起田秀這個主體型女主角的形象。

結論

在歷史上，從莊周戲的演變過程可以看出，男性作者和男性中心的敘述主導了有關女性的性與道德的話語。以上調查表明，明清時代莊周試妻故事的諸多文本與民國時期諸版本的憎女基調如出一轍，均視女人為孱弱、缺乏理性、無法不受情慾控制的動物；而近年來鼓吹婦女解放的大部分新作則將女人化為備受男性欺壓、等待被解救的性犧牲品。著名男性劇作家的作品往往是從概念出發，以藝術創作圖解他們認為重要的理論，進行社會和政治的批評。這種概念化劇作的問題是，劇中人變成了承載其生命經驗以外的某種東西的符號，導致人物個性的喪失和扭曲。在這些男性中心的敘事中的女人要麼是放縱情慾、自甘墮落的，要麼就是無辜的受難者，或二者兼而有之，就像魏明倫筆下的潘金蓮。這些敘事沒有給女人任何機會去做一個獨立、自尊、道德的人，為自己的性生活做選擇並承擔責任。說到底，概念化戲劇雖然自稱同情婦女、支持婦女合理的性要求，卻沒有真正改變有關女人和性的藝術再現中的男性統治和憎女症的基調。

因此，當性事，尤其是女性的性事已經不再是文化禁區的今天，中國的舞台仍然面臨着在這一領域內改變男性主導的挑戰。只有女藝術家生產的經驗性藝術作品，才真正開始打破這一領域內的男性霸權。在過去 20 多年來，女作家和女戲劇家正以自己的藝術實踐來回應這一挑戰，在文學中和舞台上樹立起一系列對自己的性愛和幸福負責的主體型女主角。這些女藝術家在創作中不同於上述關注女性命運的男性劇作家的一個特點，就是對於女性個體經驗的執着，而不是從概念出發來製造某種意識形態的符號。女藝術家在經驗的層面上建構有關女人、道德和性的敘事，就有效地避免了概念化藝術的陷阱，同時在最大程度上減小了男性中心意識形態的影響。作為藝術家，她們觀察、體驗，並藝術地再現生活；而身為女人則具體地規定了她們對生活的特殊體驗和觀察社會的特殊角度。因此，她們不一定有意識地站在女性中心的立場展開藝術活動，但她們經驗式的進路使她們的創作自然而然地採取了女性的視角，表現了女性的生活體驗。她們筆下在不同境遇中在性與道德問題上不斷做出選擇的女人們共同勾勒出一道女性性態人生的風景線，其豐富性和複雜性是對任何理論概括之努力的強有力的挑戰。女性藝術家必須生產大量的各種風格、各異其趣的有關性與道德的女性敘事，才能有效地消解男性中心的敘事，使女性的視角成為有關女人性態的藝術創作中的常規取向。而這正是女藝術家作品的意義所在：她們的作品已經改變，並且繼續改變着有關性與道德的藝術再現的歷史圖景。

最後，上述女藝術家的創作活動與女性主義的理論努力又是甚麼樣的關係呢？她們的反概念化傾向針對的不僅是男性中心的婦女解放話語，似乎也針對各種女性主義理論。王安憶在訪談中說："有人說我是女權主義者，我在這裏要解釋我寫（三戀）根本不是以女性為中心，也根本不是對男人有甚麼失望。"[10] 她認為，寫女人和性，是探索人性的一種途徑。同樣，王志萍和吳兆芬也說自己並非女權主義者，自己的藝術並不屬於五四婦女解放的範疇，她們真正感興趣的是探索人性（王志萍訪談；吳兆芬訪談）。陳薪伊認為："馮夢龍是借着莊周來罵女人的，這個故事本身沒有甚麼深度，但'最毒不過婦人心'、'最浪不過女人'就是從莊周戲妻這個故事之後在民間流傳開的。但是今天再演這個戲，如果把它做成女權主義者[原文如此]來控訴男人，也非常的沒有意思"（韋翔東，2006）。她們對女性主義理論的這種不在意與她們作品中對女性的歷史經驗和生命歷程的執着形成對比。吳兆芬的說法應該有一定的代表性："自己是女性，對女性的感悟比較

---

10. 女權主義和女性主義都是英文詞 Feminism 的翻譯。中文的不同譯文有時可能反映對原詞的不同理解，或對原詞多種含義的某種取捨。但在這裏，我討論的是一般意義上的針對男權統治的 Feminism，而王安憶等的"女權主義"可以是社會上對 Feminism 的一般翻譯，但也許也含有對 Feminism 中激進主義的一種批評的意思（王安憶，2003：11）。

深。""由於歷史和女人自身的種種原因，女性比男人更值得同情，更需要一種人文的關懷和理解。你看田秀，她受了很深的傷害。我想寫出她內心的傷痛，她從傷痛中自拔，大膽追求真愛的過程"（吳兆芬訪談）[11]。可以説，女藝術家在女性個體經驗層面上的探索的背後是她們對女性歷史經驗的深切關懷。更可貴的是，這種關懷又是以深厚的人性關懷為背景的。她們沒有把對女性的關切建立在男女兩性絕然對立的概念預設之上，因此也沒有簡單地否定男性。在《蝴蝶夢》中，她們把莊周從神變成人，對他有批評，有調侃，也給了他改正錯誤的機會，頗為大度地處理了這個人物。她們不在意理論的姿態一方面表徵着對意識形態領域長期的教條主義傾向的疲憊，和對五四婦女解放話語中隱含的憎女症傾向的抵制，另一方面也不能不説是女性主義理論在本土的缺失和缺乏發展而造成的一種後果：這些女性藝術家們還沒看到一種能夠配合自己的藝術實踐的女性主義的理論。這無疑是對國內女性主義理論努力的一種挑戰。

參考書目

- 《新聞報》廣告，（上海：1930–1940 年代）。
- 上海藝術研究所，中國戲劇家協會上海分會編：《中國戲曲曲藝詞典》（上海：上海辭書出版社，1981 年）。
- 木子美：《遺情書》（香港：天地圖書，2004 年）。
- 毛時安：〈從烈酒到清茶〉，《中國文化報》，2002 年 8 月 21 日。
- 王安憶：〈荒山之戀〉，《十月》，4 期（1986 年 a）。
- 王安憶：〈小城之戀〉，《上海文學》，8 期（1986 年 b）。
- 王安憶：〈錦繡谷之戀〉，《鍾山》，1 期（1987 年）。
- 王安憶：《王安憶説》（長沙：湖南人民出版社，2003 年）。
- 王志萍：〈心語・對談・師説〉，《上海戲劇》，3 卷（2002 年），頁 A6。
- 王志萍訪談，2003 年 6 月 8 日。
- 王曉川編：《元明清三代禁毀小説戲曲史料》（北京：作家出版社，1958 年）。
- 王曄：〈她為蝴蝶插上夢的翅膀〉，《上海戲劇》，3 卷（2002 年），頁 12。

---

11. 吳兆芬的作品包括《孟麗君》、《斷指記》和《風雪漁樵》等。

- 吳兆芬訪談，2003 年 6 月 4 日。

- 吳祖光：〈"潘金蓮"的爭論高潮沒有過去〉，載魏完、楊嶸編《好女人與壞女人：魏明倫女性劇作選》（北京：作家出版社，1988 年）。

- 李遠強：〈"好女人"與"壞女人"複合的性格魅力──析魏明倫劇作中的幾個女性形象〉，載魏完、楊嶸編《好女人與壞女人：魏明倫女性劇作選》（北京：作家出版社，2001 年）。

- 韋翔東：〈給點陽光就燦爛的王志萍〉，韋翔東博客：（http://blog.sina.com.cn/m/weixiangdong），2006 年 11 月 17 日。

- 徐漣：〈解讀王仁傑──王仁傑劇作研討會綜述〉，《中國文化報》，2001 年 2 月 1 日。

- 張蘭閣：〈千年鐵案後的"菲勒斯中心"話語〉，載魏完、楊嶸編《好女人與壞女人：魏明倫女性劇作選》（北京：作家出版社，1999 年）。

- 陳鼓應：《莊子今注今譯》（北京：中華書局，1983 年）。

- 程頤（宋代）：《遺書》，卷 22，第二部。

- 馮夢龍編，嚴敦易校注：《警世通言·莊子休鼓盆成大道》（北京：人民文學出版社，1956 年）。

- 棉棉：《糖》（北京：中國戲劇出版社，2000 年）。

- 衛慧：《上海寶貝》（瀋陽：春風文藝出版社，1999 年）。

- 謝國（字弘儀）[明]：《蝴蝶夢》雜劇劇本，載《古本戲曲叢刊》（北京：中國社會科學院文學研究所）。

- 魏明倫：〈潘金蓮（川劇劇本）〉，載魏完、楊嶸編《好女人與壞女人：魏明倫女性劇作選》（北京：作家出版社，1986 年）。

- Arlington, L. C. & H. Acton, trans. & eds., *Famous Chinese Plays* (New York: Russell & Russell, Inc.,1963).

- Farrer, J., *Opening Up: Youth Sex Culture and Market Reform in Shanghai* (Chicago: The University of Chicago Press, 2002).

- Ko, D., *Introduction in Teachers of the Inner Chambers, Women and Culture in Seventeenth - Century China* (Stanford: Stanford University Press,1994.)

- Scott, A. C., translated, described, & annotated., *Traditional Chinese Plays* (Madison : University of Wisconsin Press, 1967).

華人女性與虛擬空間

柯群英

引　言

　　隨着人類社會向 21 世紀邁進，世界進一步全球化，我們更加強烈地意識到我們正生活在一個急劇變化的世界裏。在這個全球化的後現代社會裏，獲取和發掘資訊的速度取代資訊本身成為成功的關鍵。引發這種變化的是遠端通訊和資訊技術的出現，使得個人電腦成為我們日常生活中一個必不可少的組成部分。互聯網進入我們的日常工作和社會活動中，它不僅僅被運用於我們的工作領域，而且日益滲透到我們的社會和個人生活領域之中。

　　本文主要探討香港和上海的女性如何運用這種資訊技術，以增強她們因應個人和社會需要而掌握資訊和知識的能力。此外，本文亦將通過考察這些女性如何使用互聯網作為發掘資訊和編織社會網路的工具並建構虛擬社區（cybercommunity），檢視這類資訊技術對華人女性的生活及其方式的影響。

性別與虛擬革命（cyber revolution）

　　雖然在過去的 20 年中，資訊技術一直被視為植根於男性領域，但事實上女性已經非常普遍和頻繁的使用這種技術，尤其是互聯網。今天，在全世界的大城市中，女性已佔互聯網使用者的一半。女性廣泛使用互聯網的現實，促使我們探索女性對於互聯網的看法以及她們使用互聯網的目的。

現時有關資訊技術的討論主要集中在它對某個現存社會結構的解構功效。目前，互聯網為女性提供了一個新的工具和空間去表達她們自己的需要和願望並彼此交流。然而，雖然有人認為新興科技有助於闡明女性主義價值觀和行動，並會因此導致現有社會結構的破解，另一方面也有些觀點認為這種技術實際上進一步把女性限制在現有社會結構中，強化男權機制（Adam & Green，1998）。

在關於資訊技術在現代社會中角色的討論中，除了這兩個互相矛盾的觀點之外，現時更多的討論集中在探討虛擬革命（cyber revolution）中的性別。人們普遍承認這種技術已經成為女性重新定位自己的重要工具。從實用的角度看，使用個人電腦和互聯網的能力賦予女性獲取大量資訊的機會，而這些資訊對她們的工作來說非常重要。同時，這樣的能力也使來自不同背景的女性形成各種虛擬社區（virtual communities），並藉此更清晰地發出她們的聲音。這種情況不僅發生在職業女性和中產女性身上，在社會邊緣人羣，例如移民和少數族羣女性以及非主流性取向女性之中亦是如此。由此，聯繫他人和建立線上交流（online communication）的能力使這些女性得以在各種虛擬社區中提出她們的政治、社會和經濟訴求。值得留意的是，虛擬社區中的一些聲音已經得到很多支持，甚至進一步轉化為線下行動（offline actions），從而影響到真實社會中政府的政策和決議（Thompson，Gomez & Toro，2005）。

另一個引起爭論的領域是虛擬身體（virtual body）和虛擬社區的概念。這兩個概念都是伴隨着線上交流而出現的。在線上交流中，生物有機體被虛擬身體所取代，真實社區被虛擬社區所取代。在虛擬空間（cyberspace）裏，如何看待女性？虛擬身體和女性的身體之間有甚麼區別？如何解決這些存在於虛擬和真實之間的差別和矛盾是值得我們關注的（Hawthorne，1999：213-245）。有意思的是，虛擬空間提供了一種途徑使女性變得更有創造性，從而讓不同的人格或者自我以各種方式出現、行動和反應。之所以如此，是因為沒有人需要知道或者想知道網上用戶本人的樣子。從很大程度上來說，在進行線上交流的過程中，用戶可以隱藏他／她的真實容貌和缺陷，一直帶着面具或者以另一個形象出現（Kitchin，998：80）。

從這個意義上來說，虛擬空間為女性提供了一個開展各種活動和行為的自由空間，包括無政府行為。對女性來說，虛擬空間的活動可以被看作是解放的過程（Fletcher，B.，1999：350）。在此過程中，虛擬空間不僅鼓勵而且推崇多重身份形象的發展，因為真實生活只提供了某一種表達自我和社會經歷的方式（Klein，1999：198）。同時，虛擬空間也讓用戶能夠根據環境所需去幻想、游離、甚至分裂出另外一個人物形象和身份；而在有些時候，全部的人物形象和身份又會合而為一（Klein，1999：199）。因此，在虛擬空間中，個人身份和人物形象通常是靈活多變而且短命的（Kitchin，1998：80）。另外，因為個人可以依照不同的線上環境而不斷改變身份和人物形象，我們也可以將其視為一種個人權力的增強（Kitchin，1998：80）。Kitchin 引用 Lacan 的話去說明，"自我"不再是心智的永久結構或者固定在某個遺傳代碼中，"自我被認為是一種話語（discourse），在此話語中，身份通過多種經歷被建構出來"（Kitchin，1998：81）。這裏，"身份形象是支離破碎的、分散的、流動的，會隨着時間和場合而變動，不同場合下完全不同"（Kitchin，1998：81）。

　　雖然很多研究探討虛擬空間如何為用戶提供一個想像的空間，讓他／她去沉迷其中或者表達各種人物形象和身份，但是很少研究會涉及到虛擬空間和真實空間的關聯。應該指出的是，現在非常有必要去研究虛擬空間和真實空間的關聯，以及這種關聯所引發的衝突和問題。研究表明，虛擬空間導致各種虛擬社區的出現，這些虛擬社區"擺脫了地域的局限，是建立在新的交往方式和社會關係上的"，不受地理空間和時區的限制（Kitchin，998：86）。

　　另一個研究領域涉及到虛擬空間是如何被建構出來的，而線上社會空間是否可以看作是真實社會生活空間的翻版等等。簡言之，這類研究不再糾纏於女性如何在虛擬空間中重新檢討她們的身份認同，而是認為通過複製我們的真實社會生活結構，虛擬空間不斷擴大，原有的性別關係被強化了。在這樣的虛擬空間中，權力政治依然受到真實生活中的性別關係和男權社會結構影響（Lie，1995）。

遨遊知識之網

　　互聯網的使用和濫用通常跟很多因素有關，如互聯網上可以獲取的資訊類型，網站服務商提供的資訊類型，網民（netizens）對資訊的使用，等等。因此，這是一個互相關聯的三重關係。在某種程度上，我們所面對的一方面是資訊的中立性，另一方面是對這些資訊的主觀使用。同時，資訊的主觀性經常被鼓吹為在網上發放資訊的一個重要因素，這些資訊影響個人的心智。因此，互聯網的知識之網在多大程度上對個人心智產生支配性的控制是一個值得本文探討的課題。本文特別希望探究的是，這些知識和資訊如何影響普通女性以及女性如何反過來影響知識之網的重新塑造。

大多數女性使用互聯網的某些特定類型的資訊。現時的互聯網資訊氾濫，幾乎所有類型的知識都可以隨時獲取，這使互聯網成為一種非常方便的工具，可以讓用戶搜索那些在真實環境中難以獲得的資訊。介於這個原因，女性可以拓展她們的資訊渠道，跨入全球交流網路去獲取知識和資訊。因此，通過使用地方、區域和全球互聯網路，女性可以擴充她們的知識儲備。

同時，接觸到地方、區域和全球網路也使得女性可以超越她們的現實人際關係網絡，進入到區域和全球虛擬網路（cyber networks）中，使她們可以跟全球的網民進行虛擬交流。在一定程度上，互聯網的使用把女性從個人生活的區域範圍中解放出來，把她們帶入到世界範圍，使得地方知識和全球知識得以交匯。現在這個過程已經被嵌入到虛擬結構（cyber‑structure）中，讓所有人都可以參與其中。

虛擬網路，虛擬自我（cyber selves）
和虛擬聯結（cyber bonds）

伴隨着各種形式的社會化和交流，一個虛擬社區或者説是虛擬網路在用戶之間建立起來。Castells 認為，立足於互聯網的社會化過程只是局限於一小羣用戶，基本上是十幾歲的青少年，他們正處在建構和形成各種身份認同的年齡（Castells，2001：118）。

雖然年輕人的確是這種資訊技術的擁護者，但其他年紀更大一點的年齡羣和社會羣體，如女性和少數族羣現在也利用互聯網去爭取達到各類功利性和社會性的目的。互聯網（特別是電子郵件）的使用亦能加強朋友之間的社交交流，尤其在較高社會階層的羣體中非常流行，因為他們的朋友分散在世界的不同角落（Castells，2001：119）。

　　然而，還有問題尚未得到解決：網友（cyberfriends）和網民所形成的虛擬網路可以在多大程度上滿足他們的社會和個人需要，以及這些虛擬網路可以維持多久？普遍的看法是，由於前面提到的多種原因，使得憑藉虛擬空間所結交的朋友只能存在於虛擬空間裏。此外，網民的興趣亦會根據網路新興的潮流導向和可供討論的話題而變化，他們可能採用多個人物形象和身份，隨着興趣的變化而變化自己的形象，甚或經常從一個網站跳到另一個網站，尋找新的興趣點和新的網友。這種虛擬關係一方面限制了持久性社會關係的建立，另一方面也是一種解放的力量，促發一種短期卻多樣的虛擬交往關係。這種社會交往是否更適合現代社會的個人需要？我們是否正在見證那種強調質量和持久性的舊式社會關係的消逝？我們是否正在目睹一種短期的濃烈關係的出現？在這種關係中，即時的滿足是兩個人或者兩個以上的人之間的通常做法，而這恰好就是各種虛擬關係所提供的。

　　虛擬關係除了它所具備的社會性本質之外，有時為了特定的目的，往往會變得非常功利和實際。根據我們的調查發現，網民之間交往的基本着眼點通常不是在於建立一套社會關係；相反，他／她們要建立的是基於共同目標和共同社會經歷上的特定資訊或者交往需要。例如，瀏覽健康和美容網站的女性都對這兩類資訊有興趣，經常在網站中交流和交換相關的資訊。因此，在登錄瀏覽這類網站的網民中形成的虛擬聯結一般是較集中和範圍較小的。

　　我們的調查發現，女性虛擬網路既可以開放和流動，又可以封閉和集中，還可以既開放和集中。除了個人化的虛擬網路，網路的邊界始終是相對開放和流動的，一般可以通過公開的門戶網站登錄，又或可以通過加入成為會員而登入。加入會員使會員有一種排他的感覺，可以設想會員之間可以基於共同的興趣進行交往，當然事實或許並非如此。一般來説，每個華人女性會同時成為多個虛擬網站的會員，每個網站可以滿足她某一個特定需要。

　　這些不同類型的虛擬網站之所以產生，是因為不同女性的不同需求。這些需求在很大程度上受到消費者的階層和教育狀況，以及她們對所使用的互聯網角色的理解和期望所影響。一般來説，使用互聯網的女性大多是受過中等以上教育的中產階層。在很多情況下，獲得硬體也是她們可以使用互聯網的一個重要考慮因素。那些自己有個人電腦在家裏經常使用互聯網的女性，比那些沒有這些條件的女性建立更多的虛擬網路關係。那些可以到網吧上網的女性比那些沒有這個條件的女性更有可能建立某些形式的虛擬網路關係。

虛擬網路可以按照網站上見到的會員訪問參與率進行排序。根據這些女性的參與程度，這個序列可分成三類：從被動的到有回應的，再到高度活躍的："被動"是指女性登錄該網站獲取資訊；"有回應"是指那些女性提出問題和徵求資訊並且得到回應；"高度活躍"是指不僅僅是回應網上的問題，而且針對網上的帖子經常進行討論。在一個高度活躍的虛擬環境中，通常有一羣女性在論壇中交流她們的觀點、思想、建議、資訊等等。這種交往一般都只停留在網上，只有一小部分人試圖把虛擬交流轉化為現實生活中的面對面交流。

綜上所述，或許可以說明的是，隨着虛擬空間的發展，華人女性網民形成了各種類型的虛擬網路和虛擬社會聯結，每位女網民可能會同時擁有幾套不同的網路關係；而她們之中的一些人可能會把這些線上關係進一步轉化成現實生活中的面對面交往的社會網路和社會關係。一旦這個轉化發生，虛擬網路便跟社會網絡融合在一起，網民就成為現實生活中的朋友。

但是現在出現的情況是，超越虛擬空間，把不同的虛擬網路和虛擬社會關係轉化為個人的現實社會關係和朋友，需要網民克服"走出"虛擬空間進入真實生活的心理障礙。要做到這一點不是很容易，因為許多網民在網路上裝扮出各種人物形象，"走出"這些虛擬形象可能會因為跟真實相差太遠而引起緊張。而且，裝扮出各種人物形象預示着"真實"的自我寧願躲藏起來，以便讓另一個虛擬的自我盡情表現。在這個意義上，虛擬空間的匿名性是產生各種在真實社會環境中不可能產生的關係的必要因素。因此，這些網路只能在虛擬空間裏找到欣賞的人。任何想轉化這些網路結構的努力都會給線民的"真實"自我帶來麻煩，因為這兩種自我在真實空間和虛擬空間中可能互相衝突（LeVine，1982；Morris，1994）。

這裏可以假設的是，這種虛擬關係不可能大規模地輕易超越虛擬空間的邊界。雖然在個人層面上，某些致力於把虛擬關係轉化為真實社會關係的網民的個人生活中可能會發生低層次的轉移。

形成中的虛擬資本（cyber capital）

Bourdieu（1986）、Coleman（1988）、Lin（2001）、Portes（1998，2000）和其他學者已經非常詳盡的闡述了社會和文化資本的重要性以及個人如何通過佔有這些資本而在社會和經濟領域獲得成功。社會和文化資本也有助於個人適應新的環境和跟其他人建立關係網絡。同樣，可以說，互聯網已經成為那些掌握上網知識的人的一項重要虛擬資本。

不同類型的用戶運用不同的方式來運作虛擬資本。最簡單的形式是透過上網，使用互聯網獲取資訊；有些人會利用論壇交流，在各類話題的討論中展示自己的觀點，點評他人的看法；也有人創立網上日誌／博客（blog），記錄有關自己的事情或者發表對其他公眾關注事件的意見，引發網民的討論，有一些技術人員專門為公眾建立網上日誌和網站，他們是網管（webmaster）。這些不同的網民群體對網路技術有不同程度的技術性理解，具有不同的上網興趣，他們可以說佔有某種類型的虛擬資本，跟那些沒有這些資本的人比起來處於一個令人羨慕的位置。他們可以為自己聚集虛擬友誼，建立虛擬網絡關係。總之，佔有虛擬資本使網民有更多辦法（包括建立溝通渠道和資訊搜集）去應付各種問題。

由於互聯網已經成為一種不可或缺的日常工具，那些在不同程度上佔有虛擬資本的人比那些沒有虛擬資本的人更有競爭力。最近，男性互聯網用戶和女性互聯網用戶的比例縮小了很多。在美國，根據 Nielsen 的網上調查（Nielsen NetRatings），51.7% 的互聯網用戶為女性。英國的情況也差不多：根據 IT Facts 從 2000 年到 2005 年，英國上網婦女人數從 39% 增長到 63%（IT Facts，2005）。在 2001 年的一項調查中，亞洲網路用戶中，女性佔 40%（Sina，2002）。在中國，女性互聯網用戶現在佔互聯網總人口的 39.1%；在香港，女性網民的比例是 49%；在新加坡是 47%（Hafkin，N.，—2003），在台灣是 49.1%（新浪網，2003）。雖然在亞洲地區有愈來愈多女性使用互聯網，但是在全世界和每個國家內部，使用和獲取數碼科技（digital technology）的男女比例仍然分佈不均。可以肯定的是，這種技術對年輕和中產女性較為有利。因此，虛擬資本的獲取還是局限在中產女性之中。

在一些亞洲國家和城市，例如新加坡和香港，已經開始努力把網路技術普及和推廣到普羅大眾，包括那些社會低層人士。這種做法是基於這樣一種信念：數碼時代（digital age）已經來臨，數碼技術將成為現代生活的主導裝備。在這些地區，政府已經花費了大量資金把數碼技術推廣到民間。在這種情況下，學生和學校成為虛擬革命（cyber－revolution）的對象。同樣，社區中心和公眾場所也安裝了電腦，企圖讓公眾接觸到這種技術。電腦愈來愈成為一種必不可少的家庭用品。這些地區的政府認為，佔有網路資本不僅是一種優勢，而且對現代發展和在全球範圍內跟其他國家和地區競爭非常重要。簡而言之，在一個後工業社會，進步和現代性跟虛擬世界緊密結合在一起。

我們調查中的被訪女性也承認，出於各種原因，佔有網路資本很重要，因此願意獲得這種技巧和資本。從功利的角度上來看，佔有這種技巧有助於個人進入白領工作行列，並在職業層級上獲得晉升。現在的工作場合都把網路資本看作是必需的，而不是額外的能力。而在社會和政治層面，網路資本所帶來的網路社交溝通也大大拓展了現有的社會人際關係。雖然年輕人可能發現掌握這種新技術非常令人興奮，但是中年和老年女性通常會發現掌握數碼技巧是一個令人生畏的挑戰，很多人覺得難以把握。

個案分析：香港與上海地區女性
使用互聯網的比較研究

在接下來的這個部分，我們將對香港和上海兩地華人女性使用互聯網的情況進行比較分析，以此來探討不同地區的女性如何把互聯網作為一種工具來使用，以求獲得她們所需要的社會資本（social capital）和社會網絡（social network），並將虛擬空間擴大並轉換成她們的社會空間。

在實際調查的過程中，我們採用了兩種研究方法。首先，我們透過上網瀏覽各種專門網站，閱讀博客（blog）和聊天室來大概了解兩地女性網民對甚麼網路內容最感興趣。

第二是通過量化研究的方式，做一個有關兩個城市華人女性的隨機問卷調查。從 2003 年 11 月起至 2004 年 5 月，在為期半年的調查時間內，在香港和上海兩地總共派發了 300 份問卷：其中，上海地區派發了 100 份，有效回收 99 份；香港地區由於參與者反響熱烈，共派發了 200 份問卷，並全部有效回收。受訪對象是涵蓋各個年齡層的女性網民，包括大學生、公司白領及家庭主婦等。

　　我們的問卷調查主要集中在以下四個主題：

一、互聯網使用 —— 有關使用頻率、使用時間、調查物件在家裏還是網吧上網等等；

二、互聯網作為資源工具 —— 可供選擇的資訊信息類型包括以下幾項：

　　新聞和時事

　　找工作

　　美容和時裝

　　教育

　　友誼和婚姻

　　性和臨時關係

三、網路文化和人際關係建構

四、對互聯網的整體使用

　　調查結果顯示，互聯網已經在那些年輕、趕潮流並受過一定教育的人羣的生活中扮演了重要的角色。在我們所研究的滬港兩地華人女性網民羣體中，超過 80% 是年齡介於 18 到 35 歲之間的年輕人，她們瀏覽各種資訊，跟包括朋友和陌生人在內的各種人交流。而在這些網民當中，教育程度達到高中至大學本科的比例最高。表 12.1（頁 202）顯示，約有 40% 的香港被訪者擁有初中至高中畢業文憑，而 37.5% 的香港女性網民受過大專、大學本科甚至碩士或以上的教育。

表 12.1　香港受訪者的受教育水平

	教育程度	人數	百分比	有效百分比	累積百分比
	未提供數據	43	21.5	21.5	21.5
	小學	1	0.5	0.5	22.0
	初中	36	18.0	18.0	40.0
有效參數	高中	45	22.5	22.5	62.5
	大專	39	19.5	19.5	82.0
	本科	30	15.0	15.0	97.0
	碩士或以上	6	3.0	3.0	100.0
合計		200	100.0	100.0	

　　上海方面的情況可從表 12.2 中看到，約有 40% 的上海被訪者擁有高中至大專文憑，而擁有大學本科直至碩士或以上的教育水平的線民則超過 58%。

表 12.2　上海受訪者的受教育水平

	教育程度	人數	百分比	有效百分比	累積百分比
	高中	15	15.2	15.3	15.3
	大專	25	25.3	25.5	40.8
有效參數	本科	54	54.5	55.1	95.9
	碩士或以上	4	4.0	4.1	100.0
	合計	98	99.0	100.0	
遺失數據		1	1.0		
合計		99	100.0		

　　我們的調查同時亦發現，大多數滬港兩地女性網民的家中都有網路連接。上海的被訪者中，84% 的人有個人電腦；而在香港，這個數字是 75%。相比世界上其他的發達國家的人而言，這些數字表明很高的電腦佔有率，並由此直接影響到這些網民的上網頻度：上海的被訪者中，大概 48% 的人每天上網，28% 的人一個星期中會上網兩三次；類似的，在香港，49% 的人每天上網，17% 的人一個星期中會上網兩三次。

　　另外，根據我們的調查結果，在使用互聯網的歷史方面，香港的女性網民普遍比上海女網民年數久，這或許是由於上海地區互聯網普及運用相對較晚的緣故。表 12.3 顯示，19% 的香港女性網民從 1－3 年前開始上網，26% 的被訪者網齡達 3－5 年，而 24% 的人上網歷史已有 5－8 年。

表 12.3　香港受訪者使用互聯網的年限

	使用互聯網的年數	人數	百分比	有效百分比	累積百分比
	未提供數據	43	21.5	21.6	21.6
	少於 1 年	6	3.0	3.0	24.6
	1－3 年	38	19.0	19.1	43.7
	3－5 年	52	26.0	26.1	69.8
有效參數	5－8 年	48	24.0	24.1	94.0
	8－10 年	8	4.0	4.0	98.0
	10 年以上	2	1.0	1.0	99.0
	其他	2	1.0	1.0	100.0
	合計	199	99.5	100.0	
遺失數據		1	0.5		
合計		200	100.0		

而在上海地區的被訪者中，差不多近半數（47%）的女性網民表示她們開始使用互聯網才是最近 1－3 年的事，網齡達 3－5 年的被訪者佔 39%，而上網超過 5 年的僅佔 8%。（參見表 12.4）

表 12.4　上海受訪者使用互聯網的年限

	使用互聯網的年數	人數	百分比	有效百分比	累積百分比
	少於 1 年	6	6.1	6.1	6.1
	1－3 年	46	46.5	46.9	53.1
有效參數	3－5 年	38	38.4	38.8	91.8
	5－8 年	5	5.1	5.1	96.9
	8－10 年	3	3.0	3.1	100.0
	合計	98	99.0	100.0	
遺失數據		1	1.0		
合計		99	100.0		

我們的調查顯示，大多數滬港兩地女性網民都對互聯網有很高的評價。在香港，有 67% 的被訪者認為互聯網在她們的日常生活中扮演着重要或非常重要的角色，而在上海持有類似看法的女性網民佔 71%。

我們對香港和上海的華人女性使用互聯網情況的研究發現，滬港兩地華人女性愈來愈多的使用互聯網，並基於各種目的把互聯網作為一種工具來使用。這些用途可以歸納為以下幾類：

互聯網作為獲取資源的工具

華人女性用互聯網獲得各種知識，特別是那些她們無法在現實社會環境中找到的。大陸的華人女性尤其如此，因為那裏的資訊通常是有限制的，不那麼容易獲取。她們也用互聯網搜索招聘機會和購物資訊。

在問卷調查中，我們要求被訪者按照重要性的不同程度為各類上網獲取的資訊類型排序。結果顯示，新聞和時事是兩地女性上網搜索的一項重要內容：33% 的香港女性將其歸為上網的頭等大事；而在上海，63% 的被訪者有類似看法。

兩地女性透過上網來搜集最新的新聞和時事，這跟全球的年青人都上網看新聞而不看報紙的趨勢一致。導致這個趨勢的因素有很多，一是網路能提供最新最及時的新聞；二是女性可以更加方便地瀏覽到來自不同國家和地區的各種電子新聞，而不必局限於一兩份印刷報紙，從這一點來看，相對地方化而且覆蓋範圍小的傳統印刷媒體而言，閱讀電子新聞可以讓世界對網民開放；第三，互聯網節省時間和成本，特別是在購買需要快遞但資訊過時的國外報紙方面；此外，對上海用戶來説，上網提供了一個方便而獨特的途徑去獲得無須經過國家審查、管理、包裝和美化的新聞。

互聯網的第二個用途是搜索有關教育方面的資訊。我們的調查結果顯示，高達 42% 的香港女性將教育列為上網的重要理由；而在上海，這個數字則為 22%。教育之所以成為另一個熱門搜索話題，是因為互聯網不僅可為那些計劃出國留學的人提供相關資訊，還能幫助大中專學生透過諸如 Google 和 Yahoo 之類的搜索引擎為學校佈置的專題研究課題查找資料。

此外，美容和健康類資訊也很受女性網民關注。有趣的是，在這方面，香港和上海的互聯網用戶之間存在明顯差別：隨着大陸的經濟騰飛和白領工作機會的增加，大陸女性開始更加注重個人的形象和健康。我們的調查顯示，有 36% 的上海被訪者將美容、健康作為她們上網搜尋的重要內容之一；但在香港，這個話題似乎並不那麼熱門，只有 8.5% 的女性認為通過互聯網收集美容和時裝資訊是她們打造個人形象以增加吸引力的重要途徑。原因可能是在香港，健康和美容方面的資訊到處都有，對此有興趣的女性可以通過很多方式獲得。很多社會名流、白領和高高在上的女主管都把平面印刷雜誌作為資訊的首要來源。這些平面雜誌提供時尚趨勢和化妝品的最新資訊，也提供甚麼是美，如何變美的資訊。

互聯網作為交流工具

我們的調查發現，愈來愈多的華人女性正在使用互聯網進行線上交流，特別是使用電子郵件等。此外，與網友聊天甚至尋找潛在的結婚對象也是兩地女性使用互聯網的目的之一。

在問卷調查中，我們提出了一系列問題，希望發掘兩地女性如何利用互聯網去建立虛擬的和現存的社會關係。調查結果表明，透過互聯網認識網友是滬港兩地華人女性上網的目的之一：被訪者中無論單身還是已婚的女性都認為上網是認識異性和發展短暫關係的重要途徑。儘管單身女性擁有網友的比例比已婚女性大很多，但兩個羣體中均有超過三分之二的人曾在現實生活中會見過她們的網友。

當然，成為虛擬社區的會員，並定期上網聊天是女性網民們另一個更加普遍的做法。調查顯示，滬港兩地均有超過 70% 的被訪者擁有聊天室賬號。關於線上聊天的主題廣泛，但研究發現，兩地女性在聊天內容及形式方面有很大差異：香港女性聊天主題比較固定和均衡，平均超過 45% 的聊天關於新聞和時事、找工作、美容與健康和教育，56% 的跟友誼和婚姻有關，只有 38% 的話題跟性有關。相比之下，上海女性似乎不願意上網聊天，超過 70% 的人沒有回答有關聊天內容的問題，尤其是性方面的問題；而在回答該問題的人中，大約 15% 的人說她們討論的話題涵蓋時事、友誼和婚姻，只有 3.6% 的人提到她們談論"成人"話題，例如婚前性行為、跟異性的性關係和性偏好。

由此看來，香港女性在使用互聯網作為交流工具的時候更加自如，她們比上海女性聊天更加自由。 這一點也可以從她們比上海女性更加自由的觀點、自信的態度和大都市的眼界中反映出來。香港女性更加開放的態度也反映在她們願意就個人事務跟其他人分享觀點。

相比之下，上海女性更加保守和害羞，迴避那些本質上屬於個人的問題。 這一點歸結於幾個原因：一是她們通常都不樂意表達自己的看法；第二，可能歸結於"擔心文化"，害怕國家機構收集那些可以用來針對個人的資訊；第三，可能是她們對大陸的網路監控無能為力，對迫害的恐懼阻止她們在網路交流的時候表達她們的想法。

互聯網作為記錄個人生活經歷的工具

網路日誌/博客已經成為一種記錄個人經歷的重要方式。我們的調查發現，兩地華人女性（尤其是香港女性）熱衷於虛擬空間所帶來的自由和釋放的感覺，因為她們可以公開跟其他人交流和分享他們的個人經歷和感受。

互聯網作為新的聲音

我們的調查也發現，滬港兩地（特別是香港地區）華人女性也用互聯網在社會和政治活動中不斷擴大自己的聲音。眼下各種女性非政府組織（NGOs），包括女性組織羣體、女同性戀等，均或多或少利用這種新的媒體去爭取平等、更好的待遇和非歧視政策。

由此我們得出結論：一個基於網路的虛擬社區正在形成。網路作為一個虛擬空間，對那些想獲取資源和編織網路資源的女性而言，已經成為一個重要的社會空間。那些有能力和資源去使用網路的人，可以控制網路作為一種重要的社會資本來源去滿足他們的個人利益。這樣，他們可以打破現存的社會化過程和社會結構，並憑藉各種不同的社會關係組合獲取力量。

邁向女性化的數碼未來（feminised digital future）

絕大多數女性，包括華人女性，對互聯網的日常運用創建了一個虛擬空間，這個空間為女性獲取知識、資訊和交流提供了一個良好的平台。這個女性化的虛擬空間從多大程度上可以被當作是將女性思想和思維方式從傳統的男性體系中解放出來呢？學術界對這個問題的看法各異：有些人認為女性在這個虛擬空間裏扮演着一個被解放的角色，他們覺得互聯網把女性從傳統束縛中解救出來，特別是在性取向和性行為方面。同時，虛擬空間也讓女性在交朋友和選擇配偶或者伴侶方面獲得主導權，因為她們可以在虛擬社區裏跟其他人相對自在地交流和聊天，而不用擔心被其他人訓斥。此外，虛擬空間也為那些希望隱藏自己的真實社會身份的人提供了匿名的機會，使他們可以藏身於虛擬形象的背後（Adam & Green，1998）。另外，虛擬空間也促成了思想的流動和女權組織的發展，以及使各種女權組織在一個國家之內和在全球範圍內組成聯盟（Hall，cited in Adam & Green，1998），通過有策略和技巧地使用互聯網，女性可以更好地表述她們的意見和想法，維護和爭取她們的權益及目的，乃至超越傳統社會體制而獲得解放（Klein，1999）。

而其他學者則認為，互聯網本質上仍是男性導向，它非但不會解放女性，相反，還會把女性局限在現存的男性結構中（Lie，1995）。互聯網中關於婚姻和性的網站已經證明女性的身體如何繼續被男性消費。事實上，因為互聯網本質上是全球性的，又方便好用，所以跟傳統媒體相比，互聯網對女性身體的開發更加迅猛。然而，也有人把互聯網看成一個中性的、不分性別的空間，不論男女都可以從網上提供的資源中獲益。因此，或許可以認為，虛擬空間的性別取向在很大程度上取決於用戶是誰，他們如何使用互聯網，出於甚麼目的使用互聯網。簡而言之，互聯網的內容支配着它的用戶；但同時，用戶可以要求某些內容以適應他們的需要，並影響那些製作內容的網管，由於互聯網的高度互動性，這樣做是可能的。

互聯網伴隨着電信和數碼技術的興起出現在一個日益全球化和互相連接的錯綜複雜的世界裏。我們今天可以看到，全球資訊在虛擬空間裏不斷增長和流動。在這裏，物質跟虛擬連接起來，真實的和想像的連接起來。在很多情況下，在虛擬空間和社會空間之間的流動沒有甚麼阻滯，也無須事先聲明。然而在其他時候，當這兩種流動互相交錯的時候，也會為線上和線下的人物角色帶來摩擦和問題。這些交集使得真實社會的流動和社會空間與虛擬流動和虛擬空間產生出非常有趣而又複雜的結構。然而，各種類型的真實和虛擬關係是如何嵌入這個複雜結構的，需要我們進一步運用一個新的分析模式去理解和分析。

最後還值得一提的是，由於全球對於數碼技術的需求還在增加，網路商只會不斷製造更多的電腦軟體和硬體來滿足日常消費。跟其他形式的上癮一樣，男性、女性，特別是青年人和孩子，都不約而同的沉迷於線上交流和交往。箇中所引起各種風險值得我們從網路安全的角度進行探討：風險之一是過度沉迷網路遊戲損害網民的身體健康；其他還包括情感和心理方面的創傷。然而，數碼時代的來臨將會不斷在我們生活的社會和虛擬世界裏製造波瀾。正是在這個角度上，我們可以説數碼革命已經到來，將改變我們的交流和交往方式，我們的生活方式以及我們在 21 世紀的身份認同。

參考書目

- 新浪網：〈台灣地區互聯網路發展狀況統計報告〉。http://tech.sina.com.cn/i/c/2003 – 01 – 16/1715161547.shtml，2003 年。擷取日期：2009 年 8 月 13 日。

- Hafkin, N.：Gender Issues in ICT Statistics and Indicators, With particular Emphasis on Developing countries（資訊和通信技術統計和指標中的性別問題，特別側重發展中國家的情況）。http://www.unece.org/stats/documents/ces/sem.52/3.y.pdf, 2003 年。擷取日期：2009 年 8 月 13 日。

- Sina：〈成為數位驕娃：亞洲女性改變中的生活方式〉（http://tech.sina.com.cn/roll/2002 – 12 – 26/1743158145.shtml），2002 年。擷取日期：2009 年 8 月 13 日。

- Adam, A., *Artificial Knowing: Gender and the Thinking Machine.* (London: Routledge, 1998).

- Adam, A. and Green, E., "Gender, agency, location and the information society", in B. D. Loader (ed.), *Cyberspace Divide: Equality, Agency and Policy in the Information Society* (London and New York: Routledge, 1998), pp. 83 – 97.

- Adams, P., "A Reconsideration of Personal Boundaries in Space – Time", *Annals of the Association of American Geographers*, Vol. 85 NO. 2 (1995), pp. 267 – 85.

- Fletcher, B., "Cyberfiction: a Fictional Journey into Cyberspace (or How I Became a CyberFeminist)", in S. Hawthorne amd R. Klein (eds.), *CyberFeminism: Connectivity, Critique and Creativity* (Melbourne: Spinifex, 1999), pp. 338 – 351.

- Haraway, D., "A Cyborg Manifesto: Science, Technology and Socialist－Feminism in the Late Twentieth Century", in D. Haraway, *Simians, Cyborgs and Women: The Reinvention of Nature* (London: Free Association Books, 1991).

- Hawthorne, S., "Cyborgs, Virtual Bodies and Organic Bodies: Theoretical Feminist Responses", in S. Hawthorne and R. Klein (eds.), *CyberFeminism: Connectivity, Critique and Creativity* (Melbourne: Spinifex, 1999), pp. 213－249.

- Herring, S., "Posting in a Different Voice: Gender and Ethics in CMC" in C. Ess", (ed.), *Philosophical Perspectives on Computer－Mediated Communication* (Albany N. Y.: Statue University of New York Press, 1996).

- IT Facts. 2005. "63% of UK Women Use the Internet." http://www.itfacts.biz/63－of－uk－women－use－the－internet/4656, retrieved on 13 August 2009.

- Kitchin, R., *Cyberspace: The World in the Wires* (Sussex: John Wiley and Sons, 1998).

- Klein, R., "The Politics of CyberFeminism: If I'm a Cyborg Rather Than a Goddess Will Patriarchy Go Away", in S. Hawthorne and R. Klein (eds.), *CyberFeminism: Connectivity, Critique and Creativity* (Melbourne: Spinifex, 999), pp. 185－212.

- Kuah－Pearce, K. E. (ed.). *Chinese Women and Their Social and Network Capitals* (Singapore: Marshall Cavendish International, 2004).

- Kuah－Pearce, K. E., "Internet as Social Capital and Social Network: Cyberactivity of Hong Kong and Shanghai Women", in K. E. Kuah－Pearce (ed.), *Chinese Women and the Cyberspace.* (Amsterdam U. P.: Leiden Press, 2008).

- Kuah－Pearce, K. E., "Introduction", in K. E. Kuah－Pearce (ed.), *Chinese women and the cyberspace.* (Amsterdam U. P.: Leiden Press, 2008).

- LeVine, R. A., *Culture, Behavior, and Personality: an introduction to the comparative study of psychosocial adaptation,* 2nd ed. (New York: Aldine Publ. Co., 1982).

- Lie, M., "Technology and Masculinity: the Case of the Computer", *European Journal of Women's Studies,* Vol. 32 NO. 3 (1995), pp. 379－394.

- Morris, B., *Anthropology of the Self: the Individual in Cultural Perspective.* (London and Boulder: Pluto Press, 1994).

- Thompson, M. E., K. A. Gornez & M. S. Toro., "Internet Audience Perceptions of Feminist International Radio Endeavour (FIRE)", *Feminist Media Studies,* Vol. 5 No. 2 (2005), pp. 215－236.

- Wellman, B. & C. Haythornthwaite. 2002. *The Internet in Everyday Life* (Malden, MA; Oxford University Press, UK: Blackwell Publ. Co., 2002).

- Yorgey, Lisa. A., "*Bridging the Gender Gap (Statistics of Male and Female British Internet Users).*" http://findarticles.com/p/articles/mi_hb3450/is_200101/ai_n8218150?cm_ven=YPI, 2001. retrieved on 25 October 2005.

第三部

社會實踐與體制發展

香港婦女運動回顧

蔡寶瓊

前　言

在本文的討論中，婦女運動的定義是一系列自覺的、帶批判意識的社會行動，所針對的焦點是女性在特定社會文化中的生活體驗和所受的壓抑。與另一些分析所採取的較寬鬆的定義比較（黃碧雲，2001；Lee，2000）[1]，本文採用的是較狹義的。

這種自覺的、帶批判意識的婦運並不是任何時空都會出現的。相反，它的出現往往繫於有利的宏觀社會政治因素。再者，當時當地的社會政治發展也影響着婦運所選取的議題、所針對的婦女羣體、其批判立場、行動策略和手法，以至誰參與婦運等等。換一個角度説，分析婦運也可以使我們窺見特定時空下的社會、文化和政治發展狀況與特質。基於這個原因，本章會把香港婦女運動放置在整體的社會文化政治脈絡中檢視。

香港的婦運作為自覺的、帶批判意識的社會行動，是從 20 世紀 80 年代開始的。以下會説到，因為婦運源起自當時已出現的社會運動，所以明顯地帶着當時

---

1. 在黃碧雲和 Ching Kwan Lee（李靜君）這兩篇文章中，婦運的定義較寬鬆，泛指由婦女組成和推動的、為爭取某種婦女權益或保障的社會行動。至於對影響婦女生活的宏觀結構及社會意識則不一定有明顯的批判。

社會運動的特色。我將在本章描繪婦運由出現至今 20 多年來的特色及其變化，包括其內在的動力、外在的環境如何影響以至形塑它的發展，以及其種種吊詭和矛盾。希望讀者在讀畢全文後，不但會明白婦運的發展經過和訴求，也可以看到婦女運動與整個社會發展的互動關係。

婦運的背景 —— 香港社運的發展

在未敍述婦女運動之前，先鋪陳一下香港社會政治變化和社會運動的發展。根據社會學學者呂大樂的分析，20 世紀 80 年代中期是香港政治發展的一個重要分水嶺（Lui，1997）。在此之前，殖民政府的所謂"諮詢型民主"其實是一個相當封閉的政治體制：政府的諮詢對象只限於社會的精英階層，而且主動權完全在政府的掌控之中，因為只有政府才有權決定誰會被諮詢。[2] 在這種情況下，基層的訴求，包括在資本主義擴張下"市區重建"遷拆浪潮中受影響的居民以及工人的申訴，在既有的制度下並沒有任何管道得以表述和確認，更遑論政府會在推動政策上作出調適，結果這些訴求就只有通過零星的抗議行動來爭取。在 70 年代這 10 年間，通過這些抗議行動而衍生的組織漸次出現，包括 1972 年成立的社區組織協會和 1974 年成立的香港教師專業人員協會等。呂大樂總括這 10 年的發展為一個"社會運動工業"的冒升，意思指在殖民政權下，一個較"專業"的反對力量已形成，並以一種代表基層利益的"壓力團體政治"姿態出現（Lui，1997）。

80 年代香港政治局面發生了重大的變化：1984 年中英雙方關於 1997 年主權移交安排的談判結束後，殖民政府作出一系列的政治改革，首先是 1985 年引入區議會普選，然後是 1991 年底開放部分立法局議席作普選。這些改革帶來一個全新的政治的局面，既有的壓力團體或組織很快就被新冒升的政黨吸納。一方面，區議會和立法局選舉成為政黨工作和動員的新焦點，與此同時，政黨的關注點從個別民生或羣體的實際利益逐漸轉移到九七後政制，尤其是民主政制或代議政制的建立。政制成為新的政治爭論軸心 —— 一方是"務實"的"親中派"，主張

---

2. 見 King，1981。在這篇文章中，金耀基用"行政吸納政治"一詞來形容這種香港獨有的政治制度。

接受中方將會設置或首肯的回歸架構，而另一方是要爭取建立民主政制的"民主派"。再加上 1989 年的"六四"屠殺，這個政治分化就顯得更加明顯。由於無論回歸前後，香港的政制仍然只是一個"有限民主"的行政主導政體，所以政黨只可論政，長期做沒有實權的"反對黨"，並因此與基層組織的運動仍然保持一定程度的關係。不過，政黨長期無實權這事實亦凸顯了它們的軟弱無力。與此同時，政制爭拗和中港關係也消耗了政黨大部分的精力，到了 90 年代末期，基層的政治抗爭已無形中在社會運動中被邊緣化（Lui，1997）。

　　與 70 年代居民權益及工人利益的爭取，以及 80 年代的政制爭論比較，婦運無疑是一個更邊緣的運動。不過，婦運與所有這些社會運動都有着密切的關係，而且繼承了早期社會抗爭的"薪火"。到了 80 年代，它與爭取民主的運動唇齒相依，因此，在上述"親中"、"民主"兩派的政制爭拗中，婦運各團體也不能置身事外。不過，呂大樂批評政黨爭拗"淘空"了基層（例如被遷徙的居民、工人等）政治抗爭的現象，在婦運卻沒有出現。婦運的議程雖然沒有成為大眾注意的焦點，不過，它 20 多年來不但堅持婦女及女性主義的議題，更且不斷探索和拓展新的討論領域，表現出女性主義運動極高的自省能力。到了今天，婦運從關乎特定婦女羣體福祉的議題，明確及有意識地伸展到小眾爭取權利的關注，因此也聯繫到人權運動。

婦運的 "薪火"

　　上面說過，本文所採用有關婦女運動的定義較為狹窄，嚴格地指對影響女性生活的宏觀結構及意識作出批判的運動。在香港，這種運動可說是從 20 世紀 80 年代才開始。至於在此之前，爭取關乎某些婦女羣體利益的抗爭確實是出現過的，包括戰後 10 多年間的廢妾運動、20 世紀 60 至 70 年代的男女公務員同工同酬抗爭，以及 70 年代後期開展的反強姦運動等（黃碧雲，2001；Lee，2000）。不過，這些抗爭並沒有以上所說的批判意識，故此不在本文討論範圍之內。

　　20 世紀 80 年代出現的婦運的宏觀批判意識，其實不是偶發的，而是扎根於 70 年代出現的種種社會抗爭和與這些抗爭有緊密連繫的學生運動。80 年代中、後期，香港首次出現帶有清晰女性主義意識的團體，包括新婦女協進會（簡稱"婦進"，

1984 年成立)、香港婦女基督徒協會(簡稱"女協",1987 年成立)和香港婦女勞工協會(簡稱"女工協會",1989 年成立)。我曾訪問這些團體的創會或早期會員,發現她們都有這些抗爭或社會運動的經驗,而這些經驗,很大程度模塑了她們日後在婦運所開拓的道路。[3] 就她們的社會運動經驗,大致可以分三方面來說:

一、宏觀社會批判 —— 幾位受訪者都曾經通過參與社會或學生運動培養出一個宏觀的社會批判思考視角。其中兩位婦進的創會會員 —— 阿儀和阿娟[4],早於唸預科時就參加了一個由大專學生組織的"文化行動組"(簡稱文行組),學習引入西方的新左(New Left)理論去進行香港大眾文化批判,由是培養出批判意識和理論分析能力。用阿儀的說法:"文行組幫助自己看事物時 critical(帶批判性)些,同時使自己覺得需要一個理論的分析基礎等等"[5]。

婦進另一位早期會員阿慧在中學時期就參加了一個名為"青年基督徒學生"(Young Christian Students,簡稱 YCS)的聯校組織,開會時討論的都是有關教育政策層面的問題,不會只談個別學校事件。後來 1976 年發生筲箕灣愛秩序灣村(一個生活條件極惡劣的漁民聚落點)大火[6],"我們(YCS)又會覺得要去關心一下,會開始有這些社會意識的培養,所以入大學後很快就參與關社(關心社會)運動。"同樣地,上面提過的阿娟在中四時參加了一個名為"基督生活團"的組織,"summer camp(夏令營)就講聖經,有些已畢業的人來參加⋯⋯他們在教會受過(思想)衝擊,(入營後)就講拉丁美洲解放神學這些東西,將一些貧窮觀念、階級鬥爭等觀念帶進來,我開始覺得有些受啟蒙"[7]。

在訪問中最能清晰地概括這一代婦運先鋒的社會批判意識的,大概是女工協會的 Anna:"我在 70 年代末期'艇戶事件'[8] 開始接觸社會運動。我〔1978 年〕入大專,那時有參加社會服務⋯⋯開始接觸時已經是'艇戶'後期⋯⋯**那時開始看到**

---

3. 本文這一節和下一節(基督教組織與教義的影響)的大部分資料曾在筆者早年一篇文章出現,見蔡寶瓊(1997:318 – 359)。這篇文章所用的資料,來自於 1995 年 7 月至 9 月期間的個人訪談。
4. 本節和下一節所用的都是化名。
5. 訪談進行於 1995 年。
6. 當時大學生組織參與救災,見香港專上學生聯會(1983:131)。
7. 訪談進行於 1995 年。
8. 油麻地艇戶因居住環境惡劣,由 1977 年底至開始,向政府要求安置,經多次抗爭,結果於 1979 年,居民被遷至偏遠的屯門。詳情見香港專上聯會(1983:161 – 162)。

社會資源分配和權力問題，又會見到階級問題……以前自己都有做義工，'好心' 的那種……去到那階段就看到 structural（結構性）的問題"（黑體為筆者所加）[9]。

二、"外圍抗爭"手法的鍛煉—— 社會或學生運動為婦運的先行者建立宏觀社會批判視角的同時，亦為她們提供鍛煉抗爭策略、積累抗爭經驗的機會，對日後婦運發展有一定的模塑作用。上面提到中學時期已經從學生組織中接觸社會批判思想的阿儀，中學畢業後不久就以一個沒有專門訓練的福利員（welfare worker）身份，在一個由海外組織資助的公屋社區發展計劃工作。20 世紀 70、80 年代，由於香港資本主義的急促擴張，階級矛盾在土地使用問題上清晰地暴露出來，並因為政府的介入，演變成為此起彼落的居民運動（呂大樂、龔啟聖，1985），而社會福利界也出現了支持這個運動的"社區發展"（community development，簡稱 CD）理念和行動。初出茅廬的阿儀，也就順理成章地參與這項工作，從而積累社運經驗：

"做些 front-line（前線）的東西，請願啦、組織啦……自己一個人，這樣又訓練自己，因為我整個 life experience（生活經歷）不是這樣的。我中學時是'乖乖女'，讀書時期從來不出去玩……到做 CD worker（社區發展工作者），自己拿咪（咪高風）去喊，那時甚麼 resources（資源）都沒有，直接去（屋村）走廊、空地 call（叫）居民出來，開居民大會。整個經驗很不一樣。加上有時很晚才回家，又自己一個人，對自己是很大的鍛煉[10]。"

女工協會的 Anna 讀大專時積極參加社會運動："我讀書時是做艇戶、馬仔坑[11]那些（運動），學生團體聲援我又一起去坐（靜坐）、一起睡街邊（通宵抗議）呀那些。總之有行動我就去。"上面提過的阿慧，用以下的話總結社運經歷對她後來推動婦運的影響，而這些經歷也是她同一代婦運先鋒所共有的："我唸書時搞運動，建立了一個基礎讓我們（後來）去搞婦運會組織起來，覺得需要通過一些行動形式——**集體行動模式**——去爭取一些東西；以及 train（訓練）到 skill

---

9. 訪談進行於 1995 年。
10. 訪談進行於 1995 年。
11. 1979 至 1981 年，馬仔坑安置區居民先後三次進行要求合理拆遷的抗爭（呂大樂、龔啟聖，1985：61，69-70）。

（技巧）——組織的 skill"（黑體為筆者所加）[12]。

　　這種在建制外的抗爭手法和策略，我稱之為"外圍抗爭"，起源於弱勢羣體——貧民區的居民、工人，以至某階層的婦女羣體——在相對封閉的政治體系中完全沒有發聲的位置和力量，在資源匱乏的情況下，盡量發揮個人的遊說及組織才幹，企圖向建制施加壓力，以達到抗爭的目的。這種"外圍抗爭"的手法，自 80 年代開始至今，都仍然是婦運團體慣常使用的。

　　三、對基層的認同，以及"以基層界定本土"的意識——社運和學運的歷練給後來婦運的始創者留下另一個烙印，就是對社會基層（草根階層）的認同和立意改善他們處境的一份使命感。年紀輕輕就參與社區工作的阿儀，對那時期的工作做了這個總結："70 年代到 80 年代期間，CD 比較活躍，令到通常做 CD 工作的 worker（社工）比其他做 centre（中心工作），或者做 casework（個案工作）的 worker 多一份使命感，覺得除了做一份工外，還要參與社會改革，去推動社會進步，有這個心願"[13]。

　　女協的始創人之一 Margaret 也在 80 年代接受教會組織的邀請，到九龍一個老徙置區，以堂會幼稚園校長的身份，進行社區工作。用她的話，就是使貧民區的人"改變自我形象"，而這工作，是源於"一個新的 human development concept（個人發展概念）。"作為基督徒的她，這種社區工作經驗為她鞏固了對基層人士的認同："這些 involvement（參與）給我一些信念、一些做人和信仰的基礎：應該要與有需要的人、貧窮和被壓迫的人站在一起。這個信念對我影響很大"[14]。

　　在香港後殖民的處境中，對基層的認同很巧妙地成為本地女性主義運動一個"本土化"的標誌。這一點要從更早的時期說起。其實，早於 20 世紀 40 年代，帶有明顯女性主義意識的組織已在香港出現，那就是香港婦女協會（Hong Kong Council of Women，1947 年成立）。這個以西人（主要是英國人）專業人士為主的組織，於 80 年代銳意本土化，例如成立為受虐婦女及其子女提供庇護的"和諧之

---

12. 訪談進行於 1995 年。
13. 訪談進行於 1995 年。
14. 訪談進行於 1995 年。

家"（1985 年成立），和同年在長沙灣設立香港婦女中心協會等。[15] 不過，在 80 年代以前，中上層的華人婦女對挑戰父權制度的女性主義運動興趣不大，而到了 80 年代，新一代的華人婦女卻選擇另起爐灶，成立本地組織，包括婦進、女協等，來推動婦女運動。

對於新一代華人女性主義者來說，本土化的確是她們一個重要的議題。從她們的敘述中可見，所謂"本土化"，其一就是在語言、文字和文化層面上的本土化。婦進的阿娟解釋她們這一輩女性主義者當年不接受香港婦女協會邀請加入，正因為這方面的因素："我們覺得香港婦女協會用很多英文：開會、寫會議記錄等等。可能是因為有外籍會員的緣故，所以以英文為主。我們卻覺得應該重新用自己的文化。（我們）成立婦進有一個意識，那就是搞一個本土化的婦女組織"。[16]

這個"用自己的文化"的意願，不獨出現於婦進，其他婦女組織，包括女協以及 1995 年成立的女性另類性愛組織——姊妹同志——也莫不如此。在這點上，女協的 Margaret 強調她們是"一個本地基督徒婦女會，不是外國人的。本地人與外國人之間是一個交流的關係。我們彼此分享（的議題）是國際化的，但以本地人（的參與）為主。這是健康的關係"。[17] 至於 Queer Sisters 的兩位始創人阿狄和阿欣，曾參加一個名為 Women Like Us 的組織。她們決定離開而另起爐灶的原因，是覺得這組織太過以英語為中心，而且對本地事務缺乏興趣。

除了語言、文字和文化這個層面外，"本土化"還有另一重意義，那就是對社會中草根階層——所謂"基層"——的認同。上面提到 80 年代冒升的婦運團體，因為其始創人來自社運和學運，所以都帶着宏觀的社會批判視角和豐富的社會抗爭經驗，故此自然也對基層社羣有着強烈的認同，就正如婦進的阿慧就這樣總結她們的經驗和取向："成立婦進的一羣人基本上都搞過社運，而搞社運學運的人都有一個很基本的傾向，就是覺得一定要從基層（開始），支持基層，用

---

15. 香港婦女協會於 1995 年結束。至於和諧之家與香港婦女中心協會，則早於成立不久就依香港婦女協會原來的意願成為行政獨立。1990 年代初中東海灣戰爭期間，香港婦女協會內部出現政見分歧，部分成員退會，成立 AWARE（Association of Women for Action and Research）。AWARE 成員有外籍人士和懂英語的華人。
16. 訪談進行於 1995 年。
17. 訪談進行於 1995 年。

class analysis（階級分析）……一開始時我們已有這個取向，那就是在面對婦女問題中一定要首先面對基層女性的問題。如果基層女性問題得不到解決，婦女問題就不能解決"。[18]

我在這裏想進一步説的，是這個基層取向其實也成為了婦運本土化的其中一個重要的標記，是婦運中人用來分辨自己和外籍人士的運動的特質。例如婦進的阿儀和阿娟都不約而同地指出，她們之不同於香港婦女協會，在於後者沒有對基層關注，而婦進則以面向基層、為爭取基層婦女權益為宗旨。至於 Queer Sisters 的阿狄也説，當初她們離開 Women Like Us 的原因，是"她們太多外國人，很 high class，middle class（很高級、中產）"。[19]

後殖時期香港婦運關於"本土"的想像，明顯地是以"回歸基層"為主要元素。這點與香港獨特的歷史背景及其都市發展有着密切的關係。借用周蕾的説法：香港因着其"不可抹掉的殖民污點"，注定它不可能在後殖民時期去追尋一種"中國身份"（周蕾，1995）。再者，作為一個典型的現代化都市，香港也沒有如台灣一樣，有"回歸鄉土"（nativism）的選擇。在這個歷史情景下，70 年代的學運在反殖的過程中，就選擇了認同及"回歸"到被壓迫的工人階級（主流的所謂"國粹派"也選擇回歸社會主義祖國）（Choi，1990）。同樣地，80 年代冒升的婦運，在建構"本土化"的意義時，也作出同一個選擇。

不過，婦運雖然通過回歸基層來建構本土化想像，但婦運早期的團體，例如上述婦進和女協等，初時都是以大專學生或畢業生為骨幹。隨着時間的遷移，這些大學生都晉升中產的專業階層，有不少更當上大專院校的講師、教授等職位，因此其生活體驗和網絡與她們矢志代言的基層婦女自然有一段距離。再者，從一開始這些團體就有強烈的批判取向，故此她們有着十分清晰的"智性"（intellectual）取向。在實際情況下，這些團體就自然地擔當着政策研究、批判以及意識推廣的角色。20 多年來，婦進在這方面的發展尤其突出，到今天已累積了不少政策研究、寫作、出版等經驗及成果。與此同時，婦運內部也出現一些有關階級認同的爭論，主要圍繞着運動是否已遠離基層婦女利益和背棄了原來階級鬥

18. 訪談進行於 1995 年。
19. 訪談進行於 1995 年。

爭的立場（蔡寶瓊，1997：335-6；杜潔麗，1995）。到了 90 年代中期，婦女工運的出現，標誌着婦運發展的多元化，也顯示婦運步入較成熟、豐富的階段（胡美蓮，2001：71-76）。回到婦運從一開始就以"基層"代表"本土"這點上，早期婦運團體雖然朝向智性與中產的方面發展，不過，雖然它們不能說是與基層同行，但它們同情基層、為基層的利益說話這個取態並沒有改變。

基督教組織與教義的影響

婦運團體始創人及成員的訪問有一個意外的發現，那就是基督宗教對婦運的重大影響。[20]綜合來說，這影響有兩方面：教會的組織網絡所提供的機會，和教義的啟發。

因為香港的殖民地背景，基督宗教在這裏的勢力十分龐大。不同宗派的教會緊隨着殖民官員來港建立他們的宣教事業。他們的影響在辦學方面尤其顯着，其後在醫療及社會福利服務提供方面，教會也十分積極。到了 20 世紀的 80、90 年代，以基督宗教為辦學團體的學校約佔全港學校三分之一（Luk，1989），因此，長期以來，在它們的影響下成長的年青人並非少數。

回顧香港歷史，基督教教會對社運的影響也是有跡可尋的。黃慧貞在她一篇分析香港 20 世紀初反蓄婢運動文章裏，也曾指出香港女性華人基督徒的參與（Wong，2004）。回到 20 世紀 80 年代，我們發現不少婦運中人曾享有各基督教教會所提供的全港以至全球的聯繫。例如上面曾提過的阿娟和阿慧，就曾在中學時期分別參加了"基督生活團"和 Young Christian Students。這些覆蓋全港的宗教組織，給這兩個中學生提供了第一次了解及討論宏觀問題，以及掌握社會分析理論的機會。教會也讓年青人接觸到香港以外的世界網絡。阿慧曾做過一份工作，就是替一個國際教會亞洲區會轄下的亞洲婦女委員會搜集資料，因而得以了解亞洲其他地區的婦女勞工狀況和女工的抗爭。與此同時，她也有機會到歐洲學習，並在意大利參與三八婦女節遊行，激發了她投入婦女運動的意願。

女協的 Margaret 與基督教會的關係更加密切，因此也有更多與海外教會聯

---

20. 這裏所謂"基督宗教"，是包括羅馬天主教和基督新教（Protestantism）。

絡的途徑，從而接受新思潮的影響。20 世紀 80 年代初，她有機會出席第三屆世界神學家協會會議，"見到各式人種：拉丁美洲、非洲都有。會中有人推動婦女神學，（我們幾個）代表回來後就說，香港也要搞。" 在訪談中，Margaret 用電腦語言來總結教會網絡對她的影響："教會的好處是有世界性的網絡，給自己的window（視窗）很寬。雖然（主流）教會往往很保守，比世界走得慢……但始終因為網絡寬，所以 Christian identity（基督徒身份）對我日後的發展很有影響"。[21]

同樣地，屬於較年青一輩的婦進成員 Susan（她 1988 年加入）也曾因為教會的職位得以接觸海外事物。她形容自己這些與海外教會推動的社運接觸的經驗為"震撼"。通過會晤幫助被偷運到泰國、染上愛滋病婦女的教會工作人員，以及了解她們對婦女問題的分析，Susan 超越了書本的知識，從而亦體會到婦女問題的跨國性質。在訪談中，Susan 主動提出一個有趣的個人觀察，就是在香港和海外，從事社運的不少都是基督徒。另一位被訪者——參與婦運十多年（包括 80 年代之前參與以西人為主的香港婦女協會）而本身為非基督徒的 Christine——也有同樣的觀察。她說她所接觸的婦運參與者之中，有不少是基督徒。這現象使她開始忖度女性主義是否植根於某一種精神力量（spirituality）。

由這裏我們引入基督教對婦運另一個層次的影響，就是教義的影響。

關於社運中人有不少是基督徒的觀察，Susan 只作一個很簡單的交代："基督徒始終有個講法，就是要公義——愛和公義嘛！"另一方面，Margaret 嘗試較仔細地刻畫她從教義中汲取的養分。她這樣評論基督教在香港社運所扮演的角色："與香港其他民運的傳統不同，基督教的傳統很長，源自基督，又跨越種族，例如南非問題，香港早期反對 apartheid（種族隔離）的，就是 Student Christian Movement（學生基督徒運動）。" 此外，她又解釋她自己作為基督徒參與香港民主運動的原則："我們無建黨的企圖，純粹以基督徒的良知參加，希望引入一個 Christian voice（基督徒的聲音）：就是公義、平等的原則，目標是維護整體的利益"。[22]

Susan 和 Margaret 的話帶出一個重點，那就是基督教教義的"超越性"

---

21. 訪談進行於 1995 年。
22. 訪談進行於 1995 年。

（transcendence）和人道主義精神。後者落實於對弱勢羣體的接納與關懷，而前者則提供一種批判既有政治及社會建制的立足點。這些再加上教義所含的強烈價值取向，如愛、平等、公義等等，無形中為一些教徒開拓一個批判現實和建制的思考及心理空間。這也許就是作為非教徒 Christine 所説的精神力量（spirituality）了。

　　無獨有偶，已故的丘世文也提到基督宗教對香港普及思想的影響，尤其在其超越性方面。他指出，戰後因為種種原因——"如生活貧困需賴救濟品資助、子女教育就學需受洗而獲取錄等"，很多人在基督教教育系統中成長。這輩人一方面從日常生活中、或在長輩耳提面命下汲取傳統中國文化，另一方面卻從學校所教的基督宗教教條中"學識了甚麼是有別於人間層次的至高無上的權威，有了靈魂永生的觀念，也同時吸收了獨立良知和超越價值等西方哲學的假設等等……我們真正關心人死後有沒有靈魂和永生的問題，也養成了摒棄傳統先談民族大義的文化包袱，從個人良心出發的思想習慣，更學曉得找尋客觀真理和超越價值的使命。"他認為他這代人"是傳統中國的種子，卻撒播在西方後院裏的產物——成不成奇花異果還要看後來的人怎樣看我們"（張燦輝、文潔華，1997）。

　　後來人如何看，我們現在當然還未知道，但 20 世紀 80 年代出現的婦女運動，似乎就是丘世文所説的，香港華人在基督宗教薰陶下培植出來的一些"花果"。究竟這種對婦運和對整體社運的基督宗教影響有多廣多深，就須另作進一步的研究了。

婦運與民運的關係

　　從上面的敍述可見，20 世紀 80 年代冒升的本土婦運其實是與社會抗爭運動有深厚淵源的，因此自然亦與這時期出現的民主運動有密切的關係。政治學學者黃碧雲在她一篇文章中，詳細列出婦運與民運的種種聯繫，包括：在 80 年代後期，剛成立的婦進和女協支持並加入由各界組成的爭取民主大聯盟——民主政制促進聯委會（簡稱"民促會"），而女協的代表更進入民運組織的領導核心。自 1987 年起，婦進和女協加入爭取"八八直選"運動，推動不同階層的婦女聯署一份"婦女支持八八直選宣言"，要求港英政府開放立法局四分之一的直選議席，是為婦運團體有意識地突出以婦女身份參與推動民主化之始。進入 90 年代，婦進和女協聯同其他團體反對有利建制的"多議席單票制"，亦要求 95 年立法局議席全部由直選產生。回歸在即，女協又於 1995 年聯同其他七個天主教及基督教團體組織"七一連繫"計劃，通過舉辦研討會及出版，探討建立公民社會的出路。此外，女協亦協助推動 30 多個不同界別的民間團體團結起來，成立"香港市民捍衛人權聯合陣線"，回應特區政府制訂的幾條剝奪公民權利的法例（黃碧雲，2001：58－9）。

　　婦女運動與民主運動的緊密關係是必然的。臨近九七回歸，本地爭取各種權益的團體都希望新的政體會比原來的更開放，因此 80 年代末就出現了增加立法局直選議席的要求。內地八九民運之時，婦運團體也一如其他團體一樣，熱切地投入聲援。用婦進早期會員張彩雲的話，當時婦進是"全民投入……全民皆兵地投入……因為你覺得你可以改變歷史。只要你肯參與，你多出一分力，事情就會改變。"八九民運被鎮壓後，她們就"好像回到現實中的香港"[23]。不久，"末代港督"彭定康履薪，推出政改方案，增加各級的直選議席，本地婦運的空間也因而得以擴大。張彩雲在回歸數年後回想這段時候的婦運狀況，就有這樣的記憶：

　　"任何社會運動，包括婦運在內，當見到有改變的可能時，就會有很大的動力去工作。"像幾年前投入支持八九民運時的心態一樣，婦運中人在彭定康政改中，"見到有個空間，而你相信只要你多出點力，你是一定可以爭取到一些東西……"落實來説，她們當時做的工作，就是走進立法局去遊説議員（或議員候選人）、政黨等。據張彩雲説，90 年代初到回歸這段時間中，婦運中人鬥志高昂，因為有較大的空間，"你會有較大的動力去做事，因為你覺得你做的事會有功效、可以有結果。但如果你在一個好壓制、完全沒有空間的社會中，你會覺得你做 10 件事情都見不到……沒有結果的時候，你的動力就會少。我覺得彭定康時代，正正就見到一種可能性。你只要多出一分力，你是可以得出一些你想要的結果。所以當時就會很……出力地、每樣事都去 lobby（遊説）議員"（2003 年訪問）。

　　不過，雖然婦運與民運幾乎是唇齒相依，但兩個陣營始終存在一種緊張的關

---

23. 這段及以下引用其他婦運活躍人物的訪問，是在 2003 年為製作《情動 1984－2004》（新婦女協進會二十年錄像光碟）（新婦女協進會，2005）搜集資料而進行。光碟於 2005 年出版發行。

係。由最開始婦進成立的時候，男性當道的社運圈子中就出現"究竟婦女的鬥爭應不應該從階級鬥爭開始……應不應該從這個鬥爭獨立出來"（蔡寶瓊，1997：330）的疑慮，甚至有"（婦運）分裂階級鬥爭"、是"中產階級玩意"的指控（蔡寶瓊 1997：330）。其後 80 年代末期，民促會成立，據黃碧雲說，其內部出現了一個具爭議性議題，那就是婦女團體在公開集會時應否統一口徑只談民主，抑或可以提及民主與婦女權益的話題。不過，由 80 年代初起到 21 世紀初的 20 多年間，婦運團體從來沒有讓步，一方面投入民主運動，另一方面依然堅持自己陣營的婦女議題和婦女角度（黃碧雲，2001：59－60）。也許因為婦運始於社運中的女性成員不滿社運的男性霸權（蔡寶瓊，1997：330），因此它的議題不易被民主運動的大論述所淹沒。又也許正是這原因，婦運不致像呂大樂所說的基層抗爭一樣，在 80、90 年代期間，被政制爭拗和中港關係議題邊緣化。

回歸前的"風起雲湧"

　　上面引述張彩雲的說話，談到由八九年到回歸前幾年，政治改革帶來較大空間，所以婦運亦因此特別鬥志昂揚。在這短短的六、七年間，婦運不但引起社會普羅大眾的注意，也成功推動了一些制度上的變革。這方面的進展，也許可歸功於當時婦運所採取的聯席策略。

　　在這段期間，最引起社會注意的婦運抗爭無疑是爭取新界婦女繼承權事件。從 1993 年秋到 1994 年 6 月通過使男女同樣享有繼承權的《新界條例（豁免）草案》為止，整個過程涉及以鄉議局為代表的新界既有父權勢力，以及另一方被剝奪繼承權的新界女性原居民、立法局中爭取修改《新界條例》的女性議員，和積極組織抗爭的各婦運團體。因為事件牽涉面廣而不時出現激烈對峙的場面[24]，因此新聞曝光度甚高。對參與其中的婦運人士來說，新界繼承權事件固然是一次具體

---

24. 其中最激烈的場面發生於 1994 年 3 月 22 日。當日立法局門外"聚集數千名反對修訂案的新界原居民、數十名支持修訂案的原居民婦女、婦女團體和其他（支援的）團體代表。前者情緒激動，部分村民還以暴力及惡言對待支持修訂案的人士。其中有立法局議員和示威人士被毆受傷。"見《從這一天開始——爭取平等繼承權資料冊》（張月鳳，江瓊珠，劉燕芬編，1995: 45）。

而難忘的與父權直接抗爭的體驗，而婦運團體也因此大大增加會員人數（張彩雲，2003 年訪談）。至於對其他社會人士來說，這事件也首次讓他們感受到婦女運動的存在及其訴求。

在新界繼承權事件中不大為人注意到的，倒是使運動力量增強的“聯席”策略。這次參加聯席的婦女團體共有 12 個之多，有各區的基層婦女團體，也有中產、專業、以至外籍人士為主的團體[25]。這種跨階層和種族的婦女聯席，其實自1989 年來已經出現。1989 年中，九個婦女團體組成聯席，促請政府關注並成立工作小組研究婦女需要。到了 1991 年，這個聯席已增至 12 個成員團體。該年一月，婦女聯席發表《香港婦女實況簡介》，詳列各個生活範疇（工作、家務、教育、福利、育兒等等）中的性別不平等狀況，要求政府成立獨立婦女事務委員會，以及援引英國政府早於 1986 年簽署的《消除對婦女一切形式歧視公約》（Convention for the Elimination of All Forms of Discrimination Against Women，簡稱 CEDAW）（Choi，1993；梁麗清，2001；Lai，Au & Cheung，1997）。到了 1993 年，聯席成員再增至 18 個。不過，聯席的力量不在於成員團體的數目，而是在於不同專長的整合：一方面有較精英、專業的法律知識和觀點（如香港婦女協會、AWARE、商業與專業婦女協會，和香港女律師聯會等），另一方面又有很強的動員能力和與基層婦女工作的視角和經驗（如婦進、女協、女工協會、東區新婦女聯會等）（Choi，1993：269－400）。

在婦女聯席的催促下，港英政府於 1993 年發表《男女平等機會綠皮書》（即諮詢文件）。此外，在立法局議員胡紅玉提交私人草案《平等機會草案》的壓力下，政府於 1994 年底推出範圍較狹隘的《性別歧視草案》。這草案最後於 1995 年成為法例，翌年，即 1996 年正式執行。同年，平等機會委員會成立，而《消除對婦女一切形式歧視公約》也正式引入（Wu，1995；梁麗清，2001）。至於婦女事務委員會則於回歸後的 2000 年成立。

---

25. 見《從這一天開始──爭取平等繼承權資料冊》（張月鳳，江瓊珠，劉燕芬編，1995），目錄前頁。成員團體有：新界原居民婦女委員會、香港婦女中心協會、新婦女協進會、香港婦女基督徒協會、旺角街坊會陳慶社會服務中心關注婦女權益小組、香港婦女勞工協會、新家庭社區教育計劃、東區新婦女聯會、羣福婦女權益會、慧眼會、香港婦女協會和商業與專業婦女協會。

　　這些制度上的改變標誌着婦女運動某程度上的成功。不過，以上所説的種種制度改變，其實是存在很多漏洞的，包括《性別歧視草案》的豁免條款、平等機會委員會權力的限制以及其委員的社會階層代表性等。因此，婦女聯席依然繼續存在。自 1996 年在平等機會委員會成立後，在原來的合作基礎上組成 "平等機會婦女聯席"，監察平等機會的工作。除此之外，在往後的十多年間，聯席不時就着不同的議題和事件為婦女、基層婦女、工人以至性工作者及性小眾發聲，方法是發表聲明、參與立法會討論、參與或組織遊行、街頭表演、請願等。20 多年來，婦運依然要採用外圍抗爭的手法，足見回歸前幾年所爭取到的制度改變，依然未能容納或整合批判的角度和基層婦女的聲音。

婦運與 "中港矛盾"

　　本文一開始提到，從 80 年代末年開始，政治爭論以 "親中" 和 "民主" 兩極為軸心，而中港矛盾也消耗了政黨大部分精力。婦運作為社運一部分，自然難以置身於這個爭拗和矛盾之外。

　　回歸前四年，1993 年秋，香港各界婦女聯合協進會（簡稱 "婦協"）成立，標誌着親中婦女陣營及其勢力的確立。婦協是一個跨階層的組織，有政協及香港人大代表、特區籌委、港事顧問，以及親中的專業女性、工會和地區婦女組織（黃碧雲，2001：57；蔡寶瓊，1997：348–9）。它不但親中的面貌清晰，與親北京的資本家關係也十分密切，故此資金充裕，與一般本地婦女，尤其是女性主義組織的捉襟見肘，簡直是不可同日而語[26]。

　　婦協與本土婦運組織在思想文化上當然存在極大的差異，而這差異在 1995 年在北京舉行的聯合國第四屆世界婦女大會（簡稱 "世婦大會"）清楚顯露無遺。兩個陣營各自派代表團參加世婦大會的 "非政府組織論壇"，分別為以婦協為主、由范徐麗泰率領的 "香港非政府組織論壇籌備 1995 年世界婦女大會工作委員會"

---

26. 婦協成立時，親中的資本家曾憲梓捐助 100 萬港元。另外，凡捐贈 20 萬港元和 10 萬港元的可分別獲得 "榮譽主席" 和 "榮譽副主席" 名銜。1993 年 7 月，據報導，婦協已籌得 700 萬港元。見《明報》，1993 年 7 月 13 日；《香港經濟日報》1993 年 7 月 23 日。

（簡稱 "世婦工委"）；以及本土婦運團體自發組成的 "95 北京香港婦女聯席"（簡稱 "婦女聯席"）。世婦工委的物資非常充足，有香港電訊及旅遊協會贊助的固定展覽營地，同時也在酒店的會議廳作報告。她們邀請了北京的高官出席研討會和開幕禮，計有全國婦聯副主席黃啟璪、國務院港澳辦副主任王鳳超、中共中央統戰部副部長萬紹芬等。至於婦女聯席則因為資源缺乏的緣故，所以只能趁大會所用的學校課室有空檔的時段、"打游擊" 地做報告及討論；此外就是做街頭劇，用她們慣常的 "外圍抗爭" 手法，向其他與會者表達訊息（Fischler，2003：49–77；黃碧雲，2001：57；蔡寶瓊，1997：348–51）。

除了資源和手法不同外，兩個代表團所表達的理念當然也有極大的差別。世婦工委對政府所作的報告只作溫和的批評；相反，婦女聯席則針對政府報告刊發 "另類報告"，指出社會上的性別不公和歧視。在大會期間，世婦工委舉辦了一個中國傳統女性服裝展，表現出一個非政治化的、不對立的婦女面貌；至於婦女聯席，則在表演及展覽中突出資本主義全球化下、工業轉型中的失業女工，以及新界婦女繼承的問題及抗爭。在政治取向方面，世界婦委認同港英政府在性別歧視法上的進步，支持新特區政權和認同保守的華人商業利益。至於婦女聯席，她們所期望的，是一個自由、公民參與社會下的女性權益，因此對現實中的政治社會制度持有強硬的批判態度（Fischler，2003：49–77）。

兩個婦女陣營壁壘分明的狀況，一直從回歸前延續到今天。期間親中的婦協除於每年七一回歸日和十一國慶舉辦熱烈慶祝活動外，也不時發表公開聲明支持引起爭議的政府政策。相反，婦女聯席的成員團體則繼續堅持其批判角色和 "外圍抗爭" 的策略。

我在 1995 年的訪談對象之一的 Christine（即上文談到婦女與基督宗教信仰關係的一位）曾經就不同背景的婦運參與者所採用的手法，作了一個比較。她參與婦運的年資較深，早在 80 年代本土女性主義團體未出現前已參與以外籍人士為主的香港婦女協會。據她憶述，早期香港婦女協會的外籍成員，多數為對港英政府高層人士有政治影響力（political clout）的人，因此她們習慣通過私下遊說高官來爭取種種改變，例如修改法例、增加某方面的資源等。Christine 稱這種手法為 "主流政治"（mainstream politics），與後來出現的本土婦運所採用的 "外圍抗爭" 手法成強烈的對比。不過，到了 80 年代中後期，Christine 觀察到香港婦女協會的成員起了不少變化：有殖民高官關係的人減少，而獨立專業人士增加，"主流政治"才逐漸淡出。與 Christine 訪談之後十多年後的今天，港英殖民時期的"主流政治"以及與"外圍抗爭"的對比似乎又再出現；不過，今天運用"主流政治"手法的，已是親北京陣營了。其實，如果仔細地分析的話，今天親北京陣營的"主流政治"，其實與當年香港婦女協會所採用的有很大差別。其中主要是後者雖然並非採用社會抗爭的手法，但大概是由於當年英國本土的思潮，其立場和理念有着清晰的女性主義思想。至於今天親北京陣營的"主流政治"，除了維護現有政權和社會建制的立場外，並不見得有清晰的以婦女為主體的意識，更遑論女性主義了。

婦運中 "性" 議題的冒升

上面提及婦運在 1990 年代所經歷的"中港矛盾"，是針對整個運動的"外圍"政治脈絡而言。其實在這期間，婦運的內涵也出現了很大的變化，那就是新冒升的性議題，取代了 80 年代宏觀、結構批判、政策分析等所佔有的主導地位。單從這十年間出現的新團體，我們就可見這新議題備受關注的程度。這些團體包括：積極參與同志運動並突出女性處境的 "姊妹同志"（1995 成立）、從女性主體角度推動反性侵犯性暴力的"關注婦女性暴力協會"（1997 成立）和"不示弱女人"（1997 成立）、為性工作者爭取權益的"青鳥"（1994 成立）和紫藤（1996 成立）（韓小雲，2005）。隨着這些團體的出現，婦運可説是經歷了一個 "範式的轉移"（paradigm shift）（韓小雲，2005）：從 80 年代對宏觀社會階級及父權結構的批判及對基層婦女權益的關注，到女性多元身份及情慾的建構和探索（張彩雲 2001）以至對保守性道德論述的質疑和挑戰等（嚴潔心、李偉儀，2001）。

婦運這個範式的轉移，對第一代婦運參與者來説是一個很大的挑戰，也因此引發了頗深刻的反省。據姊妹同志創辦人之一金佩瑋憶述，1996 年為了回應政府兩份分別關於性傾向和家庭崗位歧視的平等機會諮詢文件，女性主義婦運團體再一次組成平等機會婦女聯席，而姊妹同志也在女協引薦下成為發起團體之一。為了界定不同性傾向的範圍，聯席認真地召開了一次關於 "性別與性" 的討論會。隨後性工作者權益的團體成立，性議題也就無可避免地納入了聯席的關注與討論範圍之中，也就是說，性議題也就登上婦運的議程了（金佩瑋，2001）。

在上面有關婦運與民運關係一節提過，1993年間，30多個民間團體，包括女性主義團體、姊妹同志和一直與婦運團體保持聯絡的香港十分一會（同志團體）和基恩之家（基督徒同志組織）組成香港市民捍衛人權聯合陣線，回應社團公安條例修訂諮詢。這次可說是工運、婦運、同運等跨界運動的開始。此外，1999年女性主義團體響應同志團體和紫藤的呼籲，組成"關心紅十字會'捐血者須知'聯合陣線"，要求紅十字會修改這份"須知"對性工作者及同/雙性戀者帶歧視的字句（金佩瑋，2001：82-3；韓小雲，2005：264）。此後近十年，女性主義團體經常與同志及爭取性工作者權益團體一起參與各種爭取人權保障的行動，其中規模最大的，是每年七月一日由民間人權陣線（香港市民捍衛人權聯合陣線為其前身）的大遊行。而民間人權陣線的成員組織，除工會、"民主派"政黨和具社會批判立場的基督教組織外，也包括"老牌"的婦運組織如新婦女協進會和婦女基督徒協會、"後進"的同志團體和性工作者組織如紫藤、彩虹行動（2000年成立）和香港女同盟會（2003年成立）等（見據民間人權陣線網頁，2008）。到了2008年，同志和性工作者運動已經毫無疑問地與婦運緊密連結了。

對第一代本土婦運組織如婦進和女協來說，最初支持同志運動是源於對弱勢羣體（女同志是其中之一）的同情和關懷，而並非是視後者為"同行者"（張彩雲，2001：162；金佩瑋，2001：86）。至於如何看待性工作者及性工作這個課題，更為這一代女性主義者帶來莫大的思想衝擊。西方的基進女性主義者（radical feminists）視性工作為父權制度對女體操控和剝削的一環（嚴潔心、李偉儀，2001：145），而自由主義女性主義者在爭取兩性平等的過程中，也視情慾為自我或感情表達的一個重要基礎（張彩雲，2001：160）。在這些思想影響下，香港婦運中人最初也只是同情性工作者，但長遠來說，她們期望性工作會消失（紫藤，1998）。不過，在隨後的幾年中，同志運動和性工作者權益運動所帶來的爭論和反省，使女性主義團體及其成員更深入地體會並強調女性的自主和能動性，以至體認到即使是在被認為是對婦女最壓迫的性工作，也可以成為女性抗爭的場景（張彩雲 2005：161）。與此同時，同運和性工作的討論，一方面也引導了女性主義者對性/別關係的多元流動性質有更實在的認識，另一方面也促使她們勇於在這切身、私密的層面作深刻的個人反省（嚴潔心、李偉儀，

2001：151；金佩瑋，2001：87）。

　　資深的婦進會員梁麗清在千禧年舉辦的香港婦運研討會中，把90年代香港婦運的"範式轉移"連繫到西方社會同樣的現象。用她的話説，"進入後結構年代，社會上無論運動或學術研究，都趨向採用‘論述’（discourse）、‘主體’（subjectivity）為主要的用詞，而非結構（structure）及利益（interest）"（梁麗清，2001：16）。不過，婦運中較資深的一輩其實也不是完全放棄結構和利益的討論和爭取的。陳寶瑩自婦進籌組時期（1983年）已開始參與，而她自始至終都堅持婦運必定要從整個經濟及社會結構中發掘議題，也要站在基層或最受壓迫的人那一面。她自言堅持"那一種"最傳統的女性主義，即從階級分析出發的批判和行動。"不要跟我説‘越界’、‘游離’……因為只有知識份子女性才有餘暇説這些。基層婦女所受的是赤裸裸的壓迫……不講這些（結構問題）而去搞政策研究或推廣，我就會覺得很蒼白。"[27]

　　其實，婦運有這個轉折，也不是上述梁麗清簡單的綜合可以清楚細緻地表達出來的，因為其中牽涉到很深刻、很認真的個人反省。我們不難見到，在所謂"第一代"本土女性主義者之中，性議題的確為她們帶來衝擊和思考。舉例説，婦進的早期會員張彩雲，1996年她病後復出，與年輕一代會員一起編輯會刊，發現她們的興趣已經不一樣了：

　　"那時婦進有個‘就業組’、有‘貧窮組’……這些是我們以前的結構問題，我們覺得需要去做……但在年青一輩（來説）……她們覺得不重要，她們好像沒有興趣做。她們會有興趣多一些生活上的……叫文化議題，譬如流行文化呀、sexuality呀、色情呀等……當時我自己亦不會反對做這些議題。當時我亦開始覺得……其實我們亦需要由一個日常生活作為一個介入點去關心女性，而不是次次都在制度上面去想……事實上，在談論這些議題的過程中，我自己都覺得對自己有好大的影響……我會開始從另一個角度去看婦女議題。所以後來我讀MPhil（哲學碩士）時，我定了一題目，是講sexuality的。"[28]

　　從張彩雲的説話，我們看見香港婦運一個珍貴的特質，那就是當新一代女性

----

27. 訪談進行於2003年。
28. 訪談進行於2003年。

主義者引入新討論課題的時候，上一代的先行者並沒有執着自身的經歷和關注而加以排斥，反而願意作出深刻的自我反省，使婦運的思考層次得以提升。從上述張彩雲的説話中，我們可以見到這種開放的胸襟和認真的態度。同樣地，她的好友 —— 婦進的始創人之一陳寶瓊 —— 也是如此。她從 1991 年至 1993 年曾到外地生活了兩年，回港後重投婦進的活動，"我見到'新血'……在這班朋友裏，我也學到一些東西……年齡不是一個問題，雖然年齡不同，但與她們'傾偈'（談天）覺得很過癮，不會意識到自己'老'"[29]。陳寶瓊留意到新議題的冒升，那就是"性和相關的文化議題"。她自己仍然關注資源分配不均和機會平等等問題，不過，她現在對色情、性、性工作者等也產生了莫大的興趣。她 15 歲的女兒問她為甚麼常常寫這些東西，她答道：

"這就是生活。我在我的生活當中，現在仍然面對一些挑戰，還未完的，基本上處於繼續探索的階段。隨着我的生命階段、年紀，我仍在轉變中。我會用一個女性主義反省的角度去看一些問題及人的關係。"[30]

女協的創始人之一胡露茜當然也留意到香港新一代女性主義議題的改變。她細述早年（即 20 世紀 80 年代）由基督教信仰開始對被壓抑的基層婦女的關懷及認同，到後來整理自己作為女性的生活體驗和挫折時所引發對性態（sexuality）以至個人情慾的思考，對婦運所走的路，有"一山之外還有一山"的感歎。她説年青時抱着一大塊"東西"（意指宏觀的理論、目標和策略）"作為一個錨……而這個錨讓我們在這 10 年期間去試（創造）一些經歷，然後整理一些東西，但原來都不外如是。"不過，到了今天，甚麼東西都在崩潰，"甚麼主義呀等都是……這種亂是好正常的……但亦可以……幾痛苦囉！"。今天的反省，使她了解到雖然婦運和婦女意識曾為她孕育更大的勇氣"活出真我"，但其實不一定要旗幟鮮明的團體，如婦進或女協所推動的才是婦運。反而個別女性只要能在日常生活中用不同方法去掙扎、充權，本身就是在"fulfill（體現）自己"。如何能做到這點？胡露茜的答案，是通過教育，但這教育不是由上而下的，而是幫助、引導個別女性去詮釋

---

29. 訪談進行於 2003 年。
30. 訪談進行於 2003 年。

自己的實際生活體驗，從這層面去擴充容讓自己變化的空間[31]。

　　自始至終堅持階級分析和針對基層婦女被剝削這事實的陳寶瑩也看到婦運朝着性和文化議題的轉向，但始終覺得格格不入，所以她仍然堅持婦女工運的職志。雖然如此，多年來憑着參與婦運、民主運動和工運，以至今天全情投入婦女工運的經歷，她也整理出與胡露茜相類似的心得，那就是所謂"運動"不能是由上而下的，而是去發掘基層女性在日常生活中的堅忍和韌力，同時不偏執一個分析的面向，而是從塑造她們具體生活的種種因素——包括階級、性別、種族或其他——"交織而成的實際生存條件"去理解她們，同時也理解因自己的階級或其他生存條件而造成的與她們的差距，並由此放下在婦運中要去"教人"改變的心態[32]。

　　從理論到實際、從執着一套"主義"或"運動目標"回歸到具體的生活（其中包括切身的情慾體驗），婦運的第一代在 20 年間走過了很長的道路。能在這道路上繼續前行，所需要的不只是開放的胸襟，還有的就是一份不怕面對不確定狀況的勇氣，如張彩雲所説：

　　有時看事物要更細緻、更具體地去分析……世界其實是混亂的，混亂才是正常的。……我們需要很具體、很細緻地去看每一個實際處境，在實際處境上分析應做甚麼，而不是 start off with（一開始就用）一套理念，由上而下 impose（強加）到現實上面……你不可以將意識形態等同現實……正因為（現實）這樣混亂，我們——人——才有自由……到現在我仍然相信女性主義是要去爭取兩性平等的……但我現在……在思考個人位置的時候，我覺得個人要有很大勇氣，無論是面對個人生活、個人問題，或從事政治運動、社會運動也好，個人勇氣是十分重要的（問：為甚麼？）……如果自己不夠勇氣的話，你就不敢接受改變，不敢接受改變的話，就會接受很多不合理的東西。而這些改變包括思想上的改變、生活上的改變。要不怕變，不怕混亂。[33]

　　總結這篇有關香港婦運的文字，我想指出香港婦運難得之處，正在於其參與

---

31. 訪談進行於 2003 年。
32. 訪談進行於 2003 年。
33. 訪談進行於 2003 年。

者有這份勇氣和胸襟，去不斷作自我反省和修正，而婦運的生命力，也正正得力於此。回應文首所提呂大樂的分析，說到了 90 年代末期，基層的抗爭運動被政制爭拗和中港矛盾的前提掏空，我卻認為婦運雖然從來未曾成為社會主要議題，但在這 20 多年間，它卻從來沒有被淹沒。正因為如此，婦運今天與同志運動和其他性小眾運動的連結，仍然在人權這個框架下，在民主運動中發揮它微小卻又堅定的作用。

參考書目：

- 《明報》，1993 年 7 月 13 日（有關香港各界婦女聯合協進會成立的報導）。
- 《香港經濟日報》，1993 年 7 月 23 日（有關香港各界婦女聯合協進會成立的報導）。
- 民間人權陣線網頁：（www.civilhrfront.org/member.php?&page=5），2008。
- 呂大樂、龔啟聖：《城市縱橫：香港居民運動及城市政治研究》（香港：廣角鏡出版社，1985 年）。
- 杜潔麗：〈婦女勞工運動 —— 困境與出路〉，載新婦女協進會編《香港婦女運動策略研討會文集》（香港：新婦女協進會，1995 年），頁 6 - 9。
- 周蕾：《寫在家國以外》（香港：牛津大學出版社，1995 年），頁 91 - 117。
- 金佩瑋：〈金佩瑋：女性／同志／女性主義與運動〉載陳錦華、黃結梅、梁麗清、李偉儀、何芝君合編，《差異與平等 —— 香港婦女運動的新挑戰》（香港：新婦女協進會、香港理工大學應用社會科學系社會政策研究中心，2001 年），頁 77 - 91。
- 胡美蓮：〈游走在婦運與工運之間〉，載陳錦華、黃結梅、梁麗清、李偉儀、何芝君合編，《差異與平等 —— 香港婦女運動的新挑戰》（2001 年），頁 71 - 76。
- 香港專上學生聯會：《香港學生運動資料回顧》（香港：廣角鏡出版社，1983 年）。
- 張月鳳，江瓊珠及劉燕芬編：《從這一天開始 —— 爭取平等繼承權資料冊》，（香港：婦女團體爭取平等繼承權聯席，1995 年）。
- 張彩雲：〈創造女性情慾空間（續篇）—— 對香港婦運的一些反思〉，載陳錦華、黃結梅、梁麗清、李偉儀、何芝君合編《差異與平等—香港婦女運動的新挑戰》（香港：新婦女協進會、香港理工大學應用社會科學系社會政策研究中心，2001 年）頁 157 - 166。
- 張燦輝、文潔華：〈訪問丘世文：香港三十年來普及思想發展一夕話〉，載文思慧、梁美儀編，《思行交匯點 —— 哲學在香港》（香港：青文書屋，1997 年）頁 75 - 102。
- 梁麗清：〈選擇與局限 —— 香港婦運的回顧〉，載陳錦華、黃結梅、梁麗清、李偉儀、何芝君合編，《差異與平等 —— 香港婦女運動的新挑戰》（2001 年），頁 7 - 20。
- 紫藤："香港女性主義者如何看性工作"座談會，《紫藤會訊》（1998 年），第五、六期。

- 黃碧雲：〈香港婦女運動與政治的關係〉，載陳錦華、黃結梅、梁麗清、李偉儀、何芝君合編《差異與平等——香港婦女運動的新挑戰》（香港：新婦女協進會、香港理工大學應用社會科學系社會政策研究中心（2001 年），頁 51–64。

- 新婦女協進會：《情動 1984–2004》（新婦女協進會二十周年錄像回顧），（香港：新婦女協進會，2005 年）。

- 蔡寶瓊：〈香港婦女運動：身份建構與矛盾〉，載文思慧、梁美儀編《思行交匯點——哲學在香港》（香港：青文書屋，1997 年），頁 318–359。

- 韓小雲：〈打拼性議題的空間〉，載陳寶瓊、陳順馨、陳惠芳、張彩雲、徐志泓、方晞、韓小雲編，《再讀女流下集》（香港：新婦女協進會，2005 年），頁 253–271。

- 嚴潔心、李偉儀：〈實踐女性性權，支持性工作者——性小眾權益作為女性主義課題〉，載陳錦華、黃結梅、梁麗清、李偉儀、何芝君合編，《差異與平等——香港婦女運動的新挑戰》（香港：新婦女協進會、香港理工大學應用社會科學系社會政策研究中心，2001 年），頁 133–156。

- Choi, P. K., "Women", in Choi Po King and Ho Lok Sang (eds), *The Other Hong Kong Report 1993* (Hong Kong: Chinese University Press, 1993), p. 269–400.

- Choi, P. K., "A Search for Cultural Identity: The Students' Movement of the Early Seventies", in Anthony Sweeting (ed), *Differences and Identities: Educational Argument in Late Twentieth Century Hong Kong.* (Hong Kong: Faculty of Education, 1990), p. 81–108

- Fischler, L., "Women's Activism During Hong Kong's Political Transition", in Eliza W. Y. Lee (ed), *Gender and Change in Hong Kong: Globalization, Postcolonialism and Chinese Patriarchy.* (Toronto and Vancouver: UBC Press, 2003), p. 49–77.

- King, A. Y. C.; "Administrative Absorption of Politics in Hong Kong: Emphasis on the Grass Roots Level", in Ambrose Y. C. King and Rance P. L. Lee (eds), *Social Life and Development in Hong Kong* (Hong Kong: The Chinese University Press, 1981), p. 127–146.

- Lai, B. L. L., K. C. Au & F. M. Cheung, "Women's Concern Groups in Hong Kong", in Fanny M. Cheung (ed), *EnGendering Hong Kong Society: A Gender Perspective of Women's Status.* (Hong Kong: The Chinese University Press, 1997), p. 267–306.

- Lee, C. K., "Public Discourses and Collective Identities: Emergence of Women as a Collective Actor in the Women's Movement in Hong Kong", in S. Chiu and Tai–lok Lui, *The Dynamics of Social Movements in Hong Kong.* (Hong Kong: Hong Kong University Press, 2000), p. 227–257.

- Lui, T. L., "The Development of Social Movements in Contemporary Hong Kong", in S. Woodman (ed), *Hong Kong's Social Movements: Forces From the Margins.* (Hong Kong: July 1 Link & Hong Kong Women Christian Council, 1997), p. 133–141.

- Luk, B. H. K., "Religion and Custom", in T.L. Tsim and Bernard H.K. Luk (eds), *The Other Hong Kong Report*, (Hong Kong: Chinese University Press, 1989), Chap. 17.

- Wong, W. C., "Negotiating Gender Identity: Postcolonialism and Christianity in Hong Kong." In Eliza Lee (ed), *Gender and Change in Hong Kong: Globalization, Postcolonialism and Chinese Patriarchy*, (Vancouver: British Columbia University Press, 2004), p. 151 – 176.
- Wu, R., "Women", in Stephen Y.L. Cheung and Stephen M. H. Sze (eds), *The Other Hong Kong Report 1995*. (Hong Kong: Chinese University Press, 1995), p. 121 – 156.

朋輩與尊嚴的失落：

香港男性的貧窮處境

黃洪

背景

香港貧窮狀況

貧窮不單在第三世界的農村出現，更存在於各國家大城市之中。香港的勞動階層與全球各地的勞動者一樣，在全球化的影響下，在 90 年代出現貧窮迅速惡化的問題。香港可能被視為經已脫離貧窮，但貧窮事實上從未脫離香港。

香港的貧窮及貧富懸殊問題日益嚴重。1997 年亞洲金融風暴後，香港的經濟持續下滑，在 2002 年 5 月至 7 月，香港的失業率高達 7.8%，有 27.5 萬人失業。香港的實質平均薪金指數由 1999 年的第一季的 100 下降至 2008 年第 4 季的 94.8，顯示香港僱員的收入在 10 年間出現實質下降。2006 年中期人口統計顯示，香港堅尼系數由 1981 年 0.451 持續上升至 2006 年有記錄以來最高的 0.533，表明香港的收入分佈愈來愈走向不平均（政府統計處，2007）。

貧窮人口中的中年男性多是以前從事製造業及建造業的工作，面對經濟轉型，他們不但面對失業減薪的經濟困境，更重要的是他們失去了自尊自信，亦失去了工友間的社會網絡。失業的男性出現家庭問題及社會孤立的情況亦愈來愈嚴重。面對社會資本消失，以及被社會排斥的處境，不少貧窮男性無論在社會地位、經濟收入以至家庭關係方面均每況愈下，出現種種的社會問題。

理論視角

從個人或微觀的角度出發，社會資本是指個人透過與他人的社會聯繫（social tie）而獲得的經濟資源、資訊或機會。從社會、團體組織或宏觀的角度出發，社會資本指一個社會或組織透過組織之間或社會中的規範、網絡與信任來促進集體行動去實現共同利益（Putnam，1993）。Putnam 認為，一個人的社會資本可以從他/她所擁有的社羣網路來描述和量度。故此社會資本是指藉助於所佔據的社會關係網絡而把握的資源、財富、資訊或機會（Putnam，2000）。一個人的社會資本愈多，能動員的資源就愈多，在生活和工作上解決問題的能力就更強。社會資本源自人際關係是集體性的，亦會因為人際關係的破壞而消失（Coleman，1988）。

Wilson 詳細分析失業問題嚴重如何令芝加哥市中的舊城區愈來愈破落，而成為貧民窟（Wilson，1987）。Wilson 指出黑人貧民社區中的中產階級往郊區外移，令貧窮社區中缺乏傳播價值、模範、及資訊的組織。失業人士及其家庭缺少收入，多依靠社會福利為生，所以並沒有多餘的開支去作閒暇及社會參與的活動，再加上少數族裔及弱勢社羣所面對社會的歧視及排斥，令失業人士較難與其他社羣接觸及聯絡，而處於封閉及同質的網絡中。所以失業問題惡化與社會資本的弱化可理解為互為因果，變成惡性循環（Rankin & Quane，2000）。

社會資本多非靠強聯繫（strong tie）的動員，而是倚賴與較陌生的人建立的聯繫及結連不同的弱聯繫（weak tie）的力量（Granovetter，1981）。通常，人不只與單一社會網絡有關，而會同時與多個社會網絡有聯繫。參與社會的層面越多，那人就會有較多的弱聯繫網絡，而且這些網絡性質重複的機會就越小。網絡羣愈不重複，可獲取的資訊和資源也較多樣化，如此那人便擁有愈高的解決問題能力。

Granovetter 指出，由在職人士介紹工作會更可靠而不重複網絡的弱聯繫，介紹工作比同質的強聯繫來得更重要。失業人士的社會資本弱化，令他們與在職人士的社會聯繫減少，因而亦令他們難於進入勞動力市場。

Paugam 根據法國的經驗指出，貧窮人士被迫生活於孤立之中（Paugam，1999）。窮人為了嘗試掩蓋本身的不幸，對於那些可能接近他們的人保持較疏遠

的關係。他們認為，令人羞恥的生活狀況使他們不再屬於任何的階級。Paugam
指出，法國的失業人士多會與直接與家人之外的親屬保持疏遠的關係。職業生涯
如不穩定，家庭關係可能就根本不存在。男性比女性對這孤立的現象更敏感以及
更易於內化。這説明了現時廣泛存在於高失業率的社區中的社會網絡解體的現
象。有關分析亦可以作為理解香港貧窮男性的處境的視角。

香港社會資本的變化

　　在 60、70 年代香港經濟起飛時，百業興盛，尤其是製造業、服務業和非正
規經濟均有長足的發展。在製造業和服務業中的工人透過建立行業性的人際網
絡，創造自身的社會資本，從而獲取資訊和資源，增加額外的經濟利益。這些行
業性網絡通常於工作間或工作的地區建立。

　　在非正規經濟（informal economy）部門，市場集結地（marketplace）則成為
地域性生活網絡建立的場所。非正規經濟部門的網絡協助成員有效及靈活地集結
資訊和資源去創造經營和生存空間。這種低下層在日常生活中建立的以鄰里、街
坊、工友或小老闆組成的地域性生活網絡，為勞工提供着社會資本（如介紹工作、
交換勞動市場的訊息），令勞工避免下滑至勞動市場的底層。社區作為聚集的空間
成為創造社會資本的基本條件。

　　黃洪及李劍明對邊緣勞工的質性研究指出，自 80 年代中期，香港出現經濟
轉型和去工業化、導致行業性網絡弱化（黃洪及李劍明，2001）。不少行業的經
濟活動不斷退縮。在沒有經濟活動的支持下，原本行業網絡所發揮的節省交易成
本作用也沒有必要。當然行業網絡不會單單因為失去經濟功能而消失，它還會發
揮感情支援和社交作用。但失去經濟活動意味着工作間不復存在，再不能提供原
有的聚集功能，使網絡逐漸瓦解或因資訊及資源萎縮而失去其支援能力。當整個
行業受到打擊時，同質的網絡原本可以發揮互相支援的作用亦弱化。在行業不景
時，成員資訊和資源一同縮減，大大弱化了透過網絡而集體地解決個別成員問題
的能力，亦即是面對社會資本的消失。

　　政府新市鎮的城市規劃政策及市區重建政策，令舊區土地成為賺錢的商品，
舊區空間的變遷既改變了原來舊區的經濟活動，亦瓦解了勞工過去在原區建立多

年的生活及工作網絡，令他們的生存空間愈來愈少。大型連鎖店及超級市場的興起亦威脅非正規經濟的生存。貧窮人士社會資本累積所依託的舊市區空間以及非正規經濟的活動受到嚴重的擠壓，面對雙重的打擊。

在缺乏物質及人力資本下，家庭社會資本成為貧窮人士的唯一倚靠。不少貧窮人士就是依靠家庭社會資本來維持生活。但家庭核心化、單親家庭的增加令家庭網絡弱化亦把貧窮人士最後所能倚靠的家庭社會資本削弱。

有較大接觸網絡的人，和網絡較小的人比起來，更能佔有獲取較高資訊和解決問題的能力。可是人們會喜歡和自己相似的人發展關係，因為社會條件相似的人們有較多共同的利益，關係就比較持續。在篩選與重組人際網絡的過程中，人們持續投資情緒、情感，來強化彼此的信任基礎及交易穩定性。其和街坊、朋友的交易網絡被轉化為教導、關心、分享的社會關係；上下線之間的利益聯繫被改造成相對封閉的和同質的"仿家庭衍生網絡"。

黃洪及李劍明（2001）進一步指出負面社會定型所產生的社會排斥，阻礙被排斥者透過社交活動去建立異質不重複網絡，令其失去創造社會資本的機會。被排斥的弱勢人士便容易處於上述同質化的"仿家庭衍生網絡"中。上述分析指出了貧窮、社會排斥與社會資本的關係。

定量分析：朋輩的失落

香港貧窮線研究

香港貧窮線研究的主要目的是要了解這些家庭的開支模式及生活狀況，以制訂香港的貧窮線；研究亦會分析貧窮戶的特色、消費模式、生活狀況及社會網絡的情況（黃洪，2004）。在生活狀況及社會網絡的部分，我們嘗試量度被訪者的"社會排斥"及"社會資本"，有 1,502 名被訪者接受了這部分的訪問。以下分析是利用這部分的數據集中比較不同工作狀況的人士的"社會資本"規模及性質，亦分析性別的影響。

表 14.1　不同工作狀況人士的社會網絡規模

	沒有工作 (組別 0)	散工及不固定工作 (組別 1)	固定工作 (組別 2)	ANOVA/ Posthoc (LSD)
	平均數 (標準差)	平均數 (標準差)	平均數 (標準差)	
有多少個親友可以借錢給你？	1.71 (8.11)	1.71 (2.73)	2.61 (5.54)	F=2.911 d.f.=2 p>0.05 0/1 n.s 0/2 p<0.05 1/2 n.s.
有多少個親友可以介紹工作給你？	1.13 (2.57)	2.56 (4.50)	2.45 (6.49)	F=16.866 d.f.=2 p<0.01 0/1 p<0.01 0/2 p<0.01 1/2 n.s.
你有多少個可以信任的親友？	2.82 (8.37)	2.98 (3.53)	4.33 (7.07)	F=6.603 d.f.=2 p<0.01 0/1 n.s. 0/2 p<0.01 1/2 p<0.05
社會資本指數總計	5.65 (17.43)	7.21 (8.13)	9.42 (15.80)	F=8.864, d.f. =2, p<0.01
(N)	818	179	505	1502

　　我們比較不同工作狀況的人士社會網絡的規模，發覺沒有工作及屬散工及不固定工作人士的社會網絡規模明顯比有固定工作的人士為小（參看表 14.1）。沒有工作及屬散工及不固定工作人士的可借錢親友平均數目同是 1.71 人，少於固定工作人士的 2.61 人。經 LSD posthoc 分析組際差異後，發現沒有工作與固定工作的差別顯著（p<0.05），但其他組合的差別則不顯著。可見有固定工作者比無業者有更大的經濟支援網絡。

　　在介紹工作方面，無業人士在這方面介紹人最少，平均只有 1.13 人，明顯少於屬散工及不固定工作人士的 2.56 人及有固定工作人士的 2.45 人，差別顯著（F=16.854，p<0.01）。經 LSD posthoc 分析組際差異後，我們發現沒有工作與散工及不固定工作者，以及沒有工作者與固定工作者的差別均顯著（p<0.05），而散工與不固定工作人士與有固定工作人士的差別則不顯著。這顯示沒有工作人士的尋找工作網絡明顯比有工作（包括固定工作或不固定工作）人士的規模少。

有固定工作人士可信任的親友網絡最大（4.33 人），明顯地勝過沒有工作人士（2.82 人）及散工或不固定工作者（2.98 人）（F=6.603，p<0.01）。經 LSD posthoc 分析組際差異後，發現有工作人士與散工及不固定工作者，以及有工作者及固定工作者的差別都顯著（p<0.01），而無業者與散工及不固定工作者的差別則不顯著。這顯示有固定工作人士的可信任網絡明顯比沒有固定工作者（包括無業者及不固定工作者）的規模大。以三組社會網絡組成的社會資本指數計，無業者的社會資本指數是 5.65，明顯較散工及不固定工作者的 7.21 及固定工作者的 9.42 為低。

社會網絡的同質化

被訪者的工作狀況對其社會網絡同質化有明顯的關係。我們發現被訪的無業者以及散工及不固定工作人士的親友中無業者的比例比固定工作人士多。有 33.7% 散工及不固定工作者表示其熟悉的親友中無業比在業 "多很多" 及 "多"。至於沒有工作人士方面，兩者合共是 31.1%。散工及不固定工作人士的網絡中以無業人士為主的情況略多於沒有工作人士，這與一般的估計有差別。我們曾經控制年齡、教育水平及是否在港出生等三項因素，但仍出現散工及不固定工作人士的社會網絡同質化較無業者嚴重的情況。但如控制性別因素，有關情況則沒有出現，所以我們肯定上述情況的出現是由於性別因素對工作類別及網絡同質的影響。

表 14.2 不同性別被訪者的工作情況與在熟悉親友中無業者與在業者的比重 (%)

	沒有工作	散工、不固定工作	固定工作
男性			
無業的比在業的多很多	17.8	13.7	2.8
無業比在業多	21.5	21.4	8.7
無業及在業的差不多	22.1	29.1	19.2
在業的比無業多	25.5	27.4	41.6
在業的比無業多很多	13.1	8.5	27.6
	($x2$ = 89.5, d.f. = 8, p<0.01, G = 0.382)		
(N)	(321)	(117)	(286)

	沒有工作	散工、不固定工作	固定工作
女性			
無業的比在業的多很多	9.5	8.2	5.5
無業比在業多	16.2	23.0	10.6
無業及在業的差不多	24.1	32.8	18.8
在業的比無業多	31.4	24.6	32.1
在業的比無業多很多	18.8	11.5	33.0
	($x2 = 31.3$, d.f. = 8, $p < 0.01$, G = 0.191)		
(N)	(494)	(61)	(218)

　　我們控制性別因素，再比較不同工作狀況的工友的網絡，發現男女有很大的差異（參考表 14.2）。在 773 名女性被訪者中，有 494 人（佔女性 63.9%）沒有工作，顯示有較多女性被訪者屬無業者的類別，而只有 61 人（7.9%）屬散工及不固定工作類別。男性方面，在 724 名男被訪者中有 321 人（44.3%）沒有工作，有 117 人（16.2%）屬散工及不固定工作的類別。

　　有四成（39.3%）沒有工作的男性表示在熟悉的親友中無業比在業者 "多" 及 "多很多"，散工及不固定工作的男性的比例則有 35.1%。所以沒有工作的男性，社會網絡同質化的情況仍較工作不穩定的男性嚴重。

　　我們亦發現男性比女性被訪者更容易因本身職業不穩定而有孤立的情況。沒有工作的男性，其熟悉的親友中 "無業比在業的多很多" 及 "無業比在業多"，兩者合共高達 39.3%；而對沒有工作的女性而言，這兩者合共只有 25.7%，性別的差異非常明顯，男性無業時社交網絡同質化的傾向明顯較女性為大。對散工及不固定工作的男性而言，上述兩者合共 35.1%；對於做散工及不固定工作女性的而言，兩者合共 31.2%，可見工作零散化對男性社交網絡的同質化影響較女性為大。

　　反觀有固定工作的男性，在業比無業的 "多很多" 及 "多" 兩者合共 69.2%；而對有固定工作的女性而言，兩者合共 65.1%，社會網絡中以就業人士為多的情況。對有固定工作的男女而言，大致相近。沒有工作的男性則明顯較女性更易出現孤立的情況（男：G = 0.382；女：G=0.191）。

　　無業人士及不固定工作人士的社會網絡中出現無業者比就業者多的情況分別各有三成多，顯示有相當部分無業及不固定人士的社會網絡出現同質化的情況。可見固定工作提供重要機會，令有關人士維持與就業人士的經常接觸，而散工及不固定的工作未能提供與固定工作同樣程度的接觸，使工友網絡不能維持。社會網絡同質化與被訪者工作狀況兩者間明顯有頗強的相關性，而且互相影響。

　　據我們的分析，是由於沒有工作或不固定工作人士較少機會或途徑去接觸在業人士，故其熟悉的親友中亦以無業者居多，亦即是說職業狀況的不穩定是造成社會網絡同質化的重要原因。另一方面，由於他們社會網絡中就業的親友較少，令他們較難獲得就業的信息或由親友作介紹工作的機會，故他們缺乏再次進入穩定勞動力市場的途徑，亦即是說，社會網絡同質化反過來又影響失業的持續或造成就業的不穩定。社會資本的貧乏與不穩定的就業形成一個相互影響的惡性循環。

　　我們發現香港出現類近 Paugam（1999）所描述的在法國出現的情況，失業或不穩定工作對男性造成社會網絡同質化的影響明顯比女性更大。我們估計一方面是男性較依靠工友網絡為其主要的社交圈子，女性的社交圈子則較多元化。由於女性的親友及鄰舍網絡可以補充工友網絡的不足，所以失業及就業不穩定對男性的社交網絡同質化的影響較大。

質性研究：尊嚴的失落

　　上述對作貧窮男性社會資本同質化及弱化的定量分析，加上筆者亦對在邊緣勞工質性研究（個案編號為 A）及對深水埗區的貧窮研究（個案編號為 B）＊，分別都以全港邊緣勞工及深水埗貧窮人士為訪談對象，主要內容是訪問對象的工作、家庭及生命歷史以及現時的社會資本及社會排斥的狀況。在這些個案中，可以更進一步看到男性與女性在貧窮處境中不同的心境及回應。男性勞工多經歷由技術勞工或小老闆的位置向下流動，成為長期失業及開工不足的失業勞工；女性則多由非技術勞工成為家庭主婦，然後再加入服務業成為低薪的在職貧窮人士。面對長期失業，男性失去的不單是收入及職位及其中導致的經濟困境，更重要的是失去工作及技術本身所代表的尊嚴，失去對自己的尊重，以及感覺自己失去別人的尊重。和女性比較，男性所受的打擊更大。以下是筆者受樂施會委託進行的邊緣勞工質性研究對中年男性勞工個案的整理及分析。

去工業化造成的邊緣困局

個案 A1： J 先生（男，46 歲，看更）

做包頭的好日子

　　J 先生在 1974 年由台山偷渡來港，當時他只有 20 多歲。1979 年，他開始學鑼冧、做錶殼。學滿師後在同一間錶殼廠做了四年。他形容："當時的錶殼廠像米舖那麼多，一座工業大廈有十多間錶殼廠，主要在大角咀、長沙灣、觀塘、土瓜灣、荃灣、葵涌，不愁沒有工作。"

　　1983 年，他轉去另一間廠做師傅，當起小包頭來。他聘請了兩位工人，每人日薪 170 元，支付兩位工人的工資後，每月仍可賺取 9000 元。這份工作，做了四年多。

　　期間 J 先生曾想過開廠。他說，只要 30,000 至 40,000 元買台鑼冧就可接單，以前不少同行都由技工轉為小老闆，這種情況很普遍。但 1987 年工序開始北移，他沒有信心接到足夠訂單，終於打消了開廠的念頭。

技術貶值　終無奈轉業

　　他又去了葵涌一間錶廠繼續做技工。1989 年，該廠工序開始北移，工作量及收入日漸減少，有時只工作半天，或是工作兩天休一天，收入滑落到每月只有 3,000 多元，維持了半年"吊鹽水"的狀態，他終於忍受不了而自動離職。

　　1990 年至 1995 年期間，他相繼做過小販、燙衫、地盤散工，但都適應不來。高勞動強度的地盤工作，對他來說尤其辛苦，他勉強做了一年便捱不下去了。1995 年，他開始失業。這段期間他曾經再回頭去找鐘錶工作，希望舊有的技術仍有用武之地，但沒有結果。直到 2001 年 2 月，他才找到一份看更工作，但他對這份工作其實是非常討厭的。

　　J 先生過去的技術和能力，曾令他爬升成為技工甚至小包頭，當時的市場處境是相當不錯的。但去工業化令他們那一類的技術市場價值不再，他們要重新掌握新技術或轉行不易。如 J 先生嘗試過做地盤工,但地盤工所需的技術及體力要求,並不是一般勞工輕易能夠掌握和適應的。

　　J 先生亦不想放棄累積了 20 多年的鐘錶生產技術,他一直寄望能重新使用這辛苦學成的本領。他失業五年只靠節衣縮食,最後做看更是"非不得已"的選擇,甚至覺得這個非技術工種是"七十二行中最低"的。可見工作是否有技術與男性勞工如何看待自己的價值相關。當中年男性勞工被迫從事服務業這一類工時長又"無技術"的工種時,他們的信心和尊嚴都會遭受很大的打擊。J 先生覺得他已經沒有翻身的機會,自視為身處困局之中。

個案 A2:M先生 (男,53 歲,前廚房工人,現失業)

飲食業興旺　不愁工作

　　M先生於 1967 年來港時一直在毛衫廠工作,1976 年朋友介紹入飲食業做廚房的"水枱",負責處理海鮮、解凍食物、準備材料給廚師等。當時他覺得人工與製造業差不多,但做飲食可以"包兩餐",且行業很旺,不愁工作,所以入了行便一直在飲食業做了 20 多年。

　　從 1970 年代中至 1990 年初,他轉過很多酒樓,哪裏人工高就轉工到哪裏。有時是朋友介紹,或由廚房部的阿頭帶着一班工友跳槽。老闆甚至會預支部分工資給新請的伙計,確保他們上班,可見行內對工人需求非常殷切。

　　M先生表示自 1986 年起,行內工人每年均獲加薪,由 200 至 500 元不等,亦有雙糧。因那時本港消費力強,即使勞工階層如三行工人或製造業工人等收入亦不錯,願意在飲食方面消費,所以酒樓老闆願意加薪留人。1990 年代初他可以有 8,000 至 9,000 元的收入。

消費力減弱　酒樓倒閉難搵工

　　1995 年他在西環工作的酒樓因生意欠佳而倒閉,失業了半年,同行也是開工不足或失業。1996 年他找到一份快餐店的廚房工,工作 10 小時,日薪 150 元,每月沒有假期且只有 4,000 多元收入，翌年該店亦終於捱不住結業了。

M 曾去勞工處找廚房工，但有關空缺提出不合理的學歷要求："要求中三程度、略懂英語"。20 多年的廚房工作經驗仍未能令他找到工作，加上年齡歧視，M 唯有離開飲食業。他曾轉做運輸工人，但他的手因長期在廚房工作因而患上職業病，應付不了體力要求很高的搬運工作。他的新移民太太被迫接受只有 4,000 多元的酒樓工作，以維持一家四口的生活。最後，太太也失業，在 1999 年他們一家被迫要領取綜援。

M 先生的個案顯示：1980 年代飲食業的興旺曾為基層勞工帶來不錯的待遇（如加薪及改善員工福利），令他們的市場價值不會很差。同時也因當時製造業及其他行業興旺時工人的消費意慾強，間接帶動了消費和零售行業的發展。然而，90 年代當基層工人收入銳減，消費意慾低，在飲食業的不景氣下老闆只有減薪裁員，甚至結業。M 先生即使擁有 20 多年的廚房工作經驗，仍不能令他脫離 "邊緣困局"，反而被迫脫離勞動市場，跌入綜援網之中。結果不單是製造業的男性勞工，就連服務業的男性技術勞工亦面對因經濟下滑而引致的減薪裁員問題。

建造業勞工議價能力被迫降低

70、80 年代香港的男性勞工除了當製造業及飲食業工人外，另外主要的出路是在建造業中工作。由於入行無須太高學歷，而勞工的回報着重從業員所掌握的技術水平及工種的勞動強度，所以不少低學歷水平的男性，可以透過 "學師"（當學徒）成為 "中工"（半技術工人），待掌握一定經驗後便可成為 "師傅" 或 "大工"，亦即熟練技術工人，從事地盤或裝修的工作。

當時香港大型基建工程動工，公私營房屋的興建令建造業蓬勃發展。晉身為建造業 "師傅" 成為不少低下階層男性獲得較高報酬工作的主要途徑。不少父母亦認為學會一門手藝，便足以傍身，可以終身受用，不用為生活發愁。加上建造業實行的多層承包制度令不少技術工人有機會成為 "判頭"。在這些因素下，建造業成了在製造業之外，男性工人升為小僱主的另一主要階梯。

但 90 年代中期開始，建造業工人面對一連串的打擊，首先是機場工程輸入外地勞工，繼而是在 97 年亞洲金融風暴後，香港的泡沫經濟爆破，大量樓宇地盤停工，樓宇買賣下降亦令裝修的需求大減，大量建造業工人因而開工不足。再加上近年不少大陸持雙程證的人士來港後，到地盤當黑市勞工，其工資只及本地工人的三分之一至二分之一。他們的出現不單增加了建造業勞工的供應，更重要的是降低了本地勞工的議價能力。在 2002 年新上任的房屋及規劃地政局局長孫明揚公佈九項房屋措施（俗稱孫九招），希望藉此穩定樓市，其中如停止賣地、停建及停售居屋等措施，對建造業工人的工作機會均造成打擊。

個案 A3：P 先生（男，43 歲，地盤工人）

P 先生在 80 年代曾當製造業工人及小廠主，後來又成為小販及再次成為製造業工人，接着面對工廠搬回大陸。在 95 年間 P 先生認為唯一的出路便是當建造業工人。P 先生說：「因為這是唯一一個行業不可以搬回大陸。我現時又無技術又無學識，我能找到的一般的工作當時只得 5,000 至 6,000 千元，但做‘三行’加上‘補水’，我每個月可賺到多過 1 萬元，所以我便轉去做地盤雜工。」

輸入外勞，打爛飯碗

但好景不常，P 又再次面對輸入外勞的打擊。興建機場輸入大量的外來勞工，雖然外來勞工的法定工資須相等於本地勞工工資的中位數。但現實是他們的工資只及本地工人的一半或更少，本地勞工於是失去有關工作機會，只能做些臨時的工作。P 說：「當時我只做了一段短時間，之後我便不能再找到長工，每月只能有幾日工開。機場外勞是最大的原因。他們又便宜，又可以大量輸入，又容易被控制。搞到我地無嘢好做，打爛飯碗。但由於無其他辦法，你只能夠有乜做乜。總之散工都做，開工做一單工程兩三日，再要等一兩個月才有得做。」

假如 P 的情況只代表了那些沒有專門技術的地盤雜工遭受被外勞邊緣化的打擊，我們可以再看看以下兩個個案。兩個都是建造業的技術工人，其市場處境及工作處境，亦與非技術的建造業勞工一樣惡劣。但他們更不甘心面對多年經驗累積得來的技術突然失去任何價值，亦未能接受他們的勞動力沒有人願意購買的現實。

個案 A4：Z 先生（男，60 歲，油漆技工）

小判頭，生活安定

Z 先生年青時曾當海員，憑着經驗的累積，他最後升至水手長的職級。除了要管理其他水手外，Z 先生還在船上學會了各項三行的維修技術。在 80 年代中，由於船公司開始聘請菲律賓及大陸的海員，他被公司遣散，唯有停止海員的生涯。上岸後，他開始擔任油漆技工。在 97 年前 Z 的工作雖然有起伏，但基本上，由於他是有技術的 "師傅"，所以有一定的工資收入。加上他擁有管理經驗，所以不時有些朋友會叫他分包一些工程，做小判頭。多年的工作令他有良好的人際網絡，不少朋友會互相介紹及分判工程。Z 先生説："當時的生活基本安定，能夠養大三個仔女供書教學，亦可以在旺角區買了一個舊式樓宇的單位。"

97 年後，由於房地產市場每況愈下，工程愈來愈少。Z 先生的年紀亦已接近 60 歲，就業情況急速惡化，開工愈來愈少。他在 99 年間只接了一項長工程，工作了三個多月。其後到 2000 年，差不多有 11 個月完全沒有工開，每天只能到旺角的公園等待，希望能等到一些散工的工作，卻大多失望而回。

英雄無用武之地

Z 先生表示："今年舊曆年到現在（2000 年 11 月），我一日工都無開過。打電話去搵老友，點知大家的情況都一樣，個個都無工開。日日係屋企坐，食穀種。實在太悶亦沒有辦法，唯有落嚟公園坐，碰運氣，希望可以有人來叫開工。每天六點幾便到公園坐，下午又再來，但公園裏通常都有 10 至 20 人在等開工，就算有工開，都輪不到我們這些老嘢。"

當被問到會否考慮轉行時，Z 先生反問説："以我這樣的年齡，這樣的學歷，我還可以轉到哪一行呢？做看更亦嫌我們年紀大，而且工作時間又長人工又低，我們假假地都叫做師傅，有一門手藝。體力上亦可以做得到，但現在只是英雄無用武之地。"

　　感歎"英雄無用武之地"顯示出 Z 先生對所擁有技術的執着。這並不是他個人的固執，而是大多數建造業技術工人的共同特徵。過去，建造業工人有強烈的行會傳統，當工會與商會訂出各工種的日工工資時，各工人及判頭都會主動跟隨，成為行規。而勞工有能力作集體議價訂出工資的基本依據是建造業工人所擁有的技術及經驗。喪失了有關技術，亦即意味着喪失了集體議價的基礎。工人便會成為"邊緣勞工"——陷入彼此惡性競爭，工資只會無底價的向下降。可以說，建造業勞工對技術的執着，是他們被迫跌入邊緣困局的一種反抗。

　　面對生活的壓力，有時工人亦要被迫接受較低的日薪工資，以賺取收入。經過 97 年至 99 年間長期失業，Z 先生在去年有朋友介紹他去做一份濾水廠的油漆工程。這份工不單要油漆，亦要指導其他新手工作，但日薪只有 300 多元，只及行規所訂"一工"700 元的一半，但他也願意接受。Z 解釋："由於經已無工開一年多，生活壓力愈來愈大，有工開總算有收入。而且這合約接近三個多月，總算是份長工，所以 300 多元亦照做"。

　　對於那些年紀較大，議價能力較低的建造業工人，他們不得不接受較低的工資，並跌入貧窮勞工的邊緣困局。像 Z 先生超過 60 歲，子女均已成長的建造業工人，家庭負擔較輕，所以可以接受較低的工資來維持生活。對於一些處於 40 至 50 歲的建造業工人，子女仍在就學，便不願意轉行到低技術低工資的工作。他們希望留在建造業中，可以發揮如 Z 所熟悉的技術，不願意削減工資。K 先生便是他們其中一員。

個案 A5：K 先生（男，40 歲，釘板工人）

釘板工人，風光的日子

　　K 先生是熟練的釘板工人，在 97 年前房地產高峰期，釘板工嚴重短缺，釘板工人的日薪曾高達 1200 至 1300 元，而且每月均可開足工，足有 20 個工作天，所以每個月均有 2 萬至 2 萬 5 千元的收入。當時的判頭們為吸引工人，會負責"茶、煙、酒"的開支，亦會支付午膳及下午茶，有些判頭甚至願意付出交通津貼。97 年金融風暴後，房地產一落千丈，不少地盤停工，釘板工風光不再。K 先生自 98 年起，面對嚴重開工不足。每月只能開工兩至三天。

放下尊嚴，甚麼工都做

開工機會愈來愈少，其他工友亦沒有工開，K 先生認為在家裏等電話不是辦法，每天往旺角道建材舖的街角，等待急需人手的判頭來聘請他做臨時散工。K 先生說："當然我想做釘板，但我有老婆、有仔女要養。現在沒有辦法，唯有甚麼都要做，地盤雜工，倒泥頭，甚麼都要做。以前做釘板搵 1,200 至 1,300 元一工，但現在做雜工只有 600 元一工都會做。問題是現在地盤中有很多雙程證的黑市勞工，他們 200 至 300 元一工都做，你點都無辦法同佢地爭。真係唔知特區政府做乜唔理，我每個月只得一兩日工開，你話點算？"

當被問及有否考慮轉行或參加再培訓時，K 先生說："再培訓去讀甚麼？去讀建造業其他的水喉、泥水，讀完也是無工開。做釘板經已是建造業行中又要有技術又要有氣力的，所以才有這樣高的人工。我又唔係冇技術，我又唔係無氣無力，我點解要轉行？以我這樣的年紀和學歷可以轉去邊？做看更只得 4,000 至 5,000 元，倒不如我繼續在這裏等，有 10 日工開都有 6,000 至 7,000 元"。

我們回顧了製造業、服務業、及建造業各行業中的男性自 80 年代至今的簡單工作歷史，所反映的一個共同特點是：過去男工擁有技術、勞動力及工作經驗，故他們面對資方時，有比較強的議價能力。部分勞工甚至有機會在社會階梯向上爬升，有不錯的勞動市場處境。80 年代中開始，香港"去工業化"，瓦解了製造業勞工過去具市場價值的技術、能力和勞動力，剝奪了他們的生存條件。訪談個案中的製造業男工因着其技術、管理能力，曾在勞動市場處於較優勢的位置，在經濟轉型時他們極力保留技術，暫緩了轉行的壓力，直到其技術最終為大陸勞工所代替，優勢不再，不得不跌入"邊緣困局"。另一方面，建造業工人在開工嚴重不足的情況下，亦要放下尊嚴，尋找另類工作。由於男性一向以職業作為主要身份認同。除非到了迫不得已的地步，他們一般不會自貶身價做一些比以前職位及收入較低的工作。這種以職業作為主要身份認同的文化，結合宏觀的經濟改變，是男性失業的主要原因。

失業勞工與在職貧窮的性別差異

筆者在 2005 年在深水埗區進行的研究進一步發現，不同性別面對貧窮時的差異非常明顯。雖然，同為貧窮家庭，失業男性比女性更難放下尊嚴。以下是失業工人及在職貧窮人士的經驗，顯示性別差異衍生對失業和貧窮的不同回應。

個案 B1：C 先生（福建人，46 歲，失業）

C 先生，2004 年 7 月開始失業。與太太及三個子女同住在深水埗富昌邨。太太做酒樓，月薪 5,000 元。去年 7 月份 C 生因為當時在職的電鍍工廠北移大陸而失業，轉職到葵涌另一間電鍍廠工作，卻因新工作需要搬運很重的貨品，做了一個星期就不幹了。他心目中最希望找到一份有 8,000 至 9,000 元的工作。他後來應聘當保安員，雖然獲聘卻感到被歧視。C 生自言很希望受聘，卻又不甘心做一些只有 4,000 至 5,000 元的工。目前一家依靠以往的積蓄和太太做酒樓 5,000 多元的工資維持生計，每月支付 3,300 元的公屋租金。因為實在吃力，他最近向房署申請了減租。另一方面，他亦到區內一間社會服務機構參加"深入就業援助計劃"的保安員培訓，20 小時的課程學費為 300 元，由該社福機構支付。他曾考慮申請綜援，在子女大力反對下放棄申請。

個案 B2：N 先生（失業冷氣技工，40 歲）

N 先生亦面對類似情況。N 先生是冷氣技工，這是他的經驗："同一個判頭，做左好耐，點知話我人工高過頭，炒左我地四個人，寧願用後生 200 蚊一工，就唔用我地。我都識到其他判頭，但你的人工係咁高，唔會用你啦。（問：有沒有想過要減人工？）減唔得好多，通常一工 500 蚊；封喉一般係 500 蚊，如果識開料就 600，但始終都無工開。"

由上述失業勞工及在職貧窮人士的經歷可見，由於經濟轉型，一羣低技術勞工，面臨失業，開工不足，工資削減等遭遇。與同處貧窮的新移民婦女們不同，這羣男性貧窮人士，大部分都是香港居民，在香港生活了一段頗長的日子，經歷過香港 90 年代初期的繁榮。相較於新來港人士，他們較熟悉香港的情況，亦曾擁有由工作而建立的人際網絡。然而隨着經濟不景、失業，他們固有的人際網絡亦瓦解。雖然部分人士仍能運用固有的人際網絡，獲得散工或不固定的工作，但大部分人士的網絡已隨工作的轉移和減少而轉趨薄弱。

性別的差異明顯反映在他們尋找工作的過程中。在男性的論述中，雖然他們提到失業對家庭的影響，亦一直強調作為一家之主有責任要肩負養家的責任，但他們會以低工資的工作不足以養活家庭的理由，拒絕接受某些工作。然而對於女性來說，正是由於要工作養家，低工資工作亦要無奈地接受。兩性對家庭負擔的處理明顯不同：家庭負擔是推動女性進入勞工市場的動力；它卻成為男性拒絕進入低工資勞動市場的一個藉口。

相較於女性，男性對工資的要求較執着。在深水埗研究中，受訪婦女中，不少婦女每月的工資都是在 5000 元或以下。然而就男性而言，他們會因為尊嚴而拒絕接受一些他們認為較差的工作（例如看更）或者工資達不到能接受的水平的工作（例如月薪 5000 元的工作）。兩性角色的差異可見於傳統的觀念（男性須養家）、男性自覺仍有選擇（例如散工的機會），或相較於自覺比女性擁有較多的資源（例如舊工友的網絡、小量積蓄）等。男性勞工曾於 80、90 年代，經歷過香港的經濟起飛，以致今日較難放下身段作出適應，相信亦是原因之一。

由於非工業化及建造業不景，近年不少中、老年男性藍領工人多在沒有其他職位的情況下，被迫要當"看更"以維持生活。然而看更工時長、所需勞動力強，令不少中、老年工人的工作處境非常惡劣。以下讓我們再次回到第一個個案 A1 現時為老年工人的 J 先生的工作狀況。

個案 A1：J 先生（男，46 歲，看更）

看更 12 小時，底薪 3,000 元

J 先生被訪時在九龍灣一商業大樓做看更，每天的工作時間由下午五時至翌日的早上五時，12 小時工作，底薪只得 3000 元，連同其他津貼每月有 6300 元。他的工作主要是每日巡樓兩次，樓高 20 層，由樓上開始一直到樓下巡落停車場。由於大樓是密封式設計，整座大樓沒有空調，在巡樓時非常辛苦，時常汗流浹

背。他對於現時的工作十分無奈，他對看更的看法是"七十二行裏面，呢行係最低"。在訪問亦不時表達覺得做這份工是"好苦"。他指出如果有製造業，他寧願做回以前的錶殼技工。

對男性來說，雖然家庭並未能成為推動男士們工作的主要動力，但"一家之主"及"養家"的傳統觀念，在男性勞工的心目中，仍非常牢固。工作對貧窮人士非常重要。對他們來說，工作並非單是收入，更重要是能增廣見識，覺得自己有用。對很多人來說，工作亦是他們建立人際網絡的主要橋樑，工作對貧窮人士及家庭的價值是不容置疑的。對男性來說，工作的重要性更明顯，這是他們用來衡量自己"是否有用"，是否"一家之主"的標準，亦是他們用作維繫人際網絡的途徑。

失去尊嚴和快樂

對於大部分低下階層男性，失去工作不單令他們失去收入、失去生活的支柱，更令他們失去工作所帶來的尊嚴和快樂。當我們邀請被訪者談論他們人生不同階段中最快樂的一段時光，他們都不約而同地選擇全職工作、開足工、與工友一起工作和一起娛樂的時候。

> "唔憂無工開，一個月開足 26 日，星期日自己休息。娛樂下，玩晒。個時無點賭錢，成日同朋友一齊玩、卡啦 OK，好高興，一班人而家少好多，大家都唔掂。"（個案 B3：A 先生，水電散工）

> "最開心係 80 年代，個時係三行的高峰期。個個都有嘢做，280 元一工，物價又唔高，那時大陸剛開放，各行各業都好好，搵到錢。賺錢投資係馬會囉！好正常啦，十個工友九個都係賭下馬仔，有輸有贏。大家一齊收工去開下雀局，最開心有成 10 年。"（個案 B4：B先生，三行油漆工）

> "74 年至 75 年剛出來做製衣廠熨衫，個時一班工友，亦有些由細玩到大，放假會去釣魚。搵到錢，又會去搥骨，正經呀。平時都會同工友組一隊波，會去踢波，又搵到錢，……性格大家合得來，有時燒野食，去下旅行。朱維德介紹去旅行，大家鍾意去玩，10 幾歲玩

到 30 幾歲……。"（個案 B5: L 先生，目前失業、曾做菜欄）

提到有工作的一段日子，他們都表現興奮。對大部分受訪者來說，有工開有收入是他們最基本的需求。工作所帶來的成就感和尊嚴，叫他們開心。貧窮的生活，尤其是要領取綜援的話，會令他們失去尊嚴。

結語

本文綜合筆者近年有關香港貧窮人士的多項研究，集中分析男性貧窮人士的處境。在香港貧窮線的研究中，我們可以清楚看到男性勞工的工友網絡解體，社會資本的數量減少，同質化的情況亦愈來愈嚴重。貧窮男性朋輩的失落與他們貧窮及被排斥的處境，形成一個惡性循環。

此外，根據兩個質性研究，我們可看到貧窮人口中的中年男性過去多從事製造業及建造業工作，是經濟轉型最先的受害人。他們面對失業減薪的經濟困境，被迫接受服務業長工時又無技術的工種。基於不少男性勞工將個人的價值與其工作技能掛鈎，這個被迫去技術化（deskilling）的過程對他們的信心和尊嚴都造成極大的打擊，令他們自覺失去翻身的機會，深陷困局之中。對於不少技術建造業工人來說，多年經驗累積得來的技術瞬間失去任何價值，心有不甘，無法接受成為長期失業或開工不足的勞工，沉鬱於"英雄無用武之地"的境況。

再者，性別差異明顯反映在男女勞工接受工作的過程。在男性的論述中，雖然他們明白失業對家庭的影響，並一直強調作為一家之主要擔負養家的責任，但他們會以低工資工作不足以養活家庭為由，拒絕接受某些工作。對於女性來說，同樣是為了養活家庭，縱使是低工資的工作亦要勉強接受。兩性的差異在這裏凸顯一個現象是：家庭負擔對女性來說，是推動她們進入勞工市場的動力；對於男性，卻是他們拒絕進入低工資勞動市場的說辭。

1997 年之後長期的經濟下滑，不單令大部分中老年低下階層男性失去工作、收入、以及生活的來源，更重要的是這情況也一併帶走工作所帶來的尊嚴和快樂，令他們的貧窮狀況加速惡化。因此，要改善他們的貧窮處境，不單要針對經濟或物質的匱乏，如何能夠協助他們建造異質性的社會資本，重拾勞動 / 工作過程中獲得的自尊和自信，才是解決中年男性貧窮困境的出路。

　　* 本文的數據和資料來自筆者與城市大學社會科學部李劍明先生聯合進行的"香港貧窮線研究：跨學科的分析"。有關研究獲香港研究資助局的"角逐撥款資助"（編號：CityU 1184/99H）資助。

參考書目

- 政府統計處：《二零零六年中期人口統計主題性報告：香港的住戶收入分佈》（香港：香港特別行政區政府統計處，2007 年）。
- 黃洪、李劍明：《困局、排斥與出路：香港"邊緣勞工"質性研究》（香港：樂施會 2001 年）。
- 黃洪：〈香港邊緣社羣社會資本的貧乏〉，《香港社會工作學報》，38 卷 1 期（2004 年），頁 53－71。
- Coleman, J. S., "Social Capital in the Creation of Human Capital", *American Journal of Sociology*, Vol. 94(1988), pp. 95－120.
- Granovetter, M.,"Toward a Sociological Theory of Income Differences", in *Sociological Perspective on Labor Market*, edited by I. Berg (New York: Academic Press, 1981), pp.11－47.
- Paugam, S., "Weakening and Breaking of Social Ties: Analysis of Explanatory Factors", in D. Avramov (ed.), *Coping with Homelessness : Issues to be Tackled and Best Practices in Europe* (Aldershot: Ashgate, 1999), pp. 29－51.
- R. D. Putnam, *Bowling Alone: the Collapse and Revival of American Community*. (New York: Simon & Schuster, 2000).
- R. D. Putnam, *Making Democracy Work: Civic Traditions in Modern Italy*. (Princeton, N. J.: Princeton University Press, 1993).
- Rankin, B. H. & Quane, J. M., "Neighborhood Poverty and the Social Isolation of Inner－city African American Families", *Social Forces*, Vol. 79, No. 1 (2000), pp.139－164.
- Wilson, W. J, *The Truly Disadvantaged: The Inner City, the Underclass and Public Policy*. (Chicago: University of Chicago Press, 1987).

階級的失語與發聲：

中國打工妹研究的一種理論視角

潘毅

> 我也不知道自己是怎麼逃出來的，我們村裏來的女孩子們都死在大
> 火裏了。只有我活了下來。我到現在都不敢相信自己竟然如此幸
> 運，能從鬼門關逃出來。

—— 工廠大火中的一個倖存者的話

　　1993 年的 11 月 19 日，一場大火吞噬了深圳的一間港資玩具廠，這是一間專門為歐洲某著名玩具品牌公司進行產品加工的分包廠。80 多名工人在這場大火中喪生，另外 50 多人被嚴重燒傷，20 多人受輕傷。慘劇震驚了國際社會，也在中國掀起了軒然大波，就好像改革開放以來中國第一次遭受跨國資本的重創一般。[1] 大眾傳媒也彷彿突然之間才意識到，農民工的確為中國經濟的迅速發展付出了慘重的代價。這場大火給中國社會篤信資本和市場的現代性夢想留下了永恆的傷疤。追求現代性的過程中既有希望和渴求的躁動，也充斥着發展所帶來的罪

---

1. 中國的外商投資工業區的第一場大火發生於 1990 年 5 月，是在珠江三角洲的一個高度工業化的地區——東莞。一家專門為出口歐美市場生產雨衣的港資工廠發生重大火災，80 多名工人葬身火海。慘劇發生後，我到廣州的一家醫院裏去探訪受傷的工人們，那是我與中國外來工們的第一次接觸。稍後，在 1990 年 7 月，我又和朋友一起，對來自湖北省的四個村子的受傷工人們進行了追蹤調查。

惡。而在這個過程中，底層勞動階級的犧牲被視為發展所必需的。

在一個偶然的機會，我見到曉明，一個在這場大火中經歷了與所有同鄉姐妹的生離死別而倖存下來的打工妹。正是她，正是她所經歷的這場能使廠房崩塌卻無法將年輕的打工妹的夢想燃成灰燼的大火，讓我 10 多年來一直匍匐地探索着一種關於社會抗爭的次文體（Minor Genre of Social Resistance）。

一直到今天，曉明的生命仍然在我的腦海中閃着微光，忽明忽暗。我從來沒有想到會認識曉明 —— 一個年僅 21 歲，剛從湖北農村老家出來打工不久的年輕女孩兒。我第一次見到她的時候，她躺在醫院的病牀上，全身上下幾乎全部被燒焦，唯一倖免於難的那張美麗的臉上，閃動着一雙明亮而純真的眼睛。她看上去很虛弱，但卻非常平靜地説：

> 小孩子喜歡打架，喜歡蹦蹦跳跳，喜歡唱歌。可我喜歡跳舞，所以我想過或許有一天我能成為一名舞蹈演員⋯⋯

> 到我們村可不容易了，我們村在大山裏面，不通火車也不通汽車。要到我們家你必須得走上大約一個小時⋯⋯

> 我們那裏的人很窮，但是很單純⋯⋯城市裏幾乎沒有甚麼信任。我不喜歡城裏人。

> 我幫父母做了幾年農活和家務，現在的年輕人都不喜歡種田，我也不喜歡。每個人都説在“外面”幹活很好玩，而且還能賺很多錢。

> 1990 年，我和幾個同鄉一起離開家來到深圳打工，在一家製衣廠找到工作。那次是我第一次找工作。進廠前，管理者對每個人都要進行面試和筆試，那個時候我真是害怕極了。在廠裏人人都爭工作，爭工作的時候我覺得自己很孤單。

> 我告訴自己要做個成年人，無論廠裏有沒有同鄉，我都必須自己照

顧自己。工廠安排我住在工人宿舍的一個小牀鋪上，我誰也不認識。那個時候我才嘗到了人們常説的那種離家的"滋味"是甚麼，就是你只能一切靠你自己了。

但是剛剛從農村出來的時候還是很興奮的，大城市、高樓大廈、商店和那麼多的人。……就好像看電影一樣。而我自己就在電影裏面。無論看到甚麼都覺得新鮮，覺得自己特別土氣特別單純。……

但是我的第一份工作做得很不開心。廠子是個台灣老闆開的，總是拖欠我們工資。本來應該是每個月的第一天發工資，但是他們總是遲發，有時候遲一個月，有時候遲兩個月。……好在工資不比其他廠低，我每個月能賺到 300 塊錢。

我是 1991 年 5 月離開那間廠的，我表姐介紹我到了現在的這間玩具廠，這個廠很大。……我們幹活很辛苦，從早晨到半夜，一天 12 個小時。每天都累得我精疲力盡。……但在這裏我覺得很開心，因為有很多親戚朋友在這裏；我們經常聊天兒，還能互相幫忙。

從那個時候開始，我就沒有再想過要跳槽去別的廠。……每隔三個月我都會給在老家的爸爸寄 600 塊錢，也給自己存幾百塊錢。我覺得自己至少能在這間廠幹上幾年。

但是後來卻着火了，大火……

為了揭示打工妹生命中無法逃避的社會暴力，在社會主義的中國逐漸進入全球資本主義體系的背景之下，我踏上了尋找中國打工──主體的漫漫長路，並嘗試在當代中國──它正迅速成為一個為全球生產提供大量廉價勞動力和自然資源的"世界工廠"──探索一種另類社會抗爭的可能性。曉明的生命中不斷閃現的火光、疼痛和記憶，凸顯出這個時代的創傷，敍述着貫穿於中國社會轉型時期每一個打工者生命之中的社會抗爭。

　　這場大火已經過去 10 年。在迅速走向全球化的中國，我看到新的打工階級正在掙扎欲出。當我試圖去理解這種完全陌生而殘酷的生活經驗時，最令我感到困惑的是：中國打工階級的生活狀況十分窘迫，然而這個階級的聲音卻不僅被國家機器建設現代化的轟鳴聲所湮沒，同時也遭到了普通民眾（不僅是城市新興的中產階級，有時候甚至包括打工階級自身）的普遍反感和憎惡。換句話說，一方面，階級主體自身不能言說；另一方面，整個社會對階級這個議題普遍患有失語症。正是這種困惑驅使我欲將當代中國的階級語境探出個究竟。最荒謬的是，"階級"這個辭彙已經被淘空得只剩下一具軀殼，彷彿一個亡者盼望轉世的幽靈。

　　本文的第一個重點是推導出"階級"在中國從毛澤東時期到後社會主義時期的系譜，以幫助理解改革時期中國新興打工階級的"失語與發聲"的喻意。我認為，階級的"失語症"（discursive dyslexia）不僅對中國的勞動與人口政策及法規的制定產生重大影響，同時也阻礙了打工階級自身的形成。

　　本文的第二個重點是強調"階級"、"階級意識"以及"階級鬥爭"等充滿爭議性的概念需要在深入的歷史學、社會學以及人類學研究的基礎之上建立更加成熟的理論。儘管當代中國尚未出現以對抗國家與資本為目的，既有組織又有系統的集體性"階級鬥爭"，但這並不意味着在急劇變革中的中國社會"階級意識"尚未萌芽。在本文中，我將在打工者們真實的日常生活實踐以及社會抗爭中，尋找其階級主體發聲以及打工階級形成的可能。

階級主體新釋

湯普森（E. P. Thompson）曾經在研究英國工人階級形成的時候指出：

> "工人階級並不像太陽那樣在預定的時間升起，它出現在它自身形成中。……不僅如此，對階級的看法還有賴於對歷史關係的看法。如其他關係一樣，歷史關係是一股洪流，若企圖讓它在任何一個特定的時刻靜止下來並分析它的結構，那它就根本不可分。……關係總是要體現在真人身上，而且還要有真實的背景。"（Thompson，1963：9）。

　　湯普森的這一洞見提醒我，必須盡量避免將中國打工妹們的真實生活變成一堆死氣沉沉的統計數位、模型或者用"階級"語言堆砌而成的結構。湯普森的主要貢獻有兩點：第一，他對實證主義歷史學的觀點提出質疑，認為這種觀點既忽略文化，又忽略工業化、政治形態以及工人階級主體性的質變過程。第二，他對堅持唯物主義傳統的馬克思主義者提出挑戰，認為他們過分強調物質決定論而忽視社會或文化的能動性，因而忽略了階級主體以及階級意識的複雜性。湯普森認為，階級絕對不是一種結構性的生成物，它有賴於歷史關係，這個階級的產生正是其自身實踐的結果。工人階級的主體性及其形形色色的經驗本身將為我們提供理解其自身階級形成的線索。除了工人階級自己，沒有人可以成為他們歷史的行動者（McLennan，1982）。

　　儘管工人階級的主體性被重新置於歷史舞台的中心，但在馬克思主義對階級的經典分析中，文化、階級主體性以及階級呈現等三者之間的互動關係卻沒有被充分地進行理論化（Kalb，1997：1－23），因而一直受到後結構主義理論的批判。後結構主義理論強調表述政治和主體的去中心化，兩者都竭力反對任何統一的或者目的論化的階級觀念。

　　我將在此着重強調兩點：第一，表述政治總是存在於特定的歷史、空間以及文化之中，表述場域恰好是各種力量匯集交鋒的競技場：國家、資本、知識份子、傳媒以及最後卻非最小的一種力量——打工者自身，都將紛紛進入這個場域，試圖詢喚出打工階級的形態和本質。在毛澤東時代，中國的無產階級是由社會主義的表述政治"宣佈"並創造出來的，"階級"在其"相應的"主體尚未出現的情況下便被建構出來，可以說，國家機器為了創造出階級行動者而壟斷了詢喚的權力。

　　第二，以"目的論"取向來描述和解釋"階級"是不恰當的。因為正如湯普森所言，"階級"既是一個歷史性的、結構性的概念，同時也是一個文化的、日常生活經驗的概念（Thompson，1963：9－11）。就像"性別"和"種族"等概念一樣，"階級"體現的也是一套特定的人類關係，這些關係既不能被統一歸類，也不能僅被簡化為某種本質的具體呈現。卡魯比認為，這樣一種歷史性的、關係性的階級概念，一方面意味着一種更加開放和偶意性的階級分析形式，同時也是避免陷入化約主義（reductionism）、僵化主義（reification）和本質主義（essentialism）等思想謬誤之中的最好辦法（Kalb， 1997：6－7）。

除了主張對階級進行關係性的解釋之外，另外還有一種主張是傾向於用"階級鬥爭"來取代"階級"本身。麥克林南（Mclennan，1982：112）曾指出，湯普森針對工人階級的形成，發展出了"階級鬥爭可以脫離階級而存在"的觀點，因為在湯普森看來，"鬥爭"比"階級"本身更重要，而抽象的"階級利益"並非由具體的階級以其階級身份進行爭取。湯普森清楚地意識到，工人階級的話語與大眾思想之間存在着巨大的鴻溝，後者更加傾向於認同傳統的"道德經濟"（Mclennan，1982：113）。對工人罷工的研究證明：沒有階級鬥爭就沒有階級，工人總是在階級鬥爭中獲得階級意識，並從而上升為一個階級。丘延亮（Fred Chiu）明確提出，"沒有階級鬥爭就沒有階級"的觀點，他指出：

> "只有當工人個體被詢喚，並被捲入一種集體性身份認同的建構過程
> 的時候，"階級"才存在。因為這是一個特殊的歷史時刻，個人有意
> 識地確立自身的道德——政治地位，並被捲入具體鬥爭的戰場。就
> 在這個時刻——不是更早也不是更遲——可以說，階級出現了"
> （Chiu，2003：220）。

我同意主體性以及工人對罷工等工人運動的積極投入都是階級意識形成的不可少的條件。但是，將"階級"假設為"階級鬥爭"，尤其是將其簡化成一種集體運動的做法，仍然是不合理的。我對工廠女工的人類學研究發現，"階級意識"同樣可以在日常實踐中形成，它可能在任何時間、任何空間中表現出來，而且日常生活實踐中表現出的"階級意識"幾乎不比任何集體性階級鬥爭的時候弱。在工廠裏，無論是管理者還是被管理者，都普遍而靈活地傳播和使用着包括凝縮技術（condensation）、置換技術（displacement）以及呈現技術（representation）在內的表述政治，而且通常將其與性別、族羣以及城鄉地位等話語交織混合在一起使用（Perry，1993）。沒有"階級鬥爭"並不意味着沒有"階級意識"和"階級"。很明顯"階級鬥爭"、"階級意識"和"階級"等三者之間並不存在順次一一對應的關係，反之亦然。將階級區分為自在階級和自為階級，對於理解打工主體形成過程中的結構性以及歷史性的制約因素無疑大有幫助。

在中國，"階級分析"則遠遠超出純粹學術討論的範圍，它在更大程度上實

際是個具有政治性的話題。由於受到化約主義、僵化主義以及本質主義的影響，半個多世紀以來，人們一直將"階級"話語和社會主義運動浪潮緊密聯繫在一起。如果說，正是毛澤東的革命思想在中國醞釀了一種"階級鬥爭"的話語，那麼也可以說，正是鄧小平的改革實踐宣佈了這種話語的"死亡"，並以一種"現代性"話語取而代之，允許並主張"讓一部分人先富起來"。從 80 代初開始，中國的文學創作中出現了"傷痕文學"，率先對文化大革命所造成的傷痕進行展示，並對毛澤東思想中的部分錯誤及其對"階級鬥爭"的信仰提出質疑。這時代向"毛澤東思想"告別，也是向"馬克思主義"告別，並且它很快成為普遍的社會共識。在迅速走向"資本化"的後社會主義中國，"階級"不再僅僅是個空洞的意符，它正在迅速成長並不斷重構自身，然而就在這個時候，國家機器的矛頭已經顛倒過來，直接指向了"階級"話語。

在當代中國，新的精英集團正在崛起，它們自覺地對抗着一般意義上的"馬克思主義"話語以及特殊意義上的"階級鬥爭"話語，因為這些話語仍然有可能塑造大眾記憶和社會主義歷史。打着新自由主義話語的旗號，新的霸權機器已經為抨擊"階級"話語和駁斥過時並且有害的思想模式做好一切準備。然而，就在這個荒謬的歷史時刻，借用德里達（Jacques Derrida）的話來說，馬克思的幽靈又回來了，它必須回來。正如德里達所言，"不過反對意見似乎也是無可辯駁，但是無可辯駁本身就表明：這個正義使生命超越當下的生命或它在那裏的實際存在，它的經驗的或本體論的實在性；不是朝向死亡，而是朝向一種生命的延續（Derrida，1994：xx）。"這句話具有一種"視覺效應"：我們看不到誰正在注視我們，但是"這個幽靈般的存在的確正在注視着我們"（Derrida，1994：7）。在"階級"已經被剝奪了語言而無法發聲的時刻，一個新的打工階級正在掙扎欲出。這一次，這個幽靈般的他者在我們周圍徘徊着、注視着，不敢期望自己可以被人看到，除了它自身的影像。彷彿孤兒一般的命運既是它的不幸也是它的幸。它不僅僅是一個自身形成的過程，同時也是一場至關重要的鬥爭，一次讓這個幽靈轉世的機會。

打工階級的形成

安·安娜諾斯特（Ann Anagnost）曾經指出："讓底層階級說話"是中國 20

世紀初期的現實主義文學所進行的一場革命，然而，國家機器卻片面地藉助馬克思主義的階級分析觀點將其吸納到政黨 —— 國家話語之中。儘管在當代中國，階級分類已經不再是一個陌生的概念，但新打工主體的形成卻仍然要比傳統的馬克思主義對 "階級" 的看法 —— 經常把主體視為純粹抽象物或者生產手段與生產關係的結果 —— 要複雜得多。（Anagnost，1997：17 - 44）

在本文中，"階級" 不僅是一組流動的歷史性關係，而且也是由無數的張力、多重的結構性矛盾、以及時而出現的衝突因素等共同構成的一組特殊關係。新興打工階級崛起於社會底層，它的形成注定將是一個艱難的過程，因為它一出現便遭到上層支配階級的破壞和瓦解。形成與解體彷彿一個硬幣的正反兩面，同時發生在新興打工階級在迅速走向全球化的當代中國掙扎出世的過程之中（Walder，1984）。

正如安德魯・沃爾德（Andrew Walder）（Walder，1986）所言，在毛澤東時代，中國的"無產階級化" 過程的獨特性在於：它完全是由政治而非市場決定的。首先，毛澤東思想重新解釋了馬克思的階級理論，突出強調階級鬥爭。早在 1926 年，毛澤東在《中國社會各階級的分析》一書中指出，對中國社會各階級進行分析的原因，是要為共產主義革命分辨出敵友："誰是我們的敵人？誰是我們的朋友？這是革命的首要問題"。他並進而指出 "工業無產階級是我們革命的領導力量（Mao，1965：13）"。然而在 20 世紀初的時候，現代工業無產階級為數不過 200 萬人左右。"200 萬左右的產業工人中，主要為鐵路、礦山、海運、紡織、造船五種產業的工人，而其中很大一個數量是在外資產業的奴役下"（Mao，1965：18 - 19）。儘管毛澤東在戰前對中國工業無產階級的革命參與寄予厚望，但他也非常清楚當時這個階級的人數仍然很少（Schram，1969：236 - 237）。實際上，後來抗日及解放戰爭所依靠的主要力量是廣大農民羣眾。毛澤東將農民劃定為 "半無產階級"，認為這個階級是無產階級的最堅定同盟（Schram，1969）。然而解放革命勝利後，不是廣大農民，而是城市中的工人被稱作是中國無產階級的先鋒隊，並因此而成為新中國的主人。政治象徵與階級主體之間關係的恣意性是如此明顯，意旨與意符之間的巨大差異性既維持同時也破壞着作為象徵性符號的 "階級" 話語。

在毛澤東時代國家計劃經濟的背景之下，中國工人階級的形成只用了短短幾年時間。而相比之下，英國和其他歐洲國家的工人階級的形成則至少經歷了半個世紀，並且是由市場經濟決定的。中國的工人主體是被毛澤東思想的階級意識形態詢喚到“階級地位”之中的。表述政治的力量如此強大，它不費吹灰之力就將“自在階級”演繹為“自為階級”。

20 世紀 70 年代末，鄧小平開始在中國推行改革開放政策。改革開放的大手很快將毛澤東一手打造的社會“階級”結構擊得粉碎。80 年代中期開始的城市改革打破了一直受到國家保護的公有制企業工人階級的“鐵飯碗”（Leung，1988；Walder，1989；Sargeson，1999；陸學藝，2002；譚深，1993），中國工人階級昔日的特權地位被徹底否定。在中國走向全球化的過程中，國家與資本的主導論述稀釋了階級話語的力量，但這並不意味着階級分析已經過時，事實上，一切並不那麼簡單。在現代中國，新興資產階級、城市中產階級以及政府官員們指望用主張現代性的新自由主義論述來將急劇的社會變遷合理化，並對階級結構與社會關係進行重構。去除階級分析，是他們為了掩蓋其階級地位和社會特權而採取的一種政治策略。為了給強調個人主義、專業分工、機會平等以及市場開放的新自由主義經濟鋪平道路，階級話語被徹底壓制。因此可以説，中國的“階級”歷史被雙重地取代，首先是被國家，然後是被市場。在急劇變革的當代中國社會，對階級的雙重取代使階級實踐的意義無法呈現出來，從這個層面上來説，它是非常具有政治性的。

然而，從農村湧入城市的外來工們已經迅速地構成新的勞動大軍，城市中不斷湧現的工業區或開發區為全球資本利用中國豐富而廉價的勞動力資源提供了條件。因此，在中國進入全球經濟體系之際出現的主要由農民工所構成的新興打工階級，它的命運實際上是由國家和資本共同決定的。作為一種階級力量，新興打工階級從一誕生開始便受到結構性的壓制。在當代中國，新興資產階級不僅與政府官員高度重迭，而且與中國的家族親屬網路亦密不可分（Bian，1994；Lin，1995）。資產階級與政府官員勾結在一起，形成一種政府法團主義治理形態，這也是導致新的階級話語被壓制，致使階級失聲的最大力量。不斷加快的城市化進程以及城市生活水平的普遍提高經常是津津樂道的話題，然而日益加劇的社會不平等、以及對外來或農村廉價勞動力的剝削，卻總是被輕視或者忽略。在城市的精英們眼中根本就沒有甚麼“階級分化”，他們只知道政府允許一部分人可以先富起來，既然如此，自然就會出現差距和分化。支配階級試圖用開放社會來取代階級社會的意圖非常明顯。而且，開放社會對階級社會的"取代"是在國家與資本論述的充分構思和嚴格管制之下進行的。因此這個"取代"過程可以被視為一個被市場合法化的"政治過程"。

模糊的階級身份

中國並不是唯一主動引進全球資本主義要素的社會主義國家。與東歐的改革一樣，中國政府面對國家計劃經濟的僵化結構所帶來的種種弊端，決定引進市場經濟機制來解決社會危機（例如發展水平低下、就業不足、大量失業、以及人民生活水平普遍下降等），尤其是在文化大革命後期（Dirlik & Meisner，1989）。改革開放之後，中央政府將發展經濟的權力下放給地方政府，於是地方政府紛紛嘗試將城市規劃和發展成為"世界工廠"。為了優先實現經濟發展的目標，地方政府毫不猶豫地實行嚴格的社會控制。於是，在現代"大"都市的夢想與強化行政控制體系的慾望之間的巨大鴻溝中，便出現了剝削型的勞動力使用和管理機制。

中國的人口控制主要是通過戶籍制度。戶籍制度正式建立於 1958 年，當時國家頒佈了《中華人民共和國戶口登記條例》。中國的戶籍制度不僅決定了一個人的居住地，而且還決定一個人的整個生活變遷 —— 社會等級、工資、福利、實物配給量以及住房等（Solinger，1991；殷志靜、鬱奇虹，1996；陸學藝，2002）。改革前的戶籍體系單一而嚴格，即將居民戶口區分為"城市常住居民戶口"和"農村常住居民戶口"[2]。在這種戶籍制度下，農民的命運被農村戶口禁錮在土地上。儘管戶籍制度本身的漏洞造成了一些"非法"城鄉移民的存在，但從數量上來看，他們絕對不可能改變農村與城市、農民階級與工人階級之間的二元結構。

80 年代初，深圳市政府率先對戶籍制度進行重大改革，頒佈控制流動人口的暫行辦法。在原來的常住居民戶口基礎之上增加了暫住戶口，主要是針對短期務工人員。戶籍制度與勞動力控制緊密聯繫在一起，它的存在有助於勞動剝削機

---

2. 除非是國家計劃要求，否則沒有人能夠改變自己的身份。有些時候，國家允許來自農村的大學畢業生改變戶口到城市工作，這是因為他們被視為專業人員。

制的產生。政府利用戶籍制度將城市中的人口區分為常住人口和暫住人口，使政府無須承擔向農民工提供住房、工作保障以及其他福利的責任（Solinger，1999；Mallee，2000；Zhang，2001；Tan，2000）。城市需要農村人口的勞動力，然而一旦她（他）們的勞動力不再被需要，她（他）們便無法在城市繼續生存下去。事實上，城市不允許新興打工階級在它的土地上生根。更糟糕的是，戶籍制度與勞動力控制機制混合在一起，形成一種特殊的權力形態，建構出農民工模糊的身份認同，從而既深化又同時掩蓋了對她（他）們的剝削。暫住人口是不是城市居民？農民工到底是工人還是農民？這些問題的答案總是曖昧不清的（Andors，1988：40-41）。農民工地位的模糊性，有助於中國政府在沒有充分認可其勞動者身份的情況下，仍可對其任加使用。正如索林格（Solinger，1999）所言，這已經造成了一種即使不是畸形也是衝突的公民權（contested citizenship）狀態，這種狀態不利於農民工將自身變成城市中的工人。"農民工"這個詞，模糊了農民身份認同與工人身份認同之間的界限，這便在無形中抑制了打工階級的形成。

此外，城市政府不向暫住人口提供住房、教育以及其他環境基礎設施。外來工不僅自己不享有城市居民的基本權利，其家庭成員也不被允許居住在城市，除非她（他）們自己也能夠在城市找到工作。外來工結婚和生育都不能在城市進行登記。官方仍然將外來工視為農民，認為她（他）們應該依靠其農村家庭網路的支援。因此地方政府和外資企業不僅可以減輕負擔，同時還可以從農村勞動力的使用中獲利。而勞動力再生產的成本則要由農村社會承擔。外來工是城市中的匆匆過客，一般來説，打工者——尤其是打工妹——結婚之前在城市工廠裏的打工時間約為3-5年。她們對生活的長遠打算，如結婚、生育等都被預期將在農村進行。與其他發展中國家一樣，現代中國的無產階級化過程十分依賴自給自足的農業生產模式。在中國，無產階級化的另一個主要特點是：它並非由市場力量決定，而是由政治與行政力量決定，即通過政治與行政的力量將各種現存的社會關係與經濟結構整合到市場經濟發展過程之中。由於中國農村地區有大量的剩餘勞動力，因此城市政府完全不需要擔心勞動力的再生產問題。

簡而言之，要想將經濟特區發展成為一個現代的工業城市，必須依靠對來自全國各地的農民工的使用，而與此同時，國家和資本的論述卻或者有意或者無意地否定打工者的"階級"地位。模糊的身份認同是人口控制和勞動力控制等兩種機制的奇特混合物，在中國與全球經濟的整合過程中，身份認同的模糊性有助於保持廉價勞動力的供給數量和彈性。強調現代性與發展的新自由主義論述既將上述剝削機制合理化，又決定了中國新興打工階級的弱勢地位，因為它甚至連一個表達自己存在的空間都未被賦予。新興打工階級所面臨的最根本的問題是，打工者沒有在城市中安家的權利，因此就等於被剝奪了階級生根的土壤。貧民窟是無產階級可以組織起來發展成為階級力量的地方。儘管廣州、北京等一些大城市中出現了外來工的聚集區迅速擴張的現象（Zhang，2001；王春光，1995；王漢生、劉世定、孫立平、項飆，1997；趙樹凱，1997），但在大多城市中，這種聚集區通常是政府努力進行整治和清除的主要對象。農村的無產階級化是當代中國的一個獨特現象，在這個過程中，每個農民工作為產業工人的生活都是短暫的，幾乎沒有人敢去奢望真正改變自己的社會地位 —— 從農民變成工人。當外來工們被遣返回鄉的時候，打工階級在逆境中成長的"根"便遭到破壞。因此可以說，在當代中國，政治與行政力量（儘管混亂）連同階級的失語，共同決定了新興打工階級的形成和解體。

社會行動者？還是階級主體？

　　在當代中國，追求現代性就意味着中國社會必須允許私有以及跨國資本，這樣不僅對中國的經濟生活，同時對社會以及文化生活進行滲透和管制。在對工廠打工妹的人類學研究中，我除了借鑒傅柯（Michael Foucault）的"自我形塑技術"、馬克思主義的階級鬥爭分析，以及性別與勞動的女性研究之外，我還參考了亞蘭・杜漢（Alain Touraine）的著作以及他所提出的"社會行動者"的概念。在中國由農業社會向工業社會，由國家社會主義向市場資本主義轉型的這場急劇而深刻的社會變革中，像曉明這樣的外資工廠的打工妹們是經歷這場轉型的先鋒之一。身為女性、身為農民、身為外出打工者，打工妹是生活在變動社會中的一個游離的主體，她們的聲音決不會輕易被任何主導話語（無論是知識話語還是政治話語）所湮沒。

　　打工妹們正在經歷、體驗、想像和反抗着自身的生活道路，由於這個新型社會主體的鬥爭是豐富、獨特而多元的，因此她們的鬥爭不應該再被簡化為政治化的"階級鬥爭"。如果階級分析作為一種社會鬥爭的武器是有效的話，那也只有當它扎根於底層階級的鬥爭經驗之中的時候才能重振旗鼓。換句話説，階級分析只有在打工者們自身抵抗資本與市場的日常政治（infrapolitics）中才能發揮作用。[3]深陷於三重壓迫的囹圄之中的打工妹們，必須要活出她們自己的階級經驗，並將這些經驗作為其生活抗爭的一部分。如果説，底層階級曾經被來自支配階級的主導話語傷害過，那麼，在全球資本主義與中國現代性工程的交匯處出現的新主體——打工妹，則正在翹首盼望着"階級分析"的歸來。然而荒謬的是，"階級分析"卻早已因為它的霸權本質而淪為一種死語言。我認為，"階級分析"作為一種霸權論述是支配階級的政治任意性所造成的結果。因此在當代中國，重述新的"打工"階級則無論如何都稱得上是一個適切的話題。

打工主體的生成

"打工"意味着將個體變成勞動主體的過程，尤其是在為資本主義老闆工作的情況下。"妹"則進一步顯示出這個勞動主體在特定情境下的性別身份。"打工"一詞來源於香港的方言——廣東話，在香港，勞動關係主要是由市場決定的。簡而言之，"打工"就是"為老闆工作"，帶有強烈的勞動力商品化或出賣勞動力換取工資的意味（Lee，1998）。中國在過去的 20 多年裏，"打工妹"和"打工仔"是兩個非常廣泛使用的辭彙，與"工人"——即無產階級——這個在毛澤東時代更加普遍使用的辭彙形成對比。在毛澤東時代，"工人"在社會中享有農民階級望塵莫及的高度特權地位，國家宣稱他們是國家的主人，並且不再異化於勞動。而馬克思曾指出，在資本主義社會中勞動異化是普遍存在的。工人是社會主義中國將勞動力從異化中解放出來，並使其在勞動過程中充分實現自我的新型主體的理想類型。實際上，在過去 30 多年的社會主義實踐中，工人是為國家工作的，國家作為"社會主義老闆"，不僅給工人發工資，同時還提供終身僱傭、住房、醫療保障以及子弟教育等福利（Walder，1986；李培林，1992）。總之，它是中國為了改變資本主義勞資關係而創造出來的一種特殊類型的社會主義勞動關係。

---

3. 正如裴宜理（Elizabeth Perry）所指出的，"勞動政治是勞動者自身：他們的籍貫、性別、文化背景、教育程度、工作經驗，諸如此類"（Perry，1993：4－5）。

　　"打工"不僅僅意味着離開"社會主義老闆",而且也意味着來自全球資本主義社會的新老闆們的到來。"打工"意味着勞動者不再受到國家的全面庇護,它是臨時性的勞動,會被任意解僱的勞動,並且是隨時可能被更低價格的勞動所替代的勞動。打工的價值,如果有的話,是由市場決定的,資本家榨取其勞動剩餘價值作為利潤。換句話説,"打工"一詞意味着社會主義勞動關係向資本主義勞動關係的轉變,打工仔／妹則是清楚勞動剝削、具有階級意識的新蜕體。

　　新型的"打工主體"是如何發展出與社會主義時期的工人"階級主體"完全不同的主體性和身份認同的呢?打工主體的形成又是如何從社會底層獲得動力以及生活策略,以使其不能被任何單一政治議程所吸納的呢?另外,拋開無產階級目的論視角,打工主體會形成甚麼樣的個體或集體反叛模式?這些都是非常重要的問題。

主體、慾望與抗爭

　　中國全球化生產時代的到來宣告了打工潮從農村向城市的湧現,工業資本一面熟練地操縱着需求、欠缺和慾望,一面在既夢想成為城市工人,又夢想成為現代消費者的打工者中間將"現代化"神聖化。創造慾望和欠缺是市場經濟的藝術,用德勒茲(Gilles Deleuze)和瓜塔利(Felix Guattari)的話來説,它"在產品充足的情況下,刻意地創造出需求和需要;令所有的慾望蠢蠢欲動,並使人永遠墮入唯恐自身慾望無法滿足的深淵"(Deleuze & Guattari,1984:28)。

　　從農村地區湧向城市工業區的巨大民工潮展現出打工的慾望,並從中可以看到資本主義的生產政治操縱着社會欠缺,使農民工們產生了填補這個空缺的慾望。然而,正如城鄉差別、地區和性別不平等的系譜學所顯示的那樣,這個空缺被社會主義體系進行了歷史性和制度性的修正(Perry & Wong,1985;Selden,1993;Solinger,1993;Solinger,1999;Stacey,1983;Wolf,1985;Croll,1985;Croll,1994)。年輕女性離開農村的迫切渴望,遠遠不是將其歸因於貧困或者農村剩餘勞動力多等一般觀點所能解釋的(West & Zhao,2000;Zhang,2001;譚深,2002;孫立平,2000)。貧困,從另一方面或許也可以説是富有(剩餘勞動力),作為具體的社會欠缺形態,是由國家權力與資本權力共同創造和組織出來的。貧困，尤其是城鄉之間的巨大落差，是人和歷史共同創造的，而且最重要的是，它已經成為一種為了掀起填充和改變這種狀態的社會性慾望而存在的消費性話語。

農業勞動的貶值及其與工業生產所形成的鮮明對比，暗示着差異政治、層級制度以及他者化等都與打工妹這個新型主體的形成過程相關聯（Pun，1999）。正如許多關於女工和工業資本主義的研究中所描述的那樣，農村人的身體通常被想像為粗糙的、骯髒的、土氣的或者懶惰的；相比之下，敏捷而靈巧的工人的身體則通常被描述成年輕的、單身的、女性的，並且尤其適合新的國際勞動分工（Nash & Fernandez－Kelly，1983；Kung，1983；Leacock & Safa，1986；Ong，1987；Lamphere，1987；Rosen，1987；Hsiung，1996）。新的自我與身份認同的建構是一個賦權的行動（Laclau，1990），是一個自我──主體化、排斥和替換的過程（Foucault，1988），涉及到制度控制、規訓技術、命名藝術以及話語權力的安排（Kondo，1990）。新打工主體的建構使陳舊落後的社會主義和農村人被不斷地貶值、降級和放逐。農村人被想像成卑賤的主體，換言之，是嶄新的、現代的、理想的身份認同背後的黑暗污濁的內裏。城市和農村、南方和北方、男性和女性、已婚和未婚等社會差別都被用以維持、擴充和修正支配權力與層級制度。打工妹，作為一種新身份，作為一件文化產物，恰好在全球資本主義的機器開到後毛澤東時代的中國進行收割的這個特殊時候被創造出來；它標誌着一個由市場、國家和社會三方共同推進無產階級化的新時期的開始。

如果説，馬克思已經指出了城市與農村的分化是資本積累的基礎，那麼在本文中我要補充的是資本積累的另一個必要條件──性別差異，尤其在這個全球化生產的時代（Nash & Safa，1976；Ong，1987；Stitcher & Parpart，1990；Ward，1990）。在毛澤東時代，中國強調階級而否定性別差異；改革開放後，中國卻到處充斥泛濫着性論述以及女性身體圖像（Croll，1995；Evans，1997）。資本主義的生產和消費需要依靠一種性論述來作為差別體系和層級制度的基礎。曉明之所以能被招進工廠不僅僅因為她是一名來自農村的外來工，同時也因為她是一名女性，是被認為價格更加便宜，而且更加容易管理和控制的女性。在中國，外資的電子廠經常比喻為桃花源，那裏的少女們正在等待着男性們的追求。生產機器的微體權力對平凡的身體沒有興趣；它只對特殊的身體，即女性的身體才感興趣。

因為女性的身體通常被想像為更加馴服、忍耐並且更加適應工廠機器。

然而，打工妹既遠非一件簡單的文化產物，更不是權力和論述的結果，也不是一種性別構造。作為一個打工－主體，打工妹是自身主體化過程與社會對主體進行塑造的力量間的抗衡，以爭取 "行動者回歸" 而生成的一個主體（Pun，2000；Pun，2002）。中國農民希望將自身從長期的隔離生活中解放出來的強烈慾望，正好碰上企圖控制農民身體的政治技術，農民遂化成為行動者展開行動來改變自己的生活。打工妹，作為一個以各種形式的合作、反抗以及挑戰為特徵的特殊底層階級，凝聚了支配與反抗這個雙重過程。正是這個雙重過程共同創造出複雜、叛逆而異質性的打工妹主體（Certeau，1984；Guha & Spivak，1988；Scott，1990；Willis，1981），她們所面對的是一個天生不足的支配體系，而且她們懂得應該如何在權力和紀律體系的縫隙之中進行反叛（Ong，1987；Kondo，1990）。在規訓政治工程（disciplinary regime）出現之前，無論打工妹們怎樣無權，她們都不單只是 "馴服的身體"。相反，她們是 "機靈而反叛的身體"，時而公開，時而隱蔽的對抗着霸權，有些時候她們甚至可以成功地將規訓權力顛覆或瓦解。我並無意要將這些 "日常生活實踐"（Certeau，1984），或 "文化抗爭"（Ong，1991）進行傳奇化，但是，工廠女工們的故事與體驗，疼痛與煎熬，尖叫與夢魘交織在一起，的確構成了一幅 "反叛的政治學與詩學" 的生動畫卷（Pun，2000）。

結論

簡而言之，與西方的無產階級化道路不同，中國的打工妹沒有對資本展開過有組織的公開對抗，也沒有能夠成為一股重要的反抗力量。外來工作為城市過客的兩個重要特點 —— 無常和游離，也給他們在城市中成長為一股集體性的階級力量設置了障礙。然而，儘管一個有組織的打工階級的形成道路受到阻塞，但是一有機會，打工者就會毫不猶豫地展開各種短暫的、自發性的罷工等集體行動。在對抗性集體行動受到壓制的情況下，會導致各種反叛性集體行為的產生和蔓延，從一般的勞動反抗，一直到日常生活的抗爭。

撇開對階級的本質主義分析取向，打工妹這個特殊的主體不僅體現了生產關係，同時也體現了社會與文化論述、消費關係、社會網路、家庭關係、性別比喻以及社會抗爭。如果説，傳統的階級主體是一個將自己外化於他人之外的他者化的結果，是一種具有政治性的抽象形式，那麼，這個新的打工主體則是"行動者的回歸"（Touraine，1995：207），正如亞蘭‧杜漢所言，他（她）是"將自我變成社會行動者的一聲呼喊"，而與此同時，主體還要努力抵抗國家與市場力量的侵蝕。[4] 這是個體經驗的回歸，是在與他者的關係中自我定位的實現。從這個實現開始，一個人決定以集體的或者個體的方式採取行動。這是對自我的堅定回歸，對主體權利的掌控可以使其於政治霸權之中捍衛自身。打工妹是女性的打工——主體，她們的社會抗爭不應該被簡化為傳統的"階級鬥爭"，因為它並不是傳統意義上所界定的那種工人鬥爭。她們的社會抗爭既是打工者對制度和資本的反抗，也是女性對父權制文化的挑戰。

參考書目

- 孫立平：〈過程——事件分析與當代中國國家——農民關係的實踐形態〉，載《清華社會學評論》特輯（廈門：鷺江出版社，2000 年）。
- 李培林：《轉型中的中國企業》（濟南：山東人民出版社，1992 年）。
- 殷志靜、鬱奇虹：《中國戶籍制度改革》（北京：中國政法大學出版社，1996 年）。
- 王春光：《社會流動與社會重構——京城"浙江村"研究》（杭州：浙江人民出版社，1995 年）。
- 王漢生、劉世定、孫立平、項飆：〈"浙江村"：中國農民進入城市的一種獨特方式〉，《社會學研究》，卷 1 (1997 年)。
- 譚深：〈社會轉型與中國婦女就業〉，載天津市婦女研究中心編：《中國婦女與發展——地位 健康 就業》（鄭州：河南人民出版社，1993 年）。
- 譚深：〈家庭策略，還是個人自主？——農村勞動力外出決策模式的性別分析〉，中國社會科學院社會學研究所主辦"民工流動：現狀趨勢與政策"研討會論文，2002 年。

---

4. 通過闡明"社會行動者"的概念，亞蘭‧杜漢試圖對階級主體的理念進行去中心化，因為這種理念太容易被國家或者整體的計劃所整合。他認為，社會行動者並不是那些行為是由其經濟地位所決定的人，而是"通過改變勞動分工，決策模式，支配關係以及文化取向等來對自身所處的物質及社會環境進行改造的人。"社會行動者是努力從個人主義和集體主義中解放出來的人，並且時刻準備以開放的社會抗爭的形式，為了社會變革而採取行動 (Touraine，1995：207)。

- 趙樹凱：〈中國農村勞動力流動的組織化特徵〉《社會學研究》卷 1(1997 年)，頁 17 – 26。
- 陸學藝編：《當代中國社會階層研究報告》(北京：社會科學文獻出版，2002 年)。
- Anagnost, A., *National Past – Times: Narrative, Representation, and Power in Modern China*. (Durham and London: Duke University Press, 1997).
- Andors, P., "Women and Work in Shenzhen", *Bulletin of Concerned Asian Scholars*. Vol. 3(1988), pp. 22 – 41.
- Bian, Y., *Work and Inequality in Urban China*. (Albany: State University of New York Press, 1994).
- Chiu, F., *Colours of Money/Shades of Pride – Historicities and Moral Politics in Industrial Conflicts in Hong Kong*. (London: Routledgecurzon, 2003).
- Croll, E., *Women and Development in China: Production and Reproduction*. (Geneva: International Labour Office, 1985).
- Croll, E., *From Heaven to Earth: Images and Experiences of Development in China*. (London and New York: Routledge, 1994).
- Croll, E., *Changing Identities of Chinese Women*. (London: Zed; Hong Kong: Hong Kong University Press, 1995).
- De Certeau, M., *The Practice of Everyday Life*. (Berkeley: University of California, 1984).
- Deleuze, G. & F. Guattari, *Anti-Oedipus: Capitalism and Schizophrenia*. (London: The Athlone Press, 1984).
- Derrida, J., *Specters of Marx*. (New York and London: Routledge, 1994).
- Dirlik, A. & M. Meisner, (eds.), *Marxism and the Chinese Experience*. (Armonk, N. Y.: M. E. Sharpe, 1989).
- Evans, H., *Women and Sexuality in China*. (London: Polity Press, 1997).
- Foucault, M., "Technologies of the Self", in Luther H. Martin, Huck Gutman, Patrick H. Hutton (eds.), *Technologies of the Self* (London: Tavistock, 1988).
- Guha, R. & G. C. Spivak, (eds.), *Selected Subaltern Studies*. (New York: Oxford University Press, 1988).
- Hsiung, P. C., *Living Rooms as Factories: Class, Gender and the Satellite Factory System in Taiwan*. (Philadelphia: Temple University Press, 1996).
- Kalb, D., *Expanding Class: Power and Everyday Politics in Industrial Communities*, the Netherlands, 1850 – 1950. (Durham and London: Duke University Press, 1997).
- Kondo, D. K., *Crafting Selves: Power, Gender and Discourse of Identity in a Japanese Workplace*. (Chicago: University of Chicago Press, 1990).
- Kung, L., *Factory Women in Taiwan*. (Ann Arbor: University of Michigan Press, 1983).
- Laclau, R., *New Reflections on the Revolution of Our Time*. (London: Verso, 1990).

- Lamphere, L., *From Working Daughters to Working Mothers*. (Ithaca: Cornell University Press, 1987).

- Leacock, E. & H. I. Safa, (eds.), *Women's Work: Development and the Division of Labor of Gender*. (South Hadley, MA: Bergin and Garvey, 1986).

- Lee, C. K., *Gender and the South China Miracle: Two Worlds of Factory Women*. (Berkeley: University of California Press, 1988).

- Leung, W. Y., *Smashing the Iron Rice Pot: Workers and Unions in China's Market Socialism*. (Hong Kong: Asia Monitor Resource Center, 1988).

- Lin, N., "Local Market Socialism: Local Corporatism in Action in Rural China", *Theory and Society*. Vol. 24 NO. 3 (1995), pp. 301 – 354.

- Mao, Z. D. *Selected Works of Mao Tse-Tung*, Volume I. (Peking: Foreign Language Press).

- McLennan, G., "E. P. Thompson and the Discipline of Historical Context", in Richard Johnson, Gregor McLennan, Bill Schwarz, and David Sutton (eds), *Making Histories* (Minneapolis: University of Minnesota Press, 1982).

- Nash, J., and M. P. Fernandez – Kelly, (eds), *Women, Men and the International Division of Labour* (Albany: State University of New York Press, 1983).

- Ong, A., *Spirits of Resistance and Capitalist Discipline: Factory Women in Malaysia*. (Albany: State University of New York Press, 1987).

- Ong, A., "The Gender and Labor Politics of Postmodernity", *Annual Reviews in Anthropology*, Vol.20 (1991), pp.279 – 309.

- Perry, E. J., *Shanghai on Strike*. (California: Stanford Press, 1993).

- Perry, E. J., Christine Wong, (eds.) *The Political Economy of Reform in Post-Mao China*. (Cambridge, Mass.: Council on East Asian Studies/Harvard University, 1985).

- Perry, E. J., "Trends in the Study of Chinese Politics: State – Society Relations", *China Quarterly*, Vol. 139 (1994), pp. 704 – 713.

- Pun, N., "Becoming Dagongmei: the Politics of Identity and Difference in Reform China", *The China Journal*, Vol. 42(1999), pp. 1 – 19.

- Pun, N., "Opening a Minor Genre of Resistance in Reform China: Scream, Dream, and Transgression in a Workplace", *Positions: East Asian Cultural Critique*, Vol.2 (2000), pp. 531 – 555.

- Pun, N., "Global Capital, Local Gaze and Social Trauma in China", *Public Culture*, Vol. 2(2002), pp. 341 – 347.

- Rosen, E. I., *Bitter Choices: Blue-Collar Women In and Out of Work* (Chicago: University of Chicago Press, 1987).

- Sargeson, S., *Reworking China's Proletariat*. (New York: St. Martin's Press, 1999).

- Schram, S. R., *The Political Thought of Mao Tse Tung*. (New York: Frederick A. Praeger, 1969).

- Scott, J. C., *Domination and the Arts of Resistance* (New Haven: Yale University Press, 1990).

- Selden, M., *The Political Economy of Chinese Socialist* (Armonk, N. Y.: M.E. Sharpe, 1993).

- Shen, T., "The Relationship between Foreign Enterprises, Local Governments and Women Migrant Workers in the Pearl River Delta", in Loraine West and Zhao yaohui(ed.), *Rural Labor Flows in* China (Berkeley: University of California Press, 2000).

- Solinger, D. J., *China's Transition from Socialism: Statist Legacies and Market Reforms 1980 – 1990* (Armonk, N.Y.: M. E. Sharpe, 1993).

- Solinger, D. J., *Contesting Citizenship in Urban China* (Berkeley: University of California Press, 1999).

- Stacey, J., *Patriarchy and Socialist Revolution in China* (Berkeley and Los Angeles: University of California Press, 1983).

- Stichter, S. & J. L. Parpart, (eds.), *Women, Employment and the Family in the International Division of Labor*. (Philadelphia: Temple University Press, 1990).

- Thompson, E. P., *The Making of the English Working Class. (England: Penguin Books, 1963).*

- Touraine, A., Critique of Modernity. (Oxford UK and Cambridge USA: Blackwell, 1995).

- Walder, A. G., "The Remaking of the Chinese Working Class, 1949 – 1981", *Modern China*, Vol.10, No.1 (January 1984), pp. 3 – 48.

- Walder, A. G., *Communist Neo – Traditionalism: Work and Authority in Chinese Industry* (California: University of California Press, 1986).

- Walder, A. G., "Factory and Manager in an era of Reform", *China Quarterly*, Vol. 118 (1989), pp. 242 – 264.

- Ward, K., (ed.), *Women Workers and Global Restructuring* (Ithaca, Cornell University: ILR Press, 1990).

- West, L. A. & Y. Zhao (eds.), *Rural Labor Flows in China*. (Berkeley: Institute of East Asian Studies, University of California, 2000).

- Willis, P., *Learning to Labor* (New York: Columbia University Press, 1981).

- Wolf, M., *Revolution Postponed: Women in Contemporary China* (Stanford: Stanford University Press, 1985).

- Zhang, L., *Strangers in the City: Reconfigurations of Space, Power, and Social Networks within China's Floating Population*. (Stanford: Stanford University Press, 2001).

性別平等法律、政策制定及
婦女/性別研究在社會科學的主流化
——中國婦女研究會的實踐及體會

譚琳

概　述

20 世紀 80 年代以來，隨着中國大陸社會科學研究領域各學科的恢復、發展和對外交流，婦女/性別研究得到迅速發展。特別是聯合國第四次世界婦女大會在北京召開之後，婦女/性別研究得到了社會科學研究機構、高校、黨校、婦聯及有關學會的更多重視，跨學科的合作有許多方面的新進展。於 1999 年 12 月成立的中國婦女研究會（CWRS），擁有 109 個團體會員和 180 位理事，分佈於中國大陸 31 個省、直轄市和自治區的高等院校、社會科學院、黨校、婦聯等機構，通過組織各種規模不等、形式多樣的研究和研討活動，推動性別平等的法律和政策的制定，並將婦女/性別研究納入社會科學主流作為社會性別主流化的重要部分，予以切實推動。

以研究推動性別平等的法律和政策
制定的實踐探索

中國婦女研究會始終將推動性別平等的法律和政策制定作為組織研究和研討活動的重要目標之一。主要在以下三個方面採取了一系列的措施和行動。

一、將婦女／性別研究的成果貢獻於相關法律的制定和修改

　　2000 年 11 月，中國婦女研究會與中國法學會婚姻法學研究會和中國婚姻家庭研究會聯合舉辦了 "《婚姻法》修改中的熱點、難點問題研討會"，組織專家學者，在大量的理論研究、實證研究和比較研究的基礎上，就重婚、無效婚姻、親權、反對家庭暴力、離婚賠償制度、夫妻財產制度等關乎婦女權益和性別平等的問題，為《婚姻法》的修改提供了諸多具有可操作性的建議（薛甯蘭，2001 年）。2004 年－2006 年，全國婦聯婦女研究所（WSIC）聯合中國婦女研究會的諸位專家學者，開展了 "推動有關法律和政策的性別平等" 專案，就流動婦女的就業、農村婦女的土地權益、家庭暴力及性騷擾等方面的法律和政策進行社會性別分析與研討，為《婦女權益保障法》的修改提供了意見和建議。2005 年－2006 年，中國婦女研究會的專家又參加了中國勞動和社會保障部及中國就業促進會主持的有關 "就業促進法" 的調查研究和研討，對於該法如何充分體現性別平等的原則，切實保障婦女的平等就業權益提出意見和建議。2006 年，利用聯合國消歧委員會審議中國執行《消除對婦女一切形式歧視公約》情況的機會，組織有關非政府婦女組織和專家學者討論中國執行該公約所取得的經驗和教訓，並對中國進一步執行該公約，將性別意識納入相關法律的制定和修改提出對策建議。

二、以研究促進性別平等的政策和規劃制定

　　2000 年－2001 年，全國婦聯婦女研究所和中國婦女研究會的有關專家學者，積極向全國人大代表和常委宣傳有關婦女就業研究的成果，成功地推動了 "中國國民經濟和社會發展第十個五年計劃" 將 "建立階段就業制度" 改為 "採取靈活多樣的就業形式" 的政策修訂，避免了婦女因生育而被迫退出勞動力市場的政策後果（蔣永萍，2001）；2001 年，中國婦女研究會又就婦女參政召開專題研討會，為中共中央組織部召開的 "全國培養選拔女幹部、發展女黨員工作會議" 和全國婦聯召開的 "培養女幹部工作座談會" 提供參考建議（姜秀花，2001）。2002 年，中國婦女研究會與全國婦聯聯合召開 "中國婦女就業論壇"，對男女就業權利和機會平等問題、退休等社會保障政策中的性別平等、農村婦

女就業、遷移流動婦女就業及職業場所的安全保障等問題展開研討，形成《關於當前婦女就業存在的問題及對策建議》，上報中央政府領導，並為全國婦聯和部分全國人大女代表、政協女委員的提案和議案提供參考依據。針對社會上一些商家不顧社會道德，侵犯女性權利，過度地利用女性的容貌、身體以及性的特徵來刺激消費，追求經濟利益的種種表現和大眾傳媒愈演愈烈的"美女經濟"炒作，我們編寫了題為〈"美女經濟" 愈演愈熱值得警覺〉的婦女研究簡報，指出"美女經濟" 的泛濫和低俗化，不利於營造性別平等的文化環境，也不符合社會主義精神文明建設的要求。這期簡報得到了中央有關領導同志的高度重視，他們在批示中指出：要正確引導輿論，遏制這股不良之風愈演愈烈的勢頭。媒體不得為 "選美"、"美女經濟" 推波助瀾，不得宣揚腐朽沒落的思想。媒體要成為弘揚社會正氣、傳播先進文化的陣地。

三、促進分性別統計，開展婦女發展與性別平等狀況評估

中國婦女研究會視分性別統計為開展法律、政策的社會性別分析的基礎，與政府有關部門攜手，致力於推動這項重要工作的開展。2000 年，全國婦聯與國家統計局合作開展了 "第二期中國婦女社會地位調查"，不僅取得了一批有價值的資料，而且為性別統計進行了有益的探索，為國家統計局出版《中國社會中的女人和男人 —— 事實與資料（2004）》提供了基礎資料和指標建議（國家統計局人口和社會科技統計司，2004）。2004－2006 年，全國婦聯婦女研究所與中國婦女研究會的諸位專家學者一起，積極開展適合中國國情的婦女發展與性別平等的指標體系研究，並與國家統計局及有關政府部門合作開展研討，力圖將婦女發展與性別平等的核心指標納入全面建設小康社會評價指標體系之中。在指標研究的基礎上，全國婦聯婦女研究所開展了中國婦女發展與性別平等狀況評估，並公開發佈《1995－2005 年：中國婦女發展與性別平等報告》（亦即《婦女綠皮書》），不僅產生了較大的社會影響，也成為政府有關部門制定政策的參考依據（譚琳，2006）。

推動婦女／性別研究納入社會科學
研究主流的實踐探索

　　針對婦女／性別研究在社會科學領域的邊緣地位，中國婦女研究會抓住中国共產黨的十六屆三中、四中及五中全會強調落實科學發展觀，構建社會主義和諧社會，以及中共中央下發了《關於進一步繁榮發展哲學社會科學的意見》的有利時機，積極推動婦女／性別研究納入社會科學研究主流。

深入開展調查研究，為推動婦女／性別研究
納入社會科學研究主流做準備

　　從 2004 年 3 月到 2005 年 7 月，我們首先通過網上資料，收集了 1999 年－2004 年國家社會科學基金面上專案的資助立項情況，深入分析了國家社會科學基金資助專案中所反映出來的婦女／性別研究的現狀及存在問題。

　　通過分析，我們發現，國家社會科學基金從“七五”規劃開始就逐漸涉及女性問題研究專案，近年來對女性研究專案的支援逐年增加，尤其是以重大專案和特別委託專案的形式支援了“中國婦女運動百年史研究”、“中國特色婦女解放理論探索”、“中國婦女參政問題研究”等研究專案。教育部門越來越支援高校的婦女和性別研究，在相關的哲學社會科學研究規劃及課題指南中，設立了一些婦女和性別研究的專案，涉及社會學、人口學、歷史學、民族學、文學等多個學科。例如，教育部“十五”哲學社會科學研究規劃及課題指南中，歷史學設立了“婦女史研究”；民族學設立了“國外性別問題理論”和“中國性別問題研究”；社會學設立了重點研究專案“婦女參與社會發展與婦女社會支援網路”。

　　但是，由於國家社會科學基金至今為止沒有專門設立“婦女／性別研究”領域，具有明顯跨學科性質的婦女／性別研究專案很難按照國家社會科學基金規定的“跨學科的課題，要以為主的學科進行申報”的原則進行申報；目前各學科領域的評委對女性問題研究不夠熟悉；而且，各學科對女性問題研究也不夠重視。通過對 1999 年－2004 年的六年間國家社會科學基金年度設立的重點專案、一般

專案和青年基金專案的分析，我們發現存在以下兩個主要問題：

一、與女性研究相關的課題立項總數少、比例低，且立項層次低。

上述六年間，儘管有關婦女／性別研究的立項課題逐年增加，涉及學科也越來越多，但立項課題的總數很少，六年合計僅有 28 項，且分佈在九個學科領域，僅佔同期國家社會科學基金的立項課題總數（5275 項）的 0.53%（見表 16.1）。此外，由於沒有設立專門的"婦女／性別研究"領域，有關婦女／性別研究的立項分散在各個領域中，難以受到應有的重視。上述 28 個獲准立項的課題層次較低，其中"一般專案"佔了 23 項，"青年專案"有五項，沒有重點專案。

二、一些重要、主流的學科領域還沒有女性研究的課題立項。

上述 28 項女性問題研究課題主要設立在社會學、人口學和文學領域，個別專案屬哲學、政治學、法學及民族問題研究。但研究經費最多、同時婦女／性別問題也最複雜的理論經濟學和應用經濟學領域從未有女性問題研究的課題立項；除特別委託的專案以外，馬克思主義、科學社會主義和黨史、黨建及中國歷史等重要研究領域的年度專案中均沒有婦女／性別研究立項。這種狀況顯然與中國繁榮哲學社會科學的要求和女性研究的發展不相適應。（見表 16.1）

表 16.1 1999 年—2004 年國家社會科學基金分領域資助情況

學科領域	立項總數 （項）	有關婦女／性別研究的立項數 （項）
馬克思主義、科學社會主義	225	0
黨史、黨建	174	0
哲學	445	1
經濟理論	460	0
應用經濟學	866	0
政治學	248	1
社會學	300	8
法學	350	1

表 16.1（續）

學科領域	立項總數 （項）	有關婦女 / 性別研究的立項數 （項）
國際問題研究	177	0
中國歷史	303	0
世界歷史	78	1
考古學	41	0
民族問題研究	200	1
宗教學	106	0
中國文學	372	6
外國文學	103	1
語言學	276	0
新文學與傳播學	99	0
圖書館、情報與文獻學	146	0
人口學	61	8
統計學	91	0
體育學	151	0
綜合類	3	0
合計	5275	28（僅佔 0.53%）

資料來源：全國哲學社會科學規劃辦公室網站（http://www.npopss－cn.gov.cn）。
註：加黑、斜體部分表示曾有女性問題研究立項的領域和立項數目。

　　除了上述分析，中國婦女研究會領導還親自帶隊到八個省、區、市開展調查研究，先後召開了 12 次座談會，深入了解中共中央及各地黨校系統、社會科學研究系統、高校系統及婦聯系統的研究者對婦女 / 性別研究的歷史、現況及發展趨勢的看法和認識。我們發現，參加座談會的專家學者及有關部門工作者具有普遍共識：即在落實科學發展觀的新形勢下，應加大對婦女 / 性別研究的支援力度，進一步繁榮哲學社會科學研究，推動我國社會更加文明進步，平等和諧。為反映這種共識，推動婦女 / 性別研究進入社科研究和學科建設主流的步伐，中國婦女研究會和全國婦聯於 2004 年 12 月聯合主辦了"推動婦女研究進入社科研究和學科建設主流的高層論壇"，邀請全國哲學社會科學辦公室、中共中央黨校、中國社會科學院、教育部社會科學研究和政治思想教育司及北京大學、南開大學、復旦大學、廈門大學、天津師範大學等高校的有關領導及科研部門負責人出席了高層論壇，共同研討推動婦女／性別研究進入中國社會科學研究主流的重要性和必要性，在此基礎上，提出具有可操作性的對策建議。

積極採取行動，爭取社會支援，推動婦女／
性別研究納入社會科學研究主流

在上述調查研究和高層論壇的基礎上，中國婦女研究會採取積極行動，爭取社會支援，在推動婦女／性別研究納入社會科學研究主流方面主要進行了以下探索：

一、推動婦女／性別研究和學科建設的機制創新

2005 年 6 月、7 月和 12 月，全國人大常委會副委員長、全國婦聯主席、中國婦女研究會會長顧秀蓮率領中國婦女研究會的主要領導和專家學者，分別與中共中央黨校、中國社會科學院、教育部及有關高等院校領導和專家學者進行座談與協調，整合部門間資源和力量，探討推動婦女／性別研究及學科建設的途徑。經過一系列組織和協調，全國婦聯和中國婦女研究會與中央黨校、中國社會科學院、北京大學、中央民族大學等 21 個單位合作建設了婦女／性別研究與培訓基地，力圖與這些單位共同努力，將婦女／性別研究與培訓納入各學術單位的整體規劃和日常工作，初步形成了由黨校系統、社會科學院系統、高校系統及婦聯系統構成的"四位元一體"的婦女／性別研究機制，為婦女／性別研究和學科建設的主流化提供了機制保障。

二、在學術領域宣傳婦女／性別研究，推動婦女／性別研究納入國家 社會科學基金和教育部社會科學研究重大課題攻關專案

在中國婦女研究會的調查研究中發現，學術界，特別是社會科學研究管理部門對婦女／性別研究不夠了解，在很大程度上影響了婦女／性別研究的主流化。因此，我們在調查研究的基礎上，撰寫報告，主動與社會科學研究管理部門溝通，

在學術領域宣傳婦女／性別研究。我們強調，婦女研究的內容和物件並非僅僅局限於婦女發展和婦女運動規律，而是廣泛涉及社會、經濟、政治、文化及家庭生活中的性別關係結構和運行狀況及其規律的研究。因此，婦女研究物件覆蓋面廣、研究內容極其廣泛，學科背景和研究方法與其他學科既相互交融，又不能簡單替代。因此，婦女／性別研究具有明顯的多學科和跨學科特徵，正是需要大力推進和重點支援的新興交叉學科。重視從性別視角開展的多學科和跨學科研究，對於哲學社會科學領域打開認識視野，拓展思維空間，推進學術觀點創新、學科體系創新和科研方法創新也會有所貢獻。因此，將婦女研究納入國家哲學社會科學規劃，是對中共中央《意見》精神的貫徹落實，是繁榮中國社會科學研究的客觀需要，是對現有哲學社會科學學科體系的有力補充與完善，必將有力推動中國哲學社會科學研究的全面、深入發展。

我們的宣傳得到社會各界，特別是社會科學研究管理部門的積極回應和大力支持。在 2005 年 10 月公布的 "教育部哲學社會科學研究重大課題攻關專案 2005 年度招標課題指南" 中所列出的 40 個課題研究方向中，明確提出了 "性別視角下的中國文學與文化" 研究，並最後批准了這個重大課題。2006 年，國家社會科學基金在 22 個學科領域中的 10 個學科明確列入了 12 個直接與婦女／性別研究相關的選題方向，並最後批准了 17 項研究課題，是上一年的 3.5 倍。此外，國家社會科學基金還將 "中國婦女運動百年史" 課題作為重大課題給予特別支援，中國社會科學院也首次以院長委託課題支援婦女／性別研究。

三、關注婦女／性別研究學者成長，加強婦女／性別研究的學術隊伍，提高研究能力和研究水平

近年來，中國大陸婦女／性別研究的組織機構、研究隊伍及研究成果等各個方面都有了長足的發展，已經成為一支不容忽視的社會科學研究力量。中國婦女研究會視婦女／性別研究學者為推動社會性別主流化的主體力量，關注各個學科婦女／性別研究學者的成長，加強婦女／性別研究的學術隊伍，提高研究能力和研究水平。

首先，從組織機構和研究隊伍來看，自 1999 年中國婦女研究會成立以來，

全國已有 30 個省、直轄市、自治區婦聯成立了婦女研究學會，作為中國婦女研究會的團體會員在各地開展工作。全國近 50 所高等院校和九個國家及省級社科院成立了婦女研究中心。首批與全國婦聯和中國婦女研究會共同建設婦女 / 性別研究與培訓基地的單位元有 21 個，已初步形成了黨校系統、高校系統、社科院系統及婦聯系統組成的"四位元一體"、輻射全國各地的婦女研究組織網路。中國婦女研究會的 180 位理事分佈在社會學、人口學、歷史學、法學、教育學、經濟學、心理學、人類學及管理學等多個學科，具有高級職稱的學者佔 81%，其中，有近 30 位教授具有指導博士研究生的資格。近年來，中國婦女研究會每年舉辦"婦女 / 性別研究培訓班"，組織婦女 / 性別研究者著重研討和培訓婦女 / 性別研究的方法論，探討女性主義視角和方法在社會科學研究中的應用和實踐。

其次，從研究成果來看，近年來，具有社會學、人口學、歷史學、法學、教育學、經濟學、心理學、人類學及管理學等學科背景的研究人員從各自研究和關注的重點出發，對婦女基礎理論和現實問題展開了大量卓有成效的研究與干預工作，湧現了一批具有較高學術價值和社會效益的研究成果。越來越多的高校，如北京大學、天津師範大學、北京師範大學、首都師範大學、上海復旦大學等院校都編寫了女性學教材，有關女性學和女性問題研究的專著、譯著、工具書、教材等也不斷出版發行；越來越多的高校開設"女性學"、"女性社會學"、"女性人口學"等與女性問題研究相關的課程。2005 年，教育部批准中華女子學院設立"女性學"本科專業，使女性學專業正式進入中國高等學校的本科專業設置之中。在碩士和博士研究生教育體系中，與女性學相關的專業設置更早、更多。到 2004 年底，全國已有六所高校設立了"女性學"碩士專業，陸續招收女性學碩士研究生；更多高校在文學、社會學、人口學、歷史學及心理學等相關學科設立了女性研究方向（例如：女性文學、女性人口學等），陸續招收碩士和博士研究生；越來越多相關學科的學者（含研究生）參與女性問題研究，有力地推動了婦女學學科的建設與發展。2004 年，中國婦女研究會組織了第一屆中國婦女研究優秀成果獎評選，發現近五年的婦女研究成果已涉及哲學、社會學、經濟學、人口學、法學、歷史學、文學、教育學、倫理學、心理學、人類學、政治學等多個學科。

體會與反思

通過上述實際推動，我們感受到了諸多成效，也體會到了許多問題和困難。

從積極的方面看：政府有關部門對於性別平等與婦女發展問題，特別是推動性別平等的政府責任、性別指標與性別統計及婦女發展綱要的監測等問題，態度愈來愈積極（黃晴宜，2005；溫家寶，2005）；政府有關部門與非政府婦女組織和性別專家的合作不斷增多，婦女／性別研究的成果愈來愈多地轉化到實際工作之中。例如，在計劃生育／生殖健康領域，政府有關部門高度重視生育方面的"男孩偏好"等性別不平等問題及其社會影響，廣泛開展了"計劃生育／生殖健康優質服務"和"關愛女孩"等專案，並努力將社會性別意識、視角和方法納入專案設計、實施和評估之中；在反對家庭暴力和性騷擾方面，全國已經有 25 個省、市、自治區制定了相應的法規和條例，並在新修訂的《婦女權益保障法》中首次列入有關性騷擾的條款；在基層婦女參政方面，政府有關部門與婦女組織合作，積極推動婦女在村民自治和村委會中的參與；教育部門採納婦女研究者的建議，在中小學教材編寫和重大研究專案中考慮社會性別因素；政府有關部門在撰寫《中國性別平等與婦女發展狀況白皮書（2005 年）》（國務院婦女兒童工作委員會，2005）等重要文件的過程中，重視聽取婦女研究機構及其它非政府婦女組織的意見。

另一方面，無論推進性別平等的社會實踐，還是推動婦女／性別研究納入社會科學研究及學科建設主流，都存在種種問題和挑戰。首先，促進性別平等的法律和政策宣言性意味較強，可操作性明顯不足；雖然主張性別平等的社會人士不少，但是，有能力對法律、政策和體制進行社會性別分析的專業人士還不多；計劃生育、教育、民政等非經濟的部門對性別平等理念和方法接納的程度較高，經濟部門對性別平等理念和方法接納的程度仍然較低；面向基層、面向女性的性別平等宣傳和培訓較多；面向高層、面向男性的性別平等宣傳、倡導及培訓較少，相應的途徑和策略也較少；推動性別平等過程的反覆多、人為因素較多，組織和機構穩步推進性別平等的較少。

在上述實踐中，我們還體會到，性別平等的法律和政策在中國法律和政策體系中的地位與婦女／性別研究的邊緣性密切相關。因此，應視推動婦女／性別研究納入社會科學研究及學科建設主流為社會性別主流化的重要內容。為此，我們曾向有關部門提出以下建議，促進婦女／性別研究的主流化：

一、建議從國家到地方，從哲學社會科學規劃部門到教育部門及其他政府部門，在制定和發佈哲學社會科學發展規劃，特別是社會科學研究的"十一五規劃"時，應在總則中強調婦女／性別研究的重要性，並切實加大婦女／性別研究在各個學科課題指南中的比重，提高各相關學科對婦女／性別研究的重視程度。

二、建議在國家和各省的社會科學基金以及教育部門和其他政府部門資助的社會科學研究領域中，明確列出"婦女／性別問題研究"，每年都能引導和支援跨學科的婦女／性別研究。

三、建議每年在相關學科領域的指南中，將婦女和性別問題研究作為研究重點之一，鼓勵和支援多學科的婦女和性別問題研究不斷深入。尤其應在"馬克思主義、科學社會主義"、"黨史、黨建"、"哲學"、"經濟理論"、"應用經濟學"、"政治學"、"社會學"、"法學"、"中國歷史"、"中國文學"、"語言學"、"新聞學與傳播學"、"人口學"及"統計學"等領域的指南中應強調婦女和性別研究的重要性，並指出相應的研究重點，以引導相關研究，建設有中國特色的婦女／性別研究學科體系和教材體系。

四、建議促進高校對婦女／性別研究及學科建設的重視，研討如何通過加大投入、管理創新等措施，進一步推進高校的婦女／性別研究及學科建設。建議適當增加國家社會科學基金專家庫和高校哲學社會科學專家庫中婦女和性別問題研究專家，同時，應注意各學科專家的性別比例，適當增加女性專家，以便適當提高各學科評審委員會中女性評委的人數和比例，特別是從事婦女／性別研究專家的人數和比例。在教育部及各高校人才培養計劃和職稱評聘工作中更加重視女性學者和教師的成長。同時，建議積極培養和選拔高校中的女性領導幹部，特別是女校長，發揮女性專家學者在高校管理決策中的積極作用。

參考書目

- 姜秀花：〈世紀之初話參政 —— 中國婦女參政研討會"主要觀點綜述〉,《婦女研究論叢》, 3 期（2001 年）, 頁 68 - 72。

- 國家統計局人口和社會科技統計司：《中國社會中的女人和男人 —— 事實與資料（2004）》, 北京：中國統計出版社, 2004 年。

- 國務院婦女兒童工作委員會：《中國性別平等與婦女發展狀況白皮書（2005 年）》（http:// www.nwccw.gov.cn/html/96/n - 137596.html）。

- 黃晴宜：〈促進婦女發展, 構建男女平等的和諧社會〉,《求是》, 18 期（2005 年）, 頁 28 - 30。

- 溫家寶：〈第四次全國婦女兒童工作會議上的講話〉,《人民日報》, 2005 年 8 月 17 日 第 1 版。

- 蔣永萍：〈世紀之交關於"階段就業"、"婦女回家"的大討論〉,《婦女研究論叢》, 2 期 （2001 年）, 頁 23 - 28。

- 薛甯蘭：〈共同關切的話題 ——"《婚姻法》修改中的熱點、難點問題研討會"綜述〉,《婦 女研究論叢》, 1 期（2001 年）, 頁 58 - 64。

- 譚琳：《1995 - 2005 年：中國婦女發展與性別平等報告》（北京：社會科學文獻出版社, 2006 年）。

女性主義體制內變革實驗：
檢討《台北市女性權益保障辦法》的制定與推行

顧燕翎

女性主義和國家或官僚體制之間分合糾結已久，美國女性主義政治學者 Kathy E. Ferguson 對官僚制度始終抱持懷疑的態度，並且認為："從體制內部，使用官僚資源和語言從事反體制的努力，終究會被體制吸納而空忙一場。"（Ferguson，1984：152）澳洲的女性主義者在 70 年代曾經因為與勞工黨結盟，協助 Gough Whitlam 贏得大選，而大量進入政府，創造國家女性主義，從事體制內改革，成為聯合國和各國婦運關注的焦點，帶動了全球性的婦女 10 年（Decade for Women）和世界行動方案（World Plan of Action）（Sawer，2007：21－22）。然而澳洲學者 Einsenstein 雖然看到 "澳洲女性主義者進入官僚制度大大轉變了公眾態度和施政優先次序，在傳統男人至上的國家正當化了女性主義觀點"，卻也憂慮 "女性主義官員的成就可能脆弱、短暫"（Einsenstein，1995：81－82）。80 年代後期澳洲政府因經濟衰退、財政困難削減預算，影響到政策執行，即使工黨執政，也不得不採行新自由主義的經濟政策，緊縮政府部門、加強外包、強調競爭。1995 年自由黨領袖 John Howard 以主流統治（governing for the mainstream）為口號，贏得選舉，政策趨於保守。而且澳洲女性主義團體多元分化，意見不統一，加以男權團體興起，眾聲紛紜，皆削弱了婦運的政治影響力（Sawer，2007：24）。

然而，女性主義的改革熱情並不輕易熄滅，在聯合國和世界各地，女性主義者仍舊相繼以各種形式追求體制內變革，至 2004 年已有 165 個國家設有政府機制提倡兩性平等（Division for the Advancement of Women, Department of Economic and Social Affairs, United Nations, 2004）。我本人曾經長久從事婦女運動和婦女研究，於 1998 年底懷着實驗女性主義的心情進入台北市政府，負責公務人員訓練。除了政府再造之外，我關注以下議題：有沒有可能從體制內去從事女性主義改革？在複雜的官僚結構中，女性主義的理想有推動和落實的可能嗎？要以何種在地方式推動，而不必套用西方框架？在過程中會遭遇何種阻礙？成效如何？本文所欲檢討的是其中一個實驗，即台北市女性權益保障辦法的制定與推動。

把握任何可能的機會

2000 年之前，台灣婦運在制度化的努力上已建立不少成果。在法律方面，有優生保健法（墮胎合法化）、就業服務法、兒童及少年性交易防治條例、性侵害犯罪防治法、家庭暴力防治法等的通過，以及民法親屬篇的修訂等；在組織方面則增設從中央到地方各級政府的各種委員會，諸如婦女權益促進委員會、就業歧視評議委員會、性騷擾審議委員會等。兩性工作平等法則尚未通過、性別平等教育法也仍在草擬階段。根據婦女新知基金會 1998 年的調查，以上各項法律雖未遭受明顯抗拒，在地方的執行層面卻由於人力不足及觀念未清等因素，整體而言難以貫徹，因此成效並不顯著。

2000 年 5 月 30 日在台北市政府的市政會議中，環保局提出台北市公廁女廁空間改善計劃。在討論過程中，一位首長建議，何不將所有保障女性權益的法規集中成一套完整的"台北市婦女權益保障自治條例"以宣示市長保障婦女的決心，我不僅立即附議，並且隨即進行遊說，因為此舉不但可以提升婦女議題的正當性，也可敦促執行的進度，此舉最後獲得市長的支持。台北市在女性權益保障方面，一向領先台灣其他地區，在相關法律通過之前，台北市的作為可以成為示範，催化中央和其他城市變革。

突破障礙

官僚體制的分工嚴格而精密，根據市政府的分工，婦女權益的主管單位應屬社會局。然對社會局而言，起草法案是一項龐大的新業務，當時的局長想將此工作移給非屬市府編制內的婦女權益促進委員會（婦權會），然而婦權會主要由民間代表組成，每季聚會一次，諮詢監督婦女政策，並非專職工作。在分工會議上，社會局同仁求助於我，我乃以公務人員訓練中心（公訓中心）主任的身份接下此重任，但也因為違犯分工原則，侵犯他人業務領域，而在日後付出代價。

自 2000 年 9 月 11 日起，由公訓中心主責，擬定討論綱要，邀請市政府各相關部門、婦女團體、學者專家，展開一連串會議及工作坊，創造出交換意見的開放空間[1]。最初幾次聚會，女性主義的意識形態深受質疑和挑戰，從頭至尾，在草擬辦法的過程中，最常遭遇的問題是："男女已經平等了，為甚麼還要給女性特權？"[2]各單位的官員也經常從專業角度出發，認為強調性別會干預專業的中立性："這是專業問題，非關性別，我們在性別上是中立的，而且一向公平對待男女。"有的問題則是時效性的，認為時機不對，例如："中央政府現在正在制定兩性教育平等法草案，我們不必在地方層級討論同樣的問題。"或者"兩性工作平等法就要通過了，我們的規定如果和法律牴觸怎麼辦？"同時，政府因為一向強調究責（accountability）重於創新，部門間養成互推工作的習慣，性別議題屬於前所未有的新任務，牽涉的業務跨越既有的專業分工，也就產生了解釋的空間，例如婦女的行動自由、空間安全、家庭暴力等等，由哪個局處主責，都可能引起爭議。此外，對於舊有的定義也因新思考的出現而產生新的定義問題，例如，一位教育局的同仁就一再質疑"婦女"的定義，她指出在市府的諸多法規中，"婦女"通常指涉 15 至 65 歲的女性，那麼"婦女權益保障辦法"保障的對象應不涉及 15 歲以下的國中女學生，對女學生的培養應放在整體教育的目標之下，訂出男女一體適用的規範；而地方政府主責中學以下的學校教育，因學生屬未成年女性，不是婦

---

1. 自 2000 年 9 月 11 日至 2001 年 11 月 23 日，我們舉辦了兩場全體會議、六場分組會議（工作坊）及一次綜合討論（公聽會），並向市政議提出一次期中報告。
2. 甚至最初提議制定此法的首長亦在第一次會議中動搖立場，懷疑這樣做是否給予女性特權。

女，所以不應列入婦女權益的保障對象，教育局自然不是主責單位之一。

在市政府內部的性別權力結構中，男女官員的總數大致相同（根據人事處 2004 年年底統計男女比例為 1：0.9），但職等越高女性越少。1999 年公訓中心曾經舉辦一場"婦女與工作"座談會，邀請約 200 位中階以上女性官員參加。會中許多參與者都分享了自己在職場中的不平等處境，以及職業婦女蠟燭兩頭燒的辛苦，但結論則將之歸諸個人或環境因素，鮮少人能洞察問題的社會結構性因素。倘若給予她們女性意識的啟蒙和充分的討論空間，可能有為數可觀的潛在女性主義者被激發出來。以她們豐厚的行政經驗和對官僚體制運作的了解，不但可柔化制度的運作，使其更人性化，更貼近民眾需求，也不無轉化官僚結構的可能性。所以公訓中心舉辦系列討論和工作坊，引進女性主義學者、律師、藝術家、建築師、編輯等來與市府同仁互動，期望藉機提升性別意識，發展從內部主動解決問題的動力，並且鼓勵女性官員之間互相討論、彼此支援，由內部自動提出好的方案。

經過數次集會之後，工作坊很快達成以下共識，並在此基礎上由各局處分別就其專業進行條文規劃：

1. 相對於中央的法律，地方性的條例居於補足的位置，不與既有的法律牴觸。若中央法律有不足之處，則以條文或方案加以補充，期望能發揮示範性的功效。

2. 在名詞使用方面，為了避免"婦女"一詞在語意上的混淆，我們以投票方式決定一律採用適用於所有年齡層的名詞"女性"，以取代"婦女"，法案名稱也改為"台北市女性權益保障自治條例"。

3. 為了讓更多人可以接受，我們決定目前以性別平等和女性的安全為關懷重點，避免較為激進的"解放女性"立場。

4. 法條以具體可行為原則，不能只是宣示性，但也不宜太多太細，以致執行時毫無彈性。

5. 所有涉及一個以上局處的業務，主管機關設定為市政府，再由市府進行內部分工。

6. 因為這是一個政府自律性的立法，主要在補足中央法律之不足，並確保法律之落實，同時為了避免市議會審查期間的延宕，以及減輕對民眾的衝擊，我們將這套規範定位為自治規則。未來再視施行的成效，進一步將之發展為自治條例，所以名稱定為“台北市女性權益保障辦法”。

雖然已經建立共識，但法條形成的過程仍然冗長複雜。我們要求各局處指定專人負責此業務，但仍有單位每次指派不同代表來開會，於是又必須從頭檢討一些基本原則，好在一旦有了充分的溝通和共識，大部分代表都能全力以赴，也產出了令人滿意的成果。這些法條與各局處業務息息相關，具有高度專業性，若非熟稔業務的官員主動提出，外人不易越俎代庖。由此可見，女性主義管理不同於父權官僚體制的根本之處，在於建立互信，以及充分賦權（empower）予個人及低階部門，一旦經由民主討論，確定了組織內部共識後，個人得以在各自崗位上展現創意，以民主方式互相激盪產生的力量遠勝於由上往下的命令所能產生的效果。

草案制定到接近完成階段，在舉辦最後一輪的討論之前，基於以下三個目的，我們主動向市政會議提出了一份期中報告（2001 年 8 月 21 日）：

1. 向局處首長們預告會議的結果，讓他們有心理準備，以免草案完成後遭其杯葛。
2. 提醒他們檢視其業務相關法條。
3. 請他們務必派員出席總結的討論。

草案完成後，在法規會審議以及市政會議討論時，再度面臨各單位的質疑、論辯和妥協。最後，在市長大力支持下，終於在 2002 年 3 月 5 日順利通過，並於當年婦女節公佈實施。

檢討法案內容及執行成果

《台北市女性權益保障辦法》分為四章：總則、一般女性權益保障、特殊境遇女性保障以及附則。特殊境遇婦女由於有特殊身分限制，以及較為複雜的現金補助計算方式，所以單獨列為一章。為了確保這套辦法於制定後不被束之高閣，附則中特別規定市政府“每年應對外公佈女性權益保障之執行績效”。除了責成各單位確實檢討其女性政策和績效之外，定期評估女性權益的提升亦有吸引媒體注意及公眾教育的功效。在整個折衷協調過程中，我們嚴守白皮書的底線，因為如果沒有定期評估，《台北市女性權益保障辦法》可能形同空洞的政策宣示。當然，即使有定期報告，若沒有充分的監督，仍可能只是無人聞問的官樣文章，所以體制外婦女運動的監督是體制內改革的重要後盾。以下就此辦法的內容、執行過程及成果擇要檢討。

總則

市府應設置委員會來監督此辦法的落實，由於台北市已存在"婦女權益促進委員會"（婦權會），監督婦女政策並提供諮詢，便將此委員會與之合併，並改名為"女性權益促進委員會"（女委會）。原有的委員人數為 27 人（不包括擔任正副主任委員的正副市長），為了提高議事和工作效率，並以工作為導向（task oriented），委員總數減為 11 至 15 人。雖然每次《台北市女性權益保障辦法》的會議都邀請婦權會委員參加，會議記錄也都寄發給她們，似乎並未引起注意。直到面臨改組時，部分委員發現名額減少，大表不滿，要求恢復為原數，最後妥協至 20 名，並於 2005 年完成修改辦法。

一般女性權益保障

第五至十二條適用於所有年齡及階層的女性，保障她們的空間權、工作權、教育權、健康權、環境權（參與環境政策的決策）、文化權、決策及公共事務參與權等，媒體權在經過爭論後決定不予列入。

空間權

保障女性公共場所活動及行動的安全，包括照明、求救鈴、充分的大眾運輸服務，以及各種隱私的保護等。

工作權

除了提供就業訓練和申訴管道，特別將勞動法令有關保護女性規定及兩性工作平等的處理機制列入年度檢查項目，並加強實施女性工作場所勞動條件的檢查，以確保合理的工作環境。

教育權

　　教育是國家政策的根本，政府在其中扮演了重要的雙重角色。其一是提供女性充分且平等的受教育機會，給予失學或中輟學業的女性補救教育；其二是消除性別歧視和性別刻板角色，不僅針對在學學生，同時也對教師及家長進行性別教育。

　　有關公務人員的訓練，一方面積極培訓女性領導人才；同時也培訓兩性平等專業人力，並將兩性平等意識納入一般常態訓練課程。

健康權

　　為導正台灣社會過度醫療化（重視醫療勝於健康）的傾向，工作坊決定，第一為強調健康；第二為強調女性自主。所以條文的優先次序，首先為"設立女性健康促進小組，提供有關女性健康政策之建議與促進工作"；其次為提供女性"各項保健、衛生教育及醫療諮詢服務"；再次為讓女性參與"醫療保健政策及決策過程"；最後才是"提供對女性友善的醫療環境"。

　　此外，為了調整性別角色分工，減輕女性負擔，工作坊也着眼於老人及長期病人之照護體系的建立，其中包括推動機構及社區雙軌式照顧服務、暫託服務、居家照護服務等。我本人在擔任社會局長期間，曾經調整社會局原有的以機構為主的老人照顧體系，變更為以在地老化為原則的社區到機構的連續服務體系，由政府大量提供居家服務，並因此創造婦女二度就業的機會。

文化權

　　長久以來，藝文活動的參與者和管理者大多數為女性，但被展示出來的則以男性為主。為了鼓勵女性的生命經驗被開發成為藝術，公訓中心安排女性藝術家與文化局長面對面會談，並且在最後一場綜合討論中，提出具體建議：

1. 界定"女性藝文工作者"為專業女性及非專業女性，"包括藝術家、藝評家、藝術研究者、藝術傳播工作者、策展人員、藝術行政工作者、民俗工作者等”，並加入“鼓勵女性從事藝文專業工作暨民俗技藝”的文字。

2. 加入“表揚傑出女性藝文工作者或團體以肯定她們的成就”。

3. 加入“提供女性參與藝文活動的機會與空間，定期舉辦台北市女性藝術節（包括研討會、研究、座談會、演講等相關活動）”。

4. 加入“保障女性不因性別的問題造成從事藝文活動的障礙，各項文化活動中評審委員應有適當數量的女性代表，並逐年提高女性代表的比例”。

參照實際通過的條文，顯然文化局站在保護行政權的立場，僅願意做原則上的宣誓，而不願做具體承諾。例如可以“保障女性不因性別的問題造成從事藝文活動的障礙”，但不承諾“各項文化活動中評審委員應有適當數量的女性代表，並逐年提高女性代表的比例”。

不過，在以後的年度報告中，文化局用於補助女性藝術家和藝文活動的經費在 2004 年有明顯增加。在一年之內，文化局共補助了 14 個婦女團體及藝術家舉辦了 22 場活動，邀請了台灣內外女性藝術家為婦女及青少年舉辦工作坊，包括為慰安婦辦了一場討論會。承辦同仁表示，這只是申請案件自然增加的結果，原有的政策、組織結構與成員都沒有變動。

決策、升遷及公共事務參與

為了確保女性的觀點能納入決策考量，第六條規定“本府任務編組之委員會外聘委員，於聘任時，任一單一性別以不低於外聘委員全數四分之一為原則。”2003 年僅有 42% 的委員會達到此標準，2004 年增至 76%。甚至以提升婦女權益為目的的女委會亦堅持要聘足四分之一的府外男性委員，雖然如此一來女性代表人數必然減少。2005 年女委會終於體認到，一個以女性議題為主旨的委員會沒有理由保障男性名額，同時因為府內委員（正副市長和相關局處首長）以男性佔絕大多數，已有充分代表，不宜再予保障。這個提案通過後，女委會並進一步通過以下決議：以後市府首長出缺時，應優先聘用女性，副市長中亦應有一名為女性。只是經過 2006 年選舉後，市長易人，女委會改女組，此決議未獲執行。

至於市府女性同仁的升遷，草案的原條文為“本府所屬各機關遇有主管職務出缺時應就相同績優人員中之女性，考量優先予以升任。”在市政會議引發反彈，不少首長認為這是對男性的歧視，最後做了一字的修改，將"應"考量改為"宜"考量。其實最初加入"考量"二字已是表示對管理權的尊重，"宜"字之差則是進一步的妥協。不過由於女性大量選擇進入政府工作，市府的女性主管的確有逐漸增加的趨勢，2004 年已達到 47.16%，超過 43.6% 的性別比，同年的升遷名單中，升任主管女性佔了 40%，薦任 41.8%，委任 83%。

第六條另規定"本府應推動女性參與公共事務，鼓勵女性參與社團，並輔助女性社團。"最近數年較多的資源用在協助東南亞新移民女性適應本地的文化和生活，2003 年社會局設立了專為她們服務的婦女中心，2004 年民政局為她們成立了專屬的會館，2006 年成立第二家會館。以此一族羣的人數（保持在 3,000 左右，台北市總人口在 260 萬左右）而言，相較其他民間團體，資源分配比例偏高。

媒體權

在最初幾場討論中，無論婦女團體代表或市府同仁都寄厚望於新聞處，期望新聞處能積極導正媒體的性別訊息，一方面處罰散播性別歧視者，另一方面對傳播正面訊息者予以獎勵。也有人建議，媒體若播出助長女性刻板印象或家庭暴力的場景，在台北市播出的時候，應在熒幕上打出字幕："這是違法的"，以及可以求助的電話號碼。最後基於對新聞自由的尊重、媒體的管理屬於中央的新聞局的職權，而非地方政府，同時也考慮到一旦執行會有認定上的困難，而沒有將媒體權納入法規。

特殊境遇女性保障

對於特殊境遇女性的定義，台北市提供比中央更為寬鬆的標準，不僅貧窮線拉高，也突破了社會福利以戶籍登記為基準的規定，讓外籍配偶和設籍外縣市的本地居民也可以申請。它同時賦予社工員較大的權限，可以視個案需求給予協助，使得需要經濟和其他幫助的女性即使不符合社會救助的條件，也可以得到照顧。

結論

在推動政策的制定或改革時，究竟應當由上往下還是由下往上？在女性主義陣營中往往引起爭議，也反映不同的理論立場。然根據實際操作的經驗，應是二者並行，上下激盪反饋，不斷檢討改進，方可奏效。而在其中，第一線同仁的直接服務經驗更應受到充分尊重。Discover Taipei Bimonthly（發現台北）的資深記者 Kevin Lax 在報導此辦法時表示："很多人都投注心力參與制定此辦法，但有兩個人值得一提，一位是公訓中心主任顧燕翎，她在加入市政府之前曾經積極從事婦女運動……另一位是馬英九市長，他的支持有助於克服某些局處的反對立場"（Lax，002：16－23）。不過，若沒有局處同仁的努力參與，貢獻其行政和專業才能，這套辦法可能只有骨架，而無血肉。

在討論過程中，民間團體和專家學者自始至終都扮演了啟發和監督的角色，經由她們和政府官員腦力激盪，才誕生了這套辦法。女性主義的理想與政治操作的現實原本分處政治光譜的兩極，但經由二者不斷對話，終於達致某種程度的共識和妥協。雖然從激進女性主義的觀點，可能讓步太多，未能真正撼動體制；行政單位則又抱怨干預太多，侵犯了他們的行政權，二者之間的衝撞卻有助於雙方的成長和互相學習，並且產生了積極的成果，這也就是我們想要追求的站在不同位置個體的有機互動。

批判與反省是女性主義重要的精神，除了批判壓抑女性以及其他邊緣弱勢者的父權文化，自身的反省也是女性主義寶貴的資產。然而當婦運發展到略能累積資源的制度化階段時，參與運動的誘因也可能變得較為複雜與多元，更類似主流，而失去早期的純粹素樸。有些女性主義學者（Miller，1983；Staggenborg，1994；Disney & Gelb，2000）曾經探討對社運團體而言，成功的定義究竟是甚麼？她們指出，一個運動團體可能在提出訴求、達到目標之後，就失去了在政治過程之中的存在價值。如此，組織的脫胎換骨甚至消失可能意謂着運動的活力仍在，而非衰敗。反之，一些相同目標的團體永續存在反而會消耗運動資源，平白拖累了運動（Disney & Gelb，2000：48）。台灣婦運 90 年代之後採取在各級政府推動設立各種委員會的運動策略，目的在監督施政。然而一旦以婦運為名，在體制中佔一席之地，這些組織可能表現得越來越像官僚組織，不只以維持自我生存為重要目標，只求位置增加，不願縮減，這些位置也可能成為個人的身份證明和晉身階。這類委員會不斷增加，以台北市為例，由市長或局處首長召集的與性別相關的委員會至少有六個，再加上其委員會尚有下設的性別小組。這些疊牀架屋的委員會有諸多顯而易見的副作用：

1. 積極運作的團體和專精的學者數目有限，若真要認真工作，各縣市政府之間甚至縣市政府之內在聘請委員時就產生強烈的競爭，而不敷分配。
2. 委員的聘請未必完全基於專業考量，反而取決於政治因素或人情酬庸，甚至可能呈現反女性主義的傾向。同時因為完全由上級任命，代表性是問題。
3. 各種性質重疊的委員會增加許多文書作業，形成行政系統的負擔，反而削弱了積極作為的力量。
4. 委員會本身缺乏監督機制，有權無責，影響決策品質。

　　制定《台北市女性權益保障辦法》的過程中，我們曾經嘗試將原有的婦權會轉化為人數精簡、工作導向（task oriented）的女委會，卻無法獲得認同，功敗垂成，也使得婦權會的功能難以經過蛻變而有更大的發揮。

　　整體而言，《台北市女性權益保障辦法》在建構過程中，透過跨局處的合作、體制內外的互動、同仁自主性思考，定出一套多方面可以接受的辦法，不僅有助於台北市婦女權益的保障，建立了女性主義社羣和女性官員之間的溝通管道，也從女性主義的角度嘗試了體制內運作的其他方式，例如有機的互動、協商和妥協、多贏、權力的新定義等等，意味着女性主義組織文化蘊涵了新的行政可能性。

　　然而政府運作的過程中，時時面臨來自不同利益團體和政治勢力的索求與壓力，其中難免有與女性主義立場衝突者，施政者必須有所取捨。所以體制外的婦運能否維持強大的可見度和社會影響力，絕對會左右體制內女性主義的正當性以及女性主義改革的成敗。同時不論位於體制內外的女性主義者，都需要時常保持自我反省的精神，回頭檢視女性主義的初始理想，方不致被體制收編，從改革者變為利益收割者，使得改革成為徒具形式。

參考書目

- 台北市政府研議：《台北市婦女權益保障自治法條》，歷次會議記錄（2000－2002）。

- 台北市政府：《台北市女性權益保障辦法》2002 (http://www.law.taipei.gov.tw/taipei/lawsystem/showmaster.jsp?LawID=P08H1001－20020308&RealID=08－08－1001)

- 台北市政府公務人員訓練中心："婦女與工作座談會"，會議記錄 1999。

- Disney, J. L. & J. Gelb.,"Feminist Organizational 'Success': The State of U.S. Women's Movement Organizations in the 1990s", *Women and Politics,* Vol. 21 了 No. 4 (2000), pp. 39－76.

- Division for the Advancement of Women, Department of Economic and Social Affairs, United Nations. *Directory of National Machineries for the Advancement of Women*. (New York: United Nations, 2004).

- Eisenstein, H., "The Australian Democratic Experiment: A Feminist Case for Bureaucracy", in M. M. Ferree & P. Y. Martin (eds.), *Feminist Organizations: Harvest of the New Women's Movement*. (Philadelphia: Temple University,1995), pp. 69－83.

- Ferguson, K. E., *The Feminist Case against Bureaucracy*. (Philadelphia: Temple University, 1984).

- Lax, K., "One Giant Step for Women's Rights in Taipei", *Discover Taipei Bimonthly*, Vol. 30 (2002), pp.16－23.

- Miller, F., "The End of SDS and the Emergence of Weathermen: Demise through Success", in J. Freeman (ed.), *Social Movements of the Sixties and Seventies*. (United Kingdom: Longman, 1983).

- Rosenberg, R., "Representing Women at the State and Local Levels: Commissions on the Status of Women", in E. Boneprath (ed.), *Women, Power and Policy* (New York: Pergamon, 1984).

- Sawer, M., "Australia: the Fall of the Femocrat", in J. Outshoorn & J. Kantola (eds.), *Changing State Feminism*. (New York: Palgrave Macmillan, 2007), pp. 20－40.

- Staggenborg, S., "Can Feminist Organizations Be Successful?" in M. M. Ferree and P. Y. Martin (eds.), *Feminist Organizations: Harvest of the New Women's Movement*. (Philadelphia: Temple University, 1994)

作者簡介

呂美頤

1968 年畢業於北京師範大學歷史系，曾任鄭州大學社會性別研究中心主任、鄭州大學女性研究會主任，現已退休。

長期從事中國近代史、中國近代政治制度史、近代女性史的研究與教學。在婦女與性別研究方面，所涉領域有中國婦女運動、婦女生活、婦女與宗教、中西婦女文化交流，以及婦女史的理論與方法等。

與鄭永福教授合著《中國婦女運動（1840－1921）》、《近代中國婦女生活》，獨著《走出中世紀 —— 近代中國婦女生活的變遷》。參加《陽剛與陰柔的變奏 ——兩性關係與社會模式》、《中國婦女的過去、現在與未來》、《中國歷史上的婦女與社會性別》等著作的撰寫，發表《中英南京條約與番婦來華》、《評近代中國關於賢妻良母主義的論爭》、《近代婦女運動對社會變遷的推動作用》、《社會性別制度與史學研究》等論文 30 餘篇。

謝臥龍

美國辛辛那提大學教育博士，國立高雄師範大學性別教育研究所副教授，世界課程與教學學會（World Council for Curriculum and Instruction, WCCI）主席（2009－2011）。

教學領域包括多元文化教育、多元文化諮商、男性研究、同性戀研究、性別與暴力、性別心理學、族群與文化、性／別校園。研究範圍包括婚暴相關議題、父職角色相關議題、性別少數的就學與就業經驗、性別教育課程教學的研發與實施。曾主編專書：兩性、文化與社會（1996）、性別平等教育：探究與實踐（2002）、性別：解讀與跨越（2002）、質的研究（2004）、知識型構中性別與權利的思想與辯證（2004）、霓虹國度中同志的隱現與操演（2004）。

譚少薇

美國夏威夷大學人類學博士，香港中文大學人類學系副教授、性別研究課程聯席主任、香港亞太研究所性別研究中心委員。

研究範圍包括社會文化變遷、香港人身份認同與民族關係，以及跨國與跨境流動與家庭、工作與性別的關係等。

葉漢明

美國加州大學博士，香港中文大學歷史系教授及系主任、亞太研究所性別研究中心聯席主任。

研究範圍包括中國近現代社會經濟史、地方史、華僑史、香港與國內及海外關係、婦女／性別史等。在婦女／性別史方面，所涉領域有殖民主義與婦女、華南地方文化與婦女文化、婦女／性別史方法論等，曾就女性主義與中國婦女社會史、文化史與香港婦女研究、口述史與婦女研究等課題發表報告。

著有《主體的追尋：中國婦女史研究析論》、《社會史與中國婦女研究》、〈妥協與要求：華南特殊婚俗形成假說〉、〈華南家族文化與自梳風習〉、"Women and Traditional culture in Hong Kong"、"Chinese Society, Colonial State: The Protection of Women in Early British Hong Kong" 等中英文論著，並為《性別學與婦女研究：華人社會的探索》、《近代中國婦女史英文資料目錄》、*Women in China: Bibliography of Available English Language Materials* 等書的合編者，以及《全球化與性別：全球經濟重組對中國和東南亞女性的意義》的編者。

林維紅

現任教於台灣大學歷史學系，專長為近代中國婦女史及性別研究。曾任台大婦女研究室召集人（1999 – 2007），現為 Asian Association of Women's Studies 之 Council Member。

著有《中國婦女史初探 —— 問題起源與近代特色》，及〈婦道的養成：以晚清湘鄉曾氏為例的探討〉、〈面對西方文化的中國‘新’女性：從曾紀澤日記看曾氏婦女在歐洲〉等論文多篇。與謝小芩教授共同主編論文集 *Gender, Culture and Society: Women's Studies in Taiwan*，並與王金玲教授共同主編《性別視角：文化與社會》。曾任《台大歷史學報》編輯委員，《女學學誌》及《婦研縱橫》主編。

陳秀曼

　　前台灣大學婦女研究助理。

魏國英

　　1970 年畢業於北京鐵道學院（現北京交通大學），1987 年調入北京大學，曾任北京大學校刊主編、黨委宣傳部副部長，編審。現任北京大學中外婦女問題研究中心常務副主任，並主講女性學碩士專業課"女性學研究"。

　　編寫 / 主編《男女平等基本國策簡明讀本》、《女性學概論》、《女性學：理論與方法》、《中國文化與女性》、《教育：性別維度的審視》等書，發表《女性學基本理論研究的幾個問題》、《傳統文化與中國知識女性的角色選擇》、《性別文化的理念建構與本土特徵》、《跨越式發展與本土經驗 —— 女性學學科建設的十年回顧》、《家庭文化對青少年性別刻板印象形成的影響》等論文。

杜芳琴

　　天津師範大學性別與社會發展研究中心主任、教授，中國婦女研究會常務理事 / 副會長，亞洲婦女學學會理事。

　　1985 年開始業餘從事婦女 / 社會性別史、農村婦女與發展研究；1999 年開始致力於中國婦女與社會性別學學科建設，是福特基金會資助的"發展中國的婦女與社會性別學"聯合課題（2000－2006）負責人；2003 年專職從事婦女 / 性別研究以來，推動婦女 / 性別學科在本校的建制，2006 年更名建制為校屬校管實體的"天津師範大學性別與社會發展研究中心"。

　　主要著作有《女性觀念的衍變》、《發現婦女的歷史》、《中國社會性別的歷史文化尋蹤》、《婦女學與婦女史的本土探索》、《貧困與社會性別：婦女發展與

賦權——黃龍寺個案》與《歷史中的婦女與性別》等；主編《社會性別》1－4 輯
（2004－2009）等。

蔡玉萍

英國牛津大學博士，現任香港中文大學社會學系副教授、珠三角社會研究中
心主任、亞太研究所性別研究中心主任。

主要研究範圍包括性別研究、人口遷移、醫療社會學和政治社會學。

著作於 *American Journal of Sociology, Journal of Marriage and Family, The China
Quarterly, Sociology of Health and Illness, Political Psychology, Social Science and
Medicine, AIDS Care, Journal of Conflict Resolution, International Migration Review,
Human Rights Quarterly, Sexually Transmitted Diseases, Journal of Interpersonal
Violence, Culture, Health and Sexuality 和 American Journal of Gastroenterology* 等
多份國際學術期刊發表，並出任多份學術期刊評審。

杜平

2011 年在香港中文大學獲得博士學位，現任南開大學社會工作與社會政策系
助理教授。

研究興趣包括：性別研究、遷移、家庭與社會政策。

曾作為訪問學者到英國牛津大學進行交流，並多次參加香港、中國大陸、
和美國的學術會議。2012 年初獲得香港中文大學社會學系的 Lee Wong Lai Lin
Scholarship for Sociological Studies of Family and Gender Issues。

黃慧貞

芝加哥大學宗教研究哲學博士，現任香港中文大學文化及宗教研究系副教
授，兼任香港中文大學崇基神學院之榮譽教授、香港中文大學性別研究研究學部
主任及香港中文大學亞太研究所性別研究中心副主任。

研究興趣包括：文化研究理論、女性主義理論、宗教與性別、後殖民理論與

香港基督教等。

著作可見於國際及本地期刊，相關編目包括《華人婦女與香港基督教：口述歷史》(香港牛津大學出版社，2010) ,《性別意識與聖經詮釋》(香港基督徒學會，2000) , *"The Poor Woman"* : *A Critical Analysis of Asian Theology and Contemporary Chinese Fiction by Women* (Peter Lang, 2002) , "Negotiating Gender: Postcolonialism and Hong Kong Christian Women", 收 錄 於 *Gender and Society in Hong Kong* (Hong Kong: UBC Press, 2003) 及 "Our Bodies Our Stories: Narrating Female Sexuality in Hong Kong", 收 錄 於 *Mainstreaming Gender in Hong Kong* (Hong Kong: CU Press, 2009)。

侯傑

南開大學歷史學院教授、博士生導師。兼任天津孫中山研究會副會長、天津口述史學會副會長、中國婦女研究會理事、香港中文大學崇基學院宗教與中國社會研究中心學術委員等。

長期從事中國近代社會史、性別史、宗教史、城市史研究。在河北、山東等地進行田野調查，曾赴美國、芬蘭、日本、韓國、法國等國家及中國香港、台灣、澳門地區講學、出席重要國際學術會議、開展合作研究。承擔國家社科基金項目《民國時期華北社會性別史研究》、教育部人文社會科學重點研究基地重大專案及國際、海外合作專案 10 餘項。

已出版《大公報與近代中國社會》等著作 20 餘部，以中、英、韓文發表論文百餘篇。《世俗與神聖 —— 中國民眾宗教意識》等論著獲得國際、國家和地方獎勵 10 餘項。

姜進

1998 年取得美國斯坦福大學歷史學博士學位。曾執教於深圳大學、美國凡薩大學，2004 年以後任華東師範大學歷史系教授，中國現代思想文化研究所研究員，上海史研究中心主任，性別與文化研究中心主任。

主要研究中國近現代史領域中的婦女與性別、上海史和都市大眾文化。

主要著作包括 *Women Playing Men: Yue Opera and Social Change in 20th-Century Shanghai*（Seattle: University of Washington Press, 2009），《近代中國城市與大眾文化》（主編。北京：新星出版社，2008 年 10 月），《都市文化中的現代中國》（主編。上海：華東師範大學出版社，2007）。主要論文有《可疑的繁盛：日軍陰影下的都市女性文化探析》(《華東師範大學學報》2008 年 3 月第 2 期)，《追尋現代性：民國上海言情文化的歷史解讀》(《史林》2006 年 8 月第 4 期)，《斷裂與延續：1950 年代上海的文化改造》(上海《社會科學》2005 年 6 月第 6 期)。

柯群英

香港大學社會學系副教授。

研究領域包括社會政治人類學 (僑鄉和海外華人移民研究) 以及宗教社會學。近期負責的課題研究包括全球化佛教的慈善文化、非政府組織在中國大陸的跨國慈善活動、以及女性在宗教扮演的角色。

主要著作包括《重建僑鄉：新加坡人在中國（*Rebuilding the Ancestral Village: Singaporeans in China*)》（2000；第二版 2011）以及《國家、社會以及宗教的角力：邁向改良派的佛教（*State, Society and Religious Engineering: Towards A Reformist Buddhism*)》（2003；第二版 2009）。同時亦參與編撰《中國社會運動（*Social Movements in China: Negotiating Protest Spaces*)》（2009）、《互聯網時代華人女性的社會及網路資本（*Chinese Women and The Cyberspace*)》（2008）、《流散華人的記憶與歸屬感（*At Home in the Chinese Diaspora: Memories, Identities and Belongings*)》（2008）、《海外華人志願團體（*Voluntary Organizations in the Chinese Diaspora*)》（2006）等課題的書籍。

蔡寶瓊

畢業於香港大學（B. SocSc、MPhil），於英國牛津大學取得博士學位。主修社會學，現任教於香港中文大學教育行政及政策系，兼任性別研究課程主任。

教學範圍包括：教育政策分析、研究法、性態教育、性別與教育等。研究興趣包括:性別與教育、香港婦女運動、女性勞工、教育政策分析等。多年來參與香港婦女運動,近年來更注重下一代性別意識的培育。

著作包括:《千針萬線 —— 香港成衣工人口述史》(主編),香港進一步多媒體有限公司,2008;《姨媽姑爹論盡教改》(與黃家鳴合編),香港,進一步多媒體有限公司,2002;《晚晚六點半 —— 七十年代上夜校的女工》,香港,進一步多媒體,1998;以及有關香港教育政策、香港婦運及女工的文章。

黃洪

中大社會工作學系畢業,並於英國華威大學修讀勞工社會學碩士及社會學博士。現為香港中文大學社會工作學系副教授、香港亞太研究所公民社會研究中心副主任。現擔任香港社會服務聯會社會保障及就業政策專責委員會主席、香港融樂會主席。

關心勞工、社會保障及貧窮等社會議題,亦曾就邊緣勞工、露宿者,及市民舊區居民等社羣進行研究及發表著作。近年參與推動非政府組織的工作及研究,並在香港實行社區經濟發展的計劃,以及資產為本社區發展。

潘毅

畢業於倫敦大學亞洲及非洲研究學院,現任職於香港理工大學社會科學學部。

研究興趣包括階級和性別研究。

代表著作有:*Made in China: Subject, Power and Resistance in a Global Workplace.* (Durham: Duke University Press, 2005)。發表論文包括:"Unfinished Proletarianization: Self, Anger and Class Action of the Second Generation of Peasant-Workers in Reform China"(Pun Ngai and Lu Huilin, 2010),收錄於 *Modern China*;"The Making of a New Working Class? A Study of Collective Actions of Migrant Workers in South China"(Chris King-chi Chan and Pun Ngai, 2009),收錄於 *The China Quarterly*。

譚琳

1990 年於西安交通大學人口研究所系統工程專業畢業，獲工學博士學位。現任全國婦聯婦女研究所所長、教授，兼任南開大學人口學專業的博士生導師。

主要研究領域為人口社會學，婦女發展與社會政策研究等。自 1995 年以來，先後承擔幾十項有關人口、性別與發展方面的研究專案，在國內外公開出版和發表論著和論文百餘部／篇。

主要學術兼職有：中國婦女研究會常務理事兼秘書長、中國人口學會常務理事、中國社會學學會常務理事、國際社會學學會婦女與社會專業委員會理事、國際人口學會會員、北美人口學會會員。其他主要社會兼職有：全國婦聯執委、北京市人大代表。

曾多次獲得省部級科研成果獎勵；並獲授 2000 – 2001 年度福布萊特學者。

顧燕翎

1970 年畢業於台灣大學，在美國唸研究所期間接觸到女性主義，返台後任教於交通大學，並投身婦女運動。

曾參與多個指標性婦女團體和機構之創立，包括婦女新知基金會、台大婦女研究室、女學會、女書店等。

在國內外諸多會議、期刊和專書發表論文，使得台灣婦運得到國際婦女研究界重視。1985 年首先在交大開設女性主義課程，並將教材編纂成《女性主義理論與流派》及《女性主義經典》，成為華文世界女性主義入門的重要教科書。